Die ASEAN und der Islam
Ist der Islam ein potentiell destabilisierender Faktor für die
südostasiatische Staatengemeinschaft ASEAN?

Europäische Hochschulschriften
Publications Universitaires Européennes
European University Studies

Reihe XXXI
Politikwissenschaft
Série XXXI   Series XXXI
Sciences politiques
Political Science

Bd./Vol. 293

PETER LANG
Frankfurt am Main · Berlin · Bern · New York · Paris · Wien

Volker S. Stahr

Die ASEAN und der Islam

Ist der Islam ein potentiell destabilisierender
Faktor für die südostasiatische
Staatengemeinschaft ASEAN?

PETER LANG
Europäischer Verlag der Wissenschaften

Die Deutsche Bibliothek - CIP-Einheitsaufnahme

Stahr, Volker S.:
Die ASEAN und der Islam : ist der Islam ein potentiell destabilisierender Faktor für die südostasiatische Staatengemeinschaft ASEAN? / Volker S. Stahr. - Frankfurt am Main ; Berlin ; Bern ; New York ; Paris ; Wien : Lang, 1996
(Europäische Hochschulschriften : Reihe 31, Politikwissenschaft ; Bd. 293)
Zugl.: Mainz, Univ., Diss., 1993
ISBN 3-631-48904-8

NE: Europäische Hochschulschriften / 31

D 77
ISSN 0721-3654
ISBN 3-631-48904-8
© Peter Lang GmbH
Europäischer Verlag der Wissenschaften
Frankfurt am Main 1996
Alle Rechte vorbehalten.

Das Werk einschließlich aller seiner Teile ist urheberrechtlich geschützt. Jede Verwertung außerhalb der engen Grenzen des Urheberrechtsgesetzes ist ohne Zustimmung des Verlages unzulässig und strafbar. Das gilt insbesondere für Vervielfältigungen, Übersetzungen, Mikroverfilmungen und die Einspeicherung und Verarbeitung in elektronischen Systemen.

Printed in Germany 1   3 4 5 6 7

Inhaltsverzeichnis

Inhaltsverzeichnis	V
Schreibweisen	VIII
Abkürzungen	IX
Glossar	IX

Einführung und Definitionen	1
Einführung und Fragestellung	1
Aufbau der Arbeit	5
Grundlagen der Arbeit	6
Definitionen	8

I. Die ASEAN-Region: Raum, Geschichte und Kultur	9
I.1. Der geographisch-kulturelle Raum	10
I.1.1. Südostasien	10
I.1.2. Die ASEAN-Region	15
I.2. Der historisch-kulturelle Raum	17
I.2.1. Die vor- und außerislamische Zeit	17
I.2.2. Die islamische Zeit	22
I.2.3. Die Kolonialzeit	33
I.3. Der politisch-kulturelle Raum	49
I.3.1. Die chronologische Entwicklung	49
I.3.2. Der geistig-kulturelle Raum	56
I.3.3. Der politisch-ökonomische Raum	91

II. Fallstudien: Indonesien bis Philippinen	103
Die ASEAN zwischen Stabilität und Destabilisierung	103
Staats- und Gesellschaftsvorstellungen im Islam	105
Theoretisches Arbeits-Raster	114

II.1. Fallstudie Indonesien 117

    II.1.1. Formale Aspekte 117
    II.1.2. Identität, Rolle, Partizipation der Muslime 121
    II.1.3. Islamismus, Mobilisierung und Einflußnahme 126
    II.1.4. Analyse: Stabilität und Destabilisierung 135
    II.1.5. Außenbeziehungen 144

II.2. Fallstudie Malaysia 149

    II.2.1. Formale Aspekte 149
    II.2.2. Identität, Rolle, Partizipation der Muslime 158
    II.2.3. Islamismus, Mobilisierung und Einflußnahme 167
    II.2.4. Analyse: Stabilität und Destabilisierung 174
    II.2.5. Außenbeziehungen 179

II.3. Fallstudie Brunei 183

    II.3.1. Formale Aspekte 183
    II.3.2. Identität, Rolle, Partizipation der Muslime 187
    II.3.3. Islamismus, Mobilisierung und Einflußnahme 190
    II.3.4. Analyse: Stabilität und Destabilisierung 191
    II.3.5. Außenbeziehungen 193

II.4. Fallstudie Singapur 195

    II.4.1. Formale Aspekte 195
    II.4.2. Identität, Rolle, Partizipation der Muslime 199
    II.4.3. Islamismus, Mobilisierung und Einflußnahme 205
    II.4.4. Analyse: Stabilität und Destabilisierung 207
    II.4.5. Außenbeziehungen 210

II.5. Fallstudie Thailand 212

    II.5.1. Formale Aspekte 212
    II.5.2. Identität, Rolle, Partizipation der Muslime 215
    II.5.3. Islamismus, Mobilisierung und Einflußnahme 221
    II.5.4. Analyse: Stabilität und Destabilisierung 225
    II.5.5. Außenbeziehungen 227

II.6. Fallstudie Philippinen 229

    II.6.1. Formale Aspekte 229
    II.6.2. Identität, Rolle, Partizipation der Muslime 233

II.6.3. Islamismus, Mobilisierung und Einflußnahme	238
II.6.4. Analyse: Stabilität und Destabilisierung	243
II.6.5. Außenbeziehungen	246

III. Die ASEAN und der Islam — 248

III.1. Südostasien, die ASEAN-Region, ihre Staaten und der Islam	249
III.2. Der ASEAN-Raum und der Islam	258
III.2.1. Regionale Rahmenbedingungen	258
III.2.2. Die Staaten und der Islam	261
III.2.3. Schlußbeurteilung	269
III.3. Die ASEAN-Organisation und der Islam	272
III.3.1. Die ASEAN und ihre Stabilität	273
III.3.2. Schlußbeurteilung	277
III.4. Resümee und Perspektive	280

Anhang 1: Bibliographie / Interviews	284
Anhang 2: Übersichtskarten	309

Schreibweisen und Transkriptionen

Zur Schreibweise und Transkription von Namen und Begriffen sind einige Anmerkungen zu machen. Die vorliegende Arbeit hat einen interdisziplinären Charakter. Und es ist eine Arbeit, die einen sehr großen geographischen Raum umfaßt; bedenkt man, daß der Islam seinen Ausgangspunkt in Arabien hatte, er nun aber in Südostasien behandelt wird. Ähnlich verhält es sich mit den aus China oder Indien kommenden Einflüssen. Außerdem wirkten durch regional höchst unterschiedliche Kolonialphasen und -mächte in Südostasien politische und wissenschaftliche Vertreter verschiedenster Nationalitäten und brachten ihrerseits unterschiedliche Schreibweisen für Namen und Begriffe auf, die wiederum kontrastierten mit früheren, aus der Region selbst stammenden Bezeichnungen. Im Interesse einer einheitlichen Gestaltung der Arbeit wurden deswegen bestimmte Prioritäten gesetzt.

1.: Zuerst einmal wurden dort, wo sich im Deutschen allgemein verständliche Formen von Namen und Begriffen eingebürgert haben, diese auch verwendet. Das gilt für geographische Bezeichnungen wie Ländernamen (wie Singapur; statt Singapore), unstrittige Städtenamen (wie Manila oder Kuala Lumpur) oder auch regionale Bezeichnungen (wie Bali, Mindanao oder Sulusee). Dieses Vorgehen erstreckt sich auch auf kultur- und geistesgeschichtliche Begriffe wie Islam, Koran, Schari'a etc.

2.: Zweite Priorität erhielt die Schreibweise von Namen und Begriffen in englischer Sprache, da dies die gebräuchlichste Wissenschaftssprache in und für Südostasien ist. In allen Staaten der ASEAN wird Englisch zumindest neben der Landessprache benutzt. So wurden viele Schreibweisen englischsprachigen Standardwerken entnommen. Ansonsten wurden offizielle (englische) Schreibweisen bevorzugt.

3.: Bei Namen und Begriffen, die zweifelsfrei arabischen, persischen, chinesischen oder andersweitigen Ursprungs sind, wurden dann die für jene Sprachen in Deutschland gebräuchlichen Transkriptionen verwendet. So richten sich die Schreibweisen für arabische oder persische Namen und Begriffe nach den Vorgaben der Deutschen Morgenländischen Gesellschaft (s. "Lexikon der Islamischen Welt" (1974), S. 13f.). Für die den anderen asiatischen Sprachen zugrunde gelegten Vorgaben sei hier verwiesen auf die Ausführungen in dem Standardwerk Bechert/Gombich (1989): "Der Buddhismus", S. 7. Sollten sich dabei Fehler eingeschlichen haben, bitte ich das mit der mangelnden Kenntnis des Autors in den asiatischen Sprachen zu entschuldigen. In diesem Zusammenhang sei noch darauf verwiesen, daß besonders islamische Termini oft nach ihrer arabischen Schreibweise wiedergegeben wurden.

In allen anderen Fällen war der Autor um eine verständliche und konsensfähige Schreibweise bemüht. Darüber hinaus sind der Arbeit noch zwei Hilfsmittel begleitend beigegeben. Geographische Bezeichnungen erschließen sich über verschiedene Karten der Arbeit. Und abweichende Schreibweisen sind meist dort in Klammer angefügt, wo ein Name erstmals auftaucht.

Abkürzungen
Glossar

Hier sind Abkürzungen und Termini aufgeführt, die in dieser Arbeit mehrfach vorkommen. In Klammern steht jene Stelle, an welcher sie näher erläutert werden. Abkürzungen und Begriffe, die nur innerhalb einer Fallstudie oder eines Kapitels mehrfach auftauchen, sind nicht aufgeführt. Des weiteren sei auf den Index verwiesen.

ASEAN	Association of South East Asian Nations (Kap. I.3.1.2. u. I.3.3.)
MWL	Muslim World League (Kap. II, Theoretisches Arbeitsraster)
NU	Nahdlatul Ulama (Kap. II.1.3.1.)
OIC	Organization of the Islamic Conference (Kap. II, Theoretisches Arbeitsraster)
PAS	Parti Islam seMalaysia (Kap. II.2.3.1.)
PLO	Palestine Liberation Organisation
UMNO	United Malay National Organisation (Kap. II.2.)
dār al-ḥarb	"Gebiet des Krieges"
dār al-Islām	"Gebiet des Islam" (beide: Kap. II., Staats- u. Gesellschaftsvorstellungen)
daʿwa	etwa: Islamisierung, Mission (wörtl.: "Ruf" (zum Islam)) (Kap. II.2.3.1.)
dīn wa-daula	(Einheit von) "Glaube und Reich" (Kap. II., Staats- u. Gesellschaftsvorstellungen)
ḥaǧǧ	islamische Pilgerfahrt
kyai[1]	Geistlicher bzw. Lehrer (Kap. I.2.2.1.) (nur in Südostasien, v.a. auf Java)
Mullah/Mollah	arab./pers. islamischer Geistlicher
Rabita	für: "rābiṭatu l-ʿālam al-islāmī (s. MWL)
Schari'a	(arab.: šarīʿa) islamisches Recht
Scheich	(arab.: saih) arabische Ehrenbezeichnung
ʿulamaʾ [2]	islamische(r) Rechtsgelehrte(r) im weiteren Sinne (wörtlich: "Wissenschaftler")
umma	Gemeinschaft der Muslime

---

[1] "kyai" steht sowohl als Singular wie auch als Plural, da in malaiischen Sprachen der Plural durch Verdoppelung gebildet wird.
[2] "ʿulamaʾ" ist bereits ein arabischer Pluralbegriff. Im Malaiischen ist er aber ein Singularbegriff (Plural s. Anm. 1). Da er in dieser Arbeit jedoch ausschließlich im Plural vorkommt, steht der arabische Plural.

Einführung und Definitionen

Einführung und Fragestellung

Zu Beginn der 90er Jahre steht die Welt an einer entscheidenden Wegmarke der neueren Geschichte. Zwei Konstanten der Weltpolitik, die über vier Jahrzehnte hinweg scheinbar unverrückbar erschienen sind, haben sich von der internationalen Bühne verabschiedet: der Kommunismus, von dem es nur noch „Restposten" gibt, und der Ost-West-Konflikt, von dem nur noch ein letztes Relikt in Form des geteilten Korea übriggeblieben ist.

Betrachtet man die Entwicklungen und Ereignisse der letzten Jahre in der mittlerweile ehemaligen Sowjetunion und in Osteuropa sowie in vielen anderen Teilen der Welt, so steht fest: Der Kommunismus als Staats-, Wirtschafts- und Gesellschaftsmodell geht seinem Ende entgegen. Sein einstiger Bannerträger, die Sowjetunion, existiert nicht mehr. Dessen Nachfolgestaaten und einstige Vasallen in Osteuropa und anderswo orientieren sich zu neuen Ufern; nur einige wenige noch hinken hinterher. Bestenfalls als Ergänzungen zu den westlichen Idealen pluralistischer Demokratie und Marktwirtschaft und in stark reformierter Fassung können die Ideen von Marx, Engels und Lenin heute noch überleben. Als die große staats-, wirtschafts- und gesellschaftspolitische Alternative aber, als die sie über Jahrzehnte hinweg galten oder gelten wollten, haben sie endgültig ausgedient.

Mit dem Zusammenbruch dieser Idee von der großen Alternative ist auch eine vierzig Jahre dauernde Zweiteilung der Welt zu Ende gegangen. Vierzig Jahre war nicht nur Europa, sondern der ganze Erdball in „Ost" und „West" gespalten. Die Etikettierung der „Dritten Welt" in „prowestlich" und „prosowjetisch", die Schicksale der über lange Zeit geteilten Länder Vietnam, Korea oder Jemen, die Konfrontationen im südlichen Afrika oder der Krieg um Afghanistan sind nur einige Beispiele. Mit dem Zusammenbruch des Kommunismus ist auch diese widernatürliche Zweiteilung der Welt zusammengebrochen. An ihre Stelle treten alte (bisher überlagerte) und neue Gegensätze und Konflikte, aber neue Ideen und „Alternativen".

Eine dieser Ideen ist der Islam, der sich ebenfalls anschickt, der Welt eine Alternative anzubieten. Fast im gleichen Maße, in dem in den 80er Jahren die Sowjetunion an Einfluß und der Kommunismus an Glanz und Anziehungskraft verloren haben, wuchs der Islam zu einer neuen politischen Kraft in vielen Teilen der Welt heran. Ausgehend von seinem Zentrum im Nahen und Mittleren Osten, inspiriert durch die „Islamische Revolution" im Iran 1979, forciert durch die politischen, wirtschaftlichen und gesellschaftlichen

Ungleichgewichte zwischen Nord und Süd und nicht zuletzt begünstigt durch den reichen Fluß nahöstlicher Petrodollars hat er längst Fuß gefaßt in fast allen Teilen der Welt; bis hinein in die nunmehr ehemalige Sowjetunion. Ohne Zweifel schickt er sich an, einer der großen geistigen und politischen Bestimmungsfaktoren der Zukunft zu werden ...

Der Niedergang des Kommunismus und das Erstarken des Islam sind im Grunde genommen zwei einander nicht bedingende Entwicklungen. Wohl aber sind es zwei Entwicklungen, die zeitgleich abliefen und ablaufen und die in vielen Regionen der Erde tatsächlich fließend ineinander übergingen und übergehen. Eine jener Regionen ist Südostasien. Die Region war in den vergangenen Jahrzehnten einer der vielen kleinen Nebenschauplätze des großen Ost-West-Konfliktes gewesen. Auch sie hatte der Konflikt in zwei Hälften geteilt. Die eine war Indochina, das sich durch die militärischen Siege der kommunistischen Rebellen in den 60er und 70er Jahren um Vietnam, Kambodscha und Laos herum zu einer „kommunistischen Halbinsel" entwickelt hat. Die andere wurde die „Association of Southeast Asian Nations / ASEAN". Sie war 1967 als Reaktion auf den Aufstieg des Kommunismus in der Region entstanden. In ihr schlossen sich damals die vor dem Festland liegenden Staaten Indonesien, Malaysia, Singapur, Thailand und die Philippinen zusammen. 1984 kam noch das gerade unabhängig gewordene Sultanat Brunei hinzu. Die ASEAN verstand sich als ein in der Grundhaltung zuerst einmal prowestlicher Staatenbund. Ihr erster Zweck war die Abwehr des immer mehr um sich greifenden Kommunismus, der als politische Idee wie mit hochgerüsteten Armeen und gutausgebildeten Guerillas diese Länder bedrohte. Ein ums andere Mal bezeichneten denn auch die Führer der ASEAN in den vergangenen 25 Jahren den Kommunismus als Hauptbedrohung ihrer Staaten und als wichtigste Rechtfertigung ihres Zusammenschlusses.

Doch auch in Südostasien und in der ASEAN haben sich die Zeiten geändert. Auch dort hat sich die kommunistische Bedrohung relativiert. Die äußere Gefahr aus Indochina ist gebannt. Die innere Gefahr durch kommunistische Parteien und Widerstandsgruppen ist im Griff. Einzig auf den Philippinen existiert noch eine nennenswerte kommunistische Guerilla. Kurzum: Auch wenn offiziell in diesen Ländern mit dem Gespenst des Kommunismus zuweilen noch Politik gemacht wird, hat sich der Kommunismus de facto längst überlebt. Malaysias Premier Mahathir sagte denn auch auf dem ASEAN-Gipfel 1991 in Kuala Lumpur mit Blick auf die damals erstmals eingeladenen kommunistischen Mächte Sowjetunion und China: „The ideological barriers between us have been overcome"[1].

---

[1] FEER, 1. Aug. 1991, S. 10.

Statt des Kommunismus' macht nun auch in den Staaten der ASEAN eine neue Kraft von sich reden: der Islam. Insgesamt leben dort über 180 Millionen Muslime, und allein in Indonesien liegt ihre Zahl bei über 150 Millionen. Das sind ebenso viele wie in der gesamten arabischen Welt einschließlich Nordafrikas.[2] Dabei sind ihre Stärke und die Beteiligung an den politischen und gesellschaftlichen Prozessen in den einzelnen Ländern höchst unterschiedlich. In drei Staaten bilden sie die Mehrheit der Bevölkerung: in Indonesien, Malaysia und Brunei. In den drei anderen Staaten sind sie eine Minderheit: in Thailand, Singapur und den Philippinen.

Doch gerade diese unterschiedliche Präsenz und Repräsentanz gibt den Muslimen in dieser Gemeinschaft ihre Brisanz. Sie machen den Islam schon per se zum politischen Faktor und zu einem „entscheidenden Bezugspunkt für Untersuchungen der politischen und wirtschaftlichen Kultur der südostasiatischen Länder"[3]. Lange Zeit wenig beachtet, kommt ihm jetzt ob der Ereignisse in Nah- und Mittelost besondere Bedeutung zu. Vor dem Hintergrund der weltweiten Re-Islamisierung, stellt sich die Frage nach der Rolle des Islam auch in der ASEAN und in ihren Mitgliedsstaaten. Ist er dort ein stabilisierender oder ein destabilisierender Faktor? Könnten sich Ereignisse wie im Iran oder im Libanon wiederholen? Stehen auch diese Länder vor gewaltigen Umwälzungen? Und: Ist der Islam eine Gefahr für das bisher immer als Faktor der Stabilität geschätzte Staaten-Bündnis ASEAN?

Diese Fragen zu beantworten und damit die politische Rolle des Islam in der ASEAN und in ihren Mitgliedsstaaten zu Beginn der 90er Jahre zu definieren, sind die Ziele der vorliegenden Dissertation mit dem Untertitel „Ist der Islam ein potentiell destabilisierender Faktor für die südostasiatische Staatengemeinschaft ASEAN?". Dabei soll untersucht werden, ob und unter welchen Bedingungen der Islam für die ASEAN und ihre Mitgliedsstaaten eine - bisher vielleicht noch unterschätzte - Bedrohung der Stabilität darstellt. Immerhin ist die ASEAN neben der „Organization of African Unity" (OAU) und der „South Asian Association for Regional Cooperation" (SAARC) der einzige größere, institutionalisierte Regionalzusammenschluß von muslimischen mit nicht-muslimischen Staaten. Selten jedoch wurde diese Staaten-Gemeinschaft unter eben diesem Aspekt betrachtet. Auch innerhalb Südostasiens liegen zu dieser Thematik bisher nur wenige Aufsätze, aber kaum einmal eine größere fundierte Studie vor[4].

---

[2] 1990 lebten auf der arabischen Halbinsel (einschl. Syrien, Jordanien und Libanon) sowie in den Staaten des Maghreb ebenfalls rund 180 Millionen Muslime (hochgerechnet nach den Angaben des FWA'92 (1991), Sp. 195ff.).
[3] Machetzki (1983), S. xi.
[4] Tatsächlich beschäftigen sich fast alle Studien zu dem Thema entweder mit dem Islam in Südostasien in seiner Gesamtheit oder mit dem Islam in einem oder mehreren Staaten. Kaum einmal steht die ASEAN-Region oder -Organisation im Mittelpunkt. Gleichwohl

Im Vordergrund der Untersuchung steht dabei die Frage nach einer möglichen „De-Stabilisierung" der Region durch den Islam. Es wird nämlich davon ausgegangen, daß der Islam per se wohl kaum eine stabilisierende Wirkung für die ASEAN als Ganzes haben kann (was eine Stabilisierung der Einzelstaaten aber nicht ausschließt). Die Begründung für diese Prämisse liegt m.E. in der unterschiedlichen ethnographischen Zusammensetzung der einzelnen Staaten. Tatsächlich nämlich spielt der Islam in einigen Staaten der Gemeinschaft (auf den Philippinen, in Thailand und in Singapur) eine derart marginale Rolle, daß man ihn sich kaum als einigendes Band und damit expressis verbis als Faktor der Stabilität für die gesamte Gemeinschaft vorstellen kann. Zudem ist er - wie die weiteren Ausführungen noch zeigen werden - in der gesamten Region wohl zu heterogen, und sind auch die Querverbindungen untereinander zu rudimentär, als daß eine solche Funktion auf absehbare Zeit möglich erscheint. Vor diesem Hintergrund scheint die Frage nach der Destabilisierung durchaus die interessantere, weil realistischere zu sein. Erst im letzten Abschnitt der Arbeit wird vor dem Hintergrund der Diskussion einer möglichen Destabilisierung auch noch einmal die Frage aufgenommen, ob und inwieweit der Islam auch stabilisierend in der Region bzw. auf die Region wirkt oder wirken könnte.

Abschließend sei schon an dieser Stelle auf ein wichtiges Faktum zum Verständnis des Islam hingewiesen, ohne welches das Verständnis der Arbeit kaum möglich sein dürfte, und das später noch einmal aufgegriffen und thematisiert wird. Der Autor versteht den Islam als eine - auf eine geistig-politische Weltordnung angelegte und entsprechend eine umfassende Staats- und Gesellschaftsordnung beinhaltende - „*Weltanschauung*" gleich dem westlichen Liberalismus oder dem Kommunismus, und nicht als „Religion" im engeren Sinne. Damit sieht er sich auf einer Linie mit Islamkundlern,

---

geben viele Studien jede für sich wertvolle Hinweise zur Beantwortung der Frage nach der Rolle des Islam in der ASEAN, sind doch die muslimischen Gebiete Südostasiens fast ausschließlich Teil der ASEAN-Region und handeln somit alle diese Studien von Teilfragen der hier zu behandelnden Frage. An dieser Stelle seien kurz die wichtigsten (und hilfreichsten) Arbeiten zu diesem Thema genannt, besonders mit Blick auf Südostasien. Weitere Titel finden sich im Literaturverzeichnis, ebenso solche zu den Einzelstaaten.
Monographien: Draguhn (1983): "Der Einfluß des Islams ... in Südostasien"; Hooker (1988): "Islam in South-East Asia"; Taufik Abdullah/ Siddique (1987): "Islam and Society in Southeast Asia"; Ahmad Ibrahim u.a. (1985): "Readings on Islam in Southeast Asia".
Aufsätze: Crouch (1987): "The Politics of Islam in Southeast Asia"; Federspiel (1985): "Islam and Development in the Nations of ASEAN"; Hussin Mutalib (1990b): "Political Implications of Islamic Revivalism in the ASEAN States"; Omar Farouk (1988b): "The Muslims of Southeast Asia".
Dagegen in ihrem Inhalt noch auf die 70er Jahre bezogen sind: Seah (1974): "The Muslim Issue and Implications for ASEAN"; Trocki (1980): "Islam Threat to ASEAN Regional Unity"; Siddique (1980): "Contemporary Islamic Development in ASEAN".

Nahostwissenschaftlern und auch mit vielen Politologen. Näher ausgeführt wird diese Definition später in Kap. I.3.2.1. „Der geistig-kulturelle Raum" unter den Stichwörtern „Weltanschauungen" und „Religionen".

Aufbau der Arbeit

Zur Bearbeitung der zuvor begründeten Fragestellung ist diese Dissertation in drei Abschnitte unterteilt:

I. Die ASEAN-Region: Raum, Geschichte und Kultur.
II. Fallstudien: Indonesien bis Philippinen.
III. Die ASEAN und der Islam.

Abschnitt I. „Die ASEAN-Region: Raum, Geschichte und Kultur" wird in die Grundlagen der Region und ihrer Kulturen einführen. Er gibt eine Übersicht über den Raum, seine Geographie und Geschichte sowie über seine kulturellen und politischen Gegebenheiten und Ausformungen. Er ist in drei Kapitel unterteilt: Die ASEAN-Region als geographisch-kultureller, als historisch-kultureller und als politisch-kultureller Raum. Mit dieser Gliederung soll versucht werden, den Raum in seinen einzelnen Dimensionen zu erfassen und, aufeinander aufbauend, ein Bild zu zeichnen von jener Region, wie sie sich heute darstellt. Das soll den Hintergrund abgeben, vor dem sich die Fragestellung der Arbeit entwickelt. Im Mittelpunkt des Abschnittes werden dabei der Islam und seine Entwicklung in der Region stehen. So hat der Abschnitt zwei Ziele: von oben her in Raum und Kulturen einzuführen und von unten her den Islam in dieses Umfeld einzubetten.

Es folgt Abschnitt II. „Fallstudien: Indonesien bis Philippinen". Er ist das eigentliche Kernstück der Arbeit. Um die Frage nach der Rolle des Islam in der ASEAN zu beantworten, muß sie nämlich erst einmal in sechs Einzelfragen aufgeteilt werden. Das heißt: Sie muß für jeden Mitgliedsstaat einzeln beantwortet werden. Dafür gibt es zwei Gründe. Erstens ist die ASEAN zuerst einmal die Summe ihrer Einzelstaaten (vgl. Kap. I.3.). Deswegen ist der Hebel zu diesem Thema zunächst einmal dort anzusetzen. Zweitens gibt es auch keineswegs *den* Islam in Südostasien, weder als geistig-kulturelle Gemeinschaft noch als politische Organisation (vgl. Kap. I.2. und I.3.). Auch aus diesem Grunde bedarf es erst einmal eines Herangehens an die Frage „von unten". Die Fallstudien beschäftigen sich mithin mit den sechs Staaten der ASEAN und mit der Rolle des Islam in diesen Staaten, wobei sie natürlich auch nach Verbindungen über deren Grenzen hinaus suchen. Sie werden jeweils ergänzt durch ein Kapitel über die Außenbeziehungen der Staaten, in deren Mittelpunkt die Beziehungen der Staaten untereinander stehen. Die Ergebnisse dieser Fallstudien sind die ersten Ergebnisse dieser Arbeit.

Abschnitt III. „Die ASEAN und der Islam" setzt die Diskussion auf der nächsthöheren Ebene fort. Er ist der Zusammenfassung der Schlußfolgerungen und Erkenntnisse aus den Fallstudien sowie deren Übertragung auf die ASEAN gewidmet. Dabei soll die Frage nach der Rolle des Islam für eine mögliche Destabilisierung der Gemeinschaft als Raum (d.h. als der Zusammenfassung der Einzelstaaten und ihrer bilateralen Verflechtungen) wie als Organisation (d.h. als deren wertemäßigem, organisatorischem und strukturellem Überbau) beantwortet werden. Die Unterscheidung zwischen Raum und Organisation ist durchaus von Belang, wie sich im weiteren Verlauf zeigen wird. Zwei Elemente werden diesen Abschnitt bestimmen. Zum einen werden Gründe aufgezeigt, die gegen eine Destabilisierung durch den Islam sprechen könnten. Zum anderen werden Szenarien entworfen, nach denen eine Destabilisierung ablaufen müßte, so sie zustande käme.

Hauptthema dieser Arbeit ist der Islam. Allerdings kann in diesem Rahmen nicht erst in dessen Geschichte und Grundlagen eingeführt werden. Beides wird hier nur so weit erläutert, als es für Verständnis und Vorwärtskommen der Arbeit erforderlich ist. Deswegen stehen der Islam und seine Ausprägungen in Südostasien auch in Abschnitt I in den Kapiteln I.2. „Der historisch-kulturelle Raum" und I.3. „Der politisch-kulturelle Raum" im Vordergrund, um alle wichtigen Aspekte im jeweiligen räumlichen und kulturellen Kontext zu erläutern. Darüber hinaus findet sich zu Beginn des Abschnittes II ein einführendes Kapitel „Staats- und Gesellschaftsvorstellungen im Islam". Darin werden die für die Fragestellung der Arbeit wichtigsten Grundzüge des Islam kurz beschrieben und die sich daraus ergebenden Konsequenzen für eine Untersuchung des Islam als einem politischen Faktor herausgearbeitet. Daraus wird ein Raster entwickelt, anhand dessen die Bearbeitung der Rolle des Islam in den einzelnen Staaten der ASEAN erfolgt. Diese Grundlagen dienen dann auch der Bearbeitung der Frage auf der Ebene der ASEAN. Damit werden in diesem Kapitel zugleich die theoretischen Grundlagen zur Bearbeitung der Abschnitte II. und III. gelegt.

Grundlagen der Arbeit

Abschließend noch einige inhaltliche und technische Bemerkungen zur Vorgehensweise und zur Auswahl bei der Bearbeitung von Literatur und Quellen sowie zum Bearbeitungszeitraum dieser Arbeit.

1. Inhaltliche Bemerkungen: Diese Arbeit erhebt nicht den Anspruch, die Geschichte des Islam in Südostasien neu zu schreiben. Dazu und auch zur Geschichte des Islam in den Einzelstaaten liegen bereits eine Vielzahl fundierter Monographien und Aufsätze vor. Diese Arbeit will vielmehr die in

Europa und m.E. auch innerhalb der ASEAN bisher nur in Ansätzen diskutierte Frage nach der Rolle des Islam in der Gesamtgemeinschaft ASEAN beziehungsweise in dem von ihr umschlossenen Raum beantworten.

Dieser Ansatz und diese Literaturlage hatten Rückwirkungen auf die Vorgehensweise bei dieser Arbeit und auf Auswahl und Bearbeitung der Literatur. So ermöglichte es die vor allem in der Region umfangreiche und zuverlässige Literatur dem Autor, sich bei der Erarbeitung der Grunddaten der einzelnen Fallstudien im wesentlichen auf bereits vorliegende Einzelwerke und Aufsätze zu stützen. Sie wurden unter der neuen Überschrift gebündelt und gezielt dort durch eigene Erkenntnisse aus Gesprächen und Interviews sowie aus der Auswertung von Dokumenten, Zeitschriften und Zeitungen ergänzt, wo es das übergreifende Thema oder eine Aktualisierung erforderlich machten. Auf der Basis dieses Wissens konnte der Autor dann seine Erkenntnisse zu der von ihm speziell herausgegriffenen Fragestellung ziehen.

2. Technische Bemerkungen: Für die Erstellung der Arbeit und die aus ihr hervorgehenden Erkenntnisse sind zwei Daten maßgeblich: der Bearbeitungszeitraum und der Bearbeitungsschluß, der den wissenschaftlichen Stand der Ergebnisse terminiert. Bearbeitungszeitraum für die vorliegende Dissertation sind die 80er Jahre, fortgeschrieben bis zum Jahr 1992. Das ist die Zeit, in welcher der Islam als politische und gesellschaftliche Kraft zunehmend ins Blickfeld der Weltöffentlichkeit gerückt und mehr und mehr zu einer Konstante der internationalen Politik geworden ist. Und es ist in der zweiten Hälfte zugleich jene Periode, die den Niedergang des Kommunismus ausmacht; auch wenn letzteres in dieser Arbeit nur eine untergeordnete Rolle spielt. Das Abschlußdatum Sommer 1992 ist durch die Vorlage der Arbeit als Dissertation Anfang 1993 bedingt. Im Großen und Ganzen wurde das Abschlußdatum eingehalten. Ausnahmen gab es, wenn sich in der Bearbeitung einzelner Länder eine frühere Zäsur anbot.

Bearbeitungsgrundlage für diese Dissertation war vornehmlich die Literatur des Bearbeitungszeitraumes bis Ende 1991. Literatur des Jahres 1992 konnte nur noch bedingt einbezogen werden. Soweit wie möglich wurden Monographien, Aufsätze und Reden aus dieser Zeit aufgearbeitet. Darüber hinaus wurden Zeitschriften und Zeitungen aus diesem Zeitraum aufbereitet und in den aktuellen Wissensstand eingearbeitet. Ergänzt wurde dieser Stand durch Erkenntnisse einer mit Gesprächen und Interviews ausgefüllten Forschungsreise nach Südostasien im Spätsommer 1990 (im Anhang befindet sich eine Übersicht über die Gesprächspartner). Somit läßt sich festhalten, daß sich die in dieser Arbeit gemachten Aussagen über die Rolle des Islam in der ASEAN letztendlich auf den Sommer 1992 beziehen.

Definitionen

An dieser Stelle sollen der Arbeit einige Definitionen vorangestellt werden, um sicherzustellen, daß Autor und Leser das gleiche Verständnis von bestimmten Begriffen haben. Sie dienen aber nur der ersten Orientierung und der Herstellung von Konsens zwischen Autor und Leser. Näher ausgeführt werden sie in Kap. I.3.2.1. und in Abschnitt II, Kap. „Staats- und Gesellschaftsvorstellungen im Islam".

Weltanschauung, Religion, Geisteshaltung. „Weltanschauungen" sind in dieser Arbeit weltweit greifende und mehrdimensionale Ordnungs- und Wertesysteme, die sich auf alle oder möglichst viele Bereiche des Denkens und Handelns erstrecken, vor allem auf Staat, Wirtschaft und Gesellschaft. In diesem Sinn gelten als Weltanschauungen: westlicher Liberalismus, Kommunismus und Islam. Unter „Religionen" werden auch in dieser Arbeit zuerst einmal all jene Glaubensgemeinschaften verstanden, die allgemein von dem Begriff erfaßt werden: z.B. Islam, Christentum, Hinduismus, Buddhismus. Im Verlauf der Arbeit aber wird der Begriff auf seine spirituell-liturgische Bedeutung beschränkt, und es werden weltanschauliche, politische sowie weltlich-moralische Aspekte bewußt ausgeklammert. Für weitgehend jenseitsorientierte Glaubensgemeinschaften wie den Theravāda Buddhismus bedeutet das nur geringe Abstriche. Für den mehr diesseitsorientierten Islam hingegen wird der Faktor Religion so nur mehr als Teil einer größeren Weltanschauung angesehen. Ist mithin künftig vom Islam die Rede, ist dies im Sinne von Weltanschauung gemeint. Ist nur der rein „religiöse" Bereich gemeint, so wird dies ausdrücklich hervorgehoben. Auch „Geisteshaltungen" bezeichnen hier Werte- und Ordnungssysteme, die den Weltanschauungen nachgeordnet sind. Unter diesem Begriff werden Systeme erfaßt, die von Ausdehnung und/oder Inhalt weniger umfangreich sind als Weltanschauungen, so z.B. der in Südostasien beheimatete Adat.

Die Begriffe „Geistes- und Kulturformen, Kulturformen, Kulturen" werden als Sammelbegriffe für Weltanschauungen, Religionen, Geisteshaltungen, aber auch für Ethnien und andere Kulturformen wie für Gebilde, die aus Vermischung solcher Geistes- und Kulturformen neu entstanden, benutzt.

Islamist, Fundamentalist, Muslim. „Muslim" (fem.: „Muslima") meint alle Anhänger des Islam, egal wie stark deren jeweilige Identifikation mit dem Islam ist und egal, ob sie diesen „weltanschaulich-politisch" oder nur „religiös" auslegen. „Islamist" meint hier den exponierten Verfechter einer islamischen Staats- und Gesellschaftsordnung; also das, was allgemein als „Fundamentalist" bezeichnet wird.

Islamischer Staat, muslimischer Staat. In dieser Arbeit wird zum besseren Verständnis unterschieden zwischen „islamischen" und „muslimischen Staaten". Unter „muslimischen Staaten" werden jene Staaten subsumiert, in denen Muslime die Bevölkerungsmehrheit stellen. Völlig unberührt bleibt davon die politische Ausgestaltung des Staates. Unter „islamischen Staaten" werden jene Staaten subsumiert, die sich nach islamischem Recht und islamischer Staatsauffassung organisieren. Dies setzt umgekehrt - zumindest theoretisch - keine muslimische Bevölkerungsmehrheit voraus, sondern ist eine rein politisch-rechtliche Definition dieser Staaten.

I. Die ASEAN-Region: Raum, Geschichte und Kultur

Abschnitt I gibt eine Einführung in Raum und Geschichte der ASEAN-Region und in ihr heutiges Erscheinungsbild. Er ist gegliedert in drei Kapitel, die sich mit der Region als einem geographisch-kulturellen, als einem historisch-kulturellen und als einem politisch-kulturellen Raum beschäftigen. Sind die ersten beiden Kapitel mehr den geographischen und historischen Grundgegebenheiten und Entwicklungen gewidmet, so gibt das dritte Kapitel eine Zustandsbeschreibung des Raumes und seiner „politischen Kultur" in heutiger Zeit. Es ist mithin die „Bühne", auf der sich das Geschehen dieser Arbeit abspielt.

Im **Kap. I.1. „Der geographisch-kulturelle Raum"** geht es um das Umfeld und um die Ausdehnung der ASEAN-Region, um ihre geographischen und kulturellen Großräume und um die dort lebenden Völker und Menschen. Dabei wird die ASEAN-Region auch in die ihr übergeordnete Gesamtregion Südostasien eingeordnet. Das Kapitel wird ergänzt durch eine Übersicht häufig vorkommender geographischer Bezeichnungen.

Kap. I.2. „Der historisch-kulturelle Raum" beschäftigt sich mit der Entwicklung der Region von ihren Anfängen bis zum Ende der Kolonialzeit in der Mitte des 2o. Jahrhunderts. Dabei geht es um historische Entwicklungen und Epochen sowie um geistesgeschichtliche Ausprägungen und Einflüsse. Der Akzent wurde dabei im Sinne dieser Arbeit auf die Geschichte des Islam in der Region gelegt.

Kap. I.3. „Der politisch-kulturelle Raum" baut auf die ersten beiden Kapitel auf und beschreibt den heutigen Raum. Kap. 3.1. „Chronologie" gibt einen kurzen Abriß der Nachkriegsentwicklung. In Kap. 3.2. „Der geistig-kulturelle Raum" folgt eine Darstellung der geistigen und kulturellen Grundströmungen und -elemente, die den Raum in der zweiten Hälfte des 2o. Jahrhunderts prägen. In diesem Kapitel wird versucht, ein Bild des geistig-kulturellen Überbaus des Raumes zu geben; mit besonderer Berücksichtigung des Islam. Kap. 3.3. „Der politisch-ökonomische Raum" gibt dann noch einen Überblick über die aktuelle politische und ökonomische Lage der ASEAN und ihrer Staaten.

I.1. Der geographisch-kulturelle Raum

Die ASEAN-Region ist ein Teil Südostasiens. Deswegen soll hier erst einmal auf die geographische und kulturelle Gesamtregion Südostasien eingegangen werden. Einen ersten Überblick über die Gesamtregion und ihre Staaten gibt Karte 1: „Geographische Gliederung Südostasiens".

I.1.1. Südostasien

Südostasien ist ein geographisch wie politisch nicht immer exakt definierter Raum und der Name wird zuweilen auch unterschiedlich verwendet[1]. Im Rahmen dieser Arbeit wird „Südostasien" als die Gesamtheit folgender Staaten definiert: Vietnam, Kambodscha, Laos, Birma [Myanmar[2]], Indonesien, Malaysia, Brunei, Singapur, Thailand und die Philippinen. Dies ist die anerkannteste und gebräuchlichste Definition in Theorie und Praxis[3].

In dieser an den Außengrenzen der Staaten orientierten Definition gibt es nur eine strittige Stelle: die Abgrenzung nach Südosten. Dabei geht es um die Zugehörigkeit der Halbinsel West-Irian [Irian Jaya] im Osten Indonesiens, zu diesem Raum. Historisch und kulturell wurde und wird das Gebiet zuweilen wegen seiner engen Bindungen zum benachbarten Papua-Neuguinea als Teil der angrenzenden pazifischen Inselwelt, d.h. als Teil Melanesiens, betrachtet. Politisch aber gehört es seit 1962/63 zu Indonesien. Da aber West-Irian für diese Arbeit keine Relevanz

---

[1] Zur Geschichte des Begriffes „Südostasien" und zu Fragen der Abgrenzung gegenüber anderen Räumen, s.: Uhlig (1988), S. 13ff.; Fisher (1964), S. 3ff.; Hall (1981), S. 3ff.; Villiers (1965), S. 11ff.; Steinberg (1989), S. 3; Heidhues (1983a), S. 15ff.; Jorgensen-Dahl (1982), S. xi ff. Diese Quellen dienen auch als Literaturgrundlage für die weiteren Ausführungen dieses Kapitels. Hinzu kommt Rigg (1991), S. 1ff., der aber seinen „Südostasien"-Begriff einschränkt.
[2] Birma heißt seit 1989 „Union von Myanmar" oder kurz „Myanmar" (vgl. „FWA '90" (1989), Sp. 380). In dieser Arbeit wird aber weiter der Name „Birma" benutzt.
[3] Die Zusammenstellung dieser zehn Staaten ist identisch mit den Zusammenstellungen der in Anm. 1 aufgeführten Autoren an den zitierten Stellen; unter Berücksichtigung der zum Zeitpunkt der jeweiligen Formulierung gebräuchlichen geographischen Bezeichnungen. Abweichende Zusammenstellungen, die sehr viel seltener sind, differieren v.a. in zwei Punkten. Für die einen ist die Zugehörigkeit Birmas zu Südostasien strittig (vgl. Nohlen/ Nuscheler (1983), Bd. 7, S. 8 u. 250). Für die anderen ist „Südostasien" nur mehr die Gesamtheit der heutigen ASEAN-Staaten (vgl.: „Südostasien" (1987), S. 17; Rigg (1991), S. 2; Higgot/Robison (1985); zuweilen auch im Sprachgebrauch der Tagespresse, wie in: NZZ, 12. Dez. 1990). Letzteres scheint eine Folge der zunehmenden Identifikation dieser Staaten mit der von ihnen gebildeten ASEAN zu sein, obwohl damit keineswegs ausgedrückt ist, daß dies zugleich alle „südostasiatischen Nationen" sind.

besitzt, werden im folgenden gemäß heutigem Usus Indonesiens
Staatsgrenzen im Osten auch als Grenzen Südostasiens angesehen[4].

Markanterweise ist die Zusammenfassung dieser zehn Staaten kaum durch
innere Faktoren bestimmt[5]. Vielmehr definiert sich der Raum vor allem in
Abgrenzung zu den drei ihn umgebenden Großräumen: dem indischen Subkontinent im Westen, China im Norden sowie Australien und der pazifischen
Inselwelt im Südosten. Die weiteren Grenzen markieren die Wasser zweier
Ozeane: des Indiks und des Pazifiks.

Daraus ergibt sich das erste Merkmal Südostasiens, das später auch auf die
ASEAN-Region übertragen werden kann: Südostasien ist ein nach allen
Seiten hin offener Raum. Das hat zwei Folgen: Der Raum stand in der Vergangenheit lange Zeit im direkten Einfluß zweier Hochkulturen (China und
Indien) und war stets offen für Einflüsse, die von außen in ihn hereingetragen wurden. Beides hat seine Entwicklung maßgeblich bestimmt.

Innerhalb Südostasiens unterscheidet man noch einmal zwischen einem kontinentalen und einem insularen Teil. Das kontinentale Südostasien umfaßt in
der Regel Vietnam, Kambodscha, Laos (zusammengefaßt als „Indochina"),
Birma und Thailand. Das insulare Südostasien sind Indonesien und Philippinen. Dazwischen liegen Malaysia, Singapur und Brunei[6]. Ältere Quellen aus

---

[4] Zur näheren Erläuterung: Die südöstliche Ecke Südostasiens bildet den „wunden
Punkt" einer sauberen Abgrenzung gegenüber den umliegenden Räumen. Dort liegen das
zu Indonesien gehörende West-Irian [Irian Jaya] sowie der Staat Papua-Neuguinea, der
allgemein zum melanesischen Raum gerechnet wird und sich in seiner Politik auch weitgehend dorthin ausrichtet (vgl.: Siemers (1989), S. 250 u. „Asia 1990 Yearbook" (1990),
S. 203f.). Historisch und kulturell aber bilden West-Irian und Papua-Neuguinea eine Einheit. Historisch gehörten sie bis ins 19. Jhd. zusammen, bis das Gebiet zwischen Holländern auf der einen Seite sowie Briten und Deutschen auf der anderen Seite entlang der
heutigen Grenze aufgeteilt wurde. Diese Grenze aber wurde 1963 als Ostgrenze Indonesiens festgeschrieben. Kulturell gesehen leben in beiden Teilen mehrheitlich Papuas und
Bergvölker, die ebenfalls mehrheitlich christlich und animistisch sind. Daß Papua-
Neuguinea nicht mehr zu Südostasien gehört, wird bestenfalls von Papua-Neuguinea
selbst gelegentlich aus rein politischen Gründen (dem Wunsch nach Aufnahme in die
ASEAN (vgl. Kap. I.3.3.3.)) in Frage gestellt. Ansonsten ist es weitgehend unstrittig.
Doch damit drängt sich die bis heute nie zwingend beantwortete Frage nach der Zugehörigkeit des historisch-kulturell so eng mit Papua-Neuguinea und damit mit dem melanesischen Raum verbundenen West-Irian auf (vgl. zu dem Problem „West-Irian": Fisher
(1964), S. 392ff.; Uhlig (1988), S. 587ff.).
[5] Nur wenige Autoren unternehmen den Versuch einer Bestimmung Südostasiens durch
innere Faktoren wie geologische Gemeinsamkeiten oder gemeinsame Anbau- und Handelsweisen. Meist wirkt dies jedoch relativ künstlich und wird von ihnen auch selbst
meist nur mit Begriffen wie „Einheit im weitesten Sinne" umschrieben. Vgl. dazu exemplarisch: Villiers (1965), S. 13ff.
[6] Vgl.: Fisher (1964), S. vi f.; Uhlig (1988), S. 16ff.; Heidhues (1983a), S. 23; Rigg
(1991), S. 1.

der Zeit, in der „Malaysia" als Staat noch nicht existierte, wohl aber dessen westliche Hälfte „Malaya" rechnen dieses Malaya zu Kontinental-Südostasien[7]. Heute muß man wohl wegen des 1963 entstandenen Gesamtstaates Malaysia zum insularen Teil zählen - ebenso Singapur und Brunei[8].

Von der geographischen zur „kulturellen" - d.h. ethnisch-religiösen - Gliederung Südostasiens. Ethnisch unterscheidet man einige Dutzend Nationalitäten und Völker. Die bedeutendsten sind Vietnamesen, Laoten, Khmer, Birmanen, Thais, Malaien, Filipinos und Papuas sowie die zugewanderten Chinesen und Inder[9]. Die bedeutendsten Religionen sind Buddhismus, Islam, Christentum und Hinduismus sowie ein in Bergregionen noch weit verbreiteter Animismus. Hierzu mag man auch Konfuzianismus und Taoismus zählen. Wie sich Ethnien und Religionen verteilen, zeigen die Karten 2: „Ethnische Gliederung" und 3: „Religiöse Gliederung" und die folgenden Tabellen.

Tab. 1: Ethnische Gliederung Südostasiens[10]

Birma:		Indonesien:		Thailand:	
- Birmanen	70-75 %	- Malaien	ca. 90 %	- Thais u.a.	85 %
- Schan / Karen	15 %	- Chinesen	3-4 %	- Chinesen u.a.	10 %
- Inder	1 %			- Malaien	3-4 %
- Chinesen	1 %	Singapur:			
				Malaysia:	
Kambodscha:		- Chinesen	77 %		
		- Malaien	15 %	- Malaien	50-60 %
- Khmer	85-90 %	- Inder	7 %	- Chinesen	33 %
- Vietnamesen				- Inder	10 %
- Malaien		Brunei:		- Bergvölker	
- Chinesen					
- Bergvölker		- Malaien	55-65 %	Philippinen:	
		- Chinesen	20-30 %		
Vietnam:		- Bergvölker	10-15 %	- Filipinos	bis 90 %
				- Malaien	5-8 %
- Vietnamesen	80-90 %	Laos:		- Chinesen	1-2 %
- Chinesen	2-3 %			- Bergvölker	
- Minderheiten		- Laoten, versch.			
		- Thais, Mon, Khmer			

---

[7] Vgl.: Fisher (1964), S. vi f.; Hall (1981), S. 3; Sarkisyanz (1979), S. 3.
[8] Vgl.: Uhlig (1988), S. 16; Rigg (1991), S. 1.
[9] Eigentlich sind auch einige der erstgenannten Ethnien zugewandert. Da dies allerdings bereits in viel früherer Zeit geschah, werden sie im Vergleich zu Chinesen und Indern hier nicht als „Zugewanderte" gesehen (s. dazu Kap. I.2. „Der historisch-kulturelle Raum").
[10] Die Daten ergeben sich aus den Angaben der Kap. II.1. bis II.6. und aus folgenden Werken: „Politisches Lexikon Asien, Australien, Pazifik" (1989), „FWA'92" (1991), „Political Handbook of the World 1991" (1991) und Uhlig (1988).

Tab. 2: Religiöse Gliederung Südostasiens

Birma:

- Buddhisten	85 %
- Muslime	3 %
- Hindus	2 %
- Christen	2 %
- Animisten	

Kambodscha:

- Buddhisten	bis 90 %
- Muslime	3 %
- Christen	

Vietnam:

- Buddh. u.a.	90 %
- Christen	6-7 %
- Sekten	

Laos:

- Buddhisten	bis 90 %
- Christen	2 %
- Animisten	

Indonesien:

- Muslime	bis 90 %
- Christen	5-8 %
- Hindus	ca. 3 %
- Animisten	

Singapur:

- Buddh. u.a.	60 %
- Muslime	16 %
- Christen mind.	10 %
- Hindus	4 %

Brunei:

- Muslime	60 %
- Buddh. u.a.	14 %
- Christen	10 %
- Animisten	

Thailand:

- Buddhisten	95 %
- Muslime	4 %
- Chr. / Hindus	
- Bergvölker	

Malaysia:

- Muslime	50-60 %
- Buddh. u.a.	30 %
- Hindus	7 %
- Christen	6 %
- Animisten	

Philippinen:

- Christen	bis 90 %
- Muslime	5-8 %

Trotz dieser markanten Vielfalt an Ethnien und Religionen, welche die Gesamtregion ausmachen, lassen sich bei genauerem Hinsehen drei bis vier in sich relativ geschlossene Großräume erkennen, wie es übrigens auch ein Blick auf Karte 4: „Kulturelle Großräume in Südostasien" belegt.

Der asiatisch-buddhistische Festlandraum: Den ersten ethnisch-religiösen Großraum bildet Kontinental-Südostasien. Ethnisch wirkt der Raum mit seinen vielen neben- und miteinander existierenden Völkern (die wichtigsten sind Birmanen, Vietnamesen, Thais, Khmer und Laoten) zwar keineswegs einheitlich. Doch gerade in dieser durchwachsenen Form präsentiert er sich in Abgrenzung zu den ihn umgebenden, viel geschlosseneren Räumen durchaus als ein in sich einheitlicher und kompakter Raum - zumal viele dieser Ethnien untereinander wiederum miteinander verwandt sind. Noch deutlicher wird die Zusammengehörigkeit des Raumes mit Blick auf die „religiöse Landkarte". Vorherrschende Religion ist der Buddhismus (Theravāda- und in Vietnam Mahāyāna-Buddhismus), auch wenn es in den Bergen noch Animisten und daneben konfuzianistisch-taoistische und christliche Minderheiten gibt. Diese ethnische und religiöse Gliederung macht aus diesem Raum ein kompaktes Ganzes.

Markanterweise verläuft die Kulturgrenze im Süden - wie übrigens auch im Norden und Nordwesten - nicht entlang der staatlichen Grenzen; in diesem Fall zwischen Thailand und Malaysia. Vielmehr gehören die vier Südprovinzen Thailands (zuweilen wird eine fünfte mitgezählt) zu dem im Süden angrenzenden zweiten großen Kulturraum: dem malaiisch-muslimischen Raum.

Der malaiisch-muslimische Raum: Diesen zweiten großen Kulturraum Südostasiens bilden die Staaten Indonesien, Malaysia, Brunei und Singapur. Diese Staaten liegen im insularen Südostasien. Ethnisch und religiös sind sie relativ homogen. So gibt es in dem Gesamt-raum eine deutliche malaiisch-muslimische Mehrheit und eine markante chinesische Minderheit, die sich vor allem in den Städten konzentriert. Nur in Singapur verhält es sich umgekehrt - bedingt durch dessen Geschichte und die Tatsache, daß Singapur selbst ein Stadtstaat ist. Zu diesem Großraum gehört - wie bereits erwähnt - auch noch das malaiisch-muslimische Südthailand, die Patani-Region. Der Grund für diese Zuordnung liegt in der Vergangenheit Thailands als regionaler Großmacht und in der wechselvollen Geschichte der Grenzgebiete von Thailand und seinen südlichen Nachbarn.

Der filipino-christliche Raum (Philippinen): Einen dritten Großraum bilden die Philippinen. Genauer: ihre Kernlande ohne die Sulusee-Region. Sie sind durch ihre Kolonialgeschichte (als frühere Kolonie Spaniens und der USA) westlich-abendländisch und vom Christentum geprägt. Ihre Bevölkerung besteht fast ausschließlich aus Filipinos (Malaien, die wegen vielerlei anderer Kulturmerkmale hier zur besseren Unterscheidung so genannt werden sollen (wir werden darauf später noch einmal eingehen)), die fast zu hundert Prozent Christen sind. Die Folge: Der Raum ist der einzige der drei Großräume, bei dem es schwerfällt, ihn „asiatisch" zu nennen.

Die Sulusee-Region: Neben diesen drei klar voneinander abzugrenzenden Großräumen gibt es zwischen dem malaiisch-muslimischen und dem filipino-christlichen Raum noch einen „Unterraum". Es handelt sich um die Sulusee-Region, zu der im Osten die philippinische Südinsel Mindanao gehört und im Westen aus historischen Gründen zuweilen auch das malaysische Sabah. Dieser Raum war früher mehrheitlich von Malaien besiedelt, und vorherrschende Religion war der Islam (auf Sabah Animismus). Heute ist der Raum, vor allem auf Mindanao, stark von Christen (Filipinos) mitbesiedelt.

Es gibt nun drei Möglichkeiten der Zuordnung dieses Raumes. Eine gewisse historisch-kulturelle Eigenständigkeit ermöglicht es, ihn als eigenen Unterraum zu sehen. Aufgrund der langen Dominanz des Islam und der Bindungen nach Westen läßt er sich aber auch dem malaiisch-muslimischen Raum zurechnen - wodurch dieser durch ein nach Staatsgrenzen „exterritoriales" Gebiet erweitert würde, durch die zu den Philippinen zählende Insel Mindanao und den Sulu-Archipel. Da Mindanao aber seit 1878 formal zu den Philippinen gehört, erhob umgekehrt Manila lange Zeit Anspruch auf Teile Ostmalaysias (s. Kap. II.6. „Philippinen"). So wären der Gesamtraum oder Teile davon auch dem filipino-christlichen Raum zurechenbar.

(West-Irian): Faktisch gäbe es noch einen fünften Unterraum: West-Irian, den äußersten Osten Indonesiens. Er ist mehrheitlich von Papuas und Ureinwohnern besiedelt und religiös stark christlich und animistisch ausgerichtet. Das liegt an seinen engen historischen und kulturellen Verbindungen zum benachbarten, zu Melanesien gerechneten Staat Papua-Neuguinea. Da jedoch die Zugehörigkeit dieses Raumes zu Südostasien umstritten ist und er politisch wie mit Blick auf die Fragestellung dieser Arbeit keine wesentliche Rolle spielt, ist dieser Raum als solcher hier des weiteren zu vernachlässigen (s. S. 10 f.).

I.1.2. Die ASEAN-Region

Soviel zu Südostasien und seinen Großräumen. Von Südostasien zur ASEAN-Region, die faktisch ein Ausschnitt aus Südostasien ist. Der Begriff „ASEAN-Region"[11] ist ein künstlicher Begriff, da es sich bei dem damit umschriebenen Raum weder um einen historisch gewachsenen noch um einen kulturell einheitlichen Raum handelt. Letzteres belegen bereits die vorangegangenen Ausführungen. Vielmehr ist dieser Ausschnittsraum lediglich bedingt durch die völkerrechtlichen Grenzen jener sechs Staaten in Südostasien, die heute die ASEAN bilden: Indonesien, Malaysia, Singapur, Brunei, Thailand und die Philippinen. Somit umschreibt er zuerst einmal nichts anderes als einen willkürlichen „politischen Raum", basierend auf einer politischen Willensbildung der beteiligten Staaten bzw. deren Regierungen. Und

---

[11] Zu dem Begriff und seinen Abgrenzungen, s.: Jorgensen-Dahl (1982), S. xi ff. und Rigg (1991). S. 1ff. Siehe dazu auch: Uhlig (1988), S. 16f.
Zur Präsenz dieses an sich künstlichen Begriffes in der heutigen wissenschaftlichen Diskussion, s.: Jorgensen-Dahl (1982), Parreñas (1989), Gardill (1991), Berg (1991) u.a.

dieser Eindruck verstärkt sich noch. Auch die ASEAN-Region ist geographisch, ethnisch und religiös höchst uneinheitlich strukturiert und zerfällt in die gleichen drei bis vier Unterräume wie die Gesamtregion. Dies belegt ein Blick auf die Karten 5: „Die ASEAN-Region in Südostasien" und 6: „Kulturelle Großräume in der ASEAN-Region".

Zu Südostasien gibt es allerdings einen markanten Unterschied. Die ASEAN-Region wird dominiert von einem großen malaiisch-muslimischen Kernraum, der wiederum von zwei in sich ebenfalls recht homogenen Flankenräumen ergänzt wird, dem thai-buddhistischen Thailand im Nordwesten und den filipino-christlichen Philippinen im Nordosten. Recht einheitlich sind in allen drei Räumen Anteil und Rolle der Chinesen. Erwähnenswert sind die Übergangsflächen zwischen den Räumen: Sulusee- und Patani-Region; wobei die Sulusee sicher die bedeutsamere ist.

Fazit: Die ASEAN-Region ist geographisch ein recht künstlicher und kulturell ein recht heterogener Raum. Man kann sie in drei bis vier Großräume untergliedern, von denen der malaiisch-muslimische eine Art Kernraum darstellt. Auffällig ist, daß die Grenzen zwischen den Räumen nicht mit den staatlichen Grenzen identisch sind. Eine besondere Rolle spielen somit die Übergangszonen zwischen den drei großen Räumen. Außerdem ist die Region durch ihre Insellage und die unklaren Außen-Abgrenzungen ein nach allen Seiten recht offener Raum.

Abschließend zu diesem Kapitel noch ein Hinweis auf Karte 7: „Regionen, Inseln und Städte in der ASEAN-Region". Sie gibt einen Überblick über die wichtigsten geographischen Punkte der Region, die im weiteren Verlauf der Arbeit angesprochen werden.

I.2. Der historisch-kulturelle Raum

Kap. I.2. führt in die lange und bewegte Geschichte Südostasiens und der ASEAN-Region bis etwa in die Mitte des 20. Jahrhunderts ein, d.h. bis zur Unabhängigkeit der heutigen Staaten[1]. Die Hauptakzente bilden die ASEAN-Region und die Entwicklung des Islam in der Region. Gemäß diesen Vorgaben läßt sich diese Geschichte in drei Epochen einteilen: die vor- und außerislamische, die islamische und die koloniale Epoche. Wichtig ist, daß die einzelnen Phasen keineswegs scharf voneinander zu trennen sind, sondern vielmehr oft fließend ineinander übergehen und in ihrer geistes- und kulturgeschichtlichen Entwicklung vielfach gar aufeinander aufbauen.

Kap. I.2.1. „Die vor- und außerislamische Zeit" behandelt Entwicklungen und Einflüsse, welche die Region bis zum Auftreten des Islam prägten. Für den malaiisch-muslimischen Kernraum ist dies die vor-islamische Geschichte. Für die außerhalb dieses Raumes liegenden Gebiete der ASEAN-Region aber wirkte diese Phase historisch weiter, da sie dort nicht durch die neue Kraft Islam überlagert wurde. Dafür steht der Begriff „außer-islamisch".

Kap. I.2.2. „Die islamische Zeit" skizziert Aufkommen und Ausbreitung des Islam in der Region und konzentriert sich dazu auf den malaiisch-muslimischen Kernraum. Auf die parallelen Entwicklungen in den nicht-muslimischen Staaten und Gebieten wird im Anschluß kurz eingegangen.

Kap. I.2.3. „Die Kolonialzeit" behandelt die verschiedenen Kolonialphasen in den einzelnen Staaten und Gebieten, wobei die Philippinen und das faktisch nie kolonialisierte Thailand gesondert berücksichtigt werden. Besonderes Gewicht hat die Weiterentwicklung des Islam.

I.2.1. Die vor- und außerislamische Zeit[2]

Um die Geschichte Südostasiens und der ASEAN-Region vor Aufkommen des Islam zu verstehen, muß man sich noch einmal zwei Erkenntnisse über

---

[1] Gesamtübersichten zur Geschichte Südostasiens oder zu weiten Teilen derselben finden sich in: Hall (1981); Villiers (1965); Steinberg (1989); Pluvier (1974); Turnbull (1989); HdO (1978), 3. Abtlg., 1. Bd.; weitere Literatur: s. in den einzelnen Kapiteln I.2.1. bis I.2.3. über die einzelnen historischen Abschnitte.
[2] Zu einer breiteren Darstellung der vor- und außerislamischen Zeit unter Beachtung der ASEAN-Region, s.: Hall (1981), Kap. I.1. - I.5, I.7. u. I.12.; Villiers (1965), Kap. 1 bis 5 u. 9; Coedès (1948); Uhlig (1988), Kap. 2.2. u. 2.4.; Sarkisyanz (1979). Diese Literatur ist auch Grundlage der folgenden Ausführungen.

den „geographisch-kulturellen Raum" Südostasien in Erinnerung rufen. Dies ist zum einen die geographische Offenheit des Raumes nach allen Seiten und zum anderen dessen Lage zwischen den Hochkulturen China und Indien. Die geographische Offenheit hatte Offenheit auch in zweifach anderer Hinsicht zur Folge: für fremde Kultur- und Denkeinflüsse und für fremde Zivilisationen und Menschen. So ist der Raum schon seit Jahrtausenden ein *Schmelztiegel der Kulturen* und *eine der ausgeprägtesten Einwanderungsregionen Asiens*. Diese beiden Elemente sind denn auch die zentralen Charakteristika des historischen Südostasien und aus ihnen heraus haben sich in evolutionären Prozessen eine Vielzahl unterschiedlicher Kulturlandschaften und Kulturen sowie ein reiches Nebeneinander von Ethnien und Religionen entwickelt.

Südostasien als Einwanderungsregion: Seit alters her ist Südostasien eine Einwanderungsregion, in welche die Völker vor allem aus dem Norden und Westen über Kontinentalwege hereinströmten. Allerdings muß man einschränken, daß genaue Angaben über Zuwanderung und Ausbreitung oft nur schwer zu machen sind, da die Erkenntnisse über frühe und früheste Phasen südostasiatischer Entwicklungsgeschichte noch recht spärlich sind.

Dies gilt besonders für die „Malaien" (früher auch „Indonesier" genannt), deren Völker heute das Gros der Bevölkerung im malaiisch-muslimischen Raum ausmachen. Die bis heute gängigste Theorie über deren Ausbreitung geht von mehreren „Wanderungswellen" aus, von denen die älteste noch heute bedeutende Welle jene der vom asiatischen Festland gekommenen „proto- oder alt-malaiischen Völker" ist. Sie wird etwa in das 2. und 3. vorchristliche Jahrtausend datiert. Für die Zeit um 300 v. Chr. wird dann eine zweite große Wanderungswelle der „deutero- oder jung-malaiischen Völker" vermutet. Diese Theorie ist bis heute Grundlage der meisten wissenschaftlichen Werke. Neuere Theorien gehen aber von kontinuierlichen Wanderungsprozessen oder von Prozessen einer kontinuierlichen Differenzierung und Ausbreitung der Malaien in die Region aus und setzen auch andere Datierungen an; ohne jedoch die älteren Theorien bisher definitiv entkräften zu können[3].

Festzuhalten ist, daß diese zugewanderten und sich ausbreitenden malaiischen Völker das Gros der heutigen Völker Südostasiens bilden und im Laufe der Zeit die einheimischen Urvölker (oder früheren Zuwanderer?) wie die Melanesier, die mit diesen verwandten Negritos und die weddiden Völker[4] weitgehend verdrängt haben. Und ihnen folgten im Laufe der Jahrhunderte weitere Einwanderungswellen[5].

---

[3] Zu einer Übersicht und Diskussion dieser Theorien, s.: Uhlig (1988), S. 62ff.
[4] Vgl.: Villiers (1965), S. 22ff. u. Uhlig (1988), S. 61f.
[5] Vgl. Kap. I.1. „Der geographisch-kulturelle Raum" (Karte 2 u. Tab. 1).

Fakt aber ist, daß heute in den meisten Staaten ehemalige Ein- und Zuwanderer die dominanten Ethnien sind, während die Ureinwohner nur noch wenige Prozente der Bevölkerung stellen und politisch oft marginalisiert sind. Klassisches Beispiel ist Malaysia - landläufig gerne als „Land der Malaien" angesehen. Tatsächlich aber sind die Malaien eigentlich ebenso Einwanderer wie die in späteren Jahrhunderten hinzugestoßenen Chinesen und Inder. Trotzdem bestimmen eben diese drei Ethnien das politische Geschehen Malaysias, während die eigentlichen Ureinwohner (die „Orang Asli" / „Altmenschen") und teils sogar die älteren protomalaiischen Völker als „Bergvölker" geographisch wie politisch ins Abseits gedrängt sind[6].

Derart sieht die Situation in fast allen ASEAN-Staaten aus. Fast überall dominieren die Nachfahren malaiischer Einwanderervölker, oft gemeinsam mit späteren Zuwanderern[7]. In dieses Bild fügt sich auch Thailand ein, wo die Thais diese Rolle übernehmen. Sie sind ein um die Jahrtausendwende aus China gekommenes Volk, das die damals in diesem Gebiet dominierenden Mon (und auch die Khmer) zunehmend marginalisierte; nicht ohne jedoch einiges von deren Kultur in sich aufzunehmen[8]. Auf diese Art und Weise haben diese „frühen Einwanderer" quasi die Grundlage für die heutigen Kulturen in diesen Ländern und Gebieten gelegt, wie sie im Laufe von meist langen evolutionären Prozessen entstanden sind. Mit anderen Worten: Diese „frühen Einwanderer" bildeten zumeist die ethnischen Basen für die heutigen Kulturformen. Zwar brachten auch sie kulturelle und religiöse Traditionen mit. Doch sind diese im Laufe der Zeit meist nur noch in rudimentärer Form erhalten geblieben, sind vielmehr mit neu hinzugekommenen Kulturen zu neuen Kulturformen verschmolzen - mal mehr, mal weniger. Nur in Thailand war es im wesentlichen eigentlich mehr eine Verschmelzung mit einer bereits vorhandenen Kulturform.

Südostasien als kultureller Schmelztiegel: Dies ist das zweite bestimmende Element südostasiatischer Geschichte. Die Offenheit des Raumes und das Fehlen einer dominanten Hochkultur führten auch zu Offenheit für andere Einflüsse und zur permanenten - wenn auch nach Ort und Zeit unterschiedlichen - Durchdringung mit fremden Kultureinflüssen. Und auch dabei hat die Region Offenheit und seine Fähigkeit zur Assimilierung gezeigt.

Im Rückblick hinterließen vor allem zwei Hochkulturen bleibende Spuren: China und Indien. Die beiden großen Nachbarn im Norden und Westen formten die - so man sie schon so nennen darf - „politische Kultur" Südost-

---

[6] Vgl.: „Politisches Lexikon Asien, Australien, Pazifik" (1989), S. 199f. oder Kap. II.2. Fallstudie „Malaysia".
[7] Vgl. dazu Kap. II.1. bis II.4. und II.6. (Fallstudien).
[8] Dazu s.: „Thailand" (1989), S. 7ff. u. 70ff. sowie das Ende dieses Kapitels.

asiens. Ihr Einfluß kam vor allem über die Reise- und Handelswege in die Region, die ein traditioneller Verbindungsweg zwischen Süd- und Ostasien war. In der Folge mischten sich diese Kulturen mit dem, was sie als Mischformen bereits vorfanden und bildeten so einen eigenen kulturellen Großraum, der sich vor allem durch seine Vielfalt auszeichnete. Grundlage dieser Vielfalt war die Fülle der Kombinationsmöglichkeiten, die sich an unterschiedlichen Orten und zu unterschiedlichen Zeiten für die verschiedenen Kulturen ergaben. „Einheit in Vielfalt" wurde das Motto der Region[9].

Das **Ergebnis** der beiden Einflußstränge fremder Hochkulturen und fremder Völkerscharen war die Herausbildung eines durchaus eigenständigen „südostasiatischen Kulturraumes" (s. Kap. I.3.2.). Dabei haben diese beiden Stränge die Geschichte Südostasiens letztlich stärker geprägt als einzelne Reiche und Dynastien, wie sie im Laufe der Jahrtausende in dieser Region ebenfalls zahlreich entstanden und dann aber auch wieder verschwunden sind. Diese politische Geschichte sei deswegen hier bewußt ausgespart.

Lediglich auf zwei Ausnahmen sei hier kurz eingegangen. Erste Ausnahme war das Königreich Nan-Chao, das um das 8. Jahrhundert im Süden Chinas entstanden war. Teile seiner Bevölkerung waren es, die als Thai-Völker auf ihrer Wanderung nach Süden die späteren Reiche der Thais und Laoten gründeten. Sie vermischten sich mit den angetroffenen indisierten Völkern und nahmen besonders von den Mon vieles auf, so den heute Land und Leute prägenden Theravāda-Buddhismus. In dieser Entwicklung entstand im 13. Jahrhundert auch das erste bedeutende Thai-Reich von Sukhotai [Sukhothai]. Dieses wurde Mitte des 14. Jahrhunderts von Ayudhya [Ayuthaya / Ayuthya] abgelöst, das dann bis ins 18. Jahrhundert bestand[10].

Die zweite Ausnahme war in Indonesien zu finden. In nachchristlicher Zeit entstanden auf Java und Sumatra bedeutende buddhistische und hinduistische Königreiche. Am wichtigsten waren Sriwijaya (7.-13. Jhd.) in Südsumatra und bereits in beginnender islamischer Zeit Majapahit (14./15. Jhd.) auf Ostjava. Der Einfluß der diese beiden Reiche tragenden Kulturen - besonders der des dabei entstandenen „Hindujavanismus" - reicht noch weit bis in die heutige Zeit hinein. Man beachte nur die hinduistische Enklave Bali im heutigen Indonesien. Anzumerken ist, daß diese beiden Großreiche zeitweise auch über Malaysia herrschten[11].

---

[9] Zu der Vielfalt indischer und chinesischer Einflüsse auf die Kulturen Südostasiens, s.: Villiers (1965), Kap. 2 bis 5; Hall (1981), Kap. I.2.; Fisher (1964), Kap. I.3. V. u. I.3. VI.; Uhlig (1988), Kap. 2.2.2.1.
[10] Zur frühen Thai-Geschichte, vgl.: Hall (1981), S. 182ff.; Wyatt (1984), S. 1ff. (bis Kap. 4); Keyes (1987), S. 6ff. (bis Kap. 2); Sarkisyanz (1979), S. 75ff.
[11] Zur Geschichte dieser indonesischen Reiche, vgl.: Hall (1981), S. 47ff.; Villiers (1965), S. 93ff.; Fisher (1964), S. 106ff.

Herrschaftsvorstellungen in Südostasien[12]

Die Staats- und Herrschaftsvorstellungen der Region sind stark „asiatisch" geprägt (Diese Kategorisierung sei hier einmal eingeführt, wiewohl manche Ausprägung auch für andere Regionen der Erde geltend gemacht werden könnte). „Asiatisch" heißt: Diese Staats- und Herrschaftsvorstellungen sind zuerst einmal und vor allem **personalistisch und zentralistisch**. Die damaligen Reiche und Dynastien hatten selten klare Grenzen und territoriale Gliederungen. Es waren meist um ein festes Zentrum und/oder eine Person gruppierte Gebiete: „Wer die Hauptstadt besetzte, besaß das ganze Reich. Es war nicht einmal erforderlich, die ganze Stadt zu besetzen, der Palast genügte. Innerhalb des Palastes war es wiederum wichtig, die Schätze des Königs, Krone, Schirm, Stuhl und Schwert oder Dolch, zu erobern, sie verkörperten königliches Charisma und verliehen die Legitimität"[13].

Von Herrschaft und Herrschern hatte man ein klares Bild. Beeinflußt durch Indien und China entwickelte sich ein Staatsideal, dessen Basis die **Einheit von kosmischer und irdischer Harmonie** war. Eine Einheit, für die der Herrscher stand. Er hatte für diese Harmonie zu sorgen, um Schaden vom Volk abzuwenden. Das Volk war um irdische Harmonie bemüht, um die kosmische Harmonie nicht zu gefährden. Viele Herrscher waren die Verkörperung eines Gottes oder der Mittler zwischen Kosmischem und Irdischem. Gottkönigtum oder die Nähe des Herrschers zu Gott waren häufig[14]. „**The main function of the ruler was to be**", not to do[15].

Ebenso konkret war die Vorstellung von Macht. Erstens kam Macht von Gott, niemals vom Volke[16]. Zweitens war Macht „etwas Ganzes, nicht teilbar, in der Gesamtmenge unveränderlich, sie legitimiert sich selbst"[17]. B. Anderson schrieb dazu: „In the Javanese political tradition wealth necessarily follows power, not power wealth"[18]. Kurzum: Der göttlich-inspirierte Herrscher war das Zentrum seines Staates, hatte alle Macht inne und war Garant für Sicherheit, Wohlstand und Wohlergehen. Auch wenn später nur noch die (konstitutionalisierten) Monarchen ihre Position göttlich begründen konnten, blieben die Ideale der Unteilbarkeit von Macht und der Notwendigkeit von Harmonie auch mit späteren (säkularen) Führern verbunden. Ebenso die Bindung an die Person oder später auch an eine Institution. **Charisma**, sei es nun persönliches oder verliehenes, spielte dabei auch weiter eine große Rolle[19].

---

[12] Zu den hier beschriebenen Staats- und Herrschaftsideen, vgl.: Heidhues (1983a), S. 24ff. u. 76ff.; Weggel (1990a), S. 91ff. u. 74f.; Pye (1985), S. 90ff.; Hall (1981), S. 244ff.; Villiers (1965), S. 83ff.; Magnis-Suseno (1981), S. 84ff.
[13] Heidhues (1983a), S. 25.
[14] Vgl.: Hall (1981), S. 244 ff.; Villiers (1965), S. 83ff.; Magnis-Suseno (1981), S. 84ff.
[15] Steinberg (1989), S. 217.
[16] Vgl.: Heidhues (1983a), S. 76; Weggel (1990a), S. 105ff.
[17] Heidhues (1983a), S. 76.
[18] B. Anderson (1972): „The Idea of Power in Javanese Culture", in: Claire Holt (1972): „Culture and Politics in Indonesia", Ithaca 1972, S. 41. [zit. nach: Heidhues (1983a), S. 76].
[19] Vgl.: Pye (1985), S. 90ff.

Weit verbreitet war in der Folge dieser Ideale die sauber hierarchisierte Zwei-Klassengesellschaft: Herrscher (plus Hof) und Beherrschte. Für den Gesamtstaat könnte man dabei zumeist auch von zwei Ebenen sprechen: Reich und Dorf. Meist nämlich war unter dem Reich erst das Dorf die nächste administrative Ebene (und bis heute tut man sich in Südostasien mit mittleren Ebenen schwer). Das Reich stand für Herrscher und Apparat (eine ausgeprägte Bürokratie). Das Dorf stand für die Beherrschten. Und dieses Modell setzte sich auf Dorfebene durchaus fort: in einem ausgeprägten Patronagesystem, das vielen Gesellschaften Südostasiens zugrunde lag. Diese **hierarchisierten Zweiklassen-Ordnungen** hielten bis heute, lassen sich doch noch immer viele südostasiatische Gesellschaften nach Mächtigen und Einfachen, Patronen und Klienten, „Besseren" und anderen einteilen[20]. Daneben gab und gibt es funktionale Gruppen, zum Beispiel die in der Wirtschaft dominierenden fremden Völker (Araber, Perser, Chinesen u.a.). Diese wohl aus chinesischem und indischem Denken inspirierten Hierarchien sind in der Region weit verbreitet; bis zu den Philippinen, wohin Chinas und Indiens Einfluß kaum kamen[21].

I.2.2. Die islamische Zeit[22]

Die islamische Geschichte der ASEAN-Region ist im Grunde genommen die kontinuierliche Fortschreibung der bisher skizzierten, von äußeren Einflüssen geprägten Geschichte. Dies gilt besonders in Fortschreibung der Region als „kulturellem Schmelztiegel". Auch der Islam wurde von außen in die Region hereingetragen und erwarb sich erst in einem langen Prozeß die heutige Bedeutung. Wie vor ihm bereits die chinesische und die indische Kultur ist er mit vorhandenen Kulturen verschmolzen. Als letzte der drei großen Kulturen hat er der Region - expressis verbis: ihrem malaiisch-muslimischen Kernraum - wohl am stärksten seinen Stempel aufgedrückt.

I.2.2.1. Der malaiisch-muslimische Kernraum

Den Beginn der islamischen Geschichte Südostasiens bzw. der ASEAN-Region zu datieren, ist schwierig. Im Gegensatz zu anderen Teilen der Welt, in die der Islam im Laufe seiner über 1400jährigen Geschichte vorgedrungen ist, kam er nach Südostasien nämlich nicht auf dem Wege der Eroberung.

---

[20] Vgl.: Heidhues (1983a), S. 24f.
[21] Vgl.: Heidhues (1983a), S. 77.
[22] Gesamtdarstellungen zur islamischen Geschichte Südostasiens finden sind u.a. in: Holt u.a. (1970), Band II, S. 123ff.; Hall (1981), S. 221ff. u. S. 301ff. Grunebaum (1971), S. 296ff.; Villiers (1965), S. 258ff.; Stöhr/Zoetmulder (1965), S. 280ff.; EI/o2 (1971), Vol. III, S. 1218ff. (Art. „Indonesia"); HdO (1975), 3. Abtlg., 2. Bd., Abschnitt 1. Dies ist auch Grundlage der folgenden Ausführungen.

Somit entstanden auch nicht zuerst festgefügte islamische oder muslimische Staaten, in denen oder von denen aus sich der Islam ausbreiten konnte. Vielmehr waren es anfangs im weitesten Sinne „muslimische Reisende" - Händler und Gelehrte -, die den Islam nach Südostasien brachten oder mitbrachten und schließlich dort zu seiner Ausbreitung beitrugen. Diese zeitlich nicht exakt zu fixierende Phase der „informellen Islamisierung" muß einbezogen werden, wenn von einer „Islamischen Geschichte" der Region die Rede ist. Erst nach einer längeren Phase derartiger informeller Islamisierung mittels mehr oder minder gezielter Missionierung kam es in Südostasien auch zu einer „formellen Islamisierung" in Form der Konstituierung islamischer oder muslimischer Staaten. In der Folge wirkten dann beide Prozesse ineinander und ergänzten sich[23].

1. „Informelle Islamisierung"

Die informelle Islamisierung durch „muslimische Reisende" hat etwa im 12./13. Jahrhundert begonnen und vollzog sich grob in zwei Linien, die bis heute für die unterschiedliche Ausprägung des Islam in den verschiedenen Teilen der Region verantwortlich sind. Die eine Linie war die Islamisierung der Küstengebiete durch muslimische Handelsreisende, die auf der einen Seite zwar keineswegs gezielt islamisierten, auf der anderen Seite dafür aber einen relativ reinen Islam mitbrachten. Die andere Linie war die Islamisierung des weiten Hinterlandes durch islamische Lehrer, die sehr wohl gezielt islamisieren wollten, jedoch in dieser Region auch eine Vielzahl an Kompromissen mit den bereits vorhandenen Geistes- und Kulturformen eingehen mußten. Darauf geht im wesentlichen der sogenannte „Adat-Islam" zurück.

1. In die **Küstengebiete** kam der Islam durch arabische, persische, indische und chinesische Handelsreisende. Diese *Kaufleute* waren meist auf der Durchreise zwischen den großen Handelszentren im Westen (Arabien, Persien und besonders Indien[24]) und im Osten (China) oder

---

[23] Einen guten Überblick über die „informelle Islamisierung" (auch wenn sie dort nicht so genannt wird) geben: Grunebaum (1971), S. 296ff. u. Schumann (1983), S. 16ff. Das gleiche findet sich zur „formellen Islamisierung" bei: Villiers (1965), S. 258ff. (weitere Literatur hierzu im entsprechenden Kapitel). Einander gegenübergestellt zeigen diese Darstellungen auch unterschiedliche Sichtweisen des gleichen Prozesses, je nachdem, welchen Akzent ein Autor setzt. So scheinen bei dem auf klassische staatenorientierte Entwicklungen konzentrierten Villiers die Prozesse, die hier unter „informeller Islamisierung" gefaßt sind, nur eine untergeordnete Rolle zu spielen. Umgekehrt legt Schumann gerade darauf den Akzent.

[24] Wo genau der Ursprung des südostasiatischen Islam lag, und wer ihn in die Region gebracht hat, ist unklar. Früher neigte man zu der Ansicht, daß der Islam direkt aus Arabien und Persien nach Südostasien kam. Mittlerweile spricht einiges dafür, seine Wurzeln in Indien anzunehmen, möglicherweise in Gujarat. Das kann mit dem Zeitpunkt der Is-

ließen sich an den wichtigsten Hafen- und Umschlagplätzen entlang der traditionellen Routen nieder[25]. Ihr Ziel war aber meist keine Missionierung, sondern nur die Bewahrung der eigenen Identität und Kultur in der Fremde[26]. Mit der Zeit jedoch verbreiteten sie ihre Religion und Weltanschauung dann aber doch über die eigene Gemeinde hinaus: durch Vermischung mit der örtlichen Bevölkerung sowie vielfache Übertritte der von ihnen abhängigen Angestellten oder Geschäftspartner. Sie verbreiteten im wesentlichen ihren heimatlichen Islam mit geringen Abstrichen. Die Folge war denn auch keine flächendeckende Durchdringung Südostasiens durch den Islam, wohl aber eine punktuell recht reine Ausprägung des Islam in einigen Küstenregionen[27].

2. In das weite **Hinterland** dagegen wurde der Islam durch *islamische Lehrer* - in der Regel „Sufis" (Mystiker) - gebracht. Sie tragen den aus dem Arabischen übernommenen Titel „sheh" bzw. „šaiḫ" oder die javanische Ehrenbezeichnung „kyai" (etwa: „Lehrer")[28]. Auch sie kamen vorhanden als Händler, doch diente ihnen diese Profession nur als Broterwerb. Das eigentliche Ziel dieser aus den Zentren der islamischen Welt entsandten oder aus freien Stücken zugewanderten Lehrer und Gelehrten war die Ausbreitung des Islam in der Region[29].

Nun trafen diese Lehrer und Gelehrten bei ihren Bemühungen im Hinterland aber auf ein über Jahrhunderte gewachsenes und tief verwurzeltes Ordnungssystem: den „Adat". Er ist eine Mischform aus Kulturen und Ordnungen, die auf Südostasien in vorislamischer Zeit eingewirkt haben und dort zu einem neuen Ganzen verschmolzen waren. Sein Grundzug ist das Bedürfnis nach Harmonie im kosmischen wie im sozialen Bereich (zu Adat, s.a. Kap. I.3.2.1. „Bausteine"). Da die Lehrer

---

lamisierung und der vorherrschenden schafiitischen Rechtsschule begründet werden (vgl.: Turnbull (1989), S. 19f.; Andaya/Andaya (1982), S. 51 ff.). Ebenso plausibel ist, daß mehrere Ursprungstheorien ineinandergreifen. Zu einer Diskussion, s.: Drewes (1985); Coatalen (1981); Hooker (1988), S. 3ff.
[25] Zum Handel zwischen West und Ost sowie den Auswirkungen, s.: Villiers (1965), S. 258ff.; Hall (1981), S. 240ff. u. 221f.; Mukti Ali (1975), S. 55ff. u. 73f.
[26] Verschiedene Quellen belegen sogar, daß es an vielen Orten anfangs gar keine Bekehrungsversuche gegeben hat. Vgl. dazu: Villiers (1965), S. 258; Dahm (1983), S. 57f.; Hall (1981), S. 221f.; Turnbull (1989), S. 19.
[27] Zum Wirken dieser Händler und den Folgen, vgl. insbesondere: Schumann (1983), S. 16; Dahm (1983), S. 57ff.; Ende/Steinbach (1989), S. 134ff.
[28] Vgl.: Schumann (1983), S. 16. Zum Begriff „kyai", s.a. Moosmüller (1989), S. 87 ff. Weitere gängige Bezeichnungen sind: 'ulama', mawlānā, maqdūm, sunan, walī.
[29] Über die besondere Bedeutung dieser Lehrer und Gelehrten, ihre Sufi-Hintergründe und ihr missionarisches Wirken bzw. ihr berufliches Nicht-Wirken, vgl.: Schumann (1983), S. 16ff.; Grunebaum (1971), S. 296ff.; Dahm (1983), S. 59ff.; Holt u.a. (1970), Band II, S. 140ff.; Sarkisyanz (1975), S. 538ff.

sich - zumindest in ihrem Gros - des Bestehens einer solch festgefügten Ordnung durchaus bewußt waren, war ihr Ziel eine Integration des Islam in die vorgefundene Ordnung. Sie bemühten sich um Kompromisse, die Adat und Islam miteinander verbanden und predigten daher einen oft mit anderen Einflüssen durchsetzten Islam. Somit schufen sie langsam von Ort zu Ort unterschiedliche neue Kulturformen, die in ihrer Gesamtheit als „Adat-Islam" zusammengefaßt werden. Darunter versteht man - je nach Sichtweise - entweder einen Islam, der in unterschiedlichster Weise durch den Einfluß anderer, früherer Kulturformen der Region abgewandelt oder auch abgemildert ist, oder eine ganz eigenständige Kulturform, die sich im wesentlichen aus Islam und Adat zusammensetzt. Sicher kamen den Predigern dabei das einheitliche *weltanschauliche* bzw. *weltanschauungsähnliche* Verständnis in Islam und Adat wie auch der bei vielen von ihnen ausgeprägte Hang zur Mystik sehr entgegen (zu Adat-Islam, s.a. Kap. I.3.2.1. „Bausteine")[30].

2. „Formelle Islamisierung"[31]

Nachdem so eine Grundlage für den Islam in der Region gelegt worden war, entstanden etwa ab Ende des 13. Jahrhunderts und beginnend auf Sumatra im äußersten Westen der Region erste islamische Reiche[32]. Damit begann die „formelle Islamisierung". Der erste bedeutende islamische Staat war um das Jahr 1400 das spätere Sultanat Malakka [Melaka] im Westen der Halbinsel Malaya[33]. Es war in Entstehung und Entwicklung ein Musterbeispiel für Konstituierung und Ausprägung islamischer Staaten in der Region. Bei seiner Gründung war Malakka nämlich noch keineswegs ein islamischer Staat. Sein Gründer war der von den Chinesen geförderte hinduistische Fürst Parameśvara, der vor der Macht der Majapahit-Könige nach Malakka geflüchtet war. Parameśvara trat 1414 nach der Heirat mit einer Tochter des islamischen Königs von Pasai auf Sumatra[34] zum Islam über und brachte Malakka auf den Weg zu einem islamischen Sultanat. So oder ähnlich entstanden auch die anderen frühen islamischen Staaten der Region: meist

---

[30] Zu „Adat" bzw. „Adat-Islam", ihrem Zusammentreffen in Südostasien und zum Prozeß des Zusammenwachsens, s.: Schumann (1983), S. 16ff.; Dahm (1983), S. 56ff.; Grunebaum (1971), S. 296ff.; Stöhr/Zoetmulder (1965), S. 294ff. Zu den inhaltlichen Prozessen sei auf die Verweise in Kap. I.3.2.1. hingewiesen.
[31] Die beste Übersicht über das, was wir „formelle Islamisierung" nennen, geben die ersten siebzehn geographisch geordneten Seiten in Holts Kap. „South-East Asian Islam to the Eighteenth Century" (s. Holt u.a. (1970), Band II, S. 123ff.).
[32] Vgl.: Hall (1981), S. 221f.; Holt u.a. (1970), Band II, S. 124f.
[33] Zu Entstehung u. früher Geschichte Malakkas, s.: Hall (1981), S. 222ff.; Villiers (1965), S. 265f.; Turnbull (1989), S. 17ff.; Andaya/Andaya (1982), S. 31ff.
[34] Pasai [bei Hall: Pasé] auf Nord-Sumatra war eines der ersten islamischen Fürstentümer in Südostasien. Näheres auf S. 28.

durch Übertritt ihrer Herrscher nach einer Heirat oder nach Beeinflussung durch islamische Gelehrte und Mystiker - faktisch eine informelle Islamisierung auf höherer Ebene[35]. Weiter anzumerken ist die Bewahrung vieler vorislamischer, insbesondere hinduistischer Traditionen und Kultformen in dem de facto islamischen Staat. Auch dies sollte typisch werden für viele frühe islamische Staaten und zum Teil bis heute weiterwirken[36]. Kurzum: Auch im Zuge der formellen Islamisierung entstand kein durchgängig reiner Islam, sondern ebenfalls eine Vielzahl kultureller Mischformen, unter denen der reine Islam nur eine, noch dazu seltene Ausprägung war.

Die Gründung des islamischen Reiches von Malakka markiert im engeren Sinn den Beginn der „Islamischen Geschichte" Südostasiens. Zwar existierten auch zuvor kleinere islamische Reiche, von denen Pasai und Aceh auf West-Sumatra wohl die bedeutendsten waren. Doch das im „Nervenzentrum der südostasiatischen Handelswege"[37] begründete Reich Parameśvaras hatte Symbolwert für die Region. So schrieb Hall:

„Malacca was now a political power of the first rank [...]. She was also the most important commercial centre in South-East Asia as well as the main diffusion-centre of Islam"[38].

Begünstigt durch seine Lage stieg Malakka zum dominierenden Staat der Region auf und unterwarf auch weite Teile der zuvor weitgehend von den Thais beherrschten Halbinsel Malaya[39]. Von Malakka und anderen frühen Fürstentümern aus konnte sich der Islam im 15./16. Jahrhundert kontinuierlich fast über den gesamten malaiisch-muslimischen Raum ausdehnen und im Laufe der Zeit eine ganze Reihe König- und Fürstentümer herausbilden[40]. Besonders im heutigen Indonesien, aber auch in Malaya, wurde er dabei tatkräftig assistiert von den kyai und von den muslimischen Händlern[41].

---

[35] Zur Konversion durch Heirat, s.: Villiers (1965), S. 269 u. 261f.; s. dazu auch Grunebaum (1971), S. 305. Zur Beeinflussung durch Gelehrte, s.: Hall (1981), S. 233ff.; Villiers (1965), S. 273. Oft ranken sich um Übertritte von Herrschern sagenhafte Erzählungen, die i.d.R. von göttlichen Inspirationen künden. Ein Beispiel ist erneut der Übertritt des ersten islamischen Herrschers von Malakka, dem angeblich Muhammad im Traum erschienen ist (vgl.: Turnbull (1989), S. 21).
[36] Zur Bewahrung hinduistischer Reste in Malakka, vgl.: Villiers (1965), S. 266 u. 269; Sarkisyanz (1979), S. 139f.
[37] Turlach (1972), S. 17.
[38] Hall (1981), S. 227.
[39] Zur Ausbreitung in der Umgebung, s.: Hall (1981), S. 225ff.; Holt u.a. (1970), Band II, S. 126; Turnbull (1989), S. 23ff.; Andaya/Andaya (1982), S. 50ff.
[40] Zur Ausbreitung Malakkas und schließlich des Islam in der Region, vgl. u.a.: Hall (1981), S. 225ff.; Holt u.a. (1970), Band II, S. 126ff.; Turnbull (1989), S. 23 ff. Besonders zur Ausbreitung in Indonesien: s. folgende Seite.
[41] Vgl. dazu: Holt u.a. (1970), Band II, S. 140ff.; Dom (1972), S. 17ff.; EI/o2 (1971), Vol. III, S. 1218ff. (Art. „Indonesia"); Grunebaum (1971), S. 296ff.

Staatenbildung des Islam in Südostasien

Nördlicher Raum: Etwa im 15. Jahrhundert entstanden fast all jene Sultanate auf Malaya und Borneo, die heute Malaysia und Brunei, aber auch Teile Indonesiens bilden; teils aus eigener Willenskraft durch Übertritt ihrer Herrscher, teils aber nun auch durch Eroberung oder Unterwerfung durch Malakka und andere islamische Staaten[42]. Und in dieser Zeit entstanden dann auch erste solche Fürstentümer in der Sulusee und auf Mindanao sowie in der Patani-Region[43]. Insgesamt kann man von einer recht einheitlichen Entwicklung im Sinne einer schnell um sich greifenden formellen Islamisierung im nördlichen malaiisch-muslimischen Raum sprechen.

Südlicher Raum: Etwas anders, aber in sich ebenfalls recht einheitlich, verlief die Entwicklung im südlichen malaiisch-muslimischen Raum, dem heutigen Indonesien. Dort war sicher der Einfluß der Gelehrten und Mystiker im Sinne einer informellen „Islamisierung von unten" mit am größten[44]. Schon früh aber entstanden auch dort islamische Staaten - und zwar ebenfalls oft auf der Basis bestehender Fürstentümer, deren Herrscher zu dem neuen Glauben und der neuen Weltanschauung übertraten. Bei ihnen spielte als Grund neben der Beeinflussung durch Gelehrte und Missionare oder der Heirat auch der Wunsch nach Unabhängigkeit von zerfallenden hinduistischen Großreichen wie Majapahit eine Rolle, wozu die neue Weltanschauung als willkommene Grundlage zur Emanzipation diente[45]. Insgesamt gilt es im Süden vier Räume zu unterscheiden: Sumatra, Java, die östlichen Inseln um die Molukken mit Celebes und der bereits besprochene zentrale und südliche Teil Borneos.

1. Nach Erzählungen berühmter Reisender wie Marco Polo oder Ibn Battuta sind die frühesten islamische Reiche (13./14. Jhd.) auf **Sumatra** anzunehmen, in Pasai und um die Stadt Perlak (Marco Polos „Ferlec"). Im 16. Jahrhundert stieg dort Aceh zur dominierenden Macht für die gesamte Insel und darüber hinaus auf. Aceh war auch einer der islamischen Staaten Indonesiens, die am längsten bestanden und mit dazu beitrugen, daß die „islamische Substanz" heute auf Westsumatra mit am stärksten in Indonesien ist. Allerdings wurden auch dort vorislamische, v.a. hinduistische und animistische Traditionen absorbiert oder ins Hinterland verdrängt[46].

---

[42] Vgl. dazu: Hall (1981), S. 229 u. 226ff.; Villiers (1965), S. 261ff. u. 269; Turnbull (1989), S. 53f.
[43] Vgl. dazu Kap. II.5. „Thailand" und II.6. „Philippinen".
[44] Vgl.: Holt u.a. (1970), Band II, S. 130ff. u. 140ff.; Grunebaum (1971), S. 304 ff.; Schumann (1983), S. 15ff.; für Sumatra: Dahm (1983), S. 59ff. Daß dies keineswegs ein auf die islamische Zeit beschränktes Phänomen war, wird u.a. im Kapitel „Der Islam während der Kolonialzeit" bei Grunebaum (1971), S. 312ff. deutlich, wo der Autor ab S. 314 das Wirken der Muhammadiyah-Bewegung sowie ihrer Schulen und Anhänger in späterer Zeit beschreibt. Oder bei Zoetmulder, der zur Beschreibung der Bedeutung der Mystik oft Mystiker heranzieht, die in der frühen holländischen Kolonialzeit wirkten (Stöhr/Zoetmulder (1965), S. 294ff.).
[45] Vgl.: Hall (1981), S. 230; Dom (1972), S. 17.
[46] Zu dieser Entwicklung des Islam auf Sumatra (besonders Pasai und Perlak) und den Zeugnissen Polos und Ibn Baṭṭūtas, vgl.: Hall (1981), S. 221ff.; Holt u.a. (1970), Band II, S. 124ff.; Dahm (1983), S. 55ff. Besonders zu Aceh, vgl.: Dahm (1983), S. 57ff.; Villiers (1965), S. 293f.; Hall (1981), S. 366ff.

2. Auch der Großteil der Staaten auf **Java** war bereits Anfang des 16. Jahrhunderts islamisch - rund ein Jahrhundert nach Eindringen des Islam auf die Insel. Das erste bedeutende islamische Reich war das um die Jahrhundertwende aufgestiegene Demak, von wo aus sich der Islam im Laufe des Jahrhunderts weiter verbreitete. Schließlich übernahm sogar das mächtige Majapahit-Nachfolgereich Mataram gegen Ende des Jahrhunderts den Islam[47]. Insgesamt aber ist die Durchdringung Javas durch den Islam erheblich weniger intensiv als die Sumatras gewesen. So haben sich gerade auf Java noch lange viele kleinere nicht-islamische Enklaven gehalten[48]. Überhaupt sind gerade hier die Reste vorislamischer, besonders hinduistischer Reiche und Traditionen am lebendigsten geblieben. Sie gingen in diesen Gebieten entweder in neuen Reichen auf oder zogen sich ins Landesinnere zurück[49]. Auf der benachbarten kleinen Insel Bali konnte sich der Hinduismus gar ein Refugium bewahren[50]. So bietet denn aus heutiger Sicht Java das wohl vielfältigste Gemisch an Kulturformen in Indonesien überhaupt[51]. Nicht von ungefähr nennen C.C. Berg und D.G.E. Hall den Vormarsch des Islam in Java „Islamization, not conversion"[52].

3. Wohl im späten 15. Jahrhundert hat der Islam die **östlichen Inseln** erreicht; und zwar zuerst die Molukken (Gewürzinseln) und dann Celebes. Bereits nach kurzer Zeit bildeten sich auch die ersten islamischen Reiche. Dort stand der Islam aber in ständiger Konfrontation mit dem vor allem von den Portugiesen mitgebrachten Christentum. Obwohl er sich dabei anfangs gut durchsetzen konnte, behielt letztlich in weiten Teilen das Christentum die Oberhand. Dafür erhielten sich aber einzelne Gebiete mit einem erstaunlich ausgeprägten islamischen Bewußtsein der Muslime[53].

Insgesamt war die formelle Islamisierung im Süden viel weniger intensiv und einheitlich als im Norden. Sehr viel stärker wirkten dort auch während der formellen Islamisierung informelle Kräfte. Dies hatte gerade auf Java eine starke Verschmelzung javanisch-hinduistischer mit islamischen Formen zur Folge[54]. Allerdings wirkten im Süden weder formelle noch informelle Kräfte flächendeckend. Weite Teile im Hinterland blieben gar lange Zeit oder gänzlich vom Islam unberührt. Dies gilt für das Innere Borneos und Javas

---

[47] Zum Islam auf Java, vgl.: Holt u.a. (1970), Band II, S. 130ff.; Villiers (1965), S. 270ff. u. 282ff.; Hall (1981), S. 230ff. u. 301ff.; Ricklefs (1985); Magnis-Suseno (1981), S. 29ff.
[48] Einige Beispiele solcher Enklaven nennt Hall (1981), S. 231.
[49] Vgl.: Villiers (1965), S. 260 u. 270ff.; Grunebaum (1971), S. 308ff.
[50] Vgl.: Stöhr/Zoetmulder (1965), S. 310ff.; Villiers (1965), S. 290ff.
[51] Zu breiten Darstellungen der Kultur- und Kulturmischformen auf Java, vgl.: Koentjaraningrat (1985); Geertz (1960) unter Berücksichtigung der kommentierenden Anm. 13 bei Schweizer (1983); Magnis-Suseno (1981), S. 32ff.; Fisher (1964), S. 240f.
[52] Hall (1981), S. 234.
[53] Zum Islam auf den östlichen Inseln, vgl.: Holt u.a. (1970), Band II, S. 135ff.; Grunebaum (1971), S. 311f.; Villiers (1965), S. 278.
[54] Vgl. dazu: Villiers (1965), S. 270ff.; Magnis-Suseno (1981), S. 12ff.

sowie eingeschränkt für Sumatra und ist ob Größe und der Küstenorientierung der Inseln nicht verwunderlich[55]. Diese höchst unterschiedlichen Penetrierungsgrade - geographisch mit Blick auf das gesamte Indonesien wie kulturell mit Blick auf die Muslime - blieben nicht ohne Folgen für das weite Gebiet des heutigen Indonesien. Es bildet gegenüber Malaysia (besonders Westmalaysia) und Brunei vom islamischen Standpunkt aus betrachtet einen erheblich uneinheitlicheren Kulturraum.

3. Zusammenfassung

In nur zwei bis drei Jahrhunderten wurde somit in drei Strängen eine - trotz mancher Lücken im Süden und Südosten - flächendeckende Islamisierung des gesamten malaiisch-muslimischen Kernraumes erreicht:

1. Durch Herausbildung islamischer oder muslimischer Staaten, die sich aber analog früher asiatischer Staatsvorstellungen meist auf bestimmte Zentren konzentrierten[56]. Entsprechend uneinheitlich war oft der islamische Charakter des Hinterlandes, was besonders im heutigen Indonesien zum Tragen kommt. Allerdings gab es auch in den Führungen durchaus unterschiedliche Grade und Formen des Islam, entwickelten sich doch an den Höfen durch die Bewahrung vorislamischer Traditionen fast nur Misch-Kulturformen mit dem Islam als mehr oder weniger dominanter Kraft. Hinzuzufügen ist, daß diese Form der Islamisierung stärker im Norden als im Süden des malaiisch-muslimischen Raumes anzutreffen war. Das wirkt bis heute nach, sind doch im Norden islamische Traditionen auf staatlicher Ebene ausgeprägter als im Süden. Ein Beispiel ist das Fortbestehen der malaiisch-muslimischen Sultanate in Malaysia.

2. Durch das Wirken von Gelehrten und Mystikern an den Höfen und in abgelegeneren Regionen. Ihre Arbeit im Hinterland wurde durch die Entstehung islamischer Staaten sehr erleichtert und nicht selten wurden sie von Fürsten, in deren Gebiet sie wirkten, gefördert[57]. Diese Islamisierung wirkte wiederum stärker im Süden.

3. Durch die zunehmende Durchdringung der Handelszentren durch muslimische Kaufleute, die sich mit Einheimischen vermischten und so den Islam ausbreiteten. Zudem übernahmen viele Bedienstete und Zulieferer die neue Religion und auch deren weltanschauliche Vorstellungen. Das führte dann

---

[55] Vgl. dazu die vorangegangenen Anmerkungen zu Sumatra und Java sowie ergänzend zu Borneo noch: Villiers (1965), S. 262; Holt u.a. (1970), Band II, S. 137.
[56] Vgl. dazu exemplarisch das Beispiel Mataram, bei: Villiers (1965), S. 283f.
[57] Vgl.: Hall (1981), S. 233f.; Villiers (1965), S. 278.

aber auch zuweilen zu leichten Abschleifungen am traditionellen Islam. Doch bis heute präsentiert sich der Islam in seiner meist reineren Form vor allem in den einstigen Handelshochburgen und in Küstenregionen.

Das Ergebnis dieser drei ineinandergreifenden Wirkungsstränge war ein insgesamt zwar recht bunter malaiisch-muslimischer Raum, der jedoch durch ein einigendes Band zusammengehalten wurde und wird: durch den Islam bzw. Adat-Islam. Diese Ausbreitung war relativ flächendeckend, wenn auch nicht lückenlos, haben sich doch in einigen Gebieten - wie gezeigt - zum Teil sogar weit zurückreichende, vorislamische Geistes- und Kulturformen erhalten. Trotzdem läßt sich ohne weiteres von einem gemeinsamen, bis zu einem gewissen Grade sogar einheitlichen Kulturraum sprechen. Nur in einer Hinsicht war der Raum keineswegs einheitlich: politisch. Ganz im Gegenteil zeichnete er sich dadurch aus, daß es in islamischer Zeit stets eine Vielzahl nebeneinander existierender Reiche und Staaten gab. Mit den Worten von O. Schumann „ist es dem Islam nicht gelungen, sich als überregionale einende Kraft zu etablieren; die Kämpfe zwischen den Sultanaten stärkten das Bild politischer Zerrissenheit"[58].

Eine Bemerkung zum Schluß. Ließ sich der Beginn der „Islamischen Geschichte" noch grob ins 12./13. Jahrhundert datieren, so ist das Ende nicht festzulegen. Sieht man einmal von den Philippinen ab, wurde die Islamisierung durch die folgenden Kolonialzeiten nicht beendet, sondern nur in unterschiedlicher Intensität überlagert. Das bis dahin Geschaffene blieb - wie beim Übergang von vor-islamischer zu islamischer Zeit - bestehen und wirkte in unterschiedlicher Form weiter[59].

I.2.2.2. Die Randgebiete Thailand und Philippinen

Bisher haben wir uns nur mit dem malaiisch-muslimischen Kernraum beschäftigt. Nun folgen noch einige Anmerkungen zu den Randgebieten Thailand und Philippinen, wo sich die Geschichte auch weiter im wesentlichen in den in Kap. I.2.1. vorgezeichneten Linien vollzog.

---

[58] Schumann (1983), S. 28.
[59] Vgl.: Ahmad Ibrahim u.a. (1985), S. 3f. Er schreibt: „In fact, we are now beginning to realize that this Islamization process may have had no one definitive beginning, and also, that it certainly has had no end. The Islamization of the region is rather a continuing process which effects not only our present, but our future as well."

Thailand[60]: Das Aufkommen des Islam vollzog sich in Südostasien fast zeitgleich mit der Konstituierung und Festigung eines eigenen Staats- und Kulturraumes der Thais in seinen beiden einander ablösenden Reichen von Sukhotai und Ayudhya (S. 20) auf dem kontinentalen Südostasien, der in seinen Ausläufern zeitweise bis weit nach Malaya hineinreichte[61]. Da die Thais der formellen Islamisierung aber stets um etwa ein bis zwei Jahrhunderte voraus waren, war auch die innere Konstitution ihres Raumes in der Zeit formeller Islamisierung relativ gefestigt. Dieser Staats- und Kulturraum orientierte sich in erster Linie an den ihn umgebenden Kulturräumen und den westlicheren Indien und Sri Lanka (von wo der thailändische Theravāda-Buddhismus gespeist wurde)[62].

Die Folge war, daß der Islam praktisch keinen Einfluß auf die innenpolitische und kulturelle Entwicklung der Thai-Reiche nahm. Vielmehr kam es zwischen beiden Räumen zu einer politisch-kulturellen Abgrenzung, die sich auch in kriegerischen Auseinandersetzungen manifestierte. Wie strikt diese Abgrenzung zeitweise war, zeigt eine Formulierung D.G.E. Halls, der den Islam als „political weapon against Buddhist Siam [Thailand, d. Verf.]"[63] bezeichnete - analog dem Verständnis des Islam in den Augen mancher Malaien-Fürsten als Emanzipationsinstrument gegenüber den hinduistischen Großreichen in die andere Richtung. Diese Abgrenzung war zwar eigentlich nur so lange möglich, wie die Schutzmacht Malakka existierte. Doch auch nach der Eroberung Malakkas durch die Portugiesen (1511) gelang es den meisten malaiisch-muslimischen Staaten Malayas, ihre Identität zu wahren - selbst unter zeitweiliger Thai-Oberherrschaft[64].

Obwohl Thailand dem malaiisch-muslimischen Raum nicht angehörte, blieb es vom Aufkommen des Islam in der Region nicht unberührt. Nachhaltig war dessen Einfluß auf die äußere Entwicklung Thailands, auf seine Grenzen. Vor Aufkommen des Islam gehörte Malaya zum Herrschafts- und Einflußbereich der Thais. Mit der Herausbildung islamischer und muslimischer Staaten um das neue Sultanat Malakka und in dessen Nachfolge aber wurden die Thais - vor allem kulturell - immer mehr zurückgedrängt, wenn auch Thailands heutige Grenzen nach Osten erst 1909 von den Briten gezogen wurden. In diesem Prozeß gab es aber auch immer wieder gegenläufige Bewegungen, in denen Thai-

---

[60] Zu Thailand und den Thai-Reichen in dieser Zeit, s.: Hall (1981), S. 185ff. u. 284ff.; Wyatt (1984), S. 38ff.; Keyes (1987), S. 24ff.; Andaya/Andaya (1982), S. 62ff. („Thai Influence in the Malay States"); Sarkisyanz (1979), S. 75ff.
[61] Vgl.: Hall (1981), S. 188ff.; Villiers (1965), S. 184ff.; Andaya/Andaya (1982), S. 62ff.
[62] Vgl.: Bechert/Gombrich (1989), S. 190ff.; Hall (1981), S. 188ff.
[63] Hall (1981), S. 229.
[64] Vgl.: Andaya/Andaya (1982), S. 62ff.

Herrscher - besonders nach dem Fall Malakkas - einzelne Gebiete wieder unter ihre Kontrolle bringen konnten - zumindest politisch[65]. Am bedeutsamsten war 1785 die Unterwerfung Patanis[66]. Sie führte dazu, daß die heutigen Südprovinzen Thailands ausgesprochen malaiisch-muslimisch sind (s. Kap. II.5. Fallstudie „Thailand").

Philippinen: Eine Sonderrolle in „islamischer Zeit" kam den Philippinen zu. Im Gegensatz zum malaiisch-muslimischen Raum und Thailand gab es dort in vorislamischer Zeit keine großen durchorganisierten Staaten, sondern nur einige kleinere Gemeinden, die sich zu losen Föderationen zusammengeschlossen hatten. Auch konnte man nur bedingt von einem in sich gefestigten Kulturraum der Inseln sprechen, wiewohl durchaus eine Reihe einzelner und in sich auch zum Teil beachtlich entwickelter Kulturformen in einigen Gebieten vorhanden waren. Allerdings waren die meisten Filipinos auch Mitte des 2. Jahrtausends noch Animisten[67].

Dies änderte sich auch nicht in „islamischer Zeit"[68]; zumindest nicht durch den Islam. Zwar erreichte er auf seinem Vormarsch auch die Philippinen, und zwar in etwa auf den gleichen Wegen wie in anderen Teilen des malaiisch-muslimischen Raumes: durch Einbeziehung in den Handel und durch Herausbildung einiger islamischer Staaten. Doch beschränkte sich dieser Prozeß weitgehend auf die Sulusee und Mindanao. Die nördlichen Kernlande der Philippinen hingegen blieben relativ unberührt; lediglich nach Manila und in einige andere Teile der Halbinsel Luzon fand der Islam begrenzt seinen Weg.

Dafür setzte auf den Philippinen von der anderen Seite her eine neue Entwicklung ein. Relativ früh begann dort die Kolonialzeit. 1521 entdeckte Ferdinand Magellan die Philippinen. 1564/65 landete Miguel Lopez de Legazpi auf den Inseln und eroberte sie. In der Folgezeit breiteten sich die Spanier rasch in diesem wenig abwehrbereiten Umfeld aus. Nur die islamischen Fürstentümer im Süden setzten ihnen Grenzen - ebenso wie sie umgekehrt einer Ausweitung des malaiisch-muslimischen Raumes Einhalt geboten (s. Kap. I.2.3. „Kolonialzeit").

---

[65] Vgl.: Andaya/Andaya (1982), S. 62ff.
[66] Vgl.: Kraus (1983), S. 112. Zur Rolle und Bedeutung Patanis, s.: Andaya/Andaya (1982), S. 67f.; Che Man (1990), S. 32ff. (er datiert Patanis Unterwerfung 1786).
[67] Zur vor- und außerislamischen Zeit auf den Philippinen, vgl.: Villiers (1965), S. 263f.; Hall (1981), S. 272f.; Hanisch (1989), S. 24ff; Scott (1977).
[68] Zur „Islamischen Geschichte" der Philippinen, v.a. des Südens um Mindanao und Sulusee, s.: Gowing (1979); Che Man (1990), S. 19ff.; Heidhues (1983b), S. 129 ff; Grunebaum (1971), S. 320ff.; Majul (1974).

Zusammenfassend ist zu sagen, daß die gegenläufigen Entwicklungen zwischen Thailand und dem malaiisch-muslimischen Raum eine Art „Kulturgrenze" zwischen beiden Räumen geschaffen haben. Allerdings handelt es sich dabei um eine „sanfte Kulturgrenze", da es zwischen beiden Staats- und Kulturräumen stets eine Art „Pufferzone" gab. In ihr überlappten sich beide Räume, wobei auch die formelle Zugehörigkeit zu einem der beiden Räume häufig wechselte. Zu den Philippinen hingegen ist für diese Zeit nicht von bleibenden Auswirkungen für diese Arbeit zu sprechen.

I.2.3. Die Kolonialzeit[69]

Im 16. Jahrhundert setzte in Südostasien eine neue historische Phase ein: die Kolonialzeit. In gewisser Hinsicht war auch sie die Fortschreibung der bisherigen Geschichte äußerer Einflüsse auf die Entwicklung Südostasiens. Und doch kommt mit ihr auch eine neue Qualität in diese Geschichte. Sicher waren auch zuvor fremde Herrscher aus machtpolitischen Gründen in die Region eingedrungen. Doch jene benachbarten und mithin verwandten Kräfte waren von einer anderen Qualität als die aus dem fernen Europa gekommenen Kolonialmächte. Letztere brachten vielfach auch ferne Geistes- und Kulturformen mit, die nicht mehr so leicht mit den vorhandenen Formen zu vermischen waren. Und mehr noch: Eine solche Vermischung lag meist auch gar nicht im Interesse der Kolonialherren. Sie kamen vornehmlich aus drei Gründen. Der erste war der geopolitisch-strategische Grund. Die beiden anderen waren jene, die J. Villiers recht prägnant den Spaniern zuschrieb: „Sie wollten Seelen retten und sich bereichern"[70] - wobei das Motiv des „Seelenrettens" mit zunehmender Dauer der Kolonialzeit und mit fortschreitender Säkularisierung in Europa an Bedeutung verlor. Hinzu kam, daß die Kolonialmächte ihre Ziele aus der Position absoluter materieller Überlegenheit heraus durchsetzen konnten. Das Ergebnis war, daß in dieser Phase bleibende Vermischungen vor allem im geistig-kulturellen Bereich nur bedingt vorkamen. Kolonialherrliche Institutionen und ihre Repräsentanten sowie deren geistig-kulturelle Identität waren meist die eine Seite, die einheimische Bevölkerung und deren geistig-kulturelle Identität eine andere. Die Folge: Eine Durchsetzung kolonialherrlicher Geistes- und Kulturformen trat meistens entweder ganz oder gar nicht ein. Dies sollte sich erst in späterer Zeit langsam ändern: unter den Holländern, den Briten und den US-Amerikanern, und zwar mit zunehmender Tendenz.

---

[69] Gesamtdarstellungen zur Kolonialgeschichte Südostasiens geben u.a.: Hall (1981), S. 263ff.; Steinberg (1989), S. 91ff.; HdO, 3. Abtlg., 1. Bd., Lfg. 2; Villiers (1965), S. 262ff. bzw. 274ff.; Fisher (1964), S. 126ff. sowie diverse andere Stellen.
[70] Villiers (1965), S. 264.

I.2.3.1. Spanische und Portugiesische Kolonialzeit / Die Kolonialgeschichte der Philippinen

Die Kolonialzeit in Südostasien nimmt ihren Anfang im 16. Jahrhundert mit den Portugiesen und den Spaniern[71]. Die Portugiesen kamen zu Beginn des Jahrhunderts von Westen her entlang der Handelswege in die Region und brachten einige zentrale Plätze an diesen Routen unter ihre Kontrolle (u.a. Malakka, Macao und einige Orte auf den Philippinen). Die Spanier folgten ihnen etwa ab Mitte des Jahrhunderts von Osten her und konzentrierten sich bald auf die Philippinen, wo sie die Portugiesen trotz bestehender Verträge verdrängten. Ihr Ausgangspunkt war Lateinamerika. Zu den Philippinen brachen sie von Mexiko aus auf, von wo die Kolonie lange Zeit auch verwaltet werden sollte.

Bezogen auf den südostasiatischen Kontext waren Spanien und Portugal Musterexemplare einer überlegen-selbstherrlichen und strikt auf Wahrung der eigenen Identität bedachten Grundhaltung, mit der dort die frühen Kolonialherren auftraten und mit der sie ihre politisch-ökonomisch-religiösen Ziele verfolgten. Vermischung kam für sie kaum in Frage[72]. Ihr Ziel war Unterwerfung. Und da in beiden Ländern die Kirche eine dominierende Rolle spielte, fand diese Unterwerfung nicht nur politisch-ökonomisch, sondern auch religiös statt. Beide Mächte errichteten über den eroberten Gebieten eine von ihnen gestellte oder dominierte, politische und ökonomische Verwaltung und versuchten, die unterworfenen Völker zu christianisieren. Die Folgen dieser Politik lassen sich heute an den unterschiedlichen Überresten bzw. Nicht-Überresten beider Kolonialreiche ablesen.

Die Spanier auf den Philippinen: Obwohl sie erst als zweite in die Region kamen, sollen die Spanier hier zuerst behandelt werden. Ihre Rolle war die wichtigere. Die spanische Kolonialzeit in Südostasien begann mit der Landung Legazpis 1564/65 auf den Philippinen (frühere Landungen und Besitzproklamationen blieben folgenlos), dauerte bis zu ihrer Ablösung ebendort durch die USA 1898 und beschränkte sich auch fast ausschließlich auf die Philippinen. Der Verlauf dieser Kolonialzeit läßt sich knapp mit drei Worten zusammenfassen: „Besitzergreifung", Hispanisierung und Christianisierung. Einen kurzen Abriß gibt der folgende Kasten „Besitzergreifung".

---

[71] Zum Beginn der südostasiatischen Kolonialzeit, s.: Hall (1981), S. 263ff.; Villiers (1965), S. 262ff. u. 274ff.; Fisher (1964), S. 126ff.
[72] Villiers beschreibt als eine Ausnahme Malakka (s. Villiers (1965), S. 276).

„Besitzergreifung"[73]

Innerhalb nur weniger Jahrzehnte nach ihrer Landung ergriffen die Spanier buchstäblich „Besitz" von den Philippinen und seinen Menschen. Das manifestiert sich auch im Namen, den sie dem Land schon bei einem früheren Landungsunternehmen Villalobos 1543 gaben: „Philippinen", zu Ehren des Thronfolgers Philipp. In dem politisch wie kulturell „luftleeren Raum" fiel es ihnen leicht, eine mehr als nur formale Oberhoheit zu installieren. In kurzer Zeit wurde das nördliche Kerngebiet der Philippinen nicht nur unterworfen, sondern zugleich hispanisiert und durch Prediger und Missionare nachhaltig christianisiert. Diese Politik setzten die Spanier auch mit Gewalt durch. Wirtschaftlich beuteten sie die Inseln so weit wie möglich aus, ließen sie aber weitgehend unterentwickelt. Ihre Grenzen - im doppelten Sinn des Wortes - fanden die spanischen Generäle und Geistlichen dort, wo andere Kulturen bereits vor ihnen gewirkt hatten: in der Sulusee-Region. Trotz aller Bemühungen blieb dieses Gebiet bis weit nach den Spaniern Teil des malaiisch-muslimischen Raumes und entzog sich des Zugriffs der Spanier und ihrer ibero-katholischen Kultur. Es trat sogar eine stärkere Besinnung auf den Islam und Ausrichtung auf die malaiisch-muslimische Welt ein. Lediglich einer formellen Oberhoheit konnten die Spanier diese Gebiete gegen Ende des 19. Jahrhunderts unterwerfen.

Auch über die einzelnen Schritte der Hispanisierung und Christianisierung mögen andere Quellen Auskunft geben[74]. Hier ist nur das Ergebnis von Bedeutung: Die über 300jährige Kolonialzeit der Spanier, die die Inseln erstmals in ihrer Geschichte dem massiven und autoritären Einfluß einer „Hochkultur" aussetzte, drückte ihnen nachhaltig ihren Stempel auf. Bezeichnend ist ein Satz von B. Dahm über die vorspanische Kultur zum Ende der spanischen Kolonialzeit: „Von ihr konnten keine Impulse ausgehen. Sie war tot"[75]. Die Spanier machten aus den Philippinen ein viel näher an Lateinamerika denn an Asien orientiertes Land. H. Uhlig nennt es einen „christlichen Außenposten der lateinamerikanischen Zivilisation auf asiatischem Boden"[76]. Das zeigt sich besonders in zwei Punkten: in der herausragenden Rolle der großen Grundbesitzer-Clans[77] und der Kirche in Politik

---

[73] Zur spanischen Kolonialzeit auf den Philippinen, vgl.: Hall (1981), S. 272ff. u. 745ff.; Hanisch (1989), S. 24ff.; Scott (1977), S. 200ff.; Dahm (1974), S. 11ff.; Steinberg (1989), S. 91ff. u. 160ff.
Zu der Zeit vor den Spaniern: s. S. 32 und Hanisch (1989), S. 24ff. Zu den Moro-Gebieten, vgl. Kap. II.6. Fallstudie „Philippinen".

[74] Dazu: Villiers (1965), S. 262ff.; Hall (1981), S. 275f.; Dahm (1974), S. 11ff.; Reinknecht (1989c), S. 251ff.; Steinberg (1989), S. 91ff.; Scott (1977), S.200ff.

[75] Dahm (1974), S. 59.

[76] Uhlig (1988), S. 82.

[77] Siehe dazu: Hanisch (1989), S. 39ff., 62ff. u. 80ff.; Reinknecht (1989c), S. 258f. Vgl. auch Kap. II.6. Fallstudie „Philippinen".

und Gesellschaft sowie in der Verankerung des Christentums in der Bevölkerung[78]. Man merkt, daß die Vorbilder für die von den Spaniern errichteten Strukturen aus Mexiko kamen[79]. Diese Vergangenheit bedingt auch eine bis heute anhaltende, wenn auch oft recht diffuse West-Ausrichtung.

Auf die Spanier folgten die US-Amerikaner (1898-1946). Sie festigten die westliche Grundhaltung, gaben dem Land aber „eine nachhaltige Umprägung der kulturellen und wirtschaftlichen Strukturen" in ihre Richtung; etwa durch die Privilegierung des Englischen gegenüber dem Spanischen[80]. Daran änderte auch die japanische Besetzung im Zweiten Weltkrieg (1942-1945) nichts. Allerdings wirkte der US-Einfluß durch das Verbleiben der Amerikaner und die in vielerlei Hinsicht enge Anbindung an die USA auch weit über die Kolonialzeit hinaus. Mit dem Resultat, daß die Philippinen nach einer insgesamt über 400jährigen amerikanisch-westlichen „Anbin-dung" nur noch in losem Kontakt zu Asien zu stehen scheinen - ohne aber auf der anderen Seite zur amerikanisch-westlichen Welt zu gehören[81].

Die Portugiesen in Südostasien[82]: Genau zum gegenteiligen Ergebnis wie die Spanier kamen die Portugiesen - trotz gleicher Ansätze[83]. Zwar erlangten sie die formelle Oberhoheit über einzelne Gebiete und Stützpunkte, darunter Malakka 1511. Doch da sie meist auf geistig-kulturell bereits bestelltes Terrain trafen, waren ihre autoritären Versuche der Einflußnahme zum Scheitern verurteilt; übrigens ebenso, wie ihre Ausbreitung in der Region stets vehement bekämpft wurde. Dazu J. Villiers und D.G.E. Hall:

„Die Tatsache, daß der Islam bereits fest verwurzelt war, als die Portugiesen zu versuchen begannen, sich politischen und religiösen Einfluß zu schaffen, machte es für die katholischen Missionare schwierig, irgendeinen größeren Erfolg zu erlangen, insbesondere weil die Frömmelei und Grausamkeit der Portugiesen in ausgesprochenem Gegensatz zu dem friedfertigen Charakter der islamischen Infiltration standen. [...] Die Habgier und Angriffslust der portugiesischen Beamten auf den Molukken machte sie bei den Inselbewohnern nicht beliebt ..."[84].

---

[78] Vgl. Hanisch (1989), S. 80f.
[79] Vgl.: Hall (1981), S. 277.
[80] Vgl.: Uhlig (1988), S. 88.
[81] Zur amerikanischen und zur japanischen Kolonialzeit auf den Philippinen, s.: Hanisch (1989), S. 46ff.; Pluvier (1975), an diversen Stellen. Zum Verhältnis USA - Moros, vgl.: Gowing (1974), S. 33ff.
[82] Zur Kolonialzeit der Portugiesen: Hall (1981), S. 263ff.; Villiers (1965), S. 274ff. u. 306; Turnbull (1989), S. 33ff.
[83] Vgl.: Villiers (1965), S. 264.
[84] Villiers (1965), S. 276.

„Where Islam had already penetrated, Catholic missions had no hope of success"[85]

Mehr noch: Die autoritären Versuche der Errichtung ihrer Herrschaft und der Einflußnahme trugen sogar zum Vormarsch anderer Kolonialmächte und islamischer Staaten auf Kosten der Portugiesen bei[86]. Nur in wenigen Niederlassungen (außerhalb der ASEAN-Region) konnten sie prägend wirken; so in dem noch heute von ihnen gehaltenen Macao[87]. Darüber hinaus aber hat die recht kurze portugiesische Kolonialzeit von nur rund hundert Jahren ob ihrer absoluten Ansprüche in dieser auf Kompromiß eingestellten Welt kaum Spuren hinterlassen. Selbst in Malakka blieb von ihnen wenig. So zeugen denn auch heute von den Portugiesen in Südostasien nur noch einige kleine christliche Gemeinden und vereinzelte Baudenkmäler[88].

I.2.3.2. Die Holländer in Indonesien[89]

Die dritte Kolonialmacht in der Region war Holland. Ihr Kolonialreich umfaßte im wesentlichen das heutige Indonesien, wiewohl es sich erst langsam zu dieser Größe herausbildete[90]. Es entstand um 1600 mit dem Vordringen holländischer Kaufleute nach den Molukken und Java und endete mit der Unabhängigkeit Indonesiens 1949. Obwohl die Holländer nur ein Jahrhundert nach den Portugiesen, die sie an vielen Stellen (u.a. in Malakka 1641) verdrängten, und nur wenige Jahrzehnte nach den Spaniern in die Region kamen, waren ihre Herrschaft und ihr geistig-kultureller Einfluß auf den Raum doch von einer anderen, viel zurückhaltenderen Qualität[91]. Auch hier sei zur Geschichte auf den Kasten „Maximum an Gewinn" verwiesen. Er dokumentiert eine vornehmlich auf ökonomischen Gewinn zielende Politik.

---

[85] Hall (1981), S. 268.
[86] Zu ersterem, vgl.: Villiers (1965), S. 277 u. 285; Hall (1981), S. 271; zu letzterem, vgl.: Villiers (1965), S. 278 u. Hall (1981), S. 269.
[87] Vgl.: Pohl (1989a), S. 191ff.
[88] Etwas unverständlich ist Villiers' Sicht: „Der unzweifelhaft stärkste europäische Einfluß in Südostasien war der portugiesische." (Villiers (1965), S. 306), die durch seine Ausführungen kaum zu belegen sind. Zutreffender ist da Uhlig, der die „unverkennbaren Züge" der portugiesischen Kolonialzeit auf deren wenige Stützpunkte beschränkt (vgl. Uhlig (1988), S. 81).
[89] Zur holländischen Kolonialzeit, s.: Hall (1981), an div. Stellen; De Graaf (1977), S. 11ff.; Villiers (1965), S. 285ff.; Fisher (1964), S. 252ff.; Heinzlmeir (1989), S. 114f. Zum Islam in Indonesien während der holländischen Kolonialzeit, s.: Dahm (1974), S. 61ff.; Grunebaum (1971), S. 312ff.; EI/o2 (1971), Vol. III, S. 1221ff.; Holt u.a. (1970), Band II, S. 155ff.
[90] Vgl. dazu auch bei Steinberg (1989) die Karte „The Formation of the Major States of Modern Southeast Asia" (S. 177) und die Ausführungen S. 193ff.
[91] Vgl.: Dahm (1974), S. 61 u. De Graaf (1977), S. 13.

„Maximum an Gewinn"

Die Holländer waren in erster Linie mit ökonomischen Interessen nach Südostasien gekommen[92]. Nicht von ungefähr wurde das spätere Kolonialreich von Kaufleuten der „**Vereinigten Ostindischen (Handels)-Kompanie / V.O.C."** begründet und rund zwei Jahrhunderte lang auch verwaltet[93]. Hall beschreibt die Grundzüge dieses frühen Interesses anhand der Politik eines General-Gouverneurs der V.O.C., Jan Pieterszoon Coen: „Jan Pieterszoon Coen was the founder of the Dutch empire of the East Indies; but its development after his death was hardly along the lines he had striven to lay down. According to his plans, Batavia [Jakarta, d. Verf.] was to be the centre of a great commercial empire based upon complete control of the sea. He did not envisage any wide extension of territorial power and was not interested in the political affairs of the interior of Java. The territories which, in his view, the V.O.C. should have in actual possession were small islands such as Amboina and the Bandas. The remainder of the empire should consist of strongly fortified trading settlements closely linked and protected by invincible sea-power"[94]. Coens allein auf punktuelle Präsenz ausgerichtete Politik größtmöglicher Zurückhaltung war aber auf Dauer nicht durchzuhalten, sondern mußte mit der Zeit durch verstärkte Territorialisierung und höheren Verwaltungsaufwand innerhalb des Kolonialgebietes ersetzt werden, um die wirtschaftlichen Interessen der Kompanie und ihrer Mitglieder auch gegen andere koloniale und regionale Mächte und deren Interessen zu sichern. Hall beschreibt diesen Prozeß als „formation of a new empire, commercial at the outset like Srivijaya or Malacca, but gradually becoming predominantly territorial"[95]. Festzuhalten bleibt jedoch, daß diese Territorialisierung nur aufgrund übergeordneter wirtschaftlicher Interessen betrieben wurde, weiter recht punktuell war, und daß sich die Holländer dabei lange Zeit bemühten, nicht zu sehr in die inneren Entwicklungen ihres Kolonialgebietes einzugreifen[96].

Um 1800 übernahm der holländische Staat die Besitzungen der V.O.C., gab ihnen den Namen „**Niederländisch-Indien**" und baute sie auch de facto zur Kolonie aus. Doch das offizielle Holland hatte kein solch nationales oder religiöses Sendungsbewußtsein wie Portugal oder Spanien, zumal in diesem Staat auch die Kirche keine derartige Rolle spielte[97]. Somit waren auch alle weiteren Eingriffe vornehmlich ökonomisch motiviert, bezogen sich auf verwaltungstechnische und wirtschaftspolitische Belange und hatten vor allem verwaltungsrelevante, wirtschaftliche und soziale Folgen, die dafür allerdings z.T. gravierend waren (z.B. die Schaffung eines ausgeprägten Java-Zentrismus und abhängiger Wirtschaftsformen)[98].

---

[92] Vgl.: Villiers (1965), S. 285ff.; Dahm (1974), S. 61ff.
[93] Zur „V.O.C.", vgl.: Hall (1981), S. 317ff. u. 336ff.
[94] Hall (1981), S. 336.
[95] Hall (1981), S. 335.
[96] Zu dieser Zurückhaltung der Holländer, s.: Hall (1981), S. 338 u. 347f.; Dahm (1974), S. 61ff. u. 75ff.; De Graaf (1977), S. 13.
[97] In der Tat kam ein solches Sendungsbewußtsein, das über rein wirtschaftliche Interessen hinausging, erst zu Beginn des 20. Jahrhunderts auf, allerdings ohne nachhaltige Folgen (vgl. Hall (1981), S. 789ff.; De Graaf (1977), S. 95ff.). Und auch der im 19. Jahrhundert punktuell aufgekommene christliche Missionseifer war nicht zentral von der Kolonialmacht gesteuert (vgl.: Fisher (1964), S. 263ff.).
[98] Vgl.: Dahm (1974), S. 61ff.; ders. (1978), S. 1ff.; Heinzlmeir (1989), S. 114f.

> So blieb Indonesien auch weiter ein wirtschaftliches Interessengebiet, das nur einem Ziel diente: „ein Maximum an Gewinn abzuwerfen"[99]. Wie zielgerichtet das holländische Interesse war, zeigt sich darin, daß eine umfassende Kontrolle über das gesamte Kolonialgebiet erst um den Ersten Weltkrieg herum erreicht wurde[100].

Die Politik der Holländer hatte zwei Folgen. Zum einen konzentrierten sie ihre Macht und ihren Einfluß auf die Zentralinsel Java und auf die Bevölkerungs- und Handelszentren an den Küsten. Hinterland und Außeninseln überließen sie weitgehend einer eigenen, kontinuierlichen Weiterentwicklung - solange kein Staat zu mächtig wurde und die ökonomischen Interessen Hollands und seiner Kaufleute gewahrt blieben[101]. Und auch in den Zentren etablierten sie zum anderen vor allem eine politisch funktionierende und wirtschaftlich effektive Verwaltung[102]. Auf die Übertragung einer Weltanschauung oder Religion verzichteten sie bis auf wenige, noch dazu späte Ausnahmen[103]. Das Ergebnis war, daß weite Teile jener geistig-kulturellen Welt lange Zeit unverändert blieben und sich weiter festigen konnten. Dies galt besonders für den Islam, dessen Moscheen und Schulen („pesantren") gerade damals regen Zulauf hatten[104], und der in Indonesien im 19./20. Jahrhundert sogar eine starke Erneuerungsbewegung hervorbrachte und dabei auch von den negativen Folgen der strukturellen Veränderungen (Entwurzelung, Armut) profitierte[105]. Neue und stärkende Impulse erhielt der Islam auch durch die Einbindung des Archipels in den größeren Weltzusammenhang, etwa durch den regen Pilgerverkehr mit Mekka[106].

Diese zumindest partielle Festigung und Weiterentwicklung des Islam führte auch zu einer Reihe islamisch motivierter Unruhen[107]. Sie konnten die Hol-

---

[99] Heinzlmeir (1989), S. 114.
[100] Vgl.: Villiers (1965), S. 306; Fisher (1964), S. 261f.
[101] Vgl. zu beiden Punkten: Villiers (1965), S. 286f. u. 294f.; Hall (1981), S. 344 ff.; Steinberg (1989), S. 151ff.
[102] Vgl.: Steinberg (1989), S. 151f.
[103] Vgl.: Dahm (1974), S. 61ff.; Fisher (1964), S. 263ff. Grunebaum beschreibt eine dieser Ausnahmen: die nach 1909 infolge einer klerikalen Mehrheit in Holland aufgekommenen Christianisierungsversuche - die das Ergebnis hatten, daß wie bei den Portugiesen das Gegenteil erreicht wurde (s. Grunebaum (1971), S. 313f.).
[104] Vgl.: Mukti Ali (1975), S. 78f.
[105] Zu dem generellen Faktum, vgl.: Grunebaum (1971), S. 312f.; Dahm (1974), S. 61 ff.; weitere Beispiele: Hall (1981), S. 338. Bezug nehmend auf die Entwicklung des Islam sei noch einmal auf die bereits in Anm. 69 angegebene Literatur verwiesen. Erwähnt seien weiter: Noer (1985) u. Ahmad Ibrahim u.a. (1985), S. 60ff.
[106] Vgl.: Geertz (1960), S. 125.
[107] Siehe: Dahm (1974), S. 82ff.; Grunebaum (1971), S. 313; Mehden (1963), S. 115ff.

länder aber meist erfolgreich niederhalten, wobei ihnen sicher entgegenkam, daß die einzelnen Gebiete untereinander kein traditionelles Zusammengehörigkeitsgefühl hatten und eigentlich nur durch die Interessen der Holländer zusammengebunden waren[108].

Fazit: Unter den Holländern wurden zuerst einmal die Grenzen des heutigen Indonesien abgesteckt. Des weiteren beschränkte sich deren Einfluß auf die innere Entwicklung dieses Gebietes aber vor allem auf verwaltungstechnische und ökonomische Belange. So schloß die geistig-kulturelle Entwicklung Indonesiens denn auch an die vorangegangene Zeit an. Es bildete sich eine eigenständige, wenn auch bunte Kulturlandschaft weiter heraus, die im wesentlichen auf einer adat-islamischen Kultur verschiedenster Ausprägungen basierte und darüber hinaus auch Gebiete stärkerer islamisch-orthodoxer (Banten oder das erst spät unter holländische Kontrolle gekommene Aceh[109]), aber auch eindeutig unislamisch-hinduistischer Ausrichtung (Bali[110]) hervorbrachte[111]. In einigen Gebieten hielten sich sogar animistische Gruppen oder etablierten sich gar christliche Enklaven[112].

Abschließend bedarf es noch einiger Anmerkungen zu den administrativen, ökonomischen und sozialen Einrichtungen und Veränderungen, die die Holländer nach Indonesien brachten. Mit ihnen haben sie dem Land den Anschluß (aber kaum mehr!) an die moderne Welt und einige Grundlagen zu einem modernen Staat verschafft. Bedeutsam war die von ihnen geförderte Zuwanderung von Chinesen, die heute eine wichtige ökonomische Rolle spielen. All das geschah aber recht punktuell. Von einer flächendeckenden und soliden Basis konnte keine Rede sein. Trotzdem dürfen diese Einflüsse nicht übersehen werden. Zur Illustration sei auf den Exkurs „Ökonomischer und sozialer Wandel" im Kapitel zur britischen Kolonialzeit verwiesen. Jene Anmerkungen gelten in abgeschwächter Form auch für Indonesien[113].

Die holländische Kolonialzeit endete in den 1940er Jahren. Schon zuvor hatte sich eine Nationalbewegung gebildet, die auf dem von den Holländern kreierten Territorium und auf jener gemeinsamen, vom Islam dominierten

---

[108] Vgl.: Heinzlmeir (1989), S. 115; Dahm (1978), S. 1f.
[109] Zu Banten und Aceh, s.: Villiers (1965), S. 289f. u. 296; zu Aceh, s. auch: Dahm (1983), S. 57ff.
[110] Zu Bali, s.: Villiers (1965), S. 290ff.; Stöhr/Zoetmulder (1965), S. 310ff.
[111] Zur Uneinheitlichkeit dieses Raumes besonders mit Blick auf den Islam gibt es eine reichhaltige Literatur. Vgl. u.a.: Schumann (1983), S. 17ff.; Dahm (1983), S. 57ff.; Schweizer (1983), S. 75ff.; Hall (1981), S. 229ff.; EI/o2 (1971), Vol. III, S. 1224; Uhlig (1988), S. 506ff. Den besten Gesamteindruck dieser Uneinheitlichkeit vermittelt die tabellarische Übersicht in: Fisher (1964), S. 240ff.
[112] Zu den Christen in Indonesien, s.: Wawer (1974), S. 12ff.; Müller-Krüger (1975).
[113] Hier sei nur verwiesen auf: Fisher (1964), S. 252ff.; Dahm (1974), S. 69ff.

Kultur fußte[114]. Sie aber war stets an der militärischen Macht der um Wahrung ihrer einträglichen Besitzungen bedachten Holländer gescheitert. 1942 aber wurden die Holländer von den Japanern verdrängt. Das nach der japanischen Kapitulation 1945 entstandene Vakuum nutzten die Indonesier zur Ausrufung eines neuen Staates. Zwar kehrten die Holländer noch einmal zurück. Doch nach einem vierjährigen Unabhängigkeitskrieg und unter massivem internationalen Druck mußten sie dem Land 1949 schließlich die Unabhängigkeit gewähren[115].

I.2.3.3. Die Briten in Malaysia, Brunei und Singapur

Die letzte bedeutende Kolonialmacht in der ASEAN-Region war Großbritannien. Auch hier vorab ein kurzer Abriß dieser Kolonialzeit[116], die sicher die einflußreichste für die gesamte Region gewesen sein dürfte.

Die Briten in Südostasien

Zwar waren bereits gegen Ende des 16. Jahrhunderts britische Händler in der Region. Doch war dies wenig effektiv und könnte fast als „Privatsache" bezeichnet werden, wobei es letztlich vor allem die massiv auftretenden Holländer waren, die den Briten im Wege standen[117]. Faktisch begann die britische Kolonialzeit erst in der 2. Hälfte des 18. Jahrhunderts, in der die Briten von Indien aus in die Region kamen und ausgehend von der Insel Penang (1786) eine Reihe von Stützpunkten und Handelsniederlassungen erwarben. Relativ schnell weiteten sie ihren Einfluß aus: durch Vertrags- und Zukaufspolitik, zuweilen auch durch Eroberungen. 1824 wurden im Britisch-Niederländischen Vertrag die Grenzen der britischen und holländischen Interessengebiete festgelegt. Holland erhielt das Gebiet des heutigen Indonesien, Großbritannien jenes des heutigen Malaysia inklusive Singapur und Brunei. Die wichtigsten Stützpunkte der Briten waren Penang, Malakka und das 1819 gegründete Singapur, die 1826 zu den „Straits Settlements" lose zusammengefaßt wurden. Zu einer geschlossenen politischen Einheit faßten sie ihr Kolonialgebiet aber erst im späten 19. und frühen 20. Jahrhundert zusammen. Ihre Kolonialzeit endete nach dem Zweiten Weltkrieg mit der in mehreren Etappen erfolgten Entlassung Malayas, Nordborneos, Singapurs und Bruneis in die Unabhängigkeit.

---

[114] Zum Islam als dominierender Kraft der Nationalbewegung in der ersten Hälfte dieses Jahrhunderts, s.: Grunebaum (1971), S. 312 ff.; Noer (1985); Dahm (1974), S. 83ff.; Mehden (1963), S. 115ff.

[115] Vgl.: Hall (1981), S. 789ff. u. 890ff.; Heinzlmeir (1989), S. 115.

[116] Zur britischen Kolonialzeit in Malaysia, Singapur und Brunei, vgl.: Hall (1981), S. 530ff., 592ff. u. 720ff.; Turnbull (1989), S. 84ff.; Andaya/Andaya (1982), S. 114ff.; „Area Handbook for Malaysia" (1977), S. 52ff.; Steinberg (1989), S. 139 ff., 197ff.; Fisher (1964), S. 142ff. u. 502ff.; Grunebaum (1971), S. 297ff.; HdO (1977), 3. Abtlg., 1. Bd., Lfg. 2, S. 126ff.

[117] Vgl.: Hall (1981), S. 308ff. u. 319ff.; Fisher (1964), S. 134ff.

Die Beweggründe der Briten waren anfangs vor allem ökonomischer, dann aber auch politisch-strategischer Natur. Erst später kam noch ein geistig-kultureller Ansatz mit der Ausbreitung demokratisch-rechtsstaatlicher Institutionen und bedingt liberalen Gedankengutes hinzu.

Aufgrund dieser Motive galt für die Briten lange der Grundsatz „**divide et impera**". Sie konzentrierten sich auf Stützpunkte und Handelszentren, in denen sie eine effektive Verwaltung aufbauten, um Region und Handel zu kontrollieren. Im Hinterland waren sie nicht selbst präsent, sondern arrangierten sich mit den Herrschern über eine geschickte Vertragspolitik. So trugen sie sehr zum Erhalt der islamischen Fürstentümer, auf denen später Malaysia und Brunei aufgebaut wurden, und zur Wahrung traditioneller Herrschafts- und Lebensformen bei[118].

Zunehmende Unruhe und Aufstände in der 2. Hälfte des 19. Jahrhunderts zwangen die Briten, ihre Politik zu korrigieren. Um die Region friedlich zu halten und ihren Einfluß auf die Region und die komplexer werdenden Gesellschaften zu sichern, installierten sie das „Residents-System"[119]. Sie gaben den mit ihnen verbündeten Fürsten „Berater" zur Seite, die die britischen Interessen wahrnahmen. Außerdem faßten sie das Gebiet nun auch politisch zusammen, unterstellten es einer Zentralverwaltung in Kuala Lumpur und übernahmen die sicherheitspolitische Oberhoheit. Doch auch in dieser Zeit bewahrten sie die bestehenden Kleinstaaten und mischten sich nicht in deren innere Angelegenheiten ein. Nur wurden innere Angelegenheiten nun enger definiert im Sinne von „Religion und Brauchtum". Das Ergebnis: Auch in dieser Zeit überlebten die in der islamischen Zeit entstandenen Staaten sowie Herrschafts- und Gesellschaftsformen in ihren Grundzügen[120]. Für den **Islam** hieß das: Da er nun das **Reservat der Fürsten** war, überlebte auch er recht unbeschadet; zumal sich die Briten in diese Angelegenheiten nun am allerwenigsten einmischten. In der Belassung des Islam in den Händen der Fürsten liegt übrigens auch der Grund, warum in Malaysia Erneuerungstendenzen wie in Indonesien weitgehend ausblieben, wurden sie doch von diesen Herrschern regelrecht unterdrückt. Sie fanden so erst vereinzelt via Indonesien den Weg nach Malaysia[121].

---

[118] Zu dieser ersten Phase britischer Kolonialherrschaft, vgl.: Turnbull (1989), S. 88ff. u. bes. S. 107ff.; Hall (1981), S. 530ff.

[119] Zu dieser zweiten Phase britischer Kolonialherrschaft, vgl.: Hall (1981), S. 592 ff.; Andaya/Andaya (1982), S. 157ff.; Turnbull (1989), S. 135ff. „Area Handbook for Malaysia" (1977), S. 57ff.; Zum „Residents-System", vgl. auch Means (1970), S. 42ff. u. die Einlassungen in: Steinberg (1989), S. 206f.

[120] Bes. zu diesem Punkt, vgl.: Andaya/Andaya (1982), S. 240ff.; Grunebaum (1971), S. 300; Means (1970), S. 42ff.

[121] Vgl.: Sarkisyanz (1979), S. 144; Grunebaum (1971), S. 300.

In dieser zweiten Phase britischer Kolonialherrschaft erfuhren diese Staaten aber auch einige Korrekturen und mußten neue Einflüsse aufnehmen, v.a. in zwei Bereichen. Zum einen führten die Briten bei ihren Bemühungen um eine straffere Verwaltung vermehrt **britische Verwaltungs- und Rechtsnormen** ein. Zum anderen förderten sie durch die Öffnung ihrer Universitäten und Schulen für die Söhne der malaiischen Oberschicht auch zunehmend **westliches Denken** bei der zukünftigen Elite. Und darauf aufbauend versuchten sie in den letzten Jahrzehnten ihrer Herrschaft auch noch demokratische Institutionen zu etablieren. Grosso modo hat westlich liberales Denken so einigen Eingang in die Ordnungsvorstellungen Malaysias und Singapurs gefunden, wenn auch beschränkt auf Eliten beider Länder[122].

Auch in diesem Teil des malaiisch-muslimischen Raumes war das erste Erbe der Kolonialzeit die formale Gestaltung der heutigen Staaten. Doch stärker als im südlichen Teil des Raumes die Holländer, haben die Briten auch innere Strukturen dieser Staaten beeinflußt und bedingt Einfluß auf die geistig-kulturelle Prägung genommen - doch eigentlich nur auf dem obersten Level. Unterhalb der staatlichen Ebene und außerhalb gewisser Eliten konservierten sich traditionelles Denken und ebensolche Strukturen. Und da auch der Islam ein traditionelles Reservat war, blieb auch er weitgehend unangetastet. Den wohl größten Einfluß hatten die Briten im ökonomisch-sozialen Bereich, indem sie wichtige ökonomische Grundlagen schufen, aber auch die heute die Wirtschaft dominierenden Chinesen ins Land holten und die ethnische Balance vieler Länder veränderten (s. Exkurs).

Exkurs: Ökonomischer und sozialer Wandel

Vor allem die Briten waren es, die mit ihrer profitorientierten Politik wichtige **Grundlagen für die wirtschaftliche Entwicklung** dieses Teiles der Region gelegt haben. Dies bezieht sich zum einen auf rein materielle Werte. In Singapur zum Beispiel haben sie die Stadt nicht nur begründet, sondern auch den Grundstein zu deren Rolle als bedeutendster Tiefseehafen der Region gelegt. Und in Brunei (wo ihre Kolonialzeit erst 1984 endete) waren sie (bzw. „Shell") maßgeblich am Aufbau jenes Industriezweiges beteiligt, auf dem heute der Reichtum und die Lebensgrundlage des kleinen Sultanats basiert: auf Öl und Gas[123].

---

[122] Zu diesen Punkten, vgl.: Andaya/Andaya (1982), S. 240ff. u. 226ff.; Pluvier (1974), S. 7ff.; Turnbull (1989), an div. Stellen; Welt (-Report), 18. Mrz. 1992.
[123] Dazu siehe: Leake (1990), S. 113ff.

Die Briten in dieser Zeit schufen aber auch die „menschliche Basis" des heutigen Wirtschaftsstandards. Aus Gründen des Profits hatten sie während des 19. Jahrhunderts massiv eine **Zuwanderung** erfolgsorientierter und arbeitsamer Chinesen in die Handelsplätze an den Küsten gefördert. Klassisches Beispiel war Singapur, das geradezu zur chinesischen Enklave im malaiisch-muslimischen Raum wurde und nicht von ungefähr seinen Weg zu einem eigenständigen und unabhängigen, chinesisch-dominierten Stadtstaat genommen hat. In Singapur sind heute 77 Prozent der Bevölkerung Chinesen. Und sie waren es auch, die den Staat zu einem Wirtschaftszentrum ausgebaut haben. Auch in den Städten Malaysias und in Brunei sind es Chinesen, die die erfolgreiche Wirtschaft dominieren. Selbst in Indonesien, das in diese Wanderung ebenfalls mit einbezogen wurde, haben die Chinesen in der Wirtschaft das Sagen. Es sei aber erwähnt, daß die Chinesen gerade in Indonesien auch schon vor Briten und Holländern umfangreiche Niederlassungen hatten[124].

Haben die Briten damit auf der einen Seite zwar maßgeblich zum ökonomischen Erfolg der Region beigetragen, so haben sie auf der anderen Seite aber auch ein Konfliktpotential in die Region eingeführt. Im Laufe der Zeit nämlich haben sich zwischen den wirtschaftlich erfolgreichen und wohlhabenden Chinesen und den in der Folge meist in eine unterere soziale Kategorie abgerutschten „einheimischen" Malaien Gegensätze und Ressentiments aufgebaut, die mehrfach - v.a. in Malaysia - zu blutigen Auseinandersetzungen führten. Damit haben die Briten letztlich doch auch auf die „politische Kultur" der ASEAN-Region ihren Einfluß genommen. Davon aber wird in den Kapiteln über die einzelnen Staaten noch die Rede sein.

Letztlich bleibt zu erwähnen, daß es gerade die Briten waren, die in die Region auch viele soziale Veränderungen einbrachten.

Fazit: Im 19. und 20. Jahrhundert hatten die Kolonialmächte zwei wesentliche Impulse gegeben. Sie verschafften „ihren" Kolonialgebieten den Anschluß an die moderne Welt und legten Grundlagen zu modernen Staaten - wenn auch aus Eigennutz und keineswegs in einem Maße, um diese Gebiete mit sich auf eine Stufe zu stellen. Prägender war dabei sicher der Einfluß Großbritanniens als *der* Kolonialmacht dieser Zeit. In abgeschwächter Form gilt dies aber auch für die Holländer (und US-Amerikaner). All diese Einflüsse sollten nicht ohne Beachtung bleiben, wenn man sich ein Bild von der Kolonialepoche und ihrem Wirken auf die Region machen will. Mögen sie auch direkt die geistig-kulturelle Entwicklung nur bedingt beeinflußt haben, so haben sie es indirekt auf jeden Fall getan[125].

---

[124] Vgl.: Villiers (1965), S. 288f.
[125] Zu den vornehmlich ökonomischen Veränderungen und sozialen Einflußnahmen, s.: Fisher (1964), S. 161ff.; Uhlig (1988), S. 89ff.; Rigg (1991), S. 19ff. (bis Kap. 3); Steinberg (1989), S. 219ff. (bis Kap. 24) u. Pluvier (1974), S. 22ff. (bis Kap. 5); zum Zustrom fremder Völker in dieser Zeit und seinen Auswirkungen, s. bes.: Uhlig (1988), S. 93ff.; Rigg (1991), S. 109ff.; Fisher (1964), S. 179 ff.; Steinberg (1989), wie oben; Hall (1981), S. 834ff.; Liem (1986).

I.2.3.4. Weitere Phasen und Orte der Kolonialgeschichte: USA und Japan / Thailand

Zwei Kolonialmächte sind bisher nur gestreift worden: die USA und Japan. Auf die Bedeutung der USA wurde in Kap. II.3.1. kurz hingewiesen. Sie wird in Kap. II.6. „Philippinen" noch weiter ausgeführt. Japan war während des Zweiten Weltkriegs eine kurzlebige, aber wichtige Kolonialmacht in der Region. Direkten Einfluß auf die innere und äußere Gestaltung einzelner Staaten nahm sie zwar kaum. Wohl aber hinterließ diese Zeit eine für die weitere Geschichte nicht unbedeutende Abneigung gegen Japan, die sich heute auch auf dessen wirtschaftlichen Expansionsdrang überträgt[126].

Ein Staat der Region ist in diesem Kapitel gar nicht erwähnt worden: Thailand. Der Grund ist einfach: Thailand ist einer der wenigen Staaten der „Dritten Welt", der formell nie kolonialisiert war. Diese Sonderstellung sollte in Erinnerung bleiben. Ansonsten sei auch zu Thailand nur kurz auf den entsprechenden folgenden Kasten verwiesen.

Thailand während der Kolonialzeit in Südostasien

Ende des 18. Jahrhunderts entstand ein neuer Thai-Staat. Er wurde von einem Offizier namens Taksin auf den Trümmern des 1767 von den Birmanen zerschlagenen Königtums Ayudhya geschaffen. Ihm folgte 1782 einer seiner Generäle namens Chao Phraya Chakri, der als Rama I. die bis heute herrschende Chakri-Dynastie installierte und das heutige Bangkok zur Hauptstadt machte. Dieser Staat geriet zwar im 19. Jahrhundert immer stärker zwischen die Interessengebiete der Briten und Franzosen in Südostasien und wurde von ihnen schließlich praktisch völlig umschlossen. Doch deren Rivalitäten untereinander und die geschickte Politik der Könige Rama IV. (ein ehemaliger buddhistischer Mönch von hoher Gelehrsamkeit und Wissen; besonders über den Westen) und Rama V. sicherten Thailand die Unabhängigkeit als thai-buddhistische Monarchie, in der Königshaus, Armee und buddhistischen Mönche mit wechselnder Gewichtung die tragenden Rollen spielen sollten. Hinzu kam im Laufe dieses Jahrhunderts noch eine in Europa ausgebildete „neue Elite". Bemerkenswert ist zudem, daß in dieser Zeit auch Thailand große und erfolgreiche Anstrengungen unternahm, ein politisch und wirtschaftlich moderner Staat zu werden. Und letztlich entstanden in dieser Zeit auch die geographischen Umrisse des heutigen Thailand. Erst 1909 gab Thailand seine Vorherrschaft über die heute malaiischen Staaten Kedah, Perlis, Kelantan und Trengganu auf. Dafür verblieben die malaiisch-muslimischen Staaten der Patani-Region bei Thailand. Auch zu diesem unabhängigen Thailand wird später mehr zu sagen sein[127].

---

[126] Zur japanischen Kolonialzeit, s.: Pluvier (1974), Heidhues (1983a), S. 38ff.; Hall (1981), S. 855ff.; Fisher (1964), S. 194ff.

[127] Zur Geschichte Thailands in dieser Zeit ab 1767, vgl.: Wyatt (1984), S. 139ff.; Keyes (1987), S. 44ff.; Steinberg (1989) u. Hall (1981), beide an div. Stellen.

I.2.3.5. Zusammenfassung der Kolonialzeit

Auch die Kolonialzeit hatte erheblichen Einfluß auf die ASEAN-Region. Allerdings beschränkte er sich vornehmlich auf formelle Bereiche territorialer und institutioneller Festlegungen für die heutige Zeit und ökonomisch-sozialer Strukturveränderungen. Die in dieser Zeit geschaffenen Grenzen zwischen den einzelnen Interessengebieten wurden die Grenzen der heutigen Staaten. So entstanden Indonesien (holländisches Kolonialgebiet), die Philippinen (spanisches Kolonialgebiet) und Thailand (eine zwischen den britischen und französischen Kolonialgebieten verbliebene „Pufferzone"). Und so entstanden auch Malaysia (britisches Kolonialgebiet) und in dessen Grenzen noch einmal Singapur, das erst von den Briten geschaffen wurde. Gleiches gilt im Prinzip für Brunei. Auch wenn dessen Gründung auf islamische Zeit zurückgeht, wurden aber auch seine Grenzen erst in kolonialer Zeit durch Verkauf weiter Teile des einst großen Reiches gezogen[128].

Ebenfalls formeller Natur waren die Einflüsse, welche die Kolonialmächte auf die Gestaltung der inneren Strukturen der neuen Staaten nahmen. Besonders deutlich wird dies bei einem Blick auf den Aufbau von Verwaltung und Justiz auf der Zentralstaatsebene in Malaysia (in den einzelnen Bundesstaaten sieht das schon wieder ganz anders aus) und in Singapur (s. die Fallstudien in Kap. II.). Dies gilt in gleicher Weise für die Philippinen und für das Wirken der Spanier und vor allem der US-Amerikaner in diesem Land. So sind die philippinischen Verfassungen von 1935 und 1973 eng an die US-Verfassung angelehnt[129]. Ähnliches findet sich mancherorts auch in Indonesien, auch wenn dort der radikale Bruch mit der Kolonialmacht nach der Unabhängigkeit manche weitere Übernahme verhinderte. Eine Vielzahl formeller Eingriffe nahmen die Kolonialmächte auch im ökonomischen und sozialen Bereich vor, denkt man nur an die Einbindung des Raumes in „ihr" Wirtschaftssystem, an die damit verbundene Schaffung neuer Wirtschaftsformen und nicht zuletzt an die demographischen Veränderungen dieser Zeit. All das ließe sich am ehesten mit dem Begriff „strukturelle Veränderungen" umschreiben. Und es ist hinzuzufügen, daß Südostasien und die ASEAN-Region gewaltige strukturelle Veränderungen erlebt haben.

Um so erstaunlicher ist es, daß der direkte und bleibende Einfluß der Kolonialmächte auf die geistig-kulturellen Grundlagen der Region und ihrer Völker eher gering war. Am nachhaltigsten waren wohl noch die demokratischen und rechtsstaatlichen Normen, die die Briten in Malaysia und Singapur hinterließen. Doch auch dazu werden noch Einschränkungen zu machen sein. Erheblich geringer waren diese Einflüsse in Indonesien und in Brunei,

---

[128] Vgl. Reinknecht (1989a), S. 43f.
[129] Vgl. Reinknecht (1989c), S. 255f.

obwohl das Sultanat bis in die 80er Jahre britisches Protektorat blieb (s. Kap. II.3. Fallstudie „Brunei"). Überall stehen diese Einflüsse erstaunlicherweise in etwa auf einer Stufe mit denen auf das formal nie kolonialisierte Thailand, das sich aber gerade wegen seiner prekären Lage auch des äußeren Druckes nicht ganz entziehen konnte. In der Frage des geringen geistig-kulturellen Einflusses der Kolonialmächte gibt es eigentlich nur eine Ausnahme. Die ist allerdings um so gravierender: die Philippinen. Durch ihren massiven und über weite Strecken auch äußerst autoritär vorgebrachten Einfluß haben die Spanier die Philippinen praktisch dauerhaft aus der geistig-kulturellen Einheit Südostasiens herausgelöst und eine Kulturgrenze zwischen dem filipino-christlichen und dem malaiisch-muslimischen Raum geschaffen, die um einiges schärfer ist als jene zwischen dem thai-buddhistischen und dem malaiisch-muslimischen Raum. Und dies hat sich unter den US-Amerikanern nicht geändert.

Blickt man über die Kolonialzeit hinaus, ist zudem festzustellen, daß in allen Staaten der Region - außer in den Philippinen - vorkoloniale Staats- und Gesellschaftsvorstellungen überlebt haben. Insbesondere in den Staatsordnungen herrschen heute traditionelle Grundlagen vor, in denen lediglich Elemente kolonialherrlicher Ordnungen adaptiert wurden. Unterschiedlich war nur der Umfang dieser Adaptionen (s. dazu Kasten: „Traditionelle Ideale in Südostasien"). Von Verschmelzungen wie in früheren Jahrhunderten kann man daher nur selten sprechen. Zutreffender scheinen wirklich die Begriffe „Adaptionen" im geistig-kulturellen Bereich sowie „strukturelle Veränderungen" im politisch-administrativen bzw. ökonomisch-sozialen Bereich zu sein. Dieses Bild schließt auch den Islam ein. Im gesamten malaiisch-muslimischen Raum lebte er weiter - oft sogar in traditionellen Formen (v.a. in Malaysia) - oder konnte er sich sogar weiterentwickeln bis hin zu umfangreichen Erneuerungsbewegungen (v.a. in Indonesien).

Traditionelle Ideale in Südostasien

Wie signifikant geringer der Einfluß der Kolonialmächte auf die geistig-kulturelle Entwicklung der Region gewesen ist, zeigt ein Blick nach vorne in das unabhängige Südostasien. Betrachten wir die vier zwischen 1949 und 1984 souverän gewordenen Staaten Indonesien, Malaysia, Singapur und Brunei und vergleichen ihre politischen Ordnungen mit denen der afrikanischen Staaten, die in den 50er und 60er Jahren unabhängig geworden waren und zuvor auch allesamt zu europäischen Kolonialreichen gehörten. Praktisch jeder neue Staat in Afrika nahm seinen Anfang mit einem Präsidialsystem nach französischem Vorbild oder einer Westminster-Demokratie nach britischem Vorbild. Und Südostasien? Keiner der vier genannten Staaten (und erst recht nicht Thailand) kennen oder kannten solche Ordnungen.

In Indonesien wurde zwar ein Präsidialsystem errichtet (ohne Zutun der Holländer). Prägende Stütze des Staates ist aber die auf Harmonie ausgelegte Pancasila-Ideologie, die kein Pendant in westlichen Demokratien besitzt und statt dessen ein mehr als deutlicher Ausdruck der spezifischen Multi-Kulturalität Indonesiens ist.

Malaysia erhielt zwar eine Art Westminster-Demokratie. Doch wo gibt es in einer Westminster-Demokratie eine Wahlmonarchie mit einem starken König, einem ausgeprägten Föderalismus mit starken Landesfürsten und dem Gedanken des „Communalism", einer an der Zugehörigkeit zu Ethnien ausgerichteten Politik?

Auch Singapur erhielt eine nur auf dem Papier stehende Westminster-Demokratie. Die politische Realität des heutigen Singapur mit einem lange Zeit über alle Maße dominanten Lee Kuan Yew an der Spitze (und mittlerweile mehr im Hintergrund) trägt vielmehr alle Züge traditioneller paternalistischer Herrschaftsvorstellungen.

Und in Brunei letztlich entwickelte sich ein geradezu klassisches Sultanat.

I.3. Der politisch-kulturelle Raum

Kap. I.2. „Der historisch-kulturelle Raum" hatte Geschichte und Entwicklung der ASEAN-Region und ihrer Unterräume bis zur Mitte des 20. Jahrhunderts nachgezeichnet. Kap. I.3. „Der politisch-kulturelle Raum" soll nun das Ergebnis dieser Geschichte darstellen und den Raum und seine weitere Entwicklung in der zweiten Hälfte des Jahrhunderts beschreiben. **Kap. I.3.1. „Die chronologische Entwicklung"** gibt einen kurzen Abriß der direkten nachkolonialen Zeit. **Kap. I.3.2. „Der geistig-kulturelle Raum"** skizziert jenen Geistes- und Kulturraum ASEAN-Region, der sich über die Jahrhunderte hinweg herausgebildet hat und nun eine Art Überbau des heutigen Raumes darstellt. **Kap. I.3.3. „Der politisch-ökonomische Raum"** schließlich beschreibt den dazugehörigen materiellen Rahmen, wie er sich aus den historisch-strukturellen Vorgaben und aus den jüngsten politisch-ökonomischen Entwicklungen ergeben hat. Als Ganzes gibt dieses Kapitel ein Bild der Region in der zweiten Hälfte des Jahrhunderts.

I.3.1. Die chronologische Entwicklung

Die Entwicklung Südostasiens in der zweiten Hälfte des Jahrhunderts ist in zwei Phasen einzuteilen: in die Herausbildung unabhängiger Staaten und in die Entstehung der ASEAN und die Teilung Südostasiens.

I.3.1.1. Die Herausbildung unabhängiger Staaten

Bereits vor dem Zweiten Weltkrieg gab es in den Kolonialgebieten Südostasiens nationalistische Bewegungen, die Unabhängigkeit oder Autonomie forderten. Besonders markant waren sie im Gebiet der Holländer und auf den Philippinen. Doch in der einen oder anderen Form fanden sie sich auch in den britischen und französischen Kolonien. Die Reaktionen der Kolonialmächte waren unterschiedlich. Sie reichten von strikter Ablehnung und autoritärem Gegensteuern, wie es die Franzosen (deren Kolonialreich Vietnam, Kambodscha und Laos umfaßte) und die Holländer praktizierten, bis zu Vorbereitungen für eine spätere Unabhängigkeit, wie sie die Amerikaner auf den Philippinen trafen[1]. All diese Entwicklungen aber wurden jäh unterbro-

---

[1] Zu den nationalistischen Bewegungen in den Kolonialgebieten, ihren Entwicklungen und den Reaktionen der Kolonialmächte, s.: Hall (1981), S. 745ff.; Steinberg (1989), S. 268ff. bzw. 247ff.; Pluvier (1974), S. 72ff.; Bianco (1969), S. 69ff.; sowie die Analysen Mehdens (1963) u. (1975).

chen durch den Zweiten Weltkrieg. Anfang der 40er Jahre überrannten die Japaner Südostasien und hielten die gesamte Region bis 1945 besetzt. Davon ausgenommen waren nur Thailand, das allerdings bedingt mit Japan paktierte, und Teile von Vietnam und Laos[2].

Mit dem Ende des Krieges und der Niederlage der Japaner begann aber dann doch das Ende der Kolonialzeit in Südostasien. Zwar waren nach 1945 alle einstigen Kolonialmächte wieder in ihre alten Kolonien zurückgekehrt[3]. Doch vielleicht mit Ausnahme der Briten konnte keine von ihnen mehr recht Fuß fassen. Nach und nach blieb ihnen allen nichts anderes übrig, als diese Gebiete mehr oder minder freiwillig und geordnet in die Unabhängigkeit zu entlassen. So bildeten sich in den beiden folgenden Jahrzehnten jene zehn Staaten heraus, die heute Südostasien ausmachen; wobei einer faktisch schon bestand (Thailand) und einer seine Eigenstaatlichkeit erst später erhielt (Brunei, 1984). Im folgenden wird eine kurze Übersicht über diesen Prozeß der Herausbildung unabhängiger Staaten gegeben[4].

Thailand: Thailand[5] war der einzige Staat Südostasiens, der formell nie kolonialisiert gewesen war und mithin de jure schon vor 1945 als unabhängiger Staat bestand. Doch diese Unabhängigkeit verdankte es nur geschickten Arrangements mit den Kolonialmächten. Zuerst hatte es Engländern und Franzosen als willkommener „Puffer" gedient. Dann verhalf ihm eine Allianz mit Japan zur Erhaltung der Souveränität. Insofern brachte die Nachkriegszeit und der Wegfall des äußeren Drucks auch für Thailand eine neue Qualität der Unabhängigkeit[6]. Die de jure bereits bestehende staatliche Unabhängigkeit gab ihm sogar einen Startvorteil gegenüber den anderen neuen Staaten. Im Inneren konnte es bereits eine festgefügte, historisch gewachsene und mit der eigenen Tradition in Einklang stehende politische Ordnung vorweisen. Sie basierte auf dem gewachsenen thai-buddhistischen Königreich, das 1932 in eine konstitutionelle Monarchie abgewandelt wurde und in dem seither im Wechsel Militärregime und halbdemokratische Zivilregierungen

---

[2] Zur japanischen Kolonialzeit, vgl.: Kap. I.2.3. „Die Kolonialzeit".
[3] Zu den frühen Nachkriegsentwicklungen in den einzelnen Kolonien, s.: Hall (1981), S. 870ff.; Steinberg (1989), S. 347ff.; Pluvier (1974), S. 381ff.
[4] Zu einer Übersicht über die Herausbildung der neuen Staaten, s.: Bianco (1969), S. 146ff.; Steinberg (1989), S. 349ff. u. Heidhues (1983a), S.55ff.
[5] Der Name „Thailand" („Muang Thai" / „Land der Freien") gilt als Staatsname offiziell erst seit 1939. Zuvor waren die Reiche der Thais auch unter verschiedenen Namen bekannt; so lange Zeit unter dem Namen Siam, der auch noch einmal zwischen 1945 und 1948 galt (vgl. Hall (1981), S. 853).
[6] Zu Thailand während der französisch-britischen Kolonialzeit in Südostasien, s.: Hall (1981), S. 707ff. u. 845ff. Zu Thailand als Alliiertem der Japaner, s.: ebdt., S. 854ff.; Pluvier (1974), S. 266ff.

die Macht ausüben - ohne die alten Säulen der thai-buddhistischen Monarchie in Frage zu stellen[7].

Philippinen: Ein von den USA eingeleiteter Unabhängigkeitsprozeß wurde durch den Krieg verzögert. Nach der Niederlage der Japaner kamen die Amerikaner zurück und entließen das Land 1946 in einem geordneten Prozeß in die Unabhängigkeit. Allerdings bleiben sie auch danach „präsent" und richteten in den Philippinen ihre beiden größten Militärstützpunkte außerhalb der USA ein. Diese wurden nicht nur zu einem enormen Wirtschaftsfaktor für das Land, sondern symbolisierten auch den Einfluß der USA und färbten auf das im weitesten Sinne kulturelle Leben ab. Zudem banden die USA die Philippinen mit umfangreichen Wirtschaftsabkommen an sich. Formal beeinflußten sie das Land auch in seiner politischen Ordnung, sind doch zwei von drei bisherigen Verfassungen am US-Vorbild angelehnt. Doch das darin enthaltene demokratisch-rechtsstaatliche Bewußtsein fand nicht im gleichen Maße Eingang in das politische Bewußtsein. Alte Patronage- und Familienstrukturen beherrschen bis heute den politischen Alltag, gepaart mit einem Zerrbild „westlicher Kultur"[8].

1878 konnte Spanien nach langen und blutigen Kämpfen Teile der Sulusee-Region formal unter seine Fahne zwingen. Da damit die Gegensätze zwischen den Kernlanden und dem Süden aber keineswegs beseitigt waren - sie waren durch die Jahrhunderte immer extremer geworden, hatten die Spanier doch auch die Filipinos in ihren Kulturkampf eingebunden -, begannen die Spanier nun, die Region als Kolonie in der Kolonie zu behandeln. Ein Bewußtsein, das sich bis in den unabhängigen Staat hinüberretten sollte. Auch er behandelte den Süden wie eine Kolonie und begann ihn zu unterwerfen und demographisch zu unterwandern, wie es die Spanier vorgemacht hatten. So ist heute Mindanao zwar ethnisch durchwachsen, aber keineswegs durchmischt[9].

Indonesien: Am wenigsten geordnet verlief der Übergang zur Unabhängigkeit in Indonesien. Einheimische Nationalisten hatten die Zeit zwischen der japanischen Niederlage und der Rückkehr der Holländer

---

[7] Zur inneren Entwicklung und staatlichen Ordnung Thailands in der ersten Hälfte des 20. Jahrhunderts, s.: Wyatt (1984), S. 223ff.; Keyes (1987), S. 56ff. sowie Kap. I.2.3. „Die Kolonialzeit".
[8] Vgl. dazu: Hanisch (1989), S. 51ff., wo das Fortbestehen philippinischer Abhängigkeit von den USA sicher mit am besten dargestellt ist. Vgl. des weiteren: Mulder (1991), S. 56ff., wo die Entwertung demokratischer und rechtsstaatlicher Institutionen in den unabhängigen Philippinen zugunsten familiärer und patronalistischer Strukturen zwar kraß, aber sehr wohl zutreffend, dargestellt werden.
[9] Vgl. dazu: Che Man (1990), S. 22ff.; Gowing/McAmis (1974), S.1ff. u. 259ff.

dazu genutzt, einseitig die Unabhängigkeit auszurufen. Da die Holländer dies nicht akzeptierten, begann ein vierjähriger Krieg. An dessen Ende stand 1949 aber doch die Unabhängigkeit[10].

Indonesien gründete sich auf dem Territorium des ehemaligen Kolonialreichs und übernahm auch dessen von Java aus praktizierten Zentralismus und seinen Apparat. Beherrscht wurde der neue Staat über weite Strecken von zwei autoritären Regimen (unter den Generälen Sukarno (1957-65) und Suharto (1966/67)), nachdem ein anfänglicher Versuch mit einer pluralistischen Demokratie als gescheitert erklärt wurde. Ansonsten baute man in dem weitläufigen und kulturell so vielfältigen Staat von Anfang auf das Staatsmotto „Einheit in der Vielfalt" und errichtete darauf seine Staatsideologie „Pancasila", welche die weltanschauliche, religiöse und ethnische Vielfalt Indonesiens zur Leitlinie für den neuen Staat erhob[11].

Malaysia, Singapur, Brunei: Recht geordnet entließ London seine Kolonien in die Unabhängigkeit, auch wenn es in den Übergangsphasen und in der Frühzeit Malaysias und Singapurs einige Unordnung gab. Zuerst wurde 1957 Malaya nach schwierigen Übergangsjahren (Auseinandersetzungen um das politische System und den Status der Chinesen sowie Untergrundkrieg der Kommunisten) als Mitglied des Commonwealth unabhängig. 1963 wurde aus Malaya und den bis dahin weiter Kolonie gebliebenen Gebieten Sabah und Sarawak (Ostmalaysia) sowie Singapur der Staat Malaysia gebildet. 1965 trat Singapur wieder aus und gründete einen eigenen Staat. Von Anfang an übte sich der Sultan von Brunei in Absenz. Er blieb unter Londons Schutzherrschaft. Das wohlhabende kleine Sultanat überließ den Briten die Außen- und Sicherheitspolitik, agierte aber ansonsten inmitten der unabhängigen Nachbarn eigentlich auch schon wie ein selbständiger Staat. Souverän wurde das traditionelle Sultanat 1984[12].

Malaysia wurde eine Föderation mit den ehemaligen Sultanaten und den anderen Gebieten aus der Restmasse des Kolonialreiches als Bundesstaaten. Auf der Ebene des Zentral- und der einzelnen Bundesstaaten erhielt er formell parlamentarische Regierungssysteme, die vor allem auf der zentralstaatlichen Ebene angesichts der ethnischen Vielfalt des neuen Staates (Malaien, Chinesen, Inder) aber durch eine ethnische Komponente ergänzt wurde, welche den Malaien eine Vormachtstel-

---

[10] Vgl.: Pluvier (1974), S. 375ff., 413ff. u. 482ff.; Dahm (1978), S. 11ff.
[11] Vgl.: Heinzlmeir (1989), S. 116ff.; des weiteren, s.: Kap. II.1. „Indonesien".
[12] Zur Entwicklung der drei Staaten des britischen Kolonialgebietes, vgl.: Turnbull (1989), S. 232ff. Zu Brunei, s.: Kap. II.3. „Brunei".

lung einräumte. Über dem Ganzen wurden auf beiden Ebenen noch eine konstitutionelle Monarchie und konstitutionelle Fürstentümer errichtet, um den historischen Gegebenheiten Rechnung zu tragen[13]. Im mehrheitlich chinesischen Singapur wurde umgekehrt de jure eine parlamentarische Demokratie eingeführt, die mit zunehmender Dauer aber von einer chinesisch-dominierten Partei ausgehöhlt wurde: von der PAP Lee Kuan Yews, der das Land bis Ende 1990 asiatisch-patriarchalisch regierte, bevor er nach Übergabe des Regierungsamtes an Goh Chok Tong mehr in den Hintergrund trat[14].

Vietnam, Laos, Kambodscha und Birma: Zeitgleich mit den späteren ASEAN-Staaten wurden auch die anderen Staaten Südostasiens unabhängig; wenn auch nur in bedingt geordneten Prozessen. Bereits 1948 erstritt sich Birma seine Unabhängigkeit von Großbritannien, die über eine Phase unglücklicher demokratischer Experimente (1948 bis 1962) allerdings direkt in eine militärisch-sozialistische Diktatur und in eine internationale Isolation führte. 1954 mußte Frankreich nach dem „1. Indochinakrieg" und dem Genfer „Indochina-Abkommen" die Unabhängigkeit der Staaten Vietnam, Laos und Kambodscha akzeptieren. Aber auch nach 1954 blieben diese Länder von Bürgerkriegen gezeichnet, in denen die Kommunisten zunehmend Macht gewannen. Nach verschiedenen Ansätzen mit westlich orientierten Monarchien und Demokratien sollten in allen drei Staaten schließlich die Kommunisten die Macht ergreifen und für lange Zeit die auch dort historisch gewachsenen Strukturen unterdrücken[15].

Zusammengefaßt läßt sich zur Herausbildung unabhängiger Staaten festhalten, daß sie zwar allesamt auf der territorialen und administrativen Basis der Kolonialgebiete entstanden sind. Doch fast überall fand zugleich ein Rückgriff auf vorkoloniale und in kolonialer Zeit weiterentwickelte traditionelle Geistes- und Kulturelemente statt, welche die neuen Staaten maßgeblich prägten (Ausnahme: Philippinen). Und diese Rückbesinnung wird mit zunehmender Dauer klarer. Es gibt also eine Art geistig-kulturelle Basis nicht nur auf der Ebene von Kulturräumen, sondern auch auf der Ebene der neuen Staaten[16]. Bevor wir uns aber dieser geistig-kulturellen Basis zuwenden, noch einige Bemerkungen zur weiteren politischen Entwicklung Südostasiens, die letztlich erst zur Herausbildung einer „ASEAN-Region" führte.

---

[13] Zu den Details, s.: Kap. II.2. „Malaysia".
[14] Zu den Details, s.: Kap. II.4. „Singapur".
[15] Zu Indochina und Birma, vgl.: Bianco (1969); Steinberg (1989), S. 356ff. u. 394ff.; Weggel (1989b) sowie „Politisches Lexikon Asien, Australien, Pazifik" (1989), an div. Stellen.
[16] Vgl.: Heidhues (1983a), S. 75ff.; Pye (1985), S. 90ff.

I.3.1.2. Die Teilung Südostasiens und die ASEAN

Nach dem Zweiten Weltkrieg begann die Aufteilung der Welt in Ost und West und der von der Sowjetunion und China betriebene Vormarsch der Kommunisten. Kommunistische Parteien und Guerillabewegungen schossen auf allen Erdteilen wie Pilze aus dem Boden, und nach und nach fielen immer mehr Staaten in das kommunistische Lager. Und mit diesen Erfolgen baute sich der Kommunismus als Alternative zum westlichen Liberalismus auf - als Alternative, die geostrategisch wie politisch-gesellschaftlich zunehmend an Boden gewann[17].

Vom Ost-West-Gegensatz und dem Aufstieg des Kommunismus (mit Wurzeln in den 30er und 40er Jahren) wurde auch Südostasien ergriffen[18]. In praktisch allen Staaten bzw. Kolonialgebieten der Region entstanden kommunistische Parteien und/oder Guerillabewegungen. Und fast überall wurden sie verboten und bekämpft. In den 60er Jahren aber verzeichnete sie zunehmend Erfolge, vor allem in Indochina, und wurden zur ernsten Bedrohung auch für die Staaten, die um Indochina herum lagen: Thailand und das insulare Südostasien. Besonders in Thailand und auf den Philippinen kämpften mächtige Guerilla-Verbände und gewannen an Boden; politisch wie materiell. Einzig in Malaya waren sie bereits in den 50er Jahren im Verbund der Briten mit einheimischen Truppen in die Schranken gewiesen, wenn auch keineswegs vernichtend geschlagen worden.

Dies führte in den 60er Jahren außerhalb Indochinas zu Überlegungen, sich zusammenzuschließen[19]. Erste Ansätze waren 1961 die von Malaya, Thailand und den Philippinen gegründete ASA („Association of Southeast Asia") und 1963 die MAPHILINDO (Malaysia + Philippinen + Indonesien). Haupthindernisse für eine vertiefte Zusammenarbeit waren aber lange Zeit territoriale und politische Differenzen der Staaten untereinander. Nach mehreren mäßig effektiven Anläufen trafen sich 1967 in Bangkok Vertreter von Thailand, Malaysia, Singapur, Indonesien und den Philippinen und gründe-

---

[17] Vgl.: Wassmund (1985), S. 26ff.
[18] Zum Übergreifen von Ost-West-Konflikt u. Kommunismus auf Südostasien, s.: Jorgensen-Dahl (1982), S. 1ff.; Parreñas (1989), S. 17ff.; Bianco (1969), S. 100ff. u. 147ff. Zu den frühen Ursprüngen des Kommunismus in Südostasien und zu seiner Entwicklung, vgl. bes.: Draguhn/Schier (1981), S. 39ff.; van der Kroef (1981).
[19] Die früheren Ansätze regionaler Zusammenarbeit in der Region hatten eher externe Triebkräfte. Jorgensen-Dahl: „In the first phase, from 1945 to about 1959, most of the initiatives and much of the impetus originated outside the region with the lead being provided by such non-Asian powers as the United States and Britain, and Asian powers such as India." (Jorgensen-Dahl (1982), S. 9).
Zur Vorgeschichte der ASEAN, vgl.: Jorgensen-Dahl (1982), S. 9ff.; Suh (1983), S. 110ff.; Parreñas (1989), S. 40ff.

ten die ASEAN, die „Association of South East Asian Nations"[20]. Ihr Zusammenschluß war zuerst einmal kaum mehr als eine Einigung auf den kleinsten gemeinsamen Nenner: die Gründung eines anti-kommunistischen Bündnisses; auch wenn die „Bangkok Declaration" weitergehende Ziele proklamierte. Insgesamt war das Dokument aber eine knappe, nur zwei Seiten umfassende Absichtserklärung, in der die Vertreter der beteiligten Staaten erklärten, „that the aims and purposes of the Association shall be: ... to promote regional peace and stability ...; to promote active collaboration and mutual assistance on matters of common interest..."[21] - mit der Betonung auf den Worten „*matters of common interest*".

Mehr war wohl ob der großen Gegensätze zwischen den beteiligten Partnern kaum möglich. Eines nämlich wird gerade mit Blick auf dieses knappe Gründungspapier deutlich. Mit diesem Papier entstand zuerst einmal nur ein gemeinsamer Raum oder eine Zusammengruppierung von Staaten. Eine politisch-ökonomische Gemeinschaft mit ausgeprägter supranationaler Organisation und einem ausgewiesenen normativen Überbau war dies noch nicht. So stellte O. Weggel noch 1984 fest:

„Im Endergebnis kann man eher sagen, was die ASEAN *nicht* ist, als was sie ist, nämlich kein Militärbündnis, keine Zoll- oder gar Wirtschaftsunion, keine politische Union und nicht einmal eine kulturelle Gemeinschaft."[22]

Trotzdem hat die „Bangkok Declaration" eine neue politische Einheit und Kraft geboren, die trotz des losen politischen Charakters bis heute eine feste Größe in Südostasien geworden und geblieben ist.

Abschließend ist festzuhalten, daß mit der Gründung der ASEAN die Teilung Südostasiens vollzogen wurde, auch wenn diese faktisch erst ab Mitte der 70er Jahre mit der vollständigen Machtübernahme der Kommunisten in Indochina richtig wirksam wurde.

I.3.1.3. Weitere Entwicklungen

Mit den beiden hier beschriebenen Phasen wurde sozusagen die „ASEAN-Region" geschaffen. Doch dieser Raum entwickelte sich auch weiter. Die

---

[20] Zu Gründung und Ausgangsposition der ASEAN, vgl.: Jorgensen-Dahl (1982), S. 28ff.; Rigg (1991), S. 208ff. Zur weiteren Entwicklung der ASEAN, die im folgenden nicht mehr im Detail aufgezeigt wird, s. als knappe Übersichten: Broinowski (1990), S.1ff.; Rigg (1991), S. 210ff.; etwas detaillierter: Jorgensen-Dahl (1982). Vgl. auch: Kap. I.3.3.
[21] Zit. nach: Heinz u.a. (1983), S. 181ff.
[22] Weggel (1984), S. 18.

erste Phase der Herausbildung der Staaten ging über in einer Phase des „nation buildings" in den einzelnen Staaten. Die zweite Phase der Herausbildung der ASEAN ging über in eine Phase der Kooperation und der Westorientierung in der ASEAN-Region. Beide Phasen gingen zudem über in eine Phase eines raschen ökonomischen Aufstiegs. Dazu aber mehr in Kap. I.3.3. „Der politisch-ökonomische Raum".

I.3.2. Der geistig-kulturelle Raum

Es hat sich gezeigt, daß in Südostasien und in der ASEAN-Region im Verlauf einer Vielzahl evolutionärer Prozesse durch Vermischungen und Adaptionen zwei Multikulturräume entstanden sind. Multikulturräume, die ihrerseits wiederum aus einer Reihe kleinerer Multikulturräume sowie einzelner Multikulturen und Kulturen bestehen. In Kap. I.3.2. wollen wir in einer Übersicht diese Räume und Kulturen darstellen. Dazu werden in einem ersten Schritt die einzelnen Grundelemente erfaßt und erläutert (Kap. 3.2.1. „Bausteine"). In einem zweiten Schritt werden sie nach Räumen, Unterräumen, Staaten, Staatsteilen oder auch neu entstandenen Kulturen geordnet und zusammengesetzt (Kap. 3.2.2. „Geistes- und Kulturräume"). Auf diese Art und Weise soll der geistig-kulturelle Überbau der Region mit den konstanten Bestimmungsfaktoren ihrer politischen Landschaft erarbeitet werden.

I.3.2.1. Bausteine der ASEAN-Geistes- und Kulturlandschaften

Bei den einzelnen „Bausteinen" der Geistes- und Kulturlandschaften, die Südostasien und die ASEAN-Region ausmachen, ist zu unterscheiden zwischen mehr *formal*-kulturellen und mehr *geistig*-kulturellen Bausteinen. Als formal-kulturelle Bausteine werden hier die **Ethnien** behandelt, unter denen Malaien, Filipinos, Thais, Chinesen, Inder und Bergvölker erfaßt sind. Als geistig-kulturelle Bausteine werden **Weltanschauungen**, **Geisteshaltungen**, **Religionen** und **Einzelfaktoren** behandelt. Unter „Weltan-schauungen" sind der westliche Liberalismus und der Islam erfaßt. Unter „Geisteshaltungen" sind die westliche Kultur und der Adat subsumiert. Unter „Religionen" finden sich der Buddhismus und das Christentum; der Hinduismus (s. „Adat") sowie der chinesische Synkretismus und der Animismus (s. „Ethnien" unter „Chinesen" und „Bergvölker") werden unter anderen Stichwörtern behandelt. „Einzelfaktoren" sind die mehr ergänzend wirkenden Faktoren Autokratismus und Modernismus. Den Abschluß dieser Übersicht bildet schließlich mit dem **Adat-Islam** eine Kulturform, die ihrerseits bereits aus vorher beschriebenen Elementen entstanden ist (zu einer Differenzierung der geistig-kulturellen Bausteine, s.a. auch die „Definitionen" in der Einführung).

1. Ethnien

Als Ethnien werden in erster Linie Malaien, Filipinos, Thais und Chinesen erfaßt. Dabei ist zwischen Malaien, Filipinos und Thais auf der einen und Chinesen auf der anderen Seite zu unterscheiden. Die ersten drei sind früh zugewanderte Ethnien, die mithin so etwas wie die ethnische Grundlage oder „Grundmasse" der ASEAN-Region bilden. Sie sind in den einzelnen Räumen und Staaten Mehrheitsethnien (Ausnahme: der Stadtstaat Singapur). Die Chinesen sind in ihrem Gros eine spät zugewanderte Ethnie, die in den einzelnen Räumen und Staaten Ergänzungen darstellen und meist in der Minderheit sind. Abschließend werden in diesem Teil des Kapitels noch Inder und Bergvölker aufgegriffen, die jedoch in dem hier zu beachtenden Gesamtkontext nur eine untergeordnete bzw. subregionale spielen.

Die Malaien[23]: Die „Malaien" sind am schwierigsten zu definieren. Zu unterschiedlich waren und sind je nach Zeit und Ort die Definitionen dieses Begriffes. Der Grundorientierung dienen zwei „Rahmen-Definitionen", eine wissenschaftliche und eine politische. In der wissenschaftlichen Literatur werden „Malaien" am umfangreichsten definiert als die Gesamtheit aller malaiischen Völker, und dort wird dann noch einmal zwischen Proto- (Alt-) und Deutero- (Jung-) Malaien unterschieden. Allerdings ist man sich nicht einig, ob es sich bei dieser Unterscheidung um (1) unterschiedliche Wanderungsbewegungen (ältere Theorie) oder (2) verschiedene Stufen eines fortlaufenden Diversifizierungsprozesses der gleichen Grundmasse (neuere Theorie) handelt (s. Kap. I.1.). Von Relevanz ist aber ohnehin weniger die Theorie als vielmehr die praktische Folge, wird doch auf der Basis dieser Unterscheidung in einigen Ländern Politik betrieben (v.a. in Malaysia). Und damit sind wir bei der politischen Definition, deren engste Fassung sich in Malaysias Verfassung findet. Sie erfaßt unter „Malaien" lediglich die dortigen islamisierten Deutero-Malaien und nennt alle anderen malaiischen Völker „indigenous people" (s. Kap. II.2. „Malaysia"). Alle weiteren Definitionen des Begriffs „Malaie" bewegen sich zwischen diesen beiden Polen. Erschwert wird eine genaue Festlegung dadurch, daß es zum einen noch die geographischen und politischen Begriffe „Malaysia" und „Malaya" gibt, zum anderen aber für alle in Frage kommenden Umschreibungen nur die Worte „malaysian" und „malay" existieren. Hinzuzufügen ist, daß jede Definition Auswirkungen auch auf die Definition der „Bergvölker/ Ureinwohner" hat. Alles, was nämlich aus dem einen Begriff ausgeklammert wird, wird dem anderen zugeschlagen. Im Rahmen dieser Arbeit soll der Begriff hier zuerst einmal in seiner weitesten, wissenschaftlichen, Fassung als Sam-

---

[23] Zu den Malaien, vgl.: Hussin Ali (1981); Winstedt (1961); Nagata (1985); Mahathir (1970); Milne/Mauzy (1986), S. 65ff.; Uhlig (1988), S. 62ff. u. 415ff.; Hilfreich ist auch eine recht umfassende Bibliographie: Lim (1986).

melbegriff aller malaiischen Völker verwandt werden; in Abgrenzung zu Thais, Chinesen und anderen. Differenzierungen folgen in den Fallstudien[24].

Die so definierten Malaien sind die stärkste Ethnie der Region[25]. Sie bilden die ethnische „Grundmasse" in Indonesien, Malaysia, Brunei und Süd-Thailand und spielen eine wichtige Rolle in Singapur. Mit ihnen sind aber kaum größere Werte- oder Denkmuster verbunden. Diese haben sich erst in Vermischung mit anderen Kulturformen wie Adat und Islam ergeben. Mehr noch: Die wenigen Charakterzüge, die man ihnen - bei allem Vorbehalt gegenüber solchen Typologisierungen - zuschreibt, sind selten positiv und lassen sie noch mehr als form- und manipulierbare Masse denn als in sich gefestigte Kultur erscheinen[26]. So sagt man Malaien Apathie oder Trägheit sowie geringe Bildung nach; ausgenommen ist meist nur ein Teil der Elite[27]. Derartige Urteile haben in Malaysia durch das Buch „The Malay Dilemma" des späteren Premiers Mahathir sogar Eingang in die Politik gefunden[28]. Des weiteren sind noch zwei Anmerkungen zu den Malaien zu machen. Zum einen werden mit ihnen bis heute vor allem rurale Gesellschafts- und Lebensformen verbunden; was wiederum eng mit den vorherigen Erkenntnissen zusammenhängt und sich auch auf ihr Leben in Städten auswirkt. Zweitens sind das Malaientum oder Teile davon im Laufe der Jahrhunderte erst mit dem Adat und dann mit dem Islam eine enge Symbiose eingegangen. Insgesamt sind die Malaien durch ihre regionale Originalität und assimilierungsreiche Vergangenheit eine geradezu originär südostasiatische Kultur.

Die Filipinos: Obwohl auch sie zur großen Familie der Malaien zählen, sollen die Bewohner der philippinischen Kernlande hier gesondert aufgeführt werden[29]. Das hat mehrere Gründe. Zum einen gibt es bereits einige weit zurückreichende kulturelle Unterschiede, so unterscheiden sich z.B. die verschiedenen Sprachen der Malaien von denen der Filipinos[30]. Diese Unter-

---

[24] Zur nach Zeit und Ort immer wieder höchst unterschiedlichen Verwendung des Begriffes „Malaien" und den vielfachen Problemen mit ihrer Definition, vgl. bes.: Uhlig (1988), S. 66 u. 415ff. u. Milne/Mauzy (1986), S. 68f.
[25] Zu Verbreitung und Zuwanderung der Malaien, s.: Kap. I.1. und I.2.1.
[26] Vgl.: Nagata (1985).
[27] Vgl. z.B.: Hussin Mutalib (1990a), S. 32; „Area Handbook for Malaysia" (1977), S. 2f. u. 112ff.; Nagata (1985), S. 309; Sarkisyanz (1979), S. 142f.; Means (1970), S. 15; wobei diese Charakterzüge immer am deutlichsten werden im überspitzten Vergleich und in der gegenseitigen Betrachtung zwischen Malaien und Chinesen (vgl.: Rigg (1991), S. 129).
[28] Mahathir (1970). Zur Einfügung in die Politik, vgl.: Kap. II.2. „Malaysia".
[29] Der Begriff „Filipinos" wird hier faute de mieux verwendet, obwohl er formal nicht ganz korrekt ist. Eigentlich ist darunter nämlich die Bevölkerung der gesamten Philippinen zu verstehen, zu der sich allerdings die muslimischen Bewohner der südlichen Inseln faktisch nie recht zählten mochten.
[30] Vgl.: Scott (1977), S. 197.

schiede sind jedoch recht marginal. Wichtiger ist, daß die historische Entwicklung Malaien und Filipinos zunehmend voneinander getrennt hat. So ist die große Mehrheit der Malaien Muslime, die große Mehrheit der Filipinos Christen[31]. Nicht von ungefähr sprachen wir bereits von einem eigenen „filipino-christlichen Raum". Ansonsten jedoch gelten viele Grundaussagen zu den Malaien auch für die Filipinos.

Die Thais[32]: Die Thais sind die zweite große Grundethnie der Region, obwohl sie erst vor etwa einem Jahrtausend aus dem südchinesischen Raum dorthin gelangten. Heute sind sie die staatstragende Mehrheit in Thailand. Wichtigstes Charakteristikum ist ihre enge Einbindung in die Völkergemeinschaft des sie umgebenden südostasiatischen Kontinentalraumes[33]. Zum einen leben Thais auch in den benachbarten Regionen von Birma, Laos und Vietnam. Zum anderen sind die in den Nachbarländern staatstragenden Laoten und Schan sowie die Birmanen und Annamiten (Vietnamesen) mehr oder minder eng mit den Thais verwandt. Darüber hinaus besteht eine schon Jahrhunderte währende fruchtbare Nachbarschaft zu den anderen beiden, etwas früher zugewanderten, regionalen Hauptethnien der Khmer und der Mon. Weiteres Charakteristikum der Thais ist eine schon früh ausgeprägte Staats- und Gesellschaftsstruktur[34]. Der darüber hinausgehende heutige Werte- und Normenhorizont scheint hingegen erst in der Verbindung mit dem Buddhismus entstanden zu sein, so daß auch hier die Religion elementarer Bestandteil des ethnischen Bewußtseins wurde. Insgesamt erscheinen die Thais durch ihre Vermischungen, Assimilierungen und Adaptionen heute expressis verbis als eine „südostasiatische Kultur".

Die Chinesen[35]: Am weitesten, wiewohl nur punktuell verbreitet sind die Chinesen. In Singapur stellen sie die Mehrheit. In den anderen Staaten sind sie einflußreiche Minderheiten, die in der Regel eine wichtige Rolle im Wirtschaftsleben spielen. Dabei sind die heute in der Region lebenden Chinesen meist „ethnische Chinesen", also Nachfahren der in der Kolonialzeit

---

[31] Vgl. dazu die entsprechenden Ausführungen zu den Philippinen in Kap. I.2. Daß es mit zunehmender Dauer besonders zwischen den malaiischen Moros in den Südphilippinen und den Bewohnern der Kernlande ein Gefühl der Verschiedenheit gab, dazu s.: Che Man (1990), S. 22ff.
[32] Zu den Thais, vgl.: Sarkisyanz (1979), S. 75ff.; Uhlig (1988), S. 284ff.; Keyes (1987), S. 14ff.; Wyatt (1984), S. 1ff.; „Thailand" (1989), S. 69ff.; Pretzell (1989a), S. 290ff.; Pretzell (1989b). Der Begriff „Thai" steht hier sowohl für die frühen Thaivölker (Tai / T'ai) wie auch für all das, was sich heute unter Thais subsumiert. Zur Unterscheidung, s.: Wyatt (1984), S. 1f.
[33] Vgl.: Sarkisyanz (1979), S. 8; Uhlig (1988), S. 67.
[34] Vgl.: Wyatt (1984), S. 7ff.
[35] Zu den Chinesen in Südostasien, vgl.: Heidhues (1974); dies. (1983a), S. 156ff.; Uhlig (1988), S. 93ff.; Rigg (1991), S. 109ff.; sowie die einzelnen Fallstudien in Abschnitt II. Sehr hilfreich ist eine neue Bibliographie: Suryadinata (1989).

in großem Maße zugewanderten „Gastarbeiter". Sie sind in der Region geboren und haben oft nur noch geringe Bindungen zu China. Trotzdem ist ihre Integration in den einzelnen Staaten unterschiedlich. Besonders in Indonesien und Malaysia separieren sie sich recht deutlich von den malaiischen Mehrheiten; wobei sich daraus und aus ihrer zahlenmäßigen und ökonomischen Stärke immer wieder Spannungen ergeben. Nicht selten werden sie trotz der nur mehr geringen Bindungen als eine Art „Fünfte Kolonne" der Volksrepublik gesehen. Zwei typologische Merkmale sind bei den Chinesen bedeutsam - vor allem in Bezug auf ihr Verhältnis zu den Malaien. Zum einen gelten sie als relativ harmoniebewußt und duldsam; was auch auf die weit verbreiteten Lehren des Konfuzianismus und Taoismus und auf den Buddhismus zurückgeht. Zum anderen gelten sie als effizient und fleißig und zeichnen sich meist durch ein relativ hohes Bildungsniveau aus.

Die Inder[36]: In einigen Ländern gibt es auch kleinere indische Minderheiten; v.a. in Malaysia und Singapur. Sie leben dort meist an der Seite der größeren chinesischen Minderheiten, so daß für sie in der Regel auch die meisten Aussagen, die bereits zu den Chinesen getroffen wurden, analog gelten. Allerdings sind die Inder nicht so sehr auf eine gesellschaftliche oder soziale Schicht festgelegt wie die Chinesen, und es fehlt ihnen auch deren durchgängig hohes Bildungsniveau und ihre ökonomische Effizienz. Ihr geistig-kultureller Überbau wird v.a. von Hinduismus und Islam bestimmt, wobei ersterer ein hohes Maß (politischer) Passivität produziert.

Bergvölker / Ureinwohner („Sonstige"): Ebenfalls nur kurz erwähnt seien die häufig unter dem Begriff „Sonstige" zusammengefaßten „Bergvölker" oder auch „Ureinwohner", wie in vielen Ländern die dort vor den Malaien und Thais lebenden Völker genannt werden; wobei dies in Thailand auch für einige später zugewanderte Völker gilt. In der Regel sind sie überall geographisch wie politisch marginalisiert und deswegen nicht von Relevanz im regionalen Zusammenhang. Allerdings sind sie subregional durchaus da und dort von Bedeutung; so zum Beispiel in Indonesien und Malaysia. Die „Bergvölker" folgen in der Regel noch immer animistischen Vorstellungen, die sie kaum dazu zu befähigen scheinen, als politische Faktoren Bedeutung zu erlangen. Sie scheinen eher potentielle Verfügungsmasse anderer, „höherer" Kulturen zu sein (wie sie häufig auch verstanden werden). Unter ihnen sind aber auch Anhänger des Christentums (insulares Südostasien) und des Buddhismus' (Thailand)[37].

---

[36] Zu den Indern in Südostasien, vgl.: Liem (1986) u. Uhlig (1988), S. 93ff. Zum Hinduismus, vgl.: Schneider (1989).
[37] Vgl. dazu die einzelnen Fallstudien in Abschnitt II. Zu weiteren Ausführungen und zu den schwierigen Differenzierungen und v.a. Abgrenzungen, s.: Uhlig (1988), u.a. S. 68ff., 286ff., 417f., 506ff.

Anmerkung: Nicht definiert als Ethnien sind Europäer, auch wenn sie in allen ASEAN-Ländern kleine Minderheiten bilden. Die Einflüsse der Europäer auf die geistig-kulturelle Gestaltung und Entwicklung der Region sollen hier aber unter den Stichwörtern „westlicher Liberalismus" und „westliche Kultur" erfaßt werden. Der Grund: Diese einerseits geistig-politischen wie andererseits gesellschaftlich-sozialen Einflüsse sind entweder weit zurückliegende Produkte der Kolonialzeit (Dienst in kolonialen Einrichtungen, Besuch europäischer Hochschulen) oder indirekte Einflüsse der nachkolonialen Zeit (ökonomischer wie gesellschaftlicher Modernismus, mediale Einflüsse wie Kino oder Fernsehen). Nur sehr bedingt aber sind es die heute in der Region lebenden Europäer und „Eurasier", die diese geistig-politischen wie gesellschaftlich-sozialen Einflüsse repräsentieren.

2. Weltanschauungen

Nach den „formal-kulturellen" wenden wir uns nun den „geistig-kulturellen Bausteinen" zu. Als erste - weil hochwertigste und umfassendste - Gruppe werden dabei die „Weltanschauungen" behandelt.

Der Begriff zählt zu den schwierigsten in der Politikwissenschaft[38]. K. Jaspers nennt „Weltanschauungen" „etwas Ganzes und etwas Universales". Für ihn offenbaren sie sich in „Wertungen, Lebensgestaltung, Schicksal, in der erlebten Rangordnung der Werte"[39]. Nach A. Anschütz ist „Weltanschauung" jede Lehre, „welche das Weltganze universell zu begreifen und die Stellung des Menschen in der Welt zu erkennen und zu bewerten sucht"[40]. Für K.D. Bracher ist sie „ein möglichst umfassendes System von Ideen, besonders zum Verhältnis von Mensch - Gesellschaft - Politik, [...], welches geeignet ist, die Wirklichkeit sowohl auf eine Formel zu bringen wie zugleich sie im Interesse von Machtpolitik zu verbiegen oder gar zu verhüllen"[41].

„Weltanschauungen" sind also Geistes- und Kulturformen bzw. Ordnungsvorstellungen, die sich in umfassender Weise auf möglichst viele Bereiche menschlichen Denkens und Handelns erstrecken und dabei einen universellen Anspruch erheben. Wir bedienen uns dieses Begriffes, um Geistes- und Kulturformen zu erfassen, die in einer universalen und umfassenden Weise ein komplettes Gefüge von Staats-, Wirtschafts- und Gesellschaftsvorstel-

---

[38] Zu einer ausführlichen Diskussion, s.: „Staatslexikon", Bd. V, (1989), S. 924ff..
[39] Jaspers (1971), S. 1.
[40] Zit. nach „Staatslexikon", Bd. V, (1989), Sp. 927f.
[41] Bracher (1985), S. 14.

lungen beschreiben, und die zugleich das Modell einer Weltordnung beinhalten und zudem weltweit von Bedeutung sind.

Ein Blick zurück in die Zeit des Ost-West-Gegensatzes zeigt sicher am besten, was wir unter „Weltanschauungen" verstehen wollen. Gemeint sind politische Ordnungsmodelle, wie sie damals hinter den Begriffen „West" und „Ost" standen: westlicher Liberalismus und östlicher Kommunismus. Seit dem Untergang des Kommunismus ist davon nur der westliche Liberalismus als Zusammenfassung sämtlicher westlichen Konzepte von Staats-, Wirtschafts- und Gesellschaftsordnung übriggeblieben. Er gilt denn auch heute als *das* Modell zur künftigen Gestaltung der Welt und ihrer Staaten. Diese, vor allem westliche, Sichtweise ignoriert jedoch, daß auch dem Islam ein solch festgefügtes Modell einer Welt-, Staats-, Wirtschafts- und Gesellschaftsordnung zugrunde liegt. Gerade der Islam aber ist es, der heute zunehmend in Konkurrenz zum westlichen Liberalismus tritt.

Vor diesem Hintergrund wollen wir hier den westlichen Liberalismus und den Islam als die beiden zentralen und großen Weltanschauungen unserer Tage erfassen, die sie heute sind und als die sie wohl in den kommenden Jahren miteinander um die Gestaltung der Welt, ihrer Staaten und Gesellschaften konkurrieren werden. Sie treffen auch in Südostasien aufeinander. Auf den westlichen Liberalismus berufen sich dort die ASEAN und ihre Staaten, und er hat vielfach Eingang in Denken und Handeln der Region gefunden. Auf den Islam berufen sich 60 Prozent der Menschen in der Region: die Muslime. Eines aber unterscheidet beide in diesem Teil der Welt voneinander. Der Islam spielt in der ASEAN-Region durch seine herausragende Position in einigen Ländern und durch die enge Verbindung zum Malaientum eine tragende Rolle und ist in breiten Schichten der Gesellschaft vertreten. Dem westlichen Liberalismus kommt mehr eine beeinflussende Rolle zu. Er ist kein originärer Bestandteil einer Kultur oder eines Staates und konzentriert sich auch mehr auf die Eliten einzelner Länder.

Der westliche Liberalismus: „Westlicher Liberalismus" steht hier als Oberbegriff für die einzelnen Modelle von Staats-, Wirtschafts- und Gesellschaftsvorstellungen der „westlichen Welt"[42]. Definiert wird er nach den politischen, ökonomischen und sozialen Grundwerten, die den Staaten der „westlichen Welt" gemein sind: Säkularismus und menschliche Ratio als oberstes Ordnungsprinzip, pluralistische Demokratie, Marktwirtschaft, Rechtsstaatlichkeit und die Wahrung der Menschenrechte. Außer acht bleiben untergeordnete Richtungen wie Konservativismus, Liberalismus (im en-

---

[42] Vgl. dazu noch einmal in „Staatslexikon" (1985ff.) im einzelnen die Stichworte „Weltanschauung" (Bd. V, S. 924ff.), „Konservativismus" (Bd. III, S. 636ff.), „Liberalismus" (Bd. III, S. 915ff.), „Sozialismus" (Bd. V, S. 10).

geren Sinne) oder Sozialdemokratie, da sie in Südostasien in dieser Differenziertheit keine Rolle spielen.

Den Staaten der ASEAN wird heute oft eine „westlich-liberale Orientierung" nachgesagt[43]. Sie hat ihren Ursprung meist in der Kolonialzeit dieser Staaten. Die Kolonialmächte waren es nämlich in erster Linie, die in Südostasien jene Werte und Normen eingeführt haben, die wir hier mit „west-licher Liberalismus" benannt haben. Sie haben während ihrer Herrschaft und besonders vor ihrem jeweiligen Abgang versucht, in den Staaten der Region westliche Staats- und Gesellschaftsordnungen und die formellen Institutionen dieser Ordnungen einzurichten, und deren Eliten durch westliche Ausbildung (z.B. an europäischen Universitäten) ihre Werte bewußt zu machen, damit sie diese Institutionen auch ausfüllen konnten.

Nun ist aber zu fragen, ob in dieser Region die Übernahme jener Werte und Institutionen wie auch das öffentliche Bekenntnis zu ihnen tatsächlich einhergehen mit einem tiefergehenden Bewußtsein für diesen westlichen Liberalismus, oder ob es sich dabei nur um eine selektive Übernahme oder Adaption desselben handelt; auch wenn eine institutionelle Fassade mehr glauben zu machen versucht? Immerhin legen die selbstbewußten ASEAN-Staaten heute zunehmend Wert auf eigene Werte und auf die Pflege tradierter Institutionen. Und darin scheinen westliche Werte nur partiell Platz zu finden. Weit verbreitet etwa ist in der Region die Marktwirtschaft, die den traditionellen Strukturen dieser Länder aber auch kaum widerspricht. Defizite gibt es hingegen in Bereichen wie Demokratie und Rechtsstaatlichkeit, wenn man das westliche Verständnis dieser Begriffe zugrunde legt. Zwar gibt es in fast allen ASEAN-Staaten Parlamente und Gerichtshöfe, doch haben diese noch keineswegs pluralistische Demokratie und unabhängige Richter zur Folge. Und nicht von ungefähr verwahren sich die Regierungen der ASEAN-Staaten in jüngster Zeit immer öfter gegenüber ihren US-amerikanischen und EG-europäischen Partnern dagegen, Wirtschafts- mit Menschenrechtsfragen zu verknüpfen[44]. Kurzum: Definiert man also westlichen Liberalismus als das Bewußtsein für bestimmte Werte und Institutionen - und nicht als deren rein formelle Übernahme -, so bedarf es doch zumindest einiger Abstriche an der oft zitierten „westlich-liberalen Orientierung" der ASEAN-Staaten.

Abschließend zum westlichen Liberalismus ist noch eine Anmerkung zu dessen Verständnis von Religionen zu machen. Im westlichen Liberalismus sind Religionen nur untergeordnete Gestaltungselemente - und auch nur so werden sie akzeptiert, z.B. als christdemokratische Parteien. Dies gilt auch

---

[43] Vgl. u.a.: Reiter (1983), S. 112; Uhlig (1988), S. 16; Welt, 23. Juli 1991.
[44] Vgl.: HB, 25. Juli 1991; SZ, 22. Juli 1991; NZZ, 23. Juli 1991.

für den Islam, der nach dieser Sicht auch nur untergeordnete - um nicht zu sagen: private - Handlungsgrundlage ist.

Der Islam[45]: Allerdings ist auch der Islam im Sinne dieser Arbeit eine Weltanschauung, da auch er ein komplettes Weltordnungs- sowie Staats-, Wirtschafts- und Gesellschaftsmodell beinhaltet. Darin sind sich zumindest Orientalisten einig[46], auch wenn - vor allem westliche oder westlich geprägte - Staatsrechtler und Politologen den Islam noch immer vornehmlich als Religion sehen. Tatsächlich aber war der Islam von Anfang an als Welt-, Staats-, Gesellschafts- und auch als Wirtschaftsordnung konzipiert. Von Anfang an galt das Prinzip „dīn wa-daula" („Glaube und Reich") und war der von Muhammad in Medina begründete und später über Arabien ausgedehnte Staat die Grundlage dieses Islam und die Ausgangsbasis zu dessen Verbreitung[47].

Für diese Arbeit gilt also, daß der Islam eine Weltanschauung ist und als solche alle Bereiche menschlichen Denkens und Handelns erfaßt: die Welt, den Staat, die Gesellschaft, die Wirtschaft, die Kultur, den Alltag. Sein Universalitätsanspruch macht ihn „omnipräsent"[48], und die Religion als spirituell-liturgisch verstandene Größe ist innerhalb seines Ordnungsmodells nur eine, wenn auch wichtige Facette.

Der zentrale Unterschied zwischen den Weltanschauungen westlicher Liberalismus und Islam ist, daß der Islam auf einem übergeordneten *göttlichen* Ordnungsprinzip beruht[49]. Für ihn ist der Glaube bzw. die Religion *die* Gestaltungsgrundlage des Staates und auch des menschlichen Denkens und Handelns. Das hat drei Folgen. Erstens gibt dies jener Weltanschauung einen verbindlichen Überbau, der sakrosankt und nicht einmal interpretierbar ist. Somit hat der Islam - im Gegensatz zum westlichen Liberalismus, für den im Prinzip alles für die menschliche Ratio frei verfügbar ist - eine Grundlage, die außerhalb jeder Diskussion steht und die ihn für Außenstehende stets einen recht rigiden Anstrich verleiht[50]. Der Umfang dieser Grundlage aber ist eine der zentralen Fragen im Islam und zieht ein perma-

---

[45] Zum Islam, vgl.: Watt/Welsh (1980), Bd I.; Ende/Steinbach (1989); Nagel (1981), Bd. I. u. II.; Endreß (1982); Schacht/Bosworth (1983), Bd. I. u. II.; Hartmann (1987); Lewis (1991); Gellner (1992). Zum Islam in Südostasien, vgl.: Stichwort „Adat-Islam" in diesem Kap. und die dortigen Anmerkungen sowie in der Einführung zu dieser Arbeit Anm. 4.
[46] Vgl. u.a.: Watt/Welsh (1980), Bd. I, S. 251; Ende/Steinbach (1989), S. 57; Nagel (1981), S. 11ff.; Lewis (1983), S. 193ff.; Endreß (1982), S. 32; Gellner (1992), S. 13ff. Vgl. dazu auch die Begriffe „Islāmīya" („Islamismus") und „Islāmīyūn" („Islamisten"), in: Ende/ Steinbach (1989), S. 483f.
[47] Vgl. u.a.: Lewis (1991), S. 50ff.
[48] Busse (1975), S. 158.
[49] Vgl.: Nagel (1981), Bd. I., S. 11ff.; Endreß (1982), S. 32.
[50] Wie Anm. 49.

nentes Spannungsverhältnis zwischen göttlicher Allmacht und menschlicher Handlungsfreiheit nach sich[51]. Zweitens ordnet der Islam staatliches und gesellschaftliches Leben nicht nach (politischen) Ideen und nach Nationen, sondern nach Religionen und nach Glaubensgemeinschaften. Deswegen gibt er dem islamischen Staat und den ihn tragenden Muslimen stets eine Präferenzrolle. Drittens folgt sich aus dem religiösen Primat auch ein ausgeprägter Gemeinschaftssinn im Islam - entgegen dem Individualismus des am einzelnen Menschen orientierten westlichen Liberalismus'.

Unterhalb des übergeordneten göttlichen Primats ähneln sich die Grundwerte beider Weltanschauungen durchaus. Auch der Islam kennt (islamische) Rechtsstaatlichkeit[52] und (innerislamischen) Pluralismus (s.a. folgender Absatz)[53]. Auch islamisches Wirtschaftsdenken basiert auf dem Markt, auch wenn der Gemeinschaftssinn diesen durch sozialstaatliche Gedanken (Almosensteuer) und Einrichtungen wie das Zinsverbot einschränkt[54]. „Soziale Marktwirtschaft" wäre hierfür wohl der treffendste Ausdruck. Und auch Menschenrechte definiert der Islam, wenn auch gemäß seinen eigenen Vorgaben[55]. Fazit: Der Islam kennt für das politische und gesellschaftliche Leben ähnliche Grundprinzipien wie der Westen - nur definiert er sie gemäß seinem Primat und den damit verbundenen Festlegungen anders. Dies sollte festgehalten werden, ohne hier zu werten, welches die bessere Rechtsstaatlichkeit, der bessere Pluralismus oder die besseren Menschenrechte sind.

Eines ist noch anzufügen. Wie ein Blick auf die unterschiedlichen Staaten der islamischen Geschichte und Gegenwart zeigt, gibt es innerhalb jener Weltanschauung unterhalb des göttlichen Ordnungsprinzips viel mehr Spielraum als gemeinhin angenommen. Die Staatsformen von Monarchien über Theokratien (verstanden als Regime der Geistlichen und nicht als „Gottesstaat", der jeder islamische Staat ohnehin ist) bis hin zu Demokratien sind ebenso zahlreich wie die unterschiedlichen Richtungen, Schulen, Sekten und auch „Ideologien" (Traditionalisten, Fundamentalisten, Modernisten), die der Islam seit dem 7. Jahrhundert hervorgebracht hat[56]. Kurzum: Wie „westliche Welt" und „westlicher Liberalismus" sind auch „islamische Welt" und „Islam" nur übergeordnete Größen, die in sich durchaus vielschichtiger sind. Und wie den westlichen Liberalismus sollte man also auch

---

[51] Vgl.: Ende/Steinbach (1989), S. 57f.
[52] Vgl.: Ende/Steinbach (1989), S. 170ff.
[53] Zu den verschiedensten Formen des Islam innerhalb seiner Ordnung, s.: Ende (1983); Ende/Steinbach (1989), S. 470ff.
[54] Zum islamischen Wirtschaftsdenken, s.: Ende/Steinbach (1989), S. 155ff.
[55] Siehe zur Abfassung einer „Islamischen Menschenrechtserklärung" im Auftrag der OIC („Organisation of the Islamic Conference"): NZZ, 12. Jan. 1990.
[56] Zu den verschiedensten Ausprägungen in Vergangenheit und Gegenwart, s.: Haarmann (1987) u. Ende/Steinbach (1989).

den Islam lediglich als Oberbegriff verstehen. Eines nämlich ist stets zu bedenken: *den* Islam gibt es nicht.

Mit diesen Ausführungen dürfte die Weltanschauung Islam genügend eingeführt sein. Abschließend noch ein paar Anmerkungen, die zum Verständnis des Islam gerade in Südostasien von Bedeutung sein werden.

1. Der Islam verfügt entgegen weitverbreiteter Ansicht auch über ein hohes Maß an Assimilierungsfähigkeit und Toleranz[57]. Anders ließe sich seine rasche und weitreichende Ausdehnung von der arabischen Halbinsel über den halben Erdball kaum erklären. Wohin immer der Islam seit dem 7. Jahrhundert vordrang, kam ihm neben dem leicht anzunehmenden und zu praktizierenden liturgischen Apparat vor allem seine Bereitschaft entgegen, vorgefundene Kulturformen nicht auszurotten, sondern sie zu integrieren oder sich mit ihnen zu arrangieren. Ein Beispiel ist der Marabout-Kult im Senegal[58]. Statt bei seinem Vordringen die Marabout-Heiligen zu bekämpfen, bediente sich der Islam ihrer als religiöser Führer - obwohl der klassische Islam Heilige gar nicht kennt. Und anders als das Christentum hat der Islam in seiner klassischen Zeit nur in selteneren Fällen die Ausrottung oder Zwangsmissionierung der unterworfenen Völker betrieben, wie die Blüte christlicher und jüdischer Kultur im maurischen Spanien belegt[59].

2. Durch die große Distanz zum islamischen Zentrum und die Konfrontation mit gewachsenen Kulturformen war vom Islam in Südostasien ein hohes Maß an Kompromißfähigkeit gefordert. Die Folge war die Herausbildung eines Islam, der gerade dort im gesamtislamischen Kontext als „gemäßigt" einzustufen ist, relativ frei von fundamentalistischen Auswüchsen - zumindest für lange Zeit. Mehrfach wurde bereits darauf hingewiesen, daß diejenigen, die den Islam nach Südostasien brachten, selten als Bekehrer auftraten und vielfach Kompromisse eingehen mußten. Nicht von ungefähr ist also gerade in Südostasien die Bandbreite islamischer Intensität groß und reicht bis hin zu dem von manchen gar als neu empfundenen Adat-Islam.

3. Geisteshaltungen

Als zweite Gruppe „geistig-kultureller Bausteine" werden in dieser Arbeit sogenannte „Geisteshaltungen" erfaßt. Wir verstehen darunter Geistes- und Kulturformen, die in erster Linie Grundeinstellungen oder Lebensformen be-

---

[57] Vgl.: Ende/Steinbach (1989), S. 132ff.; Zu einer breiten und auch differenzierten Diskussion der Toleranz im Islam, s.: Khoury (1980); Lewis (1987), S. 13ff.
[58] Zum Marabout-Kult, s.: Geertz (1988), S. 70ff.
[59] Vgl.: Crespi (1992), S. 90ff.

schreiben. Sie beinhalten keine übergeordneten staats- oder gar weltpolitischen Ordnungsmodelle, sondern bewegen sich mehr auf der Ebene moralischer, gesellschaftlicher und sozialer Ordnungssysteme und -vorstelllungen und wirken ebendort ein.

Für Südostasien sind unter diesem Stichwort „Adat" und „westliche Kultur" erfaßt; wobei beide Geisteshaltungen in gewisser Weise auch komplementär zu den Weltanschauungen Islam und westlicher Liberalismus sind. „Adat" ist eine Grundhaltung, die in der Region weit verbreitet ist und an vielen Stellen gemeinsam mit dem Islam auftritt. „Westliche Kultur" beschreibt eine Lebensform, die - mittels westlicher Massenkommunikation - in der Region zunehmend an Boden gewinnt und die eine Art untergeordnete Ebene zum westlichen Liberalismus meint. In einem unterscheiden sich beide übrigens voneinander: Der Adat ist geradezu das Urbild einer südostasiatischen Kultur, die westliche Kultur dagegen das Muster der von außen kommenden Kultur.

Der Adat[60]: Eines der eigentümlichsten Kulturphänomene überhaupt ist der Adat. Er ist innerhalb des malaiisch-muslimischen Kernraums der ASEAN weit verbreitet und sogar ein wesentlicher Bestandteil des Malaientums, obwohl man ihn weder inhaltlich noch sprachlich exakt fassen kann. Für den Begriff selbst gibt es keine auch nur halbwegs befriedigende Übersetzung; außer der Annahme, er komme aus dem Arabischen, wo „'āda" „Sitte / Gewohnheit" und „Gewohnheitsrecht" umschreibt[61]. Adat bezeichnet im wesentlichen all jene Elemente einer aus verschiedenen Kulturformen gewachsenen Ordnungsvorstellung, welche die Region in vorislamischer Zeit prägte und welche in islamischer Zeit weiter Bestand hatte. In ihr verbinden sich - wenn auch unterschiedlich nach Zeit und Ort - Elemente aus dem Hinduismus, dem Buddhismus und aus noch älteren Kulturen bis hin zum Animismus. Er ist somit eine geradezu typisch südostasiatische Kulturform, deren einzige definitive Merkmale zu sein scheinen, eine Mischkultur zu sein und aus vorislamischer Zeit zu stammen.

Ob des Fehlens einer klaren Festlegung läßt sich der Adat nur in einer Addition von Annäherungswerten definieren. Drei solcher Werte machen m.E. seinen Wesensgehalt aus: Harmonie, Tradition und Konsens.

Harmonie: Die vorislamischen Ordnungsvorstellungen der Malaien beruhen im wesentlichen auf einem Modell der harmonischen Einheit

---

[60] Eine der wohl besten Übersichten dessen, was Adat ist, gibt Zoetmulder, in: Stöhr/ Zoetmulder (1965), S. 158ff. Als etwas ausführlichere Darstellungen mögen auch dienen: Magnis-Suseno (1981) u. Garang (1974).
[61] Vgl.: EI/o2, Vol. I (1960), S. 170ff. (Stichwort „'ada").

von Kosmos und irdischem Leben (vgl. Kap. I.2.1., Kasten „Herrschaftsvorstellungen"). Darin konnte die dringend notwendige und auch erstrebenswerte kosmische Harmonie nur durch ein Streben nach irdischer Harmonie hergestellt werden. Eine Störung der sozialen Ordnung auf der Erde hätte in dieser Vorstellungswelt also unweigerlich die kosmische Ordnung durcheinander gebracht und mithin Unheil für alle bedeutet.

Tradition und Konsens: Daraus ist folgerichtig ein starkes Bewußtsein für Tradition im Sinne des Bewahrens der Harmonie und für Konsens im Sinne der Herstellung von Harmonie abzuleiten. Ein Beispiel für die Umsetzung dieser Ideale ist die jahrhundertealte Tradition gemeinsamer Beratung, die sich auf allen Ebenen - vom Rat der Ortsgemeinschaften bis hinauf zur Staatsführung - im Leben der Region und ihrer Völker wiederfinden läßt.

In diesen Beratungen „sollte kein Beschluß gefaßt werden, der nicht vorher durch gemeinsame Beratung vorbereitet und anschließend mit der Zustimmung aller auch durchgeführt werden konnte. Es war besser, auf einen Beschluß zu verzichten als eine unversöhnliche Opposition zu provozieren. Das gemeinsame Behandeln eines Problems und die Beschlußfassung, in der alle Meinungen sich schließlich vereinigen, galt als das Symbol der kosmischen Vereinigung von Individuum und Urgrund des Seins, von Mensch und Göttlichem, und war somit Ausdruck der höchsten Harmonie."[62]

Dieses Prinzip findet sich heute noch in der Wahl des Königs in Malaysia (s. Kap. II.2. Fallstudie „Malaysia").

In gewisser Weise ist der Adat nach dieser Beschreibung vielleicht sogar eine Art „Weltanschauung". Daß er in dieser Arbeit trotzdem nicht so definiert wird, liegt daran, daß er einzig auf Südostasien beschränkt ist. Grosso modo gesehen aber mag man ihn wohl am besten als eine südostasiatische Weltanschauung" verstehen - auch wenn dieser Ausdruck an sich ein Widerspruch in sich ist. Denn außer Zweifel steht, daß der Adat eine im malaiisch-muslimischen Raum anzusiedelnde, spezielle und typisch südostasiatische Sicht der Welt darstellt und typisch südostasiatische Grundlagen des Fühlens, Denkens und Handelns in der Region wiedergibt. Und ganz nebenbei ist er damit möglicherweise sogar die älteste der in dieser Arbeit beschriebenen Kulturformen.

---

[62] Schumann (1983), S. 20.

Die westliche Kultur[63]: So wie der Adat die älteste und wohl am tiefsten verwurzelte Kulturform in dieser Region ist, so ist das, was hier unter „westliche Kultur" erfaßt werden soll, einer der jüngsten und auch noch am meisten im Vormarsch begriffenen Einflüsse. Trotzdem hat sie weite Verbreitung erlangt. Besonders tief sitzt sie dort, wo ihre Ursprünge am weitesten zurückreichen: auf den Philippinen[64]. In anderen Teilen der Region ist sie ebenfalls eine wahrnehmbare, wenn auch meist schwer faß- und lokalisierbare Kraft.

Bisher hatten sich alle Betrachtungen des Westens und seiner Versuche, diese Welt, ihre Staaten und Gesellschaften zu ordnen und zu prägen, ganz auf die Ebene jener Ideale und Ideen beschränkt, die hier unter dem Stichwort „westlicher Liberalismus" zusammengefaßt wurden. Es waren dies die Ideale und Ideen einer in erster Linie politischen Welt-, Staats-, Wirtschafts- und Gesellschaftsordnung: Pluralismus, Demokratie, Marktwirtschaft, Rechtsstaatlichkeit und Wahrung der Menschenrechte. Unterhalb bzw. neben dieser Ebene gibt es allerdings eine zweite Ebene, auf welcher die „westliche Welt" die anderen Teile dieser Erde ebenfalls zu ordnen und vor allem auch zu prägen versucht. Es ist dies die Ebene der kulturellen „Eroberung" und - wie es J.M. Roberts nennt - „Beherrschung" der Welt. Und sie drückt sich aus in der Ausbreitung „westlicher Kultur"; d.h. in Lebensgefühlen, Lebens- und Umgangsformen, Beziehungs- und Verhaltensmustern, die im Westen zu Hause waren bzw. sind und von dort aus ihren Weg in andere Teile der Welt gefunden haben und noch immer finden[65].

Roberts hat in seinem Buch „Der Triumph des Abendlandes" diese zweite Ebene und das Ergebnis dieser Ausbreitung sehr anschaulich beschrieben[66] und in zwei Sätzen auch recht treffend zusammengefaßt: „Die Wirkungen des Abendlandes auf die übrige Welt sind unauslöschlich. Die Geschichte ist durch das Abendland verändert worden, das aus der Welt *eine* Welt gemacht hat"[67]. Gemeint war damit aber nicht eine einheitliche politische Ordnung dieser Welt oder deren einheitliche innere Ausgestaltung. Sie hat der Westen bis heute nicht herbeigeführt. Gemeint war sehr viel mehr die Schaffung eines *kulturellen* Abbildes des Westens in vielen Teilen dieser Welt und ihrer Gesellschaften. Sie nämlich hat er auf der Basis seiner über lange Zeit de-

---

[63] Dieser Begriff ist so eigentlich gar nicht gebräuchlich, beruht er doch auf der Trennung von „westlichem Liberalismus" und „westlicher Kultur". In der Literatur taucht dies meist gemeinsam auf; mit deutlichem Gewicht auf dem ersteren. Deswegen sei hier keine gesonderte Literatur angegeben. Als Anhaltspunkt sei lediglich verwiesen auf: Roberts (1989) u. Mulder (1991).
[64] Vgl. dazu: Mulder (1991).
[65] Zu diesen und den folgenden Ausführungen, vgl.: Roberts (1989).
[66] Vgl.: wie Anm.65, bes. S. 401ff.
[67] Roberts (1989), S. 433.

monstrierten materiellen und technologischen Überlegenheiten in Prozessen der Aufnahme und der Nachahmung tatsächlich herbeigeführt.

Das Instrument zur Übertragung dieser vor allem in der zweiten Hälfte dieses Jahrhunderts sich ausbreitenden westlichen Kultur war nach Roberts die vom Westen ausgehende und monopolisierte Massenkommunikation mit ihren Säulen Information und Werbung[68]. Sie transportieren in Filmen aus Hollywood, in Fernsehnachrichten aus US-amerikanischen Networks und in Reklamespots und -tafeln mit westlichen Konsumprodukten westliches Fühlen, Denken und Leben. „Die Botschaften", so Roberts, „die sie in so überwältigender, wenn auch indirekter und unausgesprochener Weise in die Welt tragen, bestätigen westliche Ideen und Ansichten, westliche Verfahren und Verhaltensmodelle, sogar westliche Kunstformen [...]"[69]. Es entsteht eine neue „internationale Jugendkultur", die beruht „auf der Verbreitung westlicher Stile in Kleidung, Vergnügen, Benehmen, persönlichen Beziehungen durch die westliche Reklame- und Kommunikationsindustrie. [...]. Jeans, T-Shirts und Turnschuhe sind die modernen Äquivalente der Zylinderhüte und Morgenröcke, an denen manche Asiaten im letzten Jahrhundert Gefallen fanden, weil sie diese als Nachweis ihrer Integration in eine Kultur von überragender Anziehungskraft betrachteten"[70].

Auch diese westliche Kultur ist ein „Baustein", der zunehmend den geistig-kulturellen Überbau Südostasiens prägt und umprägt. Dies ist deswegen von Belang, weil sie so gänzlich anders - ja gegensätzlich - ist zu jener gerade erst beschriebenen Kultur des Adat. Wo der Adat auf Tradition, Harmonie und Konsens setzt, baut sie auf Veränderung und auch auf Konflikt. Wo Asien auf die Unabänderlichkeit bestimmter Gegebenheiten - also auf das Schicksal - und auf sie Gemeinschaft setzt, baut sie auf die sich die Welt unterwerfende Kraft des menschlichen Geistes und auf das Individuum. Je mehr sie also Eingang findet in die Gesellschaften Südostasiens, um so mehr greift sie auch die vorhandenen Strukturen an oder stellt sie zumindest in Frage. Dies gilt besonders, da sie - anders als der westliche Liberalismus, der den „Überzeugungsweg" gehen muß - den „Konsumweg" geht, d.h. auf schleichendem Wege in das Bewußtsein der Menschen gelangt. Diese Wirkung und Wirkungsweise der westlichen Kultur ist, die es notwendig macht, auch sie hier als einen separaten „Baustein" für diese Ausführungen zu erfassen.

---

[68] Vgl.: Roberts (1989), S. 418ff.
[69] Roberts (1989), S. 419.
[70] Roberts (1989), S. 419.

4. Religionen

Als dritte Gruppe der „geistig-kulturellen Bausteine" werden hier die Religionen erfaßt, sofern sie in der Region staatstragenden Einfluß haben. Nachdem der Islam wegen der ihm innewohnenden Idee einer Weltordnung mit eigenen Staats-, Wirtschafts- und Gesellschaftsvorstellungen bereits unter den Weltanschauungen behandelt wurde, verbleiben hier zur weiteren Ausführung noch der Buddhismus und das Christentum, denen ein ähnlich welt- bzw. staatspolitischer Anspruch fehlt.

Der Buddhismus[71]: Der Buddhismus ist neben Islam und Christentum eine von drei staatstragenden Weltanschauungen bzw. Religionen in der Region. Er ist die vorherrschende Religion Kontinental-Südostasiens. Bis auf Vietnam (Mahāyāna-Buddhismus) sind dabei alle Staaten unisono dem Theravāda-Buddhismus zuzurechnen, einer konservativen Ausrichtung dieser ältesten Weltreligion. In Thailand ist der Theravāda-Buddhismus eine wesentliche Säule des heutigen Staates. Um Buddhismus und sein Verhältnis zu Politik und Gesellschaft verständlich zu machen, ein Zitat des Indologen H. Bechert:

> „Von einer 'Welt des Buddhismus' in dem Sinne, wie es eine 'Christliche Welt' oder eine 'Welt des Islam' gibt, kann man eigentlich nicht sprechen. Die Lehre des Buddha ist zwar eine Lehre für alle Menschen, aber sie ist ihrer ursprünglichen Zielsetzung nach keine Lehre für die Gestaltung des Lebens in der Welt, sondern eine Lehre zur Erlösung, also zur Befreiung aus der Welt. Deshalb kann er in dem Sinne keine neue Ordnung für die Welt geben, wie es etwa Muhammad beabsichtigt hat. Die Welt folgt ihren eigenen Gesetzen. Gleichwohl kann man feststellen, daß mit der Ausbreitung der buddhistischen Religion auch die gesamte Kultur der unter ihren Einfluß geratenen Länder eine besondere eigenartige Prägung erfahren hat, die auf den Einfluß des Buddhismus zurückgeht."[72]

Buddhismus ist also im Sinne dieser Arbeit eine „Religion", die von sich aus nicht staats- und gesellschaftsbildend ist[73]. O. Weggel spricht von einem „Nebeneinander von Staat und 'Kirche', das sich vor allem im Theravāda-Buddhismus und im heutigen Thailand finde"[74]. Und auch in der Gesellschaft besteht der Buddhismus nach seiner ursprünglichen Auffassung neben dem gesellschaftlichen Leben und dem Alltag. Trotzdem strahlte er stets über die Welt der Klöster und des Geistes hinaus in die ihn umgebende Gesellschaft

---

[71] Zum Buddhismus, vgl.: Bechert/Gombrich (1989); Bechert (1966-73); Schneider (1987) u. Sarkisyanz (1975).
[72] Bechert/Gombrich (1989), S. 9f.
[73] Zu einer Diskussion dieses unpolitischen Charakters des Buddhismus und den doch existierenden Beispielen eines politischen Buddhismus, s.: Bechert (1966), Bd. I., S. 21ff. u. 109ff.
[74] Vgl.: Weggel (1990a), S. 130. Vgl. dazu auch Skrobanek (1986), S. 31.

und prägte sie maßgeblich. Herausragender Wesenszug der Theravāda-Buddhisten in Thailand scheint dabei eine innere Kraft zu sein, welche die Anhänger im Bewußtsein der Bedeutungslosigkeit des Irdischen auszeichnet. Auf diese Art und Weise kann gerade der apolitische Theravāda-Buddhismus zum politischen Instrument eines Herrschers werden, wenn er sich selbst mit dem Buddhismus legitimiert und dann den buddhistischen Apparat einerseits fördert, andererseits aber an seinen apolitischen Charakter erinnert[75]. Doch es gibt auch Beispiele dafür, daß politische Abstinenz im Buddhismus nicht unumstößlich ist[76].

Auch der Buddhismus läßt sich als originär asiatische Kultur bezeichnen, wobei der Theravāda-Zweig sogar im weitesten Sinne eine südostasiatische Kultur ist, wenn man einmal von Einflüssen aus Ceylon absieht. Darüber hinaus ist festzuhalten, daß der Buddhismus auch in verschiedenen Kulturen im insularen Bereich weiterlebt.

Das Christentum: Das Christentum ist heute in den Kernlanden der Philippinen „zu Hause" und findet sich auch noch rund um die Sulusee, im Südosten Indonesiens und in kleinen Enklaven im gesamten Raum[77]. Zwei Wesenszüge sind für das Christentum in der Region von Bedeutung. Erstens hat das Christentum offenbar auch in dieser Region den weltweiten Säkularisierungsprozeß mitgemacht, der es seines früher einmal sehr viel allumfassenderen weltanschaulichen Charakters weitgehend beraubte; auch wenn dies für diesen Teil der Welt nicht ganz so stark gelten mag wie beispielsweise für Westeuropa. So ist die christliche Glaubenslehre auch auf den Philippinen keineswegs das herausragende politische Gestaltungselement oder gar die moralische Grundlage des Staates. Sehr wohl aber ist es Teil der Kultur und ist die katholische Kirche gerade in diesem Land eine ernsthafte Kraft. Parteien und Politiker hingegen haben sich dort nur sehr bedingt dem Christentum verschrieben. Dies ist - wenn überhaupt - eher in Indonesien der Fall[78]. Zweitens ist festzustellen, daß das Christentum - im Gegensatz z.B. zum Buddhismus - eine importierte Kultur ist, die weder über originäre Wurzeln in der Region verfügt, noch sich in ihrem neuen Umfeld so verän-

---

[75] Vgl. dazu auch: Bechert (1966), Bd. I, S. 22ff.
[76] Beispiele sind Forderungen nach einem buddhistischen Staat in Ceylon (vgl. Weggel (1990a), S. 131f.) oder der Aufstieg eines erklärten Buddhisten zum Bürgermeister von Bangkok und Bannerträger des Buddhismus (vgl. FEER, 18. Jan. 1990, S. 9 / 14. Mai 1992, S. 13). Das Beispiel Tibet beweist, daß Buddhismus und Politik sich in anderen Zweigen des Buddhismus prinzipiell nicht ausschließen (s. Weggel (1990a), S. 127f.).
[77] Zur Ausbreitung des Christentums, s.: Kap. I.1. u. Kap. I.2.
[78] Zum Christentum und der Rolle der Kirche, bes. in Indonesien, vgl.: Wawer (1974) u. ders. (1972); Müller-Krüger (1975). Bes. zum Christentum und zur Rolle der Kirche in den heutigen Philippinen, vgl.: Hanisch (1989), S. 80f.; Dahm (1991), S. 165f.; Köster/ Zulehner (1986), S. 13ff.

dert hat, daß man z.B. von einem „philippinischen Christentum" sprechen könnte[79]. Erwähnenswert ist abschließend noch eine neuere Tendenz in der Region. In Ostmalaysia gibt es eine zunehmende christliche Anhängerschaft, und auch in Singapur verzeichnet das Christentum Zulauf[80]. Doch wäre es zu früh, daraus bereits Konsequenzen für den langfristigen geistig-kulturellen Überbau der Region zu ziehen.

Anmerkung: Als Religionen sind hier nicht erfaßt: chinesischer Synkretismus (s. „Chinesen"), Hinduismus (der in reiner Form in der Region kaum noch vorkommt (s. deswegen „Adat")) und Animismus (s. „Bergvölker").

5. Einzelfaktoren

Das letzte Begriffspaar unter diesen „geistig-kulturellen Bausteinen" heißt „Autokratismus" und „Modernismus". In beiden Fällen handelt es sich aber lediglich um ergänzende Elemente, die keinesfalls mit den Dimensionen der bisherigen Bausteine gleichzusetzen sind[81].

Der Autokratismus: In der ASEAN-Region gibt es einen ausgeprägten Hang zu autokratischen Herrschaftsformen, der nicht direkt an bestimmte Kulturen gebunden ist. Auf Ursprung, Formen und Graduierungen dieses Autokratismus soll hier im einzelnen nicht eingegangen werden. An dieser Stelle sei nur auf den Kasten „Herrschaftsvorstellungen" in Kap. I.2.1. verwiesen und festgestellt, daß bis auf den heutigen Tag in Südostasien ein Hang zum Autokratismus besteht, der sich nicht selten aus diesen alten Vorstellungen herleitet und sich heute in ausgeprägten Formen des Paternalismus, Personalismus und Institutionalismus widerspiegelt. Daneben könnte man aus ihm auch zwei weitere, in Südostasien weit verbreitete Herrschaftsinstrumentarien ableiten: den Bürokratismus und die Militärregime (die zivile und militärische Seite ein und derselben Medaille); wobei allerdings Entstehung und Legitimation dieser beiden Herrschaftsinstrumentarien durchaus noch andere Gründe haben[82]. Auch sie sollen im Rahmen dieser

---

[79] Vgl.: Dahm (1974), S. 12.
[80] Zum Christentum in Singapur, s.: „Religion and Religious Revivalism in Singapore" (1988) sowie FAZ, 25. Okt. 1989.
[81] Da „Autokratismus" und „Modernismus" singuläre Phänomene sind, die meist größeren Zusammenhängen entlehnt und für die Bedürfnisse dieser Arbeit definiert wurden, läßt sich wenig übergreifende Literatur angeben. Recht eigenständig herausgearbeitet ist der „Autokratismus" in: Heidhues (1983a), S. 75ff. (bis Kap. 3); Pye (1985), S. 90ff.; Gardill (1991), S. 165ff. Sie gehen auch ausführlicher auf einzelne Länder ein.
„Modernismus" ist dagegen meist in Zusammenhang mit dem ökonomischen Aufstieg der Region und mit entwicklungspolitischen Aspekten zu sehen. Dazu sei verwiesen auf zwei neuere Werke: Draguhn (1991); Rigg (1991), S. 185ff.
[82] Zu den einzelnen Formen, vgl.: Heidhues (1983a), S. 87ff.

Arbeit unter dem Oberbegriff „Autokratismus" gefaßt werden. Näher eingegangen werden soll auf den Autokratismus dort, wo es erforderlich ist. An dieser Stelle sei nur noch angemerkt, daß das Vorhandensein und die Wertschätzung von Autokratismus auch den Umkehrschluß mangelnden demokratischen Bewußtseins zuläßt[83].

Der Modernismus: Zum Schluß ist ein Phänomen zu definieren, das es nicht nur in Südostasien gibt, sondern in vielen unabhängig gewordenen Staaten der „Dritten Welt". Es ist der Drang der Staaten bzw. Staatsführungen, den Anschluß an die „erste", die „entwickelte Welt" zu finden - vor allem ökonomisch und technisch. Je nach Staat findet das eine unterschiedliche Ausprägung, drückt sich mal in gigantischen Industrie- und Bauvorhaben, mal in der Ausarbeitung und zuweilen auch Durchführung langfristiger Entwicklungspläne aus. Hier soll dieses Phänomen als „Modernismus" erfaßt werden. Der Begriff ist zugegeben diffus. Doch genau das ist gemeint: die Definition eines oft diffusen Entwicklungsstrebens, das mit Blick auf die „erste", „moderne" Welt meist irgendwo zwischen Kopie und Emanzipationsversuch angesiedelt ist und in seinen Auswirkungen meist irgendwo zwischen konkreten Zielen und Planungen und einem ziel- und planlosen Aktionismus zu finden ist. Genau definieren läßt sich dieses Phänomen kaum. Und doch prägt es einige Staaten der Region (schon früh Thailand, dann Indonesien und Singapur und später Malaysia) im 20. Jahrhundert mit. In einigen Ländern hat es einen rasanten ökonomischen Aufstieg gefördert. Dabei aber scheint, je weiter dieser Aufstieg in einem Land gediehen ist, der Modernismus abgenommen zu haben und einem eigenen Selbstbewußtsein gewichen zu sein. Einem Selbstbewußtsein im Bewußtsein, Anschluß auch mit eigenen Werten und Wegen gefunden zu haben. *Das* Beispiel ist Singapur[84].

Anmerkung: Abschließend sei darauf verwiesen, daß „Autokratismus" und „Modernismus" in der Region oft als einander bedingende Faktoren angesehen wurden; z.B. in der Rechtfertigung des Autokratismus durch das Streben nach „Anschluß" an die „erste Welt"[85].

---

[83] Vgl.: Heidhues (1983a), S. 79.
[84] Vgl.: Draguhn (1991), S. 10. Siehe auch zwei neuere Texte: FAZ, 14.Nov. 1992; Parlament, 18. Dez. 1992.
[85] Vgl.: Heidhues (1983a), S. 75 u. 119. Und auch in den wechselseitigen Bezügen der in Anm. 81 angegebenen Literatur dürfte der nicht unwesentliche Zusammenhang zwischen Autokratismus und Modernismus deutlich werden.

6. Adat-Islam[86]

Nachdem wir in den vorangegangenen Teilkapiteln im weitesten Sinne *Einzelkulturformen* behandelt haben, ist nun abschließend noch eine Kulturform zu betrachten, die bereits die erste *Mischkulturform* im Sinne einer Zusammensetzung aus mehreren der zuvor beschriebenen kulturellen Bausteine ist und die nunmehr selbst zum Baustein der südostasiatischen Kulturlandschaften wird: der Adat-Islam. Die herausgehobene Behandlung des Adat-Islam in einem eigenen Unterkapitel hat zwei Gründe. Erstens ist der Adat-Islam die wichtigste Mischkultur im Rahmen dieser Arbeit. Zweitens ist die nachfolgende Vorgehensweise zur Erklärung einer Mischkultur exemplarisch für andere Mischkulturen in der Region. Es gilt jeweils, zuerst noch einmal einen Blick auf die Bestandteile einer solchen Kultur zu werfen, diese auf ihren Wesensgehalt und auf die für eine Verschmelzung relevanten Züge zu reduzieren und schließlich daraus die notwendigen Schlüsse zu einer erneuten Zusammensetzung zu ziehen.

Der Adat-Islam ist entstanden beim Zusammentreffen des Islam mit dem vorherrschenden vorislamischen Adat (s. Kap. I.2.2.1.). Wenden wir uns also zuerst noch einmal seinen beiden Bestandteilen und deren Gemeinsamkeiten zu.

Adat erklärt sich vor allem durch drei Annäherungswerte: Harmonie, Tradition und Konsens. Harmonie beruht hier auf einem Modell der harmonischen Einheit von Kosmos und irdischem Leben, wobei eine Störung der sozialen Ordnung unweigerlich die kosmische Ordnung durcheinanderbringen würde. Tradition steht im Sinne des Bewahrens der Harmonie und Konsens im Sinne der Herstellung von Harmonie. Mithin besteht im Adat ein komplettes System staatlicher, gesellschaftlicher und sozialer Ordnung in Verbindung mit einem quasi-religiösen, aber nie exakt gefaßten, geradezu pantheistischen Überbau. Und dieses System ist in hohem Maße flexibel.

Beim Islam ist dreierlei von Bedeutung. Erstens ist er eine Weltanschauung mit einem ebenfalls kompletten staatlichen, wirtschaftlichen und gesellschaftlichen Ordnungssystem, das bei Akzeptanz göttlicher Ordnung Spielraum zur inneren Gestaltung läßt. Zweitens verfügt der Islam über eine hohe Assimilierungsfähigkeit und ein gewisses Maß an Toleranz; besonders je weiter er sich von seinem Ausgangspunkt Ara-

---

[86] Zum Adat-Islam gibt es eine reiche Literatur. Verwiesen sei auf folgende Auswahl, in der sich die Autoren unter unterschiedlichen Ansatzpunkten mit Zustandekommen und Wesen des Adat-Islam beschäftigen: Stöhr/Zoetmulder (1965), S. 283ff.; EI/o2, Vol. III (1971), S. 1218ff. (Stichwort „Indonesia"); Hooker (1988), S. 64ff.; Ende/Steinbach (1989), S. 570ff.; Schumann (1983) u. Dahm (1983).

bien entfernt. Drittens läßt sich daraus sein besonderer südostasiatischer Zug ableiten: Mäßigung. Außerdem waren sich die Verkünder des Islam in Südostasien wohl bewußt, daß sie Zugewanderte waren.

Zusammenfassend lassen sich zwei Gemeinsamkeiten konstatieren:

1. Adat und Islam sind keine eindimensionalen Ordnungssysteme, sondern haben beide einen universellen Anspruch auf alle - oder zumindest auf mehrere - Bereiche des staatlichen, gesellschaftlichen und kulturellen Lebens. Dabei kommt einer Verschmelzung besonders die unterschiedliche Gewichtung des religiös-liturgischen Zweiges entgegen. Im Adat, der in seinem weitreichenden Polytheismus alle Möglichkeiten offen läßt, ist dieser Bereich wohl am schwächsten ausgeprägt. Im Islam ist er trotz oder gerade wegen seiner Einfachheit wohl der einzige, der keine Kompromisse erlaubt.

2. Ansonsten aber zeichnen sich beide Ordnungssysteme durch ein hohes Maß an Kompromißfähigkeit aus. Im Adat drückt sich diese im Wunsch nach Konsens - geradezu ein Ideal des Adat - aus, im Islam durch die hohe Assimilierungsbereitschaft, die seit je her Garant für Ausbreitung und Bestand des Islam in fremden Regionen war und ist.

Diese beiden Grundzüge ermöglichen die Verschmelzung zweier in sich geschlossener Ordnungssysteme zu einem völlig neuen System, das im wesentlichen nun auf drei etwa gleichberechtigten Säulen ruht: Tradition, Islam und Konsens/Harmonie. Aus der Sicht des Islam betrachtet, heißt das, daß dem oft als absolut und rigide erscheinenden Islam deutliche, dies abmildernde Züge der Mäßigung beigegeben werden. Der Adat relativiert mithin im Islam dessen Absolutheitsanspruch und betont in ihm die durchaus vorhandene Bereitschaft zum Kompromiß und zur Toleranz; auch wenn dies natürlich von Ort zu Ort und von Zeit zu Zeit in unterschiedlichem Maße geschah und geschieht. Dies führte zu einer Fülle verschiedener Beschreibungen des Adat-Islam in der Literatur. M. Sarkisyanz spricht zum Beispiel von „synkretistischem Islam"[87]. H. Heinzlmeir nennt dies umgekehrt einen „Glaubenssynkretismus, innerhalb dessen der Islam nur ein Teil des Ganzen ist"[88]. O. Weggel beschreibt den Adat-Islam so: „der Islam als Schale, Hinduismus und Animismus dagegen als Kern"[89]. Und mit Blick auf Indonesien brachte es B. Dahm auf den Punkt:

> „Die Kenntnis von klassischen Texten und Doktrinen, von Pflichten, Geboten und Verboten aus der Shari'a, dem islamischen Gesetz, oder dem, was in

---

[87] Grunebaum (1971), S. 308.
[88] Heinzlmeir (1989), S. 122.
[89] Weggel (1990a), S. 244.

Mekka oder Kairo als gültig angesehen wird, genügt nicht zur Analyse von Entwicklungen und Verhältnissen im indonesischen Islam"[90].

Dahm spricht deswegen von der „Heterogenität des indonesischen Islams"[91]. Und noch einmal sei zu Java auf Bergs Charakterisierung als „Islamization" statt „conversion" erinnert[92]. Das trifft wohl am besten den Adat-Islam, der sich in seinem Wesen immer irgendwo zwischen einer neu entstandenen Kultur (in Vermischung oder auch nur in Weiterentwicklung des Vorhandenen) und einem abgewandelten Islam befindet.

Der Adat-Islam ist heute in der ASEAN-Region und besonders im malaiisch-muslimischen Raum weit verbreitet. Grosso modo folgen ihm die Muslime in Indonesien (mit einem stark javanisch-hinduistischen Hintergrund), Malaysia, Brunei, Singapur und Süd-Thailand sowie mit Abstrichen in den südlichen Philippinen. Allerdings darf man sich dabei die Vermischung von Adat und Islam zu Adat-Islam nicht immer nur im Verhältnis 50 zu 50 vorstellen. Tatsächlich nämlich können die Mischungsverhältnisse auch 40 zu 60, 30 zu 70, 20 zu 80, 10 zu 90 betragen. Und zwar in beide Richtungen: mit einem Übergewicht islamischer Einflüsse ebenso wie mit einem solchen vorislamischer Adat-Einflüsse. Am besten läßt sich dies wohl mit einer Skala von 0 bis 100 vergleichen. 0 steht für Adat und 100 steht für Islam. Und je nach Zeit und Ort liegt die jeweilige Ausprägung des Adat-Islam irgendwo zwischen den beiden Maximalwerten. Wendet man diese Skala übrigens auf den gesamten malaiisch-muslimischen Raum an, so wird man interessanterweise feststellen, daß auch die Werte 0 und 100 an einzelnen Orten oder zu einzelnen Zeiten vorkommen oder vorkamen. Korrekterweise ist dann allerdings nicht mehr von Adat-Islam zu sprechen.

I.3.2.2. Die Geistes- und Kulturräume in und um die ASEAN-Region

Im folgenden Kapitel werden die verschiedenen Kulturräume und -unterräume der ASEAN-Region in Form von Bezugssystemen bzw. Matrizen dargestellt. Die einzelnen Räume ergeben sich aus Kap. I.1. „Der geographisch-kulturelle Raum" und aus Kap. I.2. „Der historisch-kulturelle Raum". Die einzelnen Bausteine zur Darstellung der Matrizen ergeben sich aus Kap. I.3.2.1. „Bausteine der ASEAN-Geistes- und Kulturlandschaften". Abschließend wird nach den gleichen Kriterien auch noch ein kurzer Blick auf die übergeordnete Region Südostasien geworfen.

---

[90] Dahm (1983), S. 55.
[91] Dahm (1983), S. 55.
[92] Zitiert nach: Hall (1981), S. 234.

Bevor wir uns nun der Erschließung der einzelnen Räume und Unterräume zuwenden, noch einmal zwei kurze Übersichten: (1) über die zu behandelnden Räume und (2) stichwortartig erläutert über die „Bausteine".

Räume und Unterräume

Südostasien

Südostasien als übergeordnete Region ist in zwei Weisen untergliedert. Erstens läßt es sich in *das insulare* und in *das kontinentale Südostasien* einteilen. Zweitens läßt es sich in die *ASEAN-Region* und *Indochina plus Birma* einteilen.

ASEAN-Region

Die ASEAN-Region läßt sich ihrerseits wieder in zwei Weisen untergliedern. Erstens läßt sie sich in ihre drei bzw. vier Großräume einteilen: *malaiisch-muslimischer Raum*, *thai-buddhistischer Raum*, *filipino-christlicher Raum* und gegebenenfalls noch *Sulusee-Raum*. Zweitens läßt sie sich in die sechs Staaten *Indonesien*, *Malaysia*, *Brunei*, *Singapur*, *Thailand* und *Philippinen* einteilen.

Staaten

Die Staaten lassen sich darüber hinaus auch noch einmal untergliedern. Indonesien gliedert sich grob in *Westindonesien*, *Java* und *Ostindonesien*. Malaysia gliedert sich in *West- und Ostmalaysia*, Thailand in *Kerngebiet und Patani-Region*, die Philippinen in *Kernlande und Sulusee-Region*.

Ethnien

Malaien: malaiisch-muslim. Kernraum, „Grundmasse"; rurale Lebensform, niedrige Bildung, Apathie, Verbindung zu Adat u. Islam.	Filipinos: Philippinen; zunehmende Differenzierung von den Malaien und Identifikation mit Christentum und westlicher Kultur.
Thais: Thailand; südostasiatische Ethnie, Bindung zum Buddhismus.	Chinesen: im ganzen Südostasien; „ethnische Chinesen"; Wirtschaft; Bildung und Effizienz.
Bergvölker: geographisch-politisch marginalisiert; oft unter „Sonstige"; Animisten und Christen.	Inder: wie Chinesen, aber heterogener (Bildung, Sozialschichtung).

Weltanschauungen

Islam: religiöser Primat; Rechtsstaatlichkeit, Marktwirtschaft, innerer Pluralismus; Spannung zw. göttlicher Allmacht u. menschlicher Handlungsfreiheit; Assimilierung, Toleranz.	Westlicher Pluralismus: säkularer Primat und menschliche Ratio, Pluralistische Demokratie, Marktwirtschaft, Rechtsstaatlichkeit. Koloniales Erbe, selektive Übernahme.

Geisteshaltungen

Adat: südostasiatische Kultur; Tradition, Harmonie, Konsens.	Westliche Kultur: Werte unterhalb des „westliche Liberalismus"

Religionen

Buddhismus: Kontinentalraum; südostasiatische Kultur und apolitisch; (gilt für Theravada-Buddhismus)	Christentum: importierte Kulturform; säkularisiert.

Einzelfaktoren

Autokratismus: Hierarchiedenken; Paternalismus / Institutionalismus; Bürokratismus / Militärregime.	Modernismus: Orientierung an der „ersten Welt", diffus.

Adat-Islam

Adat-Islam: südostasiat. Kultur; „gemäßigter Islam"; Skala 0 (Adat) - 100 (Islam).

1. *Staaten und Teilgebiete*

Erste Bezugsgrößen sind die Staaten der Region sowie von Fall zu Fall Staatsteile, die nun mittels Matrizen dargestellt werden.

Indonesien

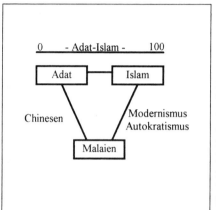

Indonesien ist wohl der heterogenste Raum der Region. Alle seine Unterräume zu beschreiben, würde den Rahmen dieser Übersicht sprengen. So wurde mit diesem ersten Schaubild nur versucht, den Gesamtraum zu erfassen. Am besten geschieht das durch ein Dreieck der Elemente Adat, Islam und Malaien. Klarer als in anderen Ländern muß man sich für Indonesien das Vorhandensein einer Skala von 0 bis 100 vorstellen, die von reinem Adat (einschließlich Hinduismus und Animismus) bis zu reinem Islam reicht. Reiner Adat findet sich in Bergregionen. Nahe an der 100 sind Regionen wie Aceh und einzelne islamistische Gruppen. Mithin sind Adat und Islam Pole, zwischen denen die Kulturlandschaft Indonesien liegt; wobei ihr Gros zwischen den Polen liegt: im Adat-Islam. Deswegen bietet es sich im Gegensatz zu anderen Ländern an, nicht einfach Adat-Islam als einen Baustein zu setzen, sondern mit Adat und Islam die ganze Bandbreite vorzugeben. Ethnische Basis der Matrix sind die Malaien als vorherrschende Ethnie Indonesiens. Dazu kommen zwei Elemente, die auf das gesamte Indonesien gesehen eine aber nur untergeordnete Bedeutung haben: Chinesen und Modernismus. Chinesen spielen eine wichtige Rolle in der Wirtschaft. Modernismus liegt als etwas diffuses „Gefühl" über Indonesien; was sich wohl aus der schmerzvollen Loslösung von Holland erklärt. Außerdem läßt sich auch noch ein weit verbreiteter Autokratismus in dieses Bild einfügen.

Malaysia

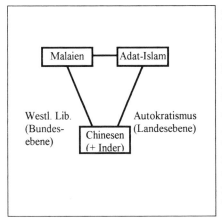

Auch für Malaysia läßt sich ein Bezugsdreieck erstellen, das jedoch nicht so gleichmäßig ist wie für Indonesien. Ein Übergewicht haben die Elemente Malaien und Adat-Islam (da es hier keine so breite Differenzierung wie in Indonesien gibt). Malaien und Adat-Islam bilden schon aus der Geschichte heraus den Überbau für den Staat Malaysia, und da die Malaien den Staat auch immer ein wenig als den ihren betrachteten, haben sie ihre Philosophie anfangs auch zur Staatsphilosophie gemacht. Nun ist aber Malaysia der ethnisch gemischteste Staat der Region. Nur die Hälfte der Bevölkerung sind Malaien. Die andere Hälfte sind Chinesen und Inder. Betrachtet man die Inder zusammen mit den Chinesen, so sind die Chinesen als wichtiger dritter Baustein zu setzen. In dieses etwas nach oben übergewichtige Dreieck wirken dann noch zwei weitere Elemente. Auf der gesamtstaatlichen Ebene wirkt ein von den Briten hinterlassener westlicher Liberalismus. Auf der Ebene der Bundesstaaten überwiegen traditionelle Strukturen und damit noch immer ein starker Autokratismus. Zu diesem Bild ist noch anzumerken, daß sich innerhalb des Adat-Islam in den 80er Jahren eine Verlagerung hin zum Islam vollzogen zu haben scheint. Darauf wird später noch näher einzugehen sein.

Zu Malaysia wäre eigentlich noch zwischen Westmalaysia (Malaya) und Ostmalaysia (Sabah und Sarawak) zu differenzieren. Der Westen entspricht etwa dem Bild von Malaysia. Der Osten ist hingegen uneinheitlicher strukturiert. Da aber der Westen in vielfacher Hinsicht den Osten marginalisiert und dieser oft wie ein Anhängsel wirkt (s. Kap. II.2. „Malaysia"), bestimmt die westmalaysische Matrix weitgehend das Bild, und hat sie hier den Vorzug erhalten.

Für die Bezugspunkte Bundesstaat und Stadt in Malaysia sind auch die Ausführungen zu Brunei und Singapur zu beachten.

Brunei

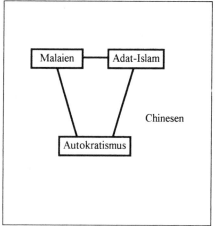

Das Sultanat Brunei wirkt in vielem wie ein malaysischer Bundesstaat. So sieht denn auch die Matrix Brunei weitgehend aus wie eine Matrix Malaysias auf dieser Ebene. Deren Hauptelemente sind: Malaien, Adat-Islam und Autokratismus. Auffällig ist, daß westlicher Liberalismus, westliche Kultur oder Modernismus fast keine Rolle zu spielen scheinen. Eine Rolle hingegen spielen die Chinesen, doch in nur sehr untergeordneter Form; vergleichbar auch hier einem malaysischen Bundesstaat.

Singapur

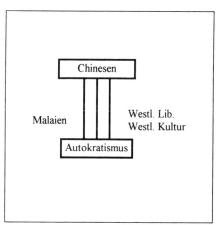

Die Matrix Singapur ist fast das Negativ zur Matrix Brunei. Die dort ausgeklinkten Chinesen bilden das dominierende Element für Singapur, wogegen die Malaien hier eine untergeordnete Rolle spielen. Die in Brunei fehlenden Elemente westlicher Liberalismus (selektiv) und Kultur sind hier zweitrangige Bausteine (ohne Modernismus, da Singapur den Anschluß an die „erste Welt" längst erreicht hat). Einzig der Autokratismus in Form eines ausgeprägten Paternalismus ist auch in Singapur ein wesentliches Grundelement der politischen Kultur des Stadtstaates. A Apropos Stadtstaat: Diese Matrix bildet auch im wesentlichen die Matrix der großen Städte Malaysias; dann aber mit stärkerem Element Malaien. Und noch einmal zurück zum malaiischen Element in Singapur. Seine Bedeutung liegt nicht in der zahlenmäßigen Größe oder ökonomischen Relevanz, sondern im Umfeld des Staates Singapur, der wie eine Insel mitten im malaiischen Meer liegt.

Thailand

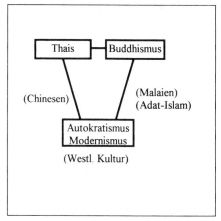

Die Matrix Thailand ist vornehmlich durch Thais und Buddhismus bestimmt. Diese Verbindung personifiziert das Königshaus. In ihm vollzieht sich eine subtile Symbiose zwischen dem für die Thais stehenden König und dem Buddhismus, in welcher der König seine Hand über den Orden hält und dieser dafür sorgt, daß sich im Land niemals Zweifel an der Legitimität des Königtums regt[1]. Vor diesem Hintergrund scheint bis heute die Bezeichnung „Thaibuddhistische Monarchie" am ehesten diesen Staat und seine „politische Kultur" zu beschreiben; ungeachtet modernistischer Entwicklungen, die im 20. Jahrhundert auch etwas westlichen Liberalismus in die „politische Kultur" der heute in Bangkok entscheidenden Eliten eingebracht haben. Immerhin sei angemerkt, daß seit 1932 die konstitutionelle Monarchie eingeführt ist und seither im raschen Wechsel Militär- und halb-demokratische Zivilregierungen die Macht ausüben. Trotzdem aber gilt bis heute, daß in Thailand nichts gegen das Königshaus und die buddhistischen Mönche geht. So steht in der Matrix auch „Autokratismus" statt „westlicher Liberalismus"[2]. Außerdem wirken noch zwei untergeordnete Elemente. Erstens die Chinesen, die in diesem Land aber gut integriert sind. Zweitens die adat-islamischen Malaien im Patani-Raum, die kaum integriert und geographisch wie politisch marginalisiert sind. Beide sind in der Gesamtmatrix wegen der Dominanz der anderen Werte kaum sichtbar. Zunehmende Bedeutung erlangt zudem die westliche Kultur.

---

[1] Vgl.. Weggel (1990a), S. 130f.
[2] Geradezu symbolisch scheint dabei der Titel des Buches „Thailand. Buddhist Kingdom as Modern-Nation State" (Keyes (1987)), Zu den vorangegangenen Ausführungen, vgl. auch: Pretzell (1989b).

Philippinen

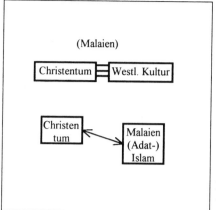

Die Matrix der Philippinen sieht eigentlich sonderbar aus. Genau genommen sieht sie aus wie zwei Matrizen. Da ist zuerst einmal die dominierende Matrix aus den Bausteinen westlicher Kultur und Christentum. Diese beiden dominieren die politische Kultur der Kernlande und lassen von einem dritten, malaiischen Element wenig übrig. Interessant ist, daß das von seinem Anspruch her höherwertige Christentum nicht über der westlichen Kultur steht (Säkularisierung!), sondern bestenfalls gleichwertig daneben. Und genau das ist auch die Realität, wenn dies auch für die Philippinen kein gutes Bild ergeben mag[3]. Unter dieser Matrix existiert eine zweite Matrix aus Christentum (mit etwas westlicher Kultur) und Malaien plus (Adat-) Islam. Das ist die Matrix der Sulusee-Region. Wohlweislich ist zwischen beiden Elementen kein Verbindungssteg, sondern ein Doppelpfeil. Er weist auf zwei extrem gegenläufige, einander bekämpfende Elemente hin, und auf den jahrhundertealten Kampf zwischen Moros (wie die muslimischen Malaien genannt werden) und Spaniern bzw. Filipinos in deren Nachfolge. Dieser Kampf und eine starke Außenorientierung der Moros ist auch dafür verantwortlich, daß der Adat in deren Adat-Islam zurückgedrängt wurde.

Nicht von ungefähr ist zwischen den beiden Matrizen keine Verbindung. Zu lange dauerten die Auseinandersetzungen und zu lange war das Verhältnis zwischen beiden das zwischen Mutterland und Kolonie. Dieses Zwitterverhältnis der Sulusee-Region macht wohl auch deutlich, warum ihnen immer ein eigener Unterraum zugewiesen wird.

2. Die ASEAN-Region und ihre Großräume

Nach dieser ausführlichen Darstellung der einzelnen Staaten ist die nächste Bezugsgröße die ASEAN-Region bzw. deren Großräume. Zu unterscheiden gilt es drei Räume: den malaiisch-muslimischen, den thai-buddhistischen und

---

[3] Wie sehr die „westliche Kultur" (und zwar ohne „Liberalismus") die Kultur der Filipinos in der Elite wie im Volk heute prägt, zeigt: Mulder (1991), S. 56ff.

den filipino-christlichen Raum. Dazu kommt die Sulusee-Region. Bevor auch für diese Räume eigene Bezugssysteme erstellt werden, noch einmal ein Schaubild mit einer Übersicht über die bisherigen Matrizen.

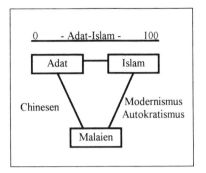
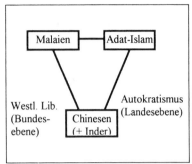

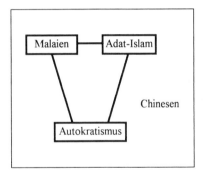
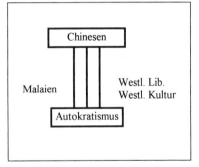

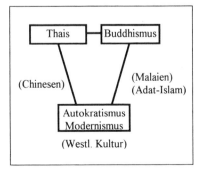
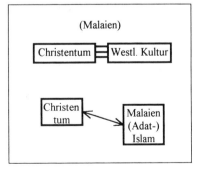

Aus dem Schaubild lassen sich noch einmal die drei Großräume ablesen.

Malaiisch-muslimischer Raum

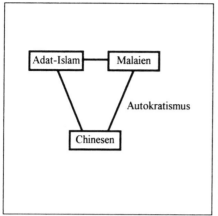

Das vorangegangene Schaubild gab deutlich die drei dominanten Bausteine wieder, welche in diesem Raum immer wiederkehren: Malaien, Adat-Islam und Chinesen. Sie sind die Kernelemente des malaiisch-muslimischen Raumes. Alle anderen Faktoren sind subregionale Elemente, wobei ein gewisser Autokratismus eine etwas herausgehobenere Rolle spielt. Bemerkenswert ist bei diesem Raum zweierlei. Erstens sprechen wir von einem malaiisch-muslimischen Raum und fügen bewußt die Chinesen ein. Das liegt daran, daß in der ganzen malaiisch-muslimisch dominierten Welt die Chinesen ein wichtiger Faktor sind, aber nicht der bestimmende. Sie sind ein - im wahrsten Sinne des Wortes - „Input" in ein bereits vor ihnen existierendes Modell. Und warum wird in diese Matrix Singapur einbezogen? Es dürfte klar geworden sein, daß Singapur nichts anderes ist, als die Zuspitzung des punktuellen chinesischen Anteils an dieser malaiisch-muslimischen Welt. Nichts bestimmte und bestimmt Singapurs Politik denn auch mehr als sein Umfeld.

Was zeichnet den malaiisch-muslimischen Raum aus? Er ist eine Mischung aus einem permanenten Spannungsverhältnis von durchaus kompromißfähigen Kulturen. Diese ständige Wechselwirkung zwischen Spannung und Konsens macht den Raum aus. Festzustellen ist auch, daß sich bei Betrachtung der Bausteine eine ausgesprochen südostasiatische Region offenbart. Hinzuzufügen ist, daß der malaiisch-muslimische Raum auch über seine staatlichen Grenzen hinaus reicht. Zuerst einmal auf das Patani-Gebiet in Südthailand. In eine Matrix für dieses Gebiet wäre an die Stelle der Chinesen der Thai-Buddhismus zu setzen. Etwas anders gelagert ist dies bei dem Sulusee-Raum, der nur bedingt diesem Raum zuzurechnen wäre (s.u.).

Thai-buddhistischer Raum

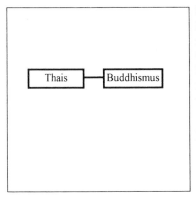

Subtrahiert man von der Matrix Thailand die untergeordneten Elemente inklusive Modernismus, verbleibt der thai-buddhistische Raum. In ihm haben sich zwei geradezu komplementäre Kulturen gefunden. In diesem Raum wird der irdische Staats- und Gesellschaftsrahmen der Thai-Völker mit dem höheren Bewußtsein und den Werten des Theravada-Buddhismus ausgefüllt. Das Ergebnis ist ein geschlossenes Ganzes, das auch durch die historische Entwicklung in *einem* Staat begünstigt wurde. Der thai-buddhistische Raum zeichnet sich durch Kompaktheit und innere Stärke aus. Auch dies ist offensichtlich ein asiatischer, um nicht zu sagen: „südostasiatischer" Raum.

Filipino-christlicher Raum

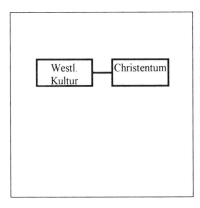

Der Raum zeichnet sich durch nur zwei Elemente aus. Dabei scheint die westliche Kultur in Ermangelung früherer Ordnungen und Werte zur Kultur der Filipinos geworden zu sein; ergänzt durch das Christentum. Auffällig ist, daß letzteres trotz ideell höherer Werte nicht (mehr) die Oberhand hat. Entsprechend wenig gefestigt ist auch die Kultur dieses Raumes, zumal der westlichen Kultur verwandte höhere Kulturformen wie westlicher Liberalismus (fehlend) und Modernismus (mehr als diffus) kaum mehr Teil der politischen Kultur der Philippinen sind. Dieser markante Mangel einer ausgeprägten, gefestigten Ordnung und die auffällige Präferenz von Bausteinen externen Ursprungs kennzeichnen diesen Kulturraum[4].

---

[4] Vgl. das vernichtene Urteil Mulders zur philippinischen Kultur (Mulder (1991), S. 56ff.).

Sulusee-Raum

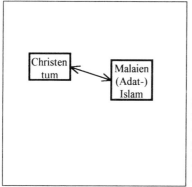

Dieser Raum gibt sich als Mischkulturraum, ist es aber nicht. Die (einheimische) malaiisch-muslimische Kultur mischt sich nämlich keineswegs mit der (zugewanderten) christlichen (-filipinischen). Im Gegenteil: Beide stehen sich konträr gegenüber. Der Raum ist mithin der einzige echte Konfliktraum der Region, in dem es zudem scheint, als hätten die jeweils kompromißfernen Komponenten der beteiligten Kulturen (Christentum und Islam gegenüber Filipinos und Adat) die Oberhand gewonnen. Die ausgeprägte Konfliktkomponente und das Aufeinandertreffen einer internen und einer externen Kultur bedingen auch die Einstufung des Raumes als vierten Unterraum.

ASEAN-Region

Nimmt man diese drei bzw. vier Räume einmal zusammen und geht auf die übergeordnete Ebene der ASEAN-Region, so ergibt sich ein Schaubild, aus dem sich drei Erkenntnisse ziehen lassen.

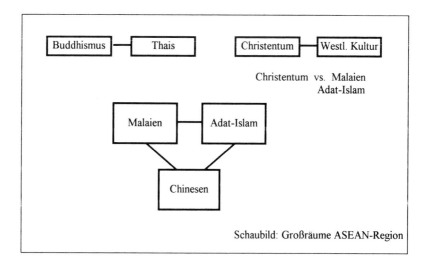

Schaubild: Großräume ASEAN-Region

1. In der ASEAN-Region gibt es einen dominanten Kernraum, der von zwei Großräumen flankiert wird. Die Übergänge sind dabei einmal fließend und einmal durch einen weiteren Unterraum gebildet.

2. Dabei sind sich jedoch der malaiisch-muslimische Kernraum und der thai-buddhistische Flankenraum durchaus nahe. Beide sind asiatische bzw. südostasiatische Räume. Der filipino-christliche Raum hingegen ist nur bedingt asiatisch zu nennen. Seine Einflüsse sind vornehmlich westlichen Ursprungs und haben sich auch kaum zu asiatischen transformiert.

3. Daraus ergibt sich eine weitere Unterteilung des Raumes: in einen asiatischen und in einen westlichen Raum. Oder überspitzt: asiatischer Raum versus westlicher Raum. Nicht von ungefähr liegt der vierte Unterraum zwischen beiden Räumen und hat seine Ursache eben in dieser Gegensätzlichkeit, die dort zum Ausdruck kommt und ausgetragen wird.

Einmal mehr entpuppt sich damit der philippinische Kernraum als Fremdkörper. Dies wird allerdings abgemildert durch seine Existenz als zweiter „Flankenraum". Das läßt den Eindruck einer Zugehörigkeit im Interesse eines Gleichgewichts der Region entstehen, stehen doch nun vier Staaten jeweils einem und rund 200 Millionen Menschen jeweils knapp 60 Millionen gegenüber.

3. Südostasien

Nun ist die ASEAN-Region aber historisch wie kulturell keineswegs separat vom Gesamtraum Südostasien zu sehen. Deswegen bedarf es abschließend noch eines Blickes auf die Gesamtregion Südostasien.

Die Erweiterung des Blickfeldes auf Südostasien bedeutet den Einbezug Indochinas und Birmas in die bisherigen Betrachtungen. Dies geschieht in knappster Weise, indem man sich noch einmal der Ausführungen aus Kap. I.1. „Der geographisch-kulturelle Raum" und der Erläuterungen zum thai-buddhistischen Raum und dessen Bausteinen Thais und Buddhismus erinnert. Aus diesen Ausführungen und Erläuterungen seien zwei Feststellungen rekapituliert.

1. Zwischen den ethnischen Gruppen in Indochina, Thailand und Birma gibt es enge Verbindungen oder zumindest Verwandtschaften. Lediglich Khmers und Mon gehören mehr zu den „entfernteren Verwandten", doch ein reicher kultureller Austausch in der Vergangenheit läßt dies als nicht zu gewichtig erscheinen.

2. Der Buddhismus ist das gemeinsame geistig-kulturelle Band dieser Staaten. Mit Ausnahme Vietnams handelt es sich dabei sogar um die gleiche Richtung des Theravada-Buddhismus.

Nun sind die jeweilige Ethnie und der Buddhismus in allen Staaten die jeweils tragenden Bausteine der kulturellen Matrix; zumal mit Blick auf Indochina und Birma zu bezweifeln ist, daß auch die im historischen Rahmen kurze kommunistische bzw. sozialistische Herrschaft der jüngsten Vergangenheit diesen geistig-kulturellen Überbau beeinflußt hat. Dies könnte, wenn überhaupt, am ehesten in Birma geschehen sein; was aber im Rahmen dieser Arbeit außer acht gelassen werden kann.

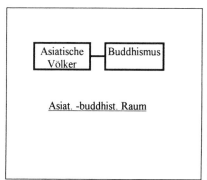

Mithin läßt sich auch für Indochina, Thailand und Birma eine gemeinsame Matrix aus den Bausteinen asiatische Völker und Buddhismus bilden. Damit läßt sich dieser Raum unter die Überschrift „asiatisch-buddhistischer Raum" setzen. Dabei ließe sich vielleicht sogar mit Blick auf die Multikulturalität Südostasiens und seine Assimilierungsfähigkeit im ersten Teil von „südostasiatischen Völkern" sprechen.

Überträgt man die bisherigen Erkenntnisse auf die Gesamtregion Südostasien, so ergibt sich eine kulturelle Dreiteilung dieses Raumes in zwei schwergewichtige und innerlich recht kompakte Kernräume (den malaiisch-muslimischen und den asiatisch-buddhistischen Raum) und einen Randraum (Philippinen bzw. philippinische Kernlande). Das läßt sich auch im staatlichen Verhältnis 4 - 5 - 1 oder in demographischen Größen ca. 175 Mio. - ca. 200 Mio. - ca. 60 Mio. Menschen nachvollziehen. Diese Sichtweise ließe sich auch auf andere Bereiche ausdehnen.

Dabei weisen der malaiisch-muslimische und der asiatisch-buddhistische Raum eine wesentliche Gemeinsamkeit auf, die entsprechend auch für den malaiisch-muslimischen und den thai-buddhistischen Raum gilt. Die wesentlichen Bausteine beider Räume sind im weitesten Sinne interne, asiatische Bausteine. Die wesentlichen Bausteine der philippinischen Kernlande aber sind externe, westliche Bausteine. Auch dies sollte bei der Betrachtung des Raumes beachtet werden. Auch darin liegt ein Grund, warum man zwischen dem malaiisch-muslimischen und dem asiatisch- bzw. thai-buddhistischen Raum von einer „weichen Kulturgrenze" sprechen und damit auf die Klassifizierung der Patani-Region als eigenem Unterraum verzichten kann, während dies beim Übergang des malaiisch-muslimischen Raumes zum filipinochristlichen Raum, des Sulusee-Raumes, nicht der Fall ist.

Im Absatz über den Adat ist bereits einmal versucht worden, eine südostasiatische Kulturform durch Annäherungswerte zu definieren. Dies muß ob der Multikulturalität der Region Südostasiens auch der Weg sein, um die Kultur Südostasiens zu definieren. Der Versuch einer Definition dieser südostasiatischen Kultur muß nämlich nach diesen Ausführungen der letzte Schritt in diesem Kapitel sein. Sieben Annäherungswerte sind es wohl, die südostasiatische Kultur ausmachen: Mischkulturraum, Vermischungen, Adaptionen, evolutionäre Prozesse, Tradition, Harmonie und Konsens. Die ersten vier Werte stammen aus den Erkenntnissen aus Kap. I.2. „Der historisch-kulturelle Raum", die letzten drei denen aus Kap. I.3.2. „Der geistigkulturelle Raum". Der Weg zu diesen Werten dürfte klar sein. Die Gründe, warum die philippinischen Kernlande sich hier schwer einpassen, wohl auch.

I.3.3. Der politisch-ökonomische Raum

In Kap. I.3.2. ist der geistig-kulturelle Überbau Südostasiens und der ASEAN-Region beschrieben worden. Mit Blick auf die ASEAN waren dies die konstanten Faktoren der politischen Kultur dieser Region. Daneben aber gibt es noch einige variable Faktoren, die nur von temporärer Bedeutung sind. Im wesentlichen sind dies zwei Faktoren:

1. Der erste Faktor ist die jahrzehntelang dauernde politische Überlagerung Südostasiens durch den Ost-West-Konflikt und die daraus resultierende Teilung der Region. Das Ergebnis ist eine stark am Westen orientierte Ausrichtung der ASEAN und ihrer Einzelstaaten.

2. Der zweite Faktor ist die rasche ökonomische Entwicklung der ASEAN-Region, die im eklatanten Gegensatz zur ökonomischen *Nicht*-Entwicklung der anderen Staaten in Südostasien steht.

Diese beiden Faktoren müssen nun noch in die ASEAN-Region eingefügt werden, um ein aktuelles Bild des Gesamtraumes zu erhalten. Dieses aktuelle Bild gibt das folgende Kap. I.3.3.

Vorab noch eine Anmerkung zu diesem folgenden Kapitel. Die bisherigen Ausführungen haben gezeigt, daß die ASEAN-Region keinesfalls ein historisch gewachsener Raum ist. Vielmehr ist sie in verschiedenen Prozessen von Abgrenzungen entstanden. Ihre Grenzen sind bestimmt durch historische Abgrenzungen zu anderen Kulturräumen, durch die Grenzziehungen der

Kolonialmächte und durch den Ost-West-Konflikt. Ein einheitliches Ganzes aber ist daraus bisher nicht erwachsen. Mithin bedarf es einen doppelten Ansatzes, um die ASEAN in der heutigen Form politisch, wirtschaftlich und gesellschaftlich zu erfassen. Zuerst einmal müssen wir sie als einen willkürlich gebildeten *Raum* von sechs Einzelstaaten und deren verschiedenen bilateralen Interaktionen betrachten. Das heißt: als eine Addition von sechs Staaten, die geistig und kulturell nicht unbedingt eine geschlossene Einheit darstellen, sondern 1967 durch einen politischen Willensakt in dieser Form zusammengefaßt wurden. Danach müssen wir die ASEAN als *Organisation* betrachten. Das heißt: als jenen wertemäßigen und organisatorischen Überbau, der diesen Einzelstaaten und ihren bilateralen Verbindungen in Folge dieses Willensaktes übergeordnet wurde.

I.3.3.1. Die ASEAN: Der Raum und seine Staaten

Zuerst wollen wir die ASEAN als Raum betrachten, also als die Summe ihrer sechs Staaten. Dieser Raum ist geprägt von fünf Grundelementen: (1) Traditionalismus und Westorientierung, (2) Einheit in Vielfalt, (3) Konfliktreichtum, (4) Wachstum und (5) Veränderung und Beharrung.

Traditionalismus und Westorientierung. Nach außen ist der Raum zuerst einmal geprägt durch eine, wenn auch zuweilen etwas diffuse Westorientierung seiner Staaten. Dabei ist freilich anzumerken, daß diese Westorientierung aus der Ablehnung - vereinfacht - des Ostens entstanden ist. Fest stand nämlich von Anfang an nur, was diese Staaten bzw. ihre Staatsführungen nicht wollten: den Kommunismus. Er stand ihnen als reale Gefahr in Indochina und in den eigenen Ländern (kommunistische Parteien und Guerillabewegung) gegenüber. Mithin war das Bündnis zuerst einmal ein Anti-Bündnis und waren ihre Haltungen zuerst einmal Anti-Haltungen[5].

Dies erklärt auch, warum jene Westorientierung stets diffus geblieben ist. Eindeutig festmachen läßt sie sich nur in geostrategisch-außenpolitischen und in (außen-) wirtschaftlichen Orientierungen. In den innenpolitischen Prozessen der einzelnen Staaten dominieren die geistig-kulturellen Strukturen, die in Kap. I.3.2.2. beschrieben wurden. Es sei hierzu auch noch einmal auf die Schlußausführungen in Kap. I.2.3. „Die Kolonialzeit" und auf Kap. I.3.1. „Die Herausbildung unabhängiger Staaten" hingewiesen. Gerade diese Ausführungen haben deutlich gemacht, wie viel an „alten Strukturen" weiter in den neuen Staaten stecken und wie sehr diese bis heute Denken und Handeln in diesen Staaten mitbestimmen. Traditionalismus und Westorientierung - Zwischen diesen beiden großen Linien spielt sich denn auch die Politik in

---
[5] Vgl.: Rigg (1991), S. 221.

diesem Raum seit vier Jahrzehnten ab[6]. Dies zeigt sich besonders in der Handhabung der zentralen politischen Aufgabe, welcher sich die meisten Staaten des Raumes seit ihrer Unabhängigkeit gegenüber sahen: dem durch die Bildung von Nationalstaaten erforderlich gewordenen „nation building", also der Bildung von Nationen in den vorgegebenen Staatsgrenzen. In Malaysia zum Beispiel wurde nicht einfach ein moderner demokratischer Staat geformt, in dem die Rasse keine Rolle spielte. In Malaysia wurde und wird bis heute „nation building" zu einem großen Teil als Transformierung der alten (malayischen) Staats- und Gesellschaftsordnung in die Moderne gesehen und Politik stets nach ethnischen Gesichtspunkten betrieben (s. Kap. II.2.). Und das zeigt sich auch in der Handhabung der zweiten zentralen Aufgabe dieser Staaten: dem Management der ökonomischen und sozialen Entwicklung. Bei aller Westorientierung, wie der internationalen Wirtschaftseinbindung oder der Ausbildung einer westorientierten Mittelschicht, tragen auch diese Entwicklungen „asiatische" Züge. Hier ist Singapur mit seinen auf Unternehmensebene verlagerten Familienstrukturen ein gutes Beispiel. Gerade die Punkte „nation building" und Wirtschaftsentwicklung zeigen auch, wie widerstandsfähig bzw. elastisch diese traditionellen Werte sind[7].

Einheit in Vielfalt. In diesem ASEAN-Raum gibt es zwei gegenläufige Prozesse: externe Gemeinsamkeit als Raum versus interne Eigenständigkeit der Staaten. Die Entwicklung nach dem Zweiten Weltkrieg hat zwar dazu geführt, daß nach außen ein geschlossen erscheinender Raum entstanden ist. Nach innen aber präsentiert sich dieser Raum als überaus lebendiger, bunter, vielfältiger, reicher und zuweilen auch gegensätzlicher Mischkulturraum, der von einigen zentralen Säulen getragen wird: den zuvor als Annäherungswerte an eine südostasiatische Kultur beschriebenen Werten Vermischungen, Adaptionen, evolutionäre Prozesse, Tradition, Harmonie und Konsens. Auf der Basis jener Grundkultur gedieh vieles. Staatsordnungen, die von Monarchien (absolut wie konstitutionell) über mehr oder minder autoritäre Systeme bis hin zu halbdemokratischen Ordnungen reichen; Vermischungen bevorzugt. Gesellschaftsordnungen, die hochtechnisierte Industriegesellschaften in Metropolen wie ausgesprochen rurale Verhältnisse, Clan- und Familienverbindungen wie Individualismus kennen. Wirtschaftsordnungen, die von reiner bis zu gelenkter Marktwirtschaft reichen. Das oft gehörte Motto „Einheit in Vielfalt" beschreibt den Raum wohl am besten[8].

---

[6] Vgl. dazu u.a.: Mols (1991), S. 244ff. u. Gardill (1991), S. 164ff.
[7] Zum „nation building" am Beispiel Malaysias und Wirtschaft am Beispiel Singapurs (und Malaysias) , vgl.: Rigg (1991), S. 109ff. u. Milne/Mauzy (1990), S. 131ff.
[8] Zu diesen Ausführungen, vgl.: Kap. I.3.1.1. „Die Herausbildung unabhängiger Staaten", die Fallstudie in Abschnitt II und die entsprechenden Kapitel in: „Politisches Lexikon Asien, Australien, Pazifik" (1989).

Konfliktreichtum. So reich sich der Raum in seiner inneren Vielfalt präsentiert, so *konflikt*-reich ist er zugleich. Drei Konfliktfelder gibt es in dem Raum und an seinen Rändern. Das erste Feld sind territoriale Konflikte. Dazu gehören die historischen Ansprüche der Philippinen auf Nord-Borneo und der Streit zwischen Malaysia, China, den Philippinen und Vietnam um die Spratly-Inseln[9]. Das zweite Feld sind kulturelle Konflikte innerhalb einzelner Staaten. Dazu gehören der Konflikt zwischen den philippinischen Kernlanden und dem unruhigen Süden wie auch das labile Gleichgewicht zwischen Malaien und Chinesen in Malaysia und Singapur[10]. Das dritte Feld ist die Mischung aus staatlichen und kulturellen Konflikten, wenn sich ein Staat als „Schutzmacht" einer Minderheit in einem anderen Staat ansieht. Dazu gehören die historischen Spannungen Singapurs mit Malaysia und Indonesien wie auch die konflikträchtigen Verbindungen zwischen den nördlichen Staaten Malaysias und der Patani-Region in Thailand[11]. Auch diese Konfliktherde sind Teil des ASEAN-Raumes. Allerdings wurden sie mit zunehmendem Bestehen der ASEAN immer mehr abgebaut.

Wachstumsregion. Zu diesem Raum gehört auch seine rasante ökonomische Entwicklung[12]. Hier zeigt sich wohl am ehesten, was diese Staaten unter „Westorientierung" verstanden. Fast alle sind marktwirtschaftlich ausgerichtet, auch wenn dies zuweilen eine gelenkte Marktwirtschaft ist. Doch mit Ausnahme vielleicht von Indonesien (das schon immer einen leicht staatswirtschaftlichen Ansatz pflegte) und Malaysia (mit einer ethnisch begründeten Wirtschaftspolitik) gehen die staatlichen Eingriffe in den Markt nirgends über das hinaus, was auch in Deutschland an solchen Eingriffen vorgenommen wird. Begünstigt durch die Anbindung an die westlichen Kapital- und Abnahmemärkte und ein gewisses westliches Wohlwollen, brachte diese fast bedingungslose Marktwirtschaft den Staaten des Raumes ein außergewöhnliches Wachstum. Der ASEAN-Raum gilt heute als *die* Wachstumsregion der Erde. Singapur gehört zu den „Four Asian Tigers" (neben Hongkong, Südkorea und Thailand). Malaysia und Thailand stehen auf dem Sprung in diesen Kreis. Brunei hat ob seines Ölreichtums nach Japan das zweithöchste Pro-Kopf-Einkommen in Asien, gefolgt von Hongkong und Singapur. Indonesien gilt ebenfalls als künftiges Schwellenland, das wohl nur ob seiner territorialen Größe hinterherhinkt. Nur ein Staat tanzt aus der Reihe: die

---

[9] Zu einer Übersicht über die territorialen Interessendivergenzen, s.: Feske (1991), S. 65ff. u. Indorf (1984), S. 19ff. sowie bedingt Draguhn (1985).
[10] Zu diesen kulturellen Konflikten, s.: die Fallstudien in Kap. II. Als Übersicht, s.a.: Feske (1991), S. 24ff.
[11] Wie Anm. 10.
[12] Zur Wirtschaftsentwicklung der Region, s. zwei neuere Quellen: Draguhn (1991): „Asiens Schwellenländer"; Rigg (1991): „Southeast Asia", S. 185ff.: sowie zu den einzelnen Ländern und Daten die entsprechenden Kapitel in: „Asia 1992 Yearbook" (1992); „Asien, Pazifik, Wirtschaftshandbuch 1991" (1991).

Philippinen. Sie sind ökonomisch der „kranke Mann" der ASEAN und kommen eigentlich kaum von der Stelle.

Veränderung und Beharrung / Orientierungssuche und Selbstbewußtsein. An dieser Stelle bedarf es einer Einlassung. Wachstum und Wohlstand sind eine Seite wirtschaftlicher Entwicklung, gesellschaftliche und soziale Veränderungen sind eine andere Seite. Nichts illustriert die Veränderungen, welche die ausklingende Kolonialzeit und die Unabhängigkeit den Staaten und Völkern des Raumes brachten, besser als ein Blick auf Singapur. Vor einigen Jahrzehnten war der Stadtstaat noch eine Ansammlung ländlicher Kampongs. Heute bestimmen Wolkenkratzer die Skyline. Ein anderes Beispiel: Bangkoks rasantes Wachstum zur Millionenmetropole - und zum Moloch. Mit anderen Worten: Gerade die vielschichtigen strukturellen Veränderungen der Kolonialzeit und die wirtschaftliche Entwicklung in nachkolonialer Zeit haben auch die Gesellschaften und Menschen verändert. Neue Strukturen sind entstanden und alte, traditionelle Strukturen wurden aufgebrochen. Trotz vielfachen Bemühens ließ sich die Entwicklung zu modernen Staaten nicht immer innerhalb der traditionellen Linien vollziehen. Von den positiven Folgen war bereits die Rede. Doch es gab auch eine Vielzahl negativer Folgen: z.B. Landflucht, Verarmung, Entwurzelung, Rezession. Veränderungen, die auch da und dort den geistig-kulturellen Überbau der Region ankratzten. Veränderungen, die vor allem traditionelle Wertemuster in Frage stellten. Veränderungen aber auch, die wegen ihrer Gleichsetzung mit dem Westen ebenso den westlichen Liberalismus diskreditierten. In der Folge trat in den südostasiatischen Gesellschaften - wie in vielen modernen Gesellschaften - eine Orientierungslosigkeit und eine neue Orientierungssuche ein. Auch diese Aspekte von Staaten und Gesellschaften, die sich in Veränderung befinden, sollten Teil eines Bildes des heutigen Raumes sein. Allerdings sei angefügt, daß gerade in diesem Raum die traditionellen Werte einen größeren Beharrungswillen zu haben scheinen als in vielen anderen Teilen der Welt. Zumal aus dem Erfolg heraus neues Selbstbewußtsein zu wachsen scheint[13].

Fazit. Der ASEAN-Raum hat von seiner Entstehung profitiert: Selbstbewußt und reich präsentiert er sich nach außen, darüber hinaus innerlich lebendig, bunt und vielfältig und schließlich als ein gefestigter und prosperierender Raum mit Perspektive, wenn auch nicht ohne innere Brüche und Probleme. Ein Raum mithin, der wohl zu recht eine starke Stimme in der Politik Asiens geltend machen kann. Ein Raum aber auch, der eben noch immer und vor allem die Summe der sechs ihn tragenden Staaten und ihrer Ökonomien und Gesellschaften ist. Und ein Raum, der in Veränderung begriffen ist.

---

[13] Vgl. dazu: wie Anm. 12; des weiteren s.a. Gardill (1991), bes. 158ff. u. 172ff.

I.3.3.2. Die ASEAN: Die Organisation

Mit jenem kraftvollen und farbigen Bild des Raumes korrespondiert die politisch-organisatorische Einheit ASEAN nicht; auch wenn sie es ist, die nach außen jenes Bild transportiert. Betrachten wir die Grundlagen der ASEAN-Organisation: den politisch-organisatorischen Aufbau, die von ihr betriebene Politik und den geistig-kulturellen Überbau[14].

Der politisch-organisatorische Aufbau[15]. In ihrem ganzen politisch-organisatorischen Aufbau ist die ASEAN-Organsiation angelegt als ein Staatenbündnis. Das heißt: Sie präsentiert sich als die Summe ihrer sechs Einzelstaaten. Oder genauer gesagt: als die Summe ihrer sechs Staatsführungen bzw. Regierungsapparate. Auf sie nämlich konzentriert sich der politische Entscheidungsfindungsprozeß und aus ihnen heraus speist sich auch der gesamte politisch-organisatorische Apparat.

Die zentralen und entscheidenden Organe der ASEAN sind (1) die Gipfel-Konferenzen der Staats- und Regierungschefs, (2) die regelmäßigen Tagungen der Außen- und Wirtschaftsminister und (3) die Tagungen weiterer Fachminister. Dabei kommt den Außenministern die eigentlich maßgebende Rolle zu, zumal sie als einzige Ressortchefs nicht auf ihr Fachgebiet beschränkt sind. Unterhalb dieser Ebene wirken (4) der Ständige Ausschuß und (5) die nationalen Sekretariate. Der Ständige Ausschuß setzt sich aus dem Außenminister des Gastgeberlandes der nächsten Außenministertagung und den in diesem Land akkreditierten Botschaftern der ASEAN-Staaten zusammen. Er führt die Tagesgeschäfte zwischen den Außenministertagungen. Die Nationalen Sekretariate sind im weitesten Sinne „ASEAN-Abteilungen" innerhalb der nationalen Regierungen und dienen der Vorbereitung und der Umsetzung von Entscheidungen auf nationaler Ebene.

Diese *politische und nationale* Ebene wird ergänzt durch einen umfangreichen Apparat. Zu ihm gehört (6) das in Jakarta ansässige ASEAN-Sekretariat, das aber nur koordinierende und ausführende

---

[14] Zu einer grundsätzlichen Übersicht über Organisation und Politik der ASEAN, s. Jorgensen-Dahl (1982), S. 67ff.; Pfennig/Suh (1984), bes. S. 55ff.; Parreñas (1989), S. 115ff. u. 181ff. Zur politischen bzw. sicherheitspolitischen Kooperation, s. Feske (1991). Zur ökonomischen Kooperation, s. Reiter (1983), bes. S. 273ff. u. Chatterjee (1990). Und zum aktuellen Stand, vgl. auch einige neuere Beiträge: Mols/Birle (1991), S. 145ff. u. 237ff.; Rigg (1991), S. 207ff.; „Politisches Lexikon Asien, Australien, Pazifik" (1989), S. 342ff.
[15] Zu Aufbau und Entscheidungsfindung in der ASEAN, vgl.: Pfennig/Suh (1984), S. 60ff.; Parreñas (1989), S. 115ff.; Frost (1990), S. 19ff.; bes. zum Wirtschaftsbereich, vgl.: Rigg(1991), S. 219ff.

Aufgaben hat und dessen Vorsitz alle zwei Jahre nach dem Rotationsprinzip einem Spitzenbeamten eines ASEAN-Staates zufällt. Und zu diesem Apparat gehört weiter (7) eine Vielzahl von Ausschüssen (es sind dies die Ausschüsse für Drittländerdialoge und eine Reihe von Fachausschüssen), Arbeitsgruppen, Unterausschüssen, Expertengruppen sowie Ad hoc-Tagungen, deren Aufgaben Koordinierung, Planung und Durchführung von Projekten umfassen. Sowohl das Sekretariat wie die Ausschüsse setzen sich aus Beamten zusammen.

Diese Übersicht macht deutlich, daß der gesamte Entscheidungsprozeß innerhalb der ASEAN-Organisation ausschließlich in den - im weitesten Sinne - nationalen Regierungsapparaten liegt. Hinzu kommt der direkte bilaterale Austausch der Staats- und Regierungschefs sowie der Minister und Beamten. Eine große Rolle spielt dabei oft das persönliche Verhältnis der Beteiligten zueinander, das auf langen Amtszeiten und vielfachen persönlichen Kontakten aufbaut. Darüber hinaus finden auch die Vorbereitungen zu den Entscheidungen größtenteils in den Regierungs- und Beamtenapparaten der einzelnen Staaten statt. Des weiteren sind auch das auf den ersten Blick eigenständiger erscheinende Sekretariat und die Ausschüsse weitgehend an die erstgenannten Organe oder an die nationalen Regierungsapparate angebunden bzw. sie rekrutieren sich aus ihnen. Außerdem sind Sekretariat und Ausschüsse vornehmlich Ausführungsorgane mit Koordinierungs-, Planungs- und Durchführungsaufgaben, aber ohne größere eigene Entscheidungs- oder Handlungskompetenz. Das heißt: (1) Die ASEAN-Organisation ist in erster Linie die Summe der sechs Regierungsapparate, und (2) ASEAN-Zusammenarbeit ist vor allem multi- bzw. inter-gouvernementale Zusammenarbeit auf verschiedenen Ebenen. Was man in dem Aufbau hingegen vergeblich sucht, sind eigenständige legislative und exekutive Organe, wie sie in der Europäischen Gemeinschaft das Europäische Parlament oder die EG-Kommission darstellen, und die nach außen oder nach innen (gegenüber den Einzelstaaten) politische Macht darstellen oder ausüben. Es fehlt also gänzlich an einem supranationalen Aufbau[16].

Die Politik. Eng mit dieser Organisationsstruktur verbunden ist auch die Politik der ASEAN, die sich zuvorderst am Nutzen der einzelnen Staaten orientiert und sich entsprechend vor allem als die Summe der Interessen dieser Staaten präsentiert. In erster Linie besteht sie deswegen aus Außen- und Außenwirtschaftspolitik. Eine gemeinsame Innenpolitik findet bisher kaum statt, und die innere Gestaltung eines gemeinsamen Wirtschaftsraumes steckt noch sehr in den Anfängen. Das eine würde dem Grundsatz von der Nichteinmischung in die inneren Angelegenheiten der Partner widersprechen. Das andere wird dadurch erschwert, daß die nationalen Volkswirt-

---

[16] Vgl.: Parrañas (1989), S. 121ff.

schaften an zu vielen Stellen parallel zueinander verlaufen. Allerdings gibt es seit 1992 erste Ansätze zur Bildung eines gemeinsamen Marktes[17].

In der Außen- und Außenwirtschaftspolitik ist die ASEAN sogar recht aktiv. Grundlage ist sicher die Erkenntnis, als Gemeinschaft mehr Gehör zu finden. Im Mittelpunkt ihrer letzten Konferenzen standen immer wieder Kambodscha und die Frage der Schaffung größerer Wirtschaftsräume im asiatischen und pazifischen Raum[18]. Das korrespondiert allerdings keineswegs mit der Politik nach innen. In diesem Bereich gilt als oberster Grundsatz das Prinzip der Nichteinmischung in die inneren Angelegenheiten der Partner; versteht die Gemeinschaft doch Stabilität der Region vornehmlich als Stabilität der Summe der Einzelstaaten[19]. Und mit Blick auf die Wirtschaft kann man bisher nur sehr begrenzt von einem gemeinsamen Wirtschafts- oder Zollraum sprechen. Auch ist der ASEAN-externe Außenhandel der Staaten ungleich größer als der ASEAN-interne Handel, der 1988 gerade mal 16,9 Prozent betrug[20].

Immerhin gibt es mittlerweile erste Ansätze zu gemeinsamer Wirtschaftspolitik und zur Diversifizierung der bisher meist parallelen Wirtschaftsproduktionen. Doch die Art und Weise, wie diese zustande kommen, spricht Bände. Singapur bastelt seit 1990 an einer „Growth Triangle" mit den benachbarten Regionen Johor Baru (Malaysia) und Batam Islands (Indonesien), in der untergeordnete Produktionsprozesse in strukturschwache Nachbarregionen ausgelagert werden und erst wieder zur Endfertigung und zum Vertrieb nach Singapur zurückkehren. Dieser Gedanke der „Growth Triangel" mit Indonesien und Malaysia ist mittlerweile auch in Thailand aufgenommen worden. Doch in allen Fällen handelt es sich um bi- bzw. trilaterale Projekte, die einzig von gegenseitigem Nutzen bestimmt sind[21]. Auf ASEAN-Ebene gibt es ähnliches nur in Ansätzen und Konzepten. Erst langsam scheint auch dort der Gedanke eines Binnenmarktes Gestalt anzunehmen. Zu dessen Ausgestaltung wurden auf dem Singapur-Gipfel 1992 erste Beschlüsse

---

[17] Vgl.: Pfennig/Suh (1984), S. 55ff. u. 219ff.; Parreñas (1989), S. 121ff. u. 181ff.; Chatterjee (1990), (ad wirtschaftliche Integration); Mols (1991), S. 261.
[18] Zur Außen- und Außenwirtschaftspolitik, vgl.: Rigg (1991), S. 223 u. 226; Parreñas (1989), S. 189ff.; Pfennig/Suh (1984), S. 55ff. u. 219ff. Zur jüngsten Konferenz (Kambodscha u. Wirtschaftszonen), s.: SOA akt. Juli 1991, S. 283f.; FEER, 1. Aug. 1991, S. 10f.; HB, 19. Juli 1991, u. FAZ, 20. Juli 1991.
[19] Vgl.: Feske (1991), S. 168.
[20] Zu dem geringen Stand wirtschaftlicher Integration, vgl.: Rigg (1991), S. 213ff.; Chatterjee (1990); Parreñas (1989); S. 187ff.
[21] Zur „Growth Triangle" Singapurs mit Indonesien und Malaysia, s.: SOA akt., Mrz. 1991, S. 136ff.; FEER, 3. Jan. 1991, S. 34ff.; HB, 4. Juli 1990. Zu entsprechenden Projekten Thailands mit Indonesien und Malaysia, s.: FEER, 3. Jan. 1991, S. 34ff. u. The Straits Times, 24. Aug. 1990.

gefaßt, die die Bildung einer „Asian Free Trade Area" (Afta) binnen 15 Jahren in die Wege leiteten. Dabei wurden auch erstmals „sub-regional growth areas" nach dem Muster der „Growth Triangle" erwogen[22].

Der geistig-kulturelle Überbau. Gänzlich unterentwickelt ist die geistig-kulturelle ASEAN-Organsiation. Die gesamte Organisation scheint reduziert auf einen technisch hilfreichen Verwaltungsapparat. Eine Übertragung der geistig-kulturellen Stärke und Vielfalt des Raumes in einen wertemäßigen Überbau für die Organisation hat bisher nicht stattgefunden. So sehr die ASEAN-Staaten von wiederbelebten geistig-kulturellen Werten einer großen und reichen Vergangenheit geprägt sind, so sehr wurde vergessen, diesen Geist auch der ASEAN einzuhauchen. Statt einer gemeinsamen Philosophie existiert nur ein vages „Think ASEAN", das zum einen noch in den Anfängen steckt und zum anderen über einige Eliten kaum hinauskommt. Der breiten Masse ist die ASEAN kaum ein Begriff[23]. Doch man sollte bedenken, wie schwierig die Schaffung übernationalen Bewußtseins in einer Region ist, deren Staaten noch mit der Formung eigener Nationen zu kämpfen haben. Anderseits zeigt das geringe ASEAN-Bewußtsein aber auch, wie sehr die ganze Organisation vom Pragmatismus geprägt ist.

Eine Folge des fehlenden Überbaus und des geringen ASEAN-Bewußtseins ist die noch immer relativ geringe ökonomische und gesellschaftliche Vernetzung innerhalb der ASEAN; zumindest soweit sie eine Vernetzung im Geiste der ASEAN meint[24]. Am besten steht da sicher noch der recht weit gefächerte, aber doch sehr formale ökonomische Bereich da, der sich unterhalb der 1972 gegründeten „Association of ASEAN Chambers of Commerce and Industry" (kurz: ASEAN-CCI) entwickelt hat[25]. Die gesellschaftliche Vernetzung im Geiste der ASEAN scheint dagegen gemessen an einer nunmehr 25jährigen Geschichte m.E. eher gering zu sein. Sie geht nur wenig über normale Nachbarschaftsbeziehungen hinaus.

Fazit. Eine normative, innenpolitisch-wirtschaftliche und im engeren Sinne organisatorische Integration ist in dieser politischen und organisatorischen Einheit ASEAN erst in Ansätzen vorhanden. So bleibt die Frage: Was ist die politische und organisatorische Einheit ASEAN? Die Antwort ist einfach: Mit dem gegenwärtigen politischen Profil ist sie zuerst die *Interessengemeinschaft* der sechs sie tragenden Staaten. Man könnte es auch krasser sagen: Sie ist eine Agentur zur Wahrnehmung von deren Interessen.

---

[22] Zum Gipfel 1992, s.: NZZ, 14. u. 30. Jan. 1992; FEER, 6. Febr. 1992, S. 10f.
[23] Zum fehlenden ASEAN-Bewußtsein in der Organisation, aber v.a. in der breiten Masse, vgl.: Frost (1990), S. 20.
[24] Vgl.: Parreñas (1989), S. 130ff. u. 187ff.
[25] Zu diesem zumindest organisatorischen Aufbau, vgl.: Parreñas (1989), S. 123ff.

Ihre Arbeitsfelder und Erfolge lagen bisher fast nur in der Außen- und Außenwirtschaftspolitik der Einzelstaaten. Erstens verschaffte die ASEAN diesen Staaten eine vorteilhafte politisch-ökonomische Integration in die westliche Welt. Dies half ihnen nicht nur den Kommunismus abzuwehren, sondern dürfte wohl auch maßgeblich zu der positiven Wirtschaftsentwicklung der meisten Staaten beigetragen haben[26]. Zweitens verschaffte sie den ASEAN-Staaten Gewicht und Gehör in der internationalen Politik. Dieses Gewicht basiert zwar zu einem großen Teil auch auf der, vor allem ökonomischen, Stärke der Einzelstaaten. Doch allein würde jeder von ihnen auf der internationalen Bühne wohl untergehen[27]. Und drittens schufen das Vorhandensein der ASEAN und die beschriebenen Erfolge auf der Führungsebene (aber auch nur dort!) ein gewisses „ASEAN-consciousness", ein Gefühl von Zusammengehörigkeit und Vertrautheit, das die früher so häufigen territorialen und politischen Differenzen stark abmildern half. Heute zumindest ist kaum mehr mit einem Krieg zwischen zwei ASEAN-Mitgliedern zu rechnen[28].

All das sind Erfolge, die man keineswegs geringschätzen sollte. Doch sie zeigen auch deutlich, wo die ASEAN steht und was sie ist. Mit diesen Arbeitsfeldern und Erfolgen ist die Interessengemeinschaft ASEAN zuerst einmal ein *Forum* und ein *Instrument*. Sie dient einer doppelten Harmonisierung im Interesse des einzelstaatlichen Kosten-Nutzen-Denkens. Sie harmonisiert nach außen, um größtmöglichen Nutzen für die einzelnen Glieder zu bringen. Und sie harmonisiert nach innen (Konfliktminderung), um den Bestand der Staaten und Systeme zu sichern und nicht wichtige Energien unnötig zu verschwenden. Damit aber läßt sich abschließend sagen, daß diese ASEAN kein supranationaler Zusammenschluß von Staaten mit einem gemeinsamen politischen oder wirtschaftlichen Innenraum ist, sondern lediglich eine reine internationale Organisation, die mehr neben als über diesen Staaten steht und in hohem Maße den einzelnen Regierungen dient[29].

I.3.3.3. Die ASEAN: Status quo und Zukunft

Zwei Punkte muß man zur aktuellen Beschreibung der ASEAN-Gemeinschaft bzw. -Region festhalten. Erstens ist die ASEAN ein Kind des Ost-West-Konfliktes - und nicht das Ergebnis einer originären *regionalen* Entwicklung. Zweitens ist sie ein Staatenbündnis aus sechs Einzelstaaten - und keine supranationale Organisation. Die Folge war die Entstehung (1) eines Raumes aus sechs Staaten, der durch scharfe Abgrenzung zu einem an-

---

[26] Vgl.: Mols (1991), S. 261f.
[27] Vgl.: Mols (1991), S. 261f.; Rigg (1991), S. 221ff.; Pfennig/Suh (1984), S. 55f.; Feske (1991), S. 168.
[28] Wie Anm. 16.
[29] Vgl.: „Politisches Lexikon Asien, Australien, Pazifik" (1989), S. 345; Rigg (1989), S. 224; Feske (1991), S. 168.

deren Raum entstanden ist und erst dann jene markante Eigen-Entwicklung zu dem heute sichtbaren kraftvollen und farbigen Raum genommen hat, und (2) einer in erster Linie funktionalen Organisation, die diese Entwicklung nach außen dokumentierte und auch förderte und sonst vor allem das Forum und das Instrument dieser sechs Staaten bzw. ihrer Regierungen war und ist.

Mit dem Ende des Ost-West-Konfliktes steht die ASEAN-Gemeinschaft nun aber ebenfalls vor einer neuen Situation und damit vor Veränderungen. Die den ASEAN-Raum bedingenden scharfen Abgrenzungen lösen sich langsam auf. Mit dem Ende der Bedrohung aus Indochina haben die ASEAN-Staaten erste vorsichtige Schritte einer politischen Öffnung hin zum früheren Feindesland unternommen und - sehr viel deutlicher noch - erste ökonomische Offensiven in diese Richtung eingeleitet. Schließlich geht es hier um einen zukunftsträchtigen Markt[30]. Und auch die ASEAN-Organisation bleibt von diesen Veränderungen nicht unberührt, waren doch gleich einiger ihrer Ziele und Funktionen eng mit dem Ost-West-Konflikt verbunden[31]. So zeichnet sich etwa ab, daß eines der wichtigsten Aufgabenfelder der Organisation über kurz oder lang obsolet sein oder zumindest seine bisher so herausragende Rolle verloren haben dürfte: die Kambodscha-Frage, das zentrale Feld der gemeinsamen Außenpolitik. Welche herausragende Rolle der Ost-West-Konflikt und die Kambodscha-Frage für die ASEAN bisher spielte, dokumentiert eine 1990 von Noordin Sopiee aufgeworfene Frage: „Is there Life for ASEAN after Cambodia?"[32]. Dies impliziert die zentrale Frage, ob diese ASEAN weiter bestehen bleibt und - wenn ja - wie sie aussehen wird?

Mit dem Begriff „ASEAN" werden weltweit wie auch in der Region selbst Stabilität, Sicherheit und Wohlstand verbunden, und daraus wiederum ist ein erstaunliches Selbstbewußtsein in der Region und in ihren Staaten erwachsen. Vor diesem Hintergrund scheint sich die Frage nach einem Fortbestehen der ASEAN dort gar nicht zu stellen, auch wenn manche ihrer Ziele und Aufgaben obsolet zu werden drohen. Und wer sie - wie Noordin Sopiee - doch stellt, beantwortet sie mit „ja". Sehr wohl aber haben die Führungen der sechs ASEAN-Staaten erkannt, daß auch die ASEAN sich der neuen Situation anpassen und sich verändern muß. Neue Ziele, neue Funktionen und neue Impulse werden gesucht. Die spätestens auf dem Singapur-Gipfel 1992 eingeleitete Diskussion zur Zukunft der ASEAN spielt sich dabei auf drei Feldern ab[33]. Themen sind (1) eine Erweiterung der ASEAN, (2) eine weitere Integration und (3) eine Erschließung neuer Wirtschaftsräume. Der

---

[30] Vgl. dazu: SOA akt. Mai 1991, S. 252ff. u. Feske (1991), S. 174 sowie die politische Berichterstattung der FEER in den Jahren 1991 und 1992.
[31] Vgl. u.a. Noordin Sopiees Aufsatz „Is there Life for ASEAN after Cambodia?" in The Star, 8. Mrz. 1990.
[32] The Star, 8. Mrz. 1990.
[33] wie Anm. 22.

folgende Kasten „Die ASEAN und ihre Zukunft" mag abschließend eine kurze Übersicht über die damit angesprochenen Perspektiven geben.

Die ASEAN und ihre Zukunft

Auf drei Feldern spielt sich die Diskussion um die Zukunft der ASEAN ab: (1) Erweiterung der ASEAN um weitere Mitglieder, (2) weitere Integration der bisherigen Mitglieder und (3) Erschließung neuer Wirtschaftsräume.

1. Die älteste Diskussion ist ohne Zweifel jene um eine Erweiterung der ASEAN. Zur Debatte standen und stehen eine Aufnahme Birmas oder der Staaten Indochinas nach deren Loslösung vom Kommunismus[34]. Besonders gegenüber Indochina haben die ASEAN-Staaten (als Staaten) erste Schritte unternommen, vor allem auf dem ökonomischen Feld. Vorsichtig wird hingegen noch die politische Öffnung betrieben. Und in Sachen Aufnahmen in die ASEAN geben sich deren Führungen auch noch bedeckt. Allerdings ist der Beitritt der Staaten Laos und Vietnam zum ASEAN-Pakt über Freundschaft und Zusammenarbeit im Juli 1992 ein erster Schritt in eine derartige Richtung. Die darüber hinaus zeitweise angestellten Überlegungen zur Aufnahme regionfremder Staaten wie Sri Lanka und Papua-Neuguinea (das Beobachterstatus hat) erscheinen dagegen wenig realitätsnah, beruhen sie meist nur auf dem Wunsch dieser beiden Staaten[35].

2. In eine ähnliche Richtung wie diese Thematik weisen auch Überlegungen aus Malaysia und Thailand, größere ostasiatische oder pazifische Wirtschaftsräume zu schaffen und die ASEAN darin als wichtigen Bestandteil einzubringen[36]. Noch ist aber unklar, ob dies faktisch auf eine Erweiterung oder auf eine aktive Außenwirtschaftspolitik hinausliefe.

3. Neben der äußeren steht auch die innere Zukunft der ASEAN zur Debatte. Wie bereits festgestellt wurde, diente die Kooperation in der ASEAN bisher nur der Schaffung von Vertrauensgrundlagen und der Koordinierung externer Interessen. Sie war Forum und Instrument - mehr nicht! Nun ist die ASEAN an einem Punkt angelangt, an dem die Frage stärkerer Integration im Raum steht. Sie war eines der Hauptthemen des Singapur-Gipfels 1992[37].

---

[34] Zur Diskussion um die Erweiterung der ASEAN, vgl.: Rigg (1991), S. 226f. u. Frost (1990), S. 21.
[35] Zu den Beitrittswünschen Sri Lankas und Papua-Neuguineas, vgl.: Rigg (1991), S. 226f. Speziell zu Papua-Neuguinea: SOA akt. Juli 1985, März 1986, Mai 1987.
[36] Siehe dazu: Rigg (1991), S. 226; SOA akt. Juli 1991, S. 283ff.; NZZ, 16. Jan. 1991.
[37] Siehe: wie Anm. 22.

II. Fallstudien: Indonesien bis Philippinen

Nachdem in Abschnitt I. „Die ASEAN-Region" die Grundlagen für das Verständnis der Region und auch des Islam in der Region gelegt wurden, kommen wir nun in den Abschnitten II und III zur engeren Fragestellung der Arbeit. Zur Frage nämlich, ob der Islam ein potentiell destabilisierender Faktor für diesen Raum und für die mit ihm verbundene Organisation ist.

Die Vorgehensweise bei der Beantwortung dieser Frage ergibt sich aus den Ausführungen des vorangegangenen Abschnitts I. Da die ASEAN zuerst einmal ein durch einen politischen Willensakt geschaffener Raum und damit zuerst einmal die Summe ihrer sechs Einzelstaaten ist, beschäftigen wir uns nun auch zunächst mit den einzelnen Staaten und versuchen, die Frage nach der Rolle des Islam und nach seinen Einwirkungsmöglichkeiten für jeden Staat einzeln zu beantworten. Dabei sind jeweils drei Fragen zu klären: Welche Rolle spielt der Islam in den Einzelstaaten bzw. welche Rolle kann er spielen? Welche Rolle spielt der Islam über den Einzelstaat hinaus bzw. welche Rolle kann er spielen? Welche Auswirkungen hat der Islam auf die Interaktionen zwischen den Staaten bzw. welche Auswirkungen kann er haben? Jede der Fallstudien ist in sich abgeschlossen und stellt ein Ergebnis dieser Arbeit dar. Erst nachdem wir uns eine Übersicht über die Rolle des Islam in den Einzelstaaten und über die aus diesen Staaten in die Region ausgreifenden Faktoren geschaffen haben, können wir die Frage angehen, inwieweit der Islam diesen Raum und die hinter ihm stehende Organisation destabilisieren kann. Dies wird Gegenstand des Abschnitts III sein.

Soweit ein kurzer Blick voraus. Kommen wir nun zur Behandlung unserer Frage für die einzelnen Glieder der ASEAN, für ihre Staaten. Dazu bedarf es aber noch einer theoretischen Grundlage, die vorab in den Teilkapiteln „Die ASEAN zwischen Stabilität und Destabilisierung" und „Staats- und Gesellschaftsvorstellungen im Islam und ihre Auswirkungen auf Staat und Gesellschaft" geschaffen werden soll. Daran wird sich die Erstellung eines „Arbeits-Rasters" zur Bearbeitung der einzelnen Fallstudien anschließen.

Die ASEAN zwischen Stabilität und Destabilisierung

Die Fragen nach Stabilität und Destabilisierung sowohl der ASEAN als auch ihrer Mitgliedsstaaten sind in der Vergangenheit schon oft gestellt worden. Die Literatur zu diesem Thema reicht von umfangreichen Monographien bis zu unzähligen Aufsätzen und separaten Stellungnahmen. Exemplarisch seien an dieser Stelle zwei Werke erwähnt, die auch für die weitere Behandlung des Themas in dieser Arbeit eine besondere Rolle spielen sollen. Das erste ist das Buch „Durable Stability in Southeast Asia" von Kusuma Snitwongse und Sukhumbhand Paribatra[1]. Es beschreibt zum einen die grundsätzliche Stabilität einer Region mit vielen Problemen und zum anderen die Voraussetzungen und Wege für eine dauerhafte Bewahrung dieser Stabilität. Das zweite Werk ist das Buch „How the Dominoes Fell" von John F. und Mae H. Esterline[2]. Es beschreibt die einzelnen Staaten und jene Faktoren, die potentiell destabilisierend für diese Staaten und für die ASEAN sein könnten. Diese beiden Beschreibungen geben etwa den Grundtenor der Urteile und Arbeiten der meisten mit dieser Frage befaßten Autoren wieder. Sie kommen unisono zu dem doppelten Schluß: Die ASEAN-Region ist stabil - vor allem wegen des Vorhandenseins der Gemeinschaft, wegen der historisch gewachsenen und akzeptierten Systeme und wegen des anhaltenden Wohlstands und Wachstums in der Region -, aber es gibt in ihr eine Vielzahl von Szenarien und Faktoren - von Rassengegensätzen über soziale Mißstände bis zu separatistischen Bewegungen -, welche die Staaten im einzelnen und damit in der Folge auch wieder die Region destabilisieren könnten. Je nach Sichtweise sagen dabei die einen, die Region sei stabil, und beschreiben, warum und wie sie es bleibt. Und die anderen sagen, sie sei stabil, und beschreiben, warum und wie sie es nicht bleiben könnte.

Diesen grundsätzlichen Ansatz wollen wir uns im folgenden zu eigen machen. Ebenso wollen wir die bereits von Kusuma Snitwongse / Sukhumbhand Paribatra und Esterline/Esterline sowie von einigen weiteren Autoren[3] zusammengetragenen Szenarien und Faktoren, die zu einer Destabilisierung der einzelnen Staaten beitragen oder beitragen können, als wertvolle Vorarbeiten übernehmen und in unsere Arbeit einfließen lassen. Denn es würde den Rahmen der Arbeit sprengen, hier auch noch die ganz allgemein die Stabilität der einzelnen Staaten beeinträchtigenden Faktoren zu erarbeiten. Mit anderen Worten: Die allgemeine Stabilität der einzelnen Staaten und die allgemeinen Szenarien und Faktoren einer Destabilisierung dieser Staaten sollen im folgenden nicht näher behandelt und untersucht, sondern lediglich kurz in einleitenden Übersichten zu jeder Fallstudie referiert werden. Bezugnehmend vor allem auf Kusuma Snitwongse / Sukhumbhand Paribatra und Esterline/Esterline - und sofern erforderlich, ergänzt durch weitere Autoren zu den einzelnen Ländern - wird an dieser Stelle dann jeweils eine kurze Evaluierung der allgemeinen Stabilität des jeweiligen Staates gegeben und eine kurze Auflistung der allgemeinen Szenarien und Faktoren einer möglichen Destabilisierung vorgenommen. Zusammen mit einem aktuellen Kurzporträt des jeweiligen Staates (Grunddaten und wichtige Entwicklun-

---

[1] Kusuma Snitwongse / Sukhumbhand Paribatra (1987).
[2] Esterline/Esterline (1986).
[3] Siehe dazu im einzelnen die entsprechenden Fallstudien.

gen) sollen uns diese Evaluierungen und Übersichten als Einleitung den „Einstieg" in den jeweiligen Staat erleichtern und ein zügiges Herangehen an die eigentliche Fragestellung ermöglichen: die Frage nach dem Islam als potentiell destabilisierendem Faktor für diese Staaten.

Um diese Frage behandeln zu können, bedarf es nun noch eines Instrumentariums, welches es uns ermöglicht, die Rolle des Islam in den Einzelstaaten zu beurteilen und destabilisierende Szenarien und Faktoren herauszuarbeiten. Zur Schaffung eines solchen Instrumentariums dient das folgende Teilkapitel „Staats- und Gesellschaftsvorstellungen im Islam und ihre Auswirkungen auf Staat und Gesellschaft". Darin sollen einige markante Grundzüge in den Staats- und Gesellschaftsvorstellungen des Islam und der Muslime herausgearbeitet werden, aus denen heraus der theoretische Überbau und die Vorgehensweise für die einzelnen Fallstudien entwickelt werden können. Dabei wird zuerst der Islam als politische Kraft definiert und werden dann die Voraussetzungen für sein Einwirken auf Gesellschaft und Politik in Südostasien bestimmt. Daraus leitet sich ein Arbeits-Raster ab, das zur Bearbeitung der sechs Fallstudien dienen soll. Neben einem Instrumentarium zur Erfassung und Evaluierung des Islam in den einzelnen Staaten wird dieses Raster dann auch die bereits erwähnte Einleitung und ein weiteres Teilkapitel über die Außenbeziehungen des jeweiligen Staates und seiner islamischen Gruppierungen und Aktivposten enthalten. Dies soll bereits erste Grundlagen für eine spätere Einordnung in den größeren Zusammenhang des ASEAN-Raumes bzw. der -Organisation schaffen.

Staats- und Gesellschaftsvorstellungen im Islam und ihre Auswirkungen auf Staat und Gesellschaft

Vorbemerkung: Islam in Südostasien bedeutet bekanntlich nicht das gleiche wie in anderen Teilen der Welt. Islam in Südostasien ist im wesentlichen Adat-Islam. Trotzdem müssen wir uns zuerst mit den Grundzügen klassischer islamischer Staats- und Gesellschaftsordnung befassen. Sie sind für alle Teile der islamischen Welt verbindlich, können mithin nur in ihren Ausführungen differieren. Und sie sind es, die den Aktivisten der „islamischen Renaissance" in Südostasien Vorbild sind. Diese nämlich propagieren den „wahren Islam" und nicht einen Adat-Islam. Dessen Grundzüge müssen also der Ausgangspunkt für weitere Betrachtungen sein. Erst danach können die Fragen gestellt werden, wie nahe die dem Adat-Islam in seinen unterschiedlichsten Graduierungen anhängenden Muslime der Region diesem „wahren" Islam sind, und ob dessen Ideale in und mit diesen Muslimen überhaupt zu verwirklichen sind. Dies nämlich werden zwei wichtige Indikatoren für die Frage nach einer Destabilisierung der Region durch den Islam sein.

In diesem Teilkapitel wollen wir uns zuerst ein Bild machen von den Staats- und Gesellschaftsvorstellungen des Islam und von dessen Wirkungsweisen auf Staat und Gesellschaft[4], um anschließend daraus die Möglichkeiten einer Destabilisierung von Staaten und Gesellschaften durch den Islam folgern zu können. Dies geschieht in drei Schritten. In einem ersten Schritt wird die klassische islamische Staats- und Gesellschaftsvorstellung in drei zentralen Aussagen kurz dargestellt. Ausgangspunkt ist dabei die in Kap. I.3.2.1. „Bausteine der ASEAN-Geistes- und Kulturlandschaften" eingeführte Definition des Islam als Weltanschauung. In einem zweiten Schritt werden zwei wesentliche historische Entwicklungen kurz beleuchtet, unter denen sich diese absoluten Staats- und Gesellschaftsvorstellungen im Laufe der Zeit verändert und auch reduziert haben: die *„Fraktionalisierung"* und die *„De-Islamisierung"* der islamischen Welt. In einem dritten Schritt schließlich wird dargestellt, wie der Islam und seine Staats- und Gesellschaftsideale heute im Prozeß der „Re-Islamisierung" wieder an Boden gewinnen. Daraus schließlich wollen wir unsere Folgerungen ziehen, unter welchen Voraussetzungen und wie der Islam destabilisierend auf einen Staat und auf seine Gesellschaft wirken kann.

1. Das Ideal von Staat und Gesellschaft.

Kommen wir zuerst zum Ideal islamischer Staats- und Gesellschaftsvorstellung, das hier anhand von drei zentralen Punkten dargestellt werden soll. Dabei ist vorwegzuschicken, daß die Ursprünge dieses Ideals im Arabien des 7. Jahrhunderts liegen und auf den damaligen geographischen und politischen Kontext zugeschnitten waren. Einen Kontext, in dem der Prophet Muhammad sowohl geistiger wie politischer Führer seiner Gemeinde und in dem der Islam eine in Ausbreitung befindliche Weltanschauung war. Dies sollte man immer im Hinterkopf haben, wenn man versucht, seine Staats- und Gesellschaftsvorstellungen zu verstehen.

1. Der Islam ist mehr als nur eine Religion. Er ist im Sinne dieser Arbeit eine Weltanschauung (s. Definitionen). Eine Weltanschauung aber, in der das göttliche Gebot über allem steht. Der Islam erhebt einen Absolutheits-Anspruch auf alle Bereiche menschlichen Denkens und Handelns. Er erfaßt nicht nur den Glauben, sondern auch die Politik, die Wirtschaft, die Kultur und das gesellschaftliche Leben. Seine Gebote und Regeln gelten

---

[4] Grundlage dieser Ausführungen ist die bereits in Kap. I.3.2.1. „Bausteine" zum Stichwort Islam angeführte Literatur.

dem Muslim nicht nur im Gottesdienst, sondern auch im Alltag, in der Gemeinschaft wie in der Politik. Ergo: Der Islam gibt für alle Bereiche menschlichen Denkens und Handelns eine Lösung oder eine Regel vor.

Das heißt aber umgekehrt auch, daß die Grundlagen für den islamischen Staat und für die islamische Gesellschaft - zumindest in der Theorie - exakt festgelegt und definiert sind. Die Basis dieser Festlegung ist die Schari'a, das islamische Recht. Nicht von ungefähr liest sich der den Muslimen heilige Koran als das Kernstück dieser Schari'a über weite Strecken wie eine Staatsverfassung und wie ein Gesetzbuch (was er faktisch auch ist). Für den überzeugten Muslim ist mithin staatliches und gesellschaftliches Leben nur innerhalb der Vorgaben der Schari'a möglich. Entscheidungs- oder Handlungsspielraum ergibt sich für ihn nur in den Bereichen und Fragen, die dort nicht fixiert sind bzw. die dort nicht *eindeutig* fixiert sind. Dabei ist es aber bis heute eine Schlüsselfrage islamischer Rechtsdefinition und -sprechung, was exakt festgelegt ist, was nicht exakt festgelegt ist, und wer schließlich darüber zu entscheiden hat, was festgelegt ist und wie Unklares festzulegen ist. Die Relation zwischen göttlicher Allmacht und menschlichem Handlungsfreiraum nämlich ist im Islam über alle Zeiten hinweg offen geblieben[5].

2. Die islamische Weltanschauung enthält zugleich das Modell einer Weltordnung. Und: Im Islam sind Staat und Gesellschaft eine Einheit.
Bisher haben wir stets von Staat *und* Gesellschaft gesprochen und dabei „Staat" als ein territoriales und organisatorisches Gebilde und „Gesellschaft" als ein menschlich-kulturelles Gebilde (staatsübergreifend wie staatsintern) betrachtet. Im Islam aber verschwimmen die Grenzen zwischen Staat und Gesellschaft. Der klassische Islam kennt nämlich nur zwei Staaten. Der eine ist das „dār al-Islām", das „Gebiet des Islam" (bzw.: „Haus des Islam"). Der andere ist das „dār al-ḥarb", das „Gebiet des Krieges" (bzw.: „Haus des Krieges"). Im „dār al-Islām" leben die Gläubigen, im „dār al-ḥarb" die Ungläubigen. Solange nun das Gebiet der Gläubigen (der Muslime und der ihnen verwandten und dem islamischen Primat unterstellten Angehörigen der Buchreligionen Christentum und Judentum, zu denen auch noch kleinere Religionen wie der Zoroastrismus gezählt wurden) in sich geschlossen war und außerhalb dieses Gebietes keine Gläubigen (Muslime) lebten, war es unerheblich, ob dieser Staatsbegriff im Sinne des oben definierten „Staates" oder aber im Sinne der oben definierten „Gesellschaft" zu verstehen war. Schon aus dem alles durchdringenden Anspruch des Islam als Weltanschauung ergab sich, daß Staat und Gesellschaft als Träger der göttlichen Ordnung auf Erden ohnehin das gleiche waren und somit eine Einheit bildeten. Die territoriale Ein-heit begünstigte dies. Davon unterschieden

---

[5] Dieses Spannungsverhältnis ist wohl am besten dargestellt in einem Buch des Schweizer Orientalisten Johann Christoph Bürgel, s.: Bürgel (1991).

werden konnte eigentlich nur der Begriff der „umma", der „Gemeinschaft" der Muslime[6]. Er faßte die Muslime als Teil der islamischen Gesellschaft (also: der Gesellschaft nach islamischen Vorstellungen) innerhalb des islamischen Staates zusammen.

Nimmt man die Vorstellung von „dār al-Islām" und „dār al-ḥarb" zusammen, wird aus der Weltanschauung zugleich eine Weltordnung. Die Welt - zumindest die islamische Hälfte - ist der Staat, die Menschheit die Gesellschaft. Daneben existiert lediglich ein weiterer Staat und eine weitere Gesellschaft im „dār al-ḥarb". Die Folge ist, daß im klassischen Islam Staaten im westlichen Sinne nicht existieren. Ebensowenig gibt es „Nationen" in diesem Sinne. Der Begriff der „Nation" ist im klassischen Islam anders besetzt. Er meint nicht die arabische, persische oder türkische Nation. Er meint die muslimische, christliche oder jüdische Nation. Dies spiegelte exemplarisch das Osmanische Reich wider, wo jeder „Nation" (türk.: „millet") im Staat ein eigener vertikaler Aufbau mit einem eigenen Oberhaupt, eigenen gemeinschaftlichen Einrichtungen und einer eigenen innergesellschaftlichen Ordnung mit eigenen Pflichten und Rechten zugewiesen war[7].

3. Für jeden überzeugten Muslim kann jegliches Staatsgebilde nur ein „islamischer Staat" sein. Sowohl aus seiner Weltanschauung heraus wie nach dem historischen Selbstverständnis dieser Weltanschauung kann ein Muslim ein richtiges Leben im islamischen Sinne nur in einem Staat und in einer Gesellschaft führen, die den Geboten des Islam entsprechen, die mithin so etwas wie ein „islamischer Staat" oder eine „islamische Gesellschaft" sind. Ein Staat oder eine Gesellschaft also, in denen die göttliche Ordnung oberstes Gebot ist und in denen die Schari'a oder zumindest ihre Inhalte Grundlage und Handlungsmaxime sind.

Staatsordnung: Diesen Staat mögen an dieser Stelle einige kursorische Anmerkungen kurz charakterisieren. Es sind Anmerkungen zu einzelnen Elementen einer Staatsordnung, wie es sie in modernen Staaten westlicher Definition nicht gibt und wie sie deswegen für spätere Ausführungen noch von Belang sein werden.

Der islamische Staat und die islamische Gesellschaft weisen eine genau bestimmte, weil von Gott ein für allemal festgelegte Ordnung auf. Sie gilt für das *Staatsvolk* wie für die Staatsgewalt. Das Staatsvolk gliedert sich in vertikal nebeneinander angeordnete, „nationale" Säulen: in eine staatstragende

---

[6] Die zeitweilige Verwendung von „umma" auch für andere Gemeinschaften (s. Lewis (1991), S. 61f.) sei hier ausgespart, da sie sich nicht durchgesetzt hat.
[7] Zur schwierigen Diskussion um den Begriff „Nation" im Islam, s.: Lewis (1991), S. 73ff. bzw. 70ff. Zum Osmanischen Staat, s.: Matuz (1985), S. 110ff.

Nation der Muslime und in andere Nationen wie z.B. Christen, Juden oder Zoroastrier. Jede Nation hat ihre eigene vertikale Gliederung, ihre eigene Führung, eigene Gesetze, eigene Pflichten. Lediglich eine Nation ist privilegiert: die muslimische. Ihrer Führung obliegt auch die Führung des Staates. Doch sie ist zugleich auch für die ihr „schutzbefohlenen" anderen Nationen verantwortlich; nach außen (militärischer Schutz) wie nach innen (Schutz gegen Übergriffe). Jeder „Schutzbefohlene" („ḏimmī") muß dafür jedoch zusätzliche Steuern entrichten. Die Staatsgewalt in diesem Staat liegt allein bei Allah und ist folglich unteilbar. Sie wird von irdischen Machthabern und Würdenträgern lediglich ausgeübt. Diese sind nur Allah verantwortlich und nicht dem Volk. Trotzdem sind ihrer Herrschaft und ihren Entscheidungen - zumindest in der Theorie - enge Grenzen gesetzt: die Grenzen der islamischen Ordnung. Diese wiederum verpflichtet sie alle - ob Herrscher, Richter oder einfacher Muslim - auf die Wahrung eines *„guten"*, d.h. eines *„gerechten und sozialen Staates"*.

Zusammengefaßt sind der klassisch-ideale islamische Staat und die klassisch-ideale islamische Gesellschaft also einheitlich und klar geordnet. Alles unterliegt dem göttlichen Primat. Alles und alle haben dabei ihren Platz, ihre Rolle und ihre Aufgabe. Der Platz des Islam und der Muslime ist dabei herausgehoben. Obwohl das Individuum in diesem Staat eigentlich nur eine geringe Bedeutung hat, haben Staat und Gesellschaft aber doch eine Verpflichtung für sein Wohlergehen.

2. *Fraktionalisierung und De-Islamisierung.*

Soweit das Ideal. Ein Ideal, zugeschnitten auf die geographischen und politischen Umstände im Arabien des 7. Jahrhunderts und auf eine in Ausbreitung befindliche Weltanschauung. Eine Weltanschauung, die lediglich unterschied in „wir" und „die anderen". Nun hat sich die Welt seit der Frühzeit des Islam aber verändert. *Die* islamische Welt ist nicht entstanden. Und auch eine in sich geschlossene islamische (Teil-) Welt gibt es nicht, weder als territoriale Einheit noch als ideelle Einheit unter einer gemeinsamen Führung. Vor allem zwei Prozesse haben seither jene Welt beeinflußt und zu Korrekturen an dieser Weltanschauung geführt, aber auch einen Prozeß begünstigt, den wir „Re-Islamisierung" nennen.

1. Zuerst einmal ist von einer **Fraktionalisierung der islamischen Welt** zu sprechen, die schon früh mit der Aufspaltung in verschiedene islamische Richtungen und in der Aufteilung in mehrere islamische Staaten begann, und die später in der Kolonialzeit im Zurückdrängen und Zusammenschmelzen der islamischen Reiche ihren Höhepunkt erlebte. Heute gibt es eine Vielzahl islamischer und auch muslimischer Staaten, und es gibt eine Vielzahl von

Muslimen, die in nicht-islamischen Staaten leben. Das aber hat Folgen für das islamische Verständnis von Staat, Gesellschaft und umma. Meint „Staat" nun die Addition der Territorien der islamischen (und muslimischen?) Staaten oder die umma, die Gemeinschaft der Muslime? Oder meint er beides? Und wie wäre in den einzelnen Fällen „Gesellschaft" zu definieren? Gerade die Kolonialzeiten haben dazu geführt, daß es heute viele muslimische Länder gibt, die keine islamischen Staaten sind. Das heißt: Viele Staaten haben europäischen Vorbildern nachempfundene Verfassungen, aber muslimische Bevölkerungen. Und je nachdem, wie stark das islamische Bewußtsein dieser Bevölkerungen ist, ließe sich da und dort von einer islamischen Gesellschaft in einem nicht-islamischen Staat sprechen. Klar ist nur eines: Seit es mehrere islamische und muslimische Staaten gibt und Muslime auch in anderen Staaten leben, sind die Begriffe „Islamischer Staat" und „Islamische Gesellschaft" doppeldeutig geworden. Für die einen ist es der islamische Staat im Sinne einer islamischen Welt, für den die weit verbreitete umma die Basis bildet. Für die anderen ist es der islamische Staat in den Grenzen des heutigen Begriffes von Staat. Wobei letztere ihren islamischen Staat oft als Etappe auf dem Weg zur Verwirklichung der ersten Vorstellung ansehen.

Auch über die Ausgestaltung eines solchen Staates herrscht keineswegs Einigkeit. Tatsächlich muß ein „islamischer Staat" keineswegs eine Theokratie im Sinne einer Herrschaft der Geistlichen sein, wie sie im Iran unter Khomeiny bestanden hatte. Die Fraktionalisierungen in Vergangenheit und Gegenwart zeigen, daß der Begriff „Islamischer Staat" sehr unterschiedlich mit Inhalt gefüllt werden kann. In Saudi-Arabien und Marokko wird er heute - und das auch noch in recht unterschiedlicher Weise - durch absolute Monarchien ausgefüllt, in denen der König zugleich „amīr al-mu'minīn" / „Herrscher (bzw. Fürst) der Gläubigen" ist. Im Iran und in Pakistan hingegen ist der Begriff - wiederum unterschiedlich - durch eine „Islamische Republik" ausgefüllt. Nehmen dabei im Iran die Geistlichen eine institutionalisierte Rolle ein, so sucht man diese in diesem Ausmaß in Pakistan vergeblich. Dort reicht die Schari'a als Staatsgrundlage aus, den Staat islamisch zu nennen. Und auf dieser Basis bestehen noch andere „islamische Staaten". Vor diesem Hintergrund steht die Frage im Raum, ob es auch ausreicht, wenn die Inhalte der Schari'a (Werte und Normen) Grundlage eines Staates sind, um diesen auch ohne die Bezeichnung „Islamischer Staat" islamisch nennen zu können?

Fazit. Heute existieren zwei Konzepte von Staat neben- und miteinander: der islamische Weltstaat und der islamische Staat in nationalstaatlichen Grenzen. Und auch intern existieren mehrere Konzepte: Theokratie, Monarchie, Republik und andere mehr.

2. Der zweite Prozeß war ein Prozeß der „**De-Islamisierung**", der ebenfalls in der Zeit des Kolonialismus um sich griff. Die Unterwerfung der Staaten der „Dritten Welt" - von der ja vor der Kolonialisierung weite Teile identisch waren mit der islamischen Welt - geschah aufgrund einer doppelten, politisch-militärischen und wirtschaftlich-technologischen, Überlegenheit der Kolonialherren. Diese deutliche und vor allem dauerhafte Überlegenheit hatte zur Folge, daß die Menschen in den kolonialisierten Teilen der Welt nicht nur unterlegen waren, sondern sich auch unterlegen fühlten. Besonders für die islamischen Völker, die sich zuvor immer überlegen gefühlt hatten, war das eine neue Erfahrung. Je mehr ihnen ihre Unterlegenheit bewußt wurde, umso mehr begannen sie, an der Überlegenheit ihrer Weltanschauung und schließlich auch an der Weltanschauung selbst zu zweifeln. Es setzte unter ihnen ein Prozeß der Säkularisierung, das heißt der „De-Islamisierung", ein. Mit anderen Worten: Aus *islamischen* wurden *muslimische* Völker, teils auf äußeren Druck hin, teils aus innerer Resignation. Zugleich schufen die Kolonialherren vielfach neue Eliten, die sie in *ihren* Denkkategorien erzogen. Da sie selbst säkularisiert waren, übertrugen sie dies auch auf die neuen Eliten. Und mit dem dann um sich greifenden Modernisierungsprozeß wurde der Islam weiter an die Seite gedrängt.

Fazit: Ergebnis dieser zweiten Entwicklung war die Herausbildung einer großen Gemeinschaft von Muslimen mit einer intern höchst unterschiedlichen Graduierung islamischen Bewußtseins. Blieb für die einen der Grundsatz „dīn wa-daula" / (Einheit von) „Glaube und Reich" sakrosankt, so gab es am anderen Ende der Skala eine Vielzahl von Muslimen, für die der Islam nur noch Religion oder Privatsache war. Um dieser Entwicklung Rechnung zu tragen, werden wir im weiteren Verlauf dieser Arbeit zwar weiter die Gesamtheit der Gemeinschaft als Muslime bezeichnen, an manchen Stellen jedoch durch zugefügte Adjektive wie „überzeugter" oder „engagierter" eine weitere Differenzierung vornehmen. Darüber hinaus sollen diejenigen Muslime, die sich aktiv für die Verwirklichung einer islamischen Weltanschauung und die Schaffung eines islamischen Staates einsetzen, unter dem Sammelbegriff „Islamisten" zusammengefaßt werden; wobei von Fall zu Fall noch zwischen „Fundamentalisten", „Traditionalisten" und „Modernisten" zu unterscheiden ist (s. unten).

3. Re-Islamisierung und Destabilisierung.

Soweit also das Bild der klassischen islamischen Staats- und Gesellschaftsvorstellungen und ihrer Veränderungen über die Jahrhunderte. In den letzten Jahrzehnten jedoch trat weltweit eine Phase der Re-Islamisierung ein, einer neuerlichen Hinwendung zum Islam. In der Folge wollen wir zuerst kurz auf ihre Ursachen und dann auf ihre Wirkungsweise eingehen.

1. Ursachen: In den letzten Jahrzehnten sind die meisten Staaten der „Dritten Welt" in ökonomische und soziale Krisen geraten. Orientierungslosigkeit und Existenznot griffen in weiten Teilen ihrer Bevölkerungen um sich. Diese Orientierungslosigkeit und die weit verbreitete Unzufriedenheit griff der Islam auf. Seine Propagandisten und Aktivisten begannen, ihre Lehre unters Volk zu bringen. Sie wiesen die Schuld an den Problemen den Modernisierungs- und Säkularisierungsmaßnahmen der Regierungen und einer damit einhergehenden geistig-kulturellen Entfremdung zu. Sie attestierten eine Identitätskrise als Ursache der ökonomisch-sozialen Krise und propagierten den Islam als Antwort. Ihr Lösungsvorschlag war die (Wieder-) Errichtung eines „islamischen Staates", der die „gute Gesellschaft" nach sich ziehen werde. Zuweilen zielten sie dabei direkt auf den islamischen Weltstaat; zuweilen gaben sie sich erst einmal mit der Umformung ihres Staates zufrieden, wenn auch nur als Zwischenlösung. Zuweilen propagierten sie die Rückbesinnung auf den islamischen Urstaat des Propheten Muhammad oder der frühen Kalifen („Traditionalisten" und „Fundamentalisten"); zuweilen versuchten sie sich an der Transformierung dieser Urvorstellungen ins 20. Jahrhundert („Modernisten"). Zuweilen arbeiteten sie umfangreiche Konzepte und Programme aus; zuweilen vertrauten sie nur auf die diffuse Anziehungskraft des Islam und auf die Diffamierung alles Un-Islamischen sowie auf die Anprangerung herrschender Mißstände. Egal, welchen Weg auch immer sie wählten: In vielen Staaten hatten und haben sie mit ihrem einfachen, mehr auf das Herz als auf den Verstand zielenden und schwer widerlegbaren Ansatz Erfolg. Eine ganze Reihe dieser Staaten oder zumindest ihrer politischen Systeme haben sie nachhaltig destabilisiert (z.B. Algerien, Libanon, Afghanistan und zuletzt einige zentralasiatische GUS-Staaten), andere gar umgestürzt (z.B. Iran 1979 oder Afghanistan 1992). Dabei muß aber korrekterweise ergänzt werden: Einige Staaten hat der Islam auch stabilisiert, wenn sich ihre Führungen seiner richtig bedient haben (z.B. Iran in neuerer Zeit, aber auch Saudi-Arabien oder Marokko).

2. Wirkungsweisen: Uns mag jedoch hier nur die destabilisierende Wirkung des Islam interessieren. Und dabei fällt ein bestimmter Wirkungsablauf ins Auge, der bei näherer Betrachtung und im Wissen um islamische Staats- und Gesellschaftsauffassung durchaus logisch erscheint. Jeglicher Prozeß einer destabilisierenden Islamisierung begann immer mit einer Islamisierung - das heißt mit einer Aktivierung und Forcierung des islamischen Bewußtseins - der umma in dem jeweiligen Land. Auf diese Art und Weise wurde in muslimischen Ländern oder in mehrheitlich muslimischen Regionen eines Landes wieder eine zu einem großen Teil „islamische Gesellschaft" geschaffen, die sich häufig rasch ausbreitete. Triebkräfte waren islamische Geistliche wie Imame und Mullahs, aber auch selbsternannte Aktivisten und in jüngerer Zeit auch islamische Parteien. Ihre Betätigungsfelder waren dabei anfangs immer nur „religiöse", gesellschaftliche und soziale Aufgaben, wie sie schon der traditionelle Islam gepredigt hatte und mit denen sie zuerst einmal die Massen ansprachen und gewannen: z.B. in Schulen und Armenküchen. Ihr Bemühen galt jedem einzelnen, in dem das Bewußtsein geweckt wurde, was es heißt, Muslim zu sein. Sie warben mit dem Ideal der Gemeinschaft, die der Islam über den Einzelnen stellt: der Gemeinschaft der Armen, der Gemeinschaft der Masse, der Gemeinschaft der weltumfassenden Gemeinde. Je mehr sie aber islamisches Bewußtsein in der Bevölkerung aktivierten und stärkten, umso mehr entwickelte sich überall eine islamische Gesellschaft. Von da aus war und ist es häufig nur noch ein kleiner Schritt zum islamischen Staat. Jetzt nämlich setzt ein regelrechter Automatismus ein, begünstigt durch die Verschmelzung der Begriffe Staat und Gesellschaft im islamischen Ideal. Man könnte es auch einen „spill over"-Effekt nennen.

Da im Verständnis eines Muslim jeder Staat nur ein islamischer Staat sein kann, wird der Druck der islamischen Gesellschaft auf den Staat immer größer. Kann der Staat den Druck nicht kompensieren, wird er ihm zwangsläufig weichen müssen. Kompensation aber kann meist nur auf zwei Wegen geschehen. Entweder durch Gegensteuern mit Gewalt oder mit einer plötzlichen Verbesserung der wirtschaftlich-sozialen Rahmenbedingungen. Oder aber durch eine Art Selbst-Islamisierung des Staates durch seine Regime, wie sie etwa viele Golfstaaten im Zuge der Re-Islamisierung der 80er Jahre aus Angst vor einem Umsturz vollzogen haben.

Zusammenfassung

Aus den vorangegangenen Ausführungen sollten vor allem drei Punkte in Erinnerung bleiben. Erstens richtet sich der Islam stets auf die Ganzheit von Staat und Gesellschaft aus. Selbst islamischen Rechtsgelehrten kommt es selten auf abstrakte theologische Gebilde, sondern stets mehr auf den praktischen und alltäglichen Bezug an. Zweitens wirkt der Islam selten von oben nach unten, sondern meist von unten nach oben. Die Wirkungslinie ist: umma ⇒ Gesellschaft ⇒ Staat. Drittens hat islamische Renaissance meist zwei Gründe: interne (un-islamische Staaten und/oder Gesellschaften) und externe (wirtschaftlich-soziale Lage). Und viertens sollte man noch eines im Zusammenhang mit dem Islam stets bedenken: Der Islam zielt auf die Welt und auf die Menschheit als Ganzes, d.h. er will nicht einzelne - in seiner Sicht - abstrakte Staaten, er will Menschen gewinnen. Das macht eine einmal erreichte Verwurzelung dauerhafter und intensiver.

Islam und Destabilisierung

Im Rahmen dieser Arbeit ist nun also zu untersuchen, inwieweit jene Prämissen, die die Re-Islamisierung in vielen Teilen der Welt begünstigt und manchen Staat und manches System destabilisiert haben, auch für die ASEAN-Länder gelten und inwieweit Ansatzpunkte und Symptome eines solchen Prozesses dort zu verzeichnen sind. Dazu dienen folgende Fragen.

1. Welchen Stellenwert hat der Islam in Staat und Gesellschaft der einzelnen Länder? Welche Rolle spielt die muslimische Gemeinschaft in Staat, Wirtschaft und Gesellschaft dieser Staaten?

2. Sind Staat, Wirtschaft und Gesellschaft mit den islamischen Vorgaben vereinbar oder widersprechen sie ihnen?

3. Welchen Stellenwert räumen in dem betreffenden Staat die Muslime selbst dem Islam in ihrem Denken und in ihrem Handeln ein?

4. Wie hoch ist der Legitimierungsgrad für eine islamisch bedingte Opposition und wie hoch ist der Mobilisierungsgrad der islamischen Gemeinde?

5. Welche islamistischen Aktiv-Posten (Aktivisten im Inland oder im Ausland) gibt es in dem betreffenden Land?

Mit diesen Leitfragen wollen wir herausfinden, ob einzelne Länder der Gemeinschaft durch den Islam destabilisiert werden können. Anhand dieser Fragen wird im folgenden ein „Theoretisches Arbeits-Raster" erstellt, in das auch die Rahmenbedingungen allgemeiner Stabilität eingebracht sind.

Theoretisches Arbeits-Raster

Aus den Vorgaben der vorangegangenen Seiten ergibt sich ein Arbeits-Raster, anhand dessen die Fallstudien bearbeitet werden sollen.

1. Formale Aspekte

In diesem Kapitel werden grundsätzliche Fakten und Informationen zusammengestellt. Es enthält Angaben zu Staat, Bevölkerung und (islamischer) Geschichte der Länder. Dem folgt eine kurze Evaluierung der allgemeinen Stabilität. Insgesamt stellt das Kapitel ein Kurzporträt eines Landes dar und dient als Rahmen für die weiteren Ausführungen. Im einzelnen sieht das wie folgt aus. Die Reihenfolge kann variieren.

1. Staat und Gesellschaft; mit Angaben zu Staat, Gesellschaft und Wirtschaft sowie Anmerkungen zur aktuellen Lage.
2. Bevölkerung, Ethnien, Religionen; unter besonderer Berücksichtigung von Stärke und Verteilung der Muslime.
3. (Islamische) Geschichte; entweder unter kursorischer Herausarbeitung der wichtigsten Aspekte oder kurz referiert.
4. Stabilität und Instabilität; in einer knappen Übersicht.

2. Identität, Rolle und Partizipation der Muslime

Dieses Kapitel beschäftigt sich zuerst mit dem Staat und der Gesellschaft. Dabei sind die Fragen nach dem Stellenwert des Islam im Staat (Verfassung, Vergleich zu anderen Religionen, Politik der Staatsführung) und nach der Rolle der Muslime in Staat, Wirtschaft und Gesellschaft zu stellen. Danach beschäftigt es sich mit den Muslimen selbst und mit den Fragen nach deren „kulturellem Bewußtsein" und „islamischer Identität". Welche Rolle also räumen die Muslime selbst dem Islam in ihrem Land und ihrem Leben ein? Wie intensiv ist ihr islamisches Bewußtsein?

Daran schließen sich die Kernfragen des Kapitels an. Sind Staat und Gesellschaft identisch mit den islamischen Idealen oder bestehen Widersprüche? Sind Staat und Gesellschaft identisch mit dem islamischen Bewußtsein der Muslime (also mit dem Grad ihrer islamischen Identität) oder bestehen Widersprüche? Wie hoch ist die Machtpartizipation der Muslime in Staat, Gesellschaft und Wirtschaft? Die Beantwortung dieser Fragen soll Aufschluß geben über den Legitimierungsgrad des Islamismus in dem betreffenden Land und über den Mobilisierungsgrad der dort lebenden Muslime, insbesondere mit Blick auf eine Destabilisierung des jeweiligen Systems. Der Legitimierungsgrad ist umso größer, je weiter Realität und Ideal (des Islam) auseinanderliegen. Der Mobilisierungsgrad ist umso größer, je weiter Realität und Bewußtsein (der Muslime) auseinanderliegen und kann von einer geringen Macht- und Wohlstandspartizipation der Muslime durchaus beinflußt werden.

3. Islamismus, Mobilisierung und Einflußnahme

An diese Überlegungen schließt sich ein Kapitel über islamische Gruppierungen und Aktiv-Posten in und außerhalb des jeweiligen Landes an. Es ist in zwei Teile gegliedert.

3.1. Islamische Aktivitäten im Inland (einschließlich der Haltung der Regierung). Hier geht es um islamische/islamistische Aktivposten, die innerhalb von Staat oder Gesellschaft wirken.

3.2. Islamischer Einfluß von außen (einschließlich der Haltung der Regierung). Hier geht es um das Wirken und den Einfluß von islamischen/muslimischen Staaten und Organisationen.

Besonders wichtig sind dabei zwei Organisationen. Die eine ist die OIC („Organization of the Islamic Conference"), der Dachverband islamisch-muslimischer Staaten. Die andere ist die MWL („Muslim World League") oder nach dem arabischen Wort für „Liga" „Rabita" („rābiṭatu l-'ālam al-islāmī"), die bedeutendste islamistische Organisation weltweit, getragen von und mit Sitz in Saudi-Arabien[8].

4. Stabilität und Instabilität

Abschließend werden die Erkenntnisse und Informationen der ersten drei Kapitel diskutiert, bewertet und in den Gesamtstaat eingeordnet. Es wird ein Urteil zur Stabilität des Staates mit Blick auf den Islam abgegeben. Darüber hinaus werden Perspektiven des Staates und Szenarien einer potentiellen Destabilisierung aufgezeigt. Diese Ergebnisse sind dann auch Grundlage für Abschnitt III.

5. Außenbeziehungen

An diese Ausführungen schließt sich noch ein Kapitel an, das nicht direkt mit der Beurteilung des Einzelstaates zusammenhängt, sondern weitere Grundlagen für Abschnitt III liefern soll. Es beschäftigt sich mit den Außenbeziehungen der Staaten und ihrer islamischen und muslimischen Gruppierungen und Aktivposten. Zu diesem Zweck untersucht dieses Kapitel sowohl die Außenbeziehungen und die Außenpolitik des jeweiligen Staates, als auch die Außenbeziehungen der islamischen, islamistischen und muslimischen Gruppierungen und Einrichtungen.

Eine **Anmerkung** noch: Dieses Raster kann naturgemäß nur eine Vorgabe sein. Zum Teil orientiert an den vorliegenden Informationen, aber auch im Interesse einer besseren und logischer aufeinander aufgebauten Analyse wird die strikte Abfolge zuweilen aufgelöst oder umgestellt werden. Man sollte nämlich nicht vergessen, daß mit diesem Raster sechs höchst unterschiedliche Staaten untersucht werden sollen, die sich nicht immer ganz einfach „über einen Kamm scheren lassen".

---

[8] Zu OIC u. Rabita, s.: Schulze (1983) u. Ende/Steinbach (1989), S. 541ff.

II.1. Fallstudie Indonesien

II.1.1. Formale Aspekte

1. Bevölkerung, Ethnien, Religionen

Indonesien zeichnet sich vor allem durch seine Weitläufigkeit und die Vielzahl seiner Inseln aus, von denen die bedeutendsten Java, Sumatra, Kalimantan (Süd-Borneo, wobei Indonesien ganz Borneo als Kalimantan bezeichnet), Sulawesi (Celebes), Maluku (Molukken) und Irian Jaya sind. Diese Weitläufigkeit hat auch eine starke ethnisch-religiöse Zergliederung zur Folge[1], deren Hauptstrang jedoch die auf Java lebenden, vornehmlich malaiisch-muslimischen Javaner sind.

In Indonesien leben ca. 180 Mio. Menschen[2], unter denen man über 300 Volksgruppen und über 200 Sprachen und Dialekte unterscheidet[3]. Deswegen wird das Land oft auch als „Vielvölkerstaat" bezeichnet[4]. Faktisch aber gibt es eine dominierende ethnische Gruppe: die Malaien, die fast 90 Prozent der Bevölkerung ausmachen. Innerhalb dieser Gruppe unterscheidet man aber noch einmal zwischen verschiedenen Untergruppen, von denen die auf der **Zentralinsel Java** lebenden Javaner (90-100 Mio.) und Sundanesen die wichtigsten sind. Diese weitere Differenzierung ist dabei durchaus von Bedeutung. Zum einen kommt gerade den Javanern eine herausgehobene Stellung im indonesischen Staat zu (s. 2. „Staat und Gesellschaft"). Zum anderen sind die meisten Malaien zwar Muslime[5], doch ist unter ihnen der Grad islamischer Identifikation je nach geographischer und ethnischer Zugehörigkeit unterschiedlich (s. 3. „Geschichte").

Ethnisch gibt es neben den Malaien vor allem noch eine, in der Wirtschaft sehr einflußreiche, chinesische Minderheit (ca. 4 Mio.). Religiös gibt es neben den Muslimen noch eine starke christliche Minderheit (ca. 5-8 Prozent), eine in sich sehr geschlossene hinduistische Gemein-

---

[1] Zur detaillierten Übersicht über die geographische Gliederung, s.: Uhlig (1988), S. 500ff.
[2] Vgl.: „Asia 1992 Yearbook" (1992), S. 6 u. SOA akt. Jan. 1991, S. 29.
[3] Vgl.: Heinzlmeir (1989), S. 116. Zu einer detaillierten Übersicht über Völker und Religionen: Uhlig (1988), S. 506ff. u. Fisher (1964), S. 240ff. Zu den folgenden statistischen Angaben, s. auch: FWA '92 (1991), Sp. 405f. u. Heinzlmeir (1989).
[4] Vgl.: z.B.: Heinzlmeir (1989), S. 116.
[5] Die Muslime werden nach offiziellen Angaben meist auf 80-90 Prozent geschätzt (vgl. FWA '92 (1991), Sp. 405; Heinzlmeir (1989), S. 112), wobei aber vermutet wird, daß ihr Anteil auch niedriger sein könnte (vgl. Schumann (1989), S. 315).

de (ca. 3 Prozent, vor allem auf Bali) und zahlreiche Anhänger von Naturreligionen im Inneren der Inseln.

2. Staat und Gesellschaft

Indonesien ist zuerst einmal ein künstlich zusammengefügtes Staatsgebiet, das in seiner heutigen Form auf dem Territorium des einstigen holländischen Kolonialgebiets fußt. Organisatorisch ist es ein auf Java ausgerichteter Zentralstaat, der durch einen starken Militär- und Beamtenapparat autokratisch geführt wird[6].

Indonesiens Staatsideologie ist die „Pancasila", die 1945 in der Verfassung festgeschrieben wurde. Sie besteht aus fünf Prinzipien: (1) dem Glauben an eine „All-Eine Gottheit" („Belief in One, Supreme God"[7]), (2) der Humanität, (3) der Einheit Indonesiens, (4) einer durch weise Abwägung in gemeinsamer Beratung durch die Volksvertreter geleiteten (harmonisierten) Demokratie und (5) sozialer Gerechtigkeit. Diese Ideologie basiert auf einer allgemeinen Harmonisierung der Gesellschaft und des staatlichen Lebens sowie auf einem die Gegensätze eines Vielvölkerstaats zu überwinden suchenden Nationalismus. Unter diesem Gesichtspunkt ist auch das erste Prinzip zu sehen, das dem Staat zwar einen religiösen Charakter gibt, aber den Vorrang oder auch nur die Sonderstellung einer bestimmten Religion ausdrücklich verneint. Dies gilt auch und gerade für den Islam[8].

Hüter dieser entgegen dem Wortlaut de facto säkularen Staatsordnung sind die Militärs, die seit 1966 regieren und die Schlüsselpositionen im Staat innehaben. Sie sehen sich als die Verantwortlichen für die äußere und innere Sicherheit und für die Gestaltung der staatlichen Ordnung[9]. Ihnen zur Seite steht eine weitausgreifende und effiziente Bürokratie. Militär und Bürokratie herrschen autokratisch und weitgehend unter Ausschaltung der Opposition und versuchen sich in einer „Entpolitisierung"[10] des politischen Systems;

---

[6] Zu dessen Entstehung, s. die entsprechenden Kapitel in Abschnitt I. „Die ASEAN-Region". Zu seiner heutigen Ausprägung, s.: Heinzlmeir (1989), S. 116ff.
[7] Aus „The Opening to the Constitution", zit. nach: Manullang (1982), S. 301. Darmaputera übersetzt diese Stelle mit „The One Lordship" und gibt weitere Übersetzungs- und Interpretationsmöglichkeiten (s. Darmaputera (1988), S. 153).
[8] Zur „Pancasila", vgl.: Darmaputera (1988) u. Manullang (1982), S. 62ff.; Unter Zuziehung der muslimischen Perspektive, vgl.: Boland (1971), S. 15ff.
[9] Vgl.: Heinzlmeir (1989), S. 121f. Darüber hinaus zur militärisch-bürokratischen Doppelherrschaft über Indonesien, vgl.: Jackson/Pye (1978), S. 42ff. u. 85ff.; aktualisiert durch: Crouch (1988); s.a.: FEER, 3. Sep. 1992, S. 28ff.
[10] Heinzlmeir (1989), S. 120.

wiewohl in jüngster Zeit vermehrt Rufe nach mehr Offenheit und Demokratie laut werden[11].

3. (Islamische) Geschichte

Der Islam kam im 13. Jahrhundert nach Indonesien (Kap. I.2.2.). Es folgte zwar eine weitgehende Islamisierung, doch ob der Weite Indonesiens kam es in verschiedenen Teilen zu durchaus unterschiedlichen Ausprägungen der islamischen Identifikation. So konnte sich der Islam in Zentral- und Ostjava nur bedingt durchsetzen. Um so mehr dominiert dort ein ausgeprägter Adat-Islam. In anderen Regionen, in denen bei Ausbreitung des Islam Hinduismus und Adat nicht so stark waren, ist eine deutlichere Identifikation mit dem Islam eingetreten: so in Nord- (Aceh) und Westsumatra, an den südlichen Küsten Kalimantans und in Sulawesi und Westjava (Sundanesen), auch wenn deren Islam ebenfalls auf dem Adat-Islam fußt[12].

In der Geschichte Indonesiens - besonders vor der Unabhängigkeit - war der Islam immer wieder Träger von Unabhängigkeits-, Separatismus- und Widerstandsbewegungen, aber auch geistige (Moscheen, Schulen, Erneuerungsbewegungen) und soziale (Armenküchen, Almosensteuern, Jugendgruppen) Kraft; wobei es gerade in Indonesien stets mehrere Richtungen gab, insbesondere „Traditionalisten" und „Modernisten"[13]. Und auch nach der Unabhängigkeit war der Islam als politische Gegenkraft aktiv, zumal er im System keine tragende Rolle zugewiesen bekam. Um so vehementer führten verschiedene Parteien und Bewegungen in den Anfangsjahren den Kampf gegen die Pancasila und für die Anerkennung des Islam als Staatsideologie[14]. Diese Auseinandersetzungen wurden auch mit Gewalt ausgetragen, so daß die Geschichte des unabhängigen Indonesien zumindest in der Frühzeit reich an Separationsbemühungen und Bürgerkriegen war[15]. Auffäl-

---

[11] Vgl. dazu: „Asia 1992 Yearbook" (1992), S. 121f.; FEER, 3. Sep. 1992, S. 28ff. / 17. Jan. 1991, S. 13 / 25. Apr. 1991, S. 23 / 18. Okt. 1990, S. 23f. / 16. Nov. 1989, S. 42ff.
[12] Zu einer zwar schon etwas älteren, aber in seiner tabellarischen Darstellung sehr anschaulichen Übersicht über diese unterschiedlichen Ausprägungen, s.: Fisher (1964), S. 240ff. Für die beiden Hauptinseln Java und Sumatra, vgl. auch: Koentjaraningrat (1985), S. 316ff. (ad Java) u. Dahm (1983), S. 57ff.
[13] Vgl.: Grunebaum (1971), S. 312ff.; Noer (1985); Mukti Ali (1975), S. 76ff.; Dahm (1983), S. 60ff. Zu „Traditionalisten" und „Modernisten", s.: Kap. II.1.3.1.
[14] Vgl.: Boland (1971); Wawer (1974), S. 47ff., 71ff. u. 111ff.; Schumann (1989), S. 314ff.; Grunebaum (1971), S. 317ff. Für die jüngere Vergangenheit, vgl. die Darstellungen von: Nasir Tamara (1986), S. 17ff. u. Schumann (1989), S. 320ff. mit ihren durchaus gegensätzlichen Wertungen.
[15] Synonym standen dafür lange Zeit die „Darul Islam"- („dār al-Islām") Bewegungen. Vgl.: Boland (1971), S. 54ff. sowie Grunebaum (1971), S. 318f. u. Nasir Tamara (1986), S. 19f. Zu einzelnen Bewegungen, s.: Wawer (1974), S. 147 bzw. 150ff.

lig ist allerdings auch das Fehlen einer einheitlichen islamischen Kraft für ganz Indonesien, was wohl auf die fehlenden historischen Wurzeln eines indonesischen Staates zurückzuführen ist. Heute scheint der lange Zeit recht starke Widerstand im Griff der Regierung zu sein; wiewohl der Islam noch immer im Land zahlreiche geistige Zentren (Moscheen und Schulen) und soziale Einrichtungen unterhält und ausbaut[16].

Abschließend noch ein kurzer Überblick über die Chronologie des unabhängigen Staates Indonesien. Seine Geschichte wird in drei Phasen eingeteilt: In die Phasen der versuchten „Parlamentarischen Demokratie" (1949-57) und der „Gelenkten Demokratie" unter Sukarno (mit prosowjetischer „Blockfreiheit" und Sozialismus / 1957-65) sowie in die Ära Suharto („Neue Ordnung" („Orde Baru") mit blockfreier Westorientierung und Marktwirtschaft unter einer Militärherrschaft / seit 1966/67)[17].

4. Stabilität und Instabilität

Die Frage nach der allgemeinen Stabilität und dem Potential einer Destabilisierung läßt sich in drei Punkten zusammenfassen.

1. „Indonesia, the largest Islamic nation and the fifth most populous country in the world, [...] enjoys political stability, albeit of an authoritarian nature [...]"[18]. Mit diesem Satz bringen Esterline/Esterline die allgemeine Verfassung Indonesiens auf den Punkt: stabil, aber stabil gehalten durch ein straffes Korsett. Zugleich bringt das Zitat auch zum Ausdruck, daß Indonesien ein „schlafender Riese" ist: die fünftgrößte Nation und das größte muslimische Land der Welt. „Manpower" wäre wohl der treffendste Ausdruck für dieses größte Potential des Landes, nicht nur in ökonomischer Hinsicht[19].

2. „The historic ideal of *nusantara*, an Indonesian empire which includes the outer islands, has become a reality since 1949 but pockets of resistance still exist and assimilation may be a long and continuing problem. [...]. Political tension between Java and Sumatra, where political power is centered, and the politicaly weak outer islands continues to be a hallmark of Indonesian politics, and an area of concern"[20]. Das Ungleichgewicht zwischen Zentrum und Peripherie ist für Esterline/Esterline ein Hauptunruhefaktor, wobei m.E. Sumatra in diesem Sinn zu den Außeninseln gehört.

---

[16] Vgl.: Schumann (1989), S. 320ff. u. auch: Kap. II.1.3.1.
[17] Vgl.: Heinzlmeir (1989), S. 116.
[18] Esterline/Esterline (1986), S. 312.
[19] Zu Problemen des raschen Bevölkerungswachstums, s.: Uhlig (1988), S. 513ff. u. 553f.; s.a.: FEER, 17. Mai 1990, S. 46ff.
[20] Esterline/Esterline (1986), S. 312.

3. Indonesien „blieb in den letzten 20 Jahren von größeren polit. Unruhen verschont. Soweit es zu Demonstrationen kam, richteten sie sich vornehml. gegen die allgegenwärtige Korruption und eine Wirtschaftspolitik, die wohl gesamtwirtschaftl. Wachstum, für die große Masse (insbes. die Landbevölkerung) jedoch nur bedingt Verbesserungen gebracht hat"[21]. Dieses Zitat von H. Heinzlmeir unterstreicht, daß die (westorientierte) Wirtschaft als Ganzes zwar prosperiert, sehr wohl aber nicht alle davon profitieren[22].

Mit keinem Wort übrigens gehen Esterline/Esterline (außer in dem generellen Hinweis auf „the largest Islamic nation") und Heinzlmeir in ihren Schlußbemerkungen auf den Islam ein. Ob zu recht oder zu unrecht, wird denn auch eine Kernfrage in der folgenden Argumentation sein[23].

II.1.2. Identität, Rolle und Partizipation der Muslime

In diesem Kapitel wollen wir uns zunächst mit dem Staat befassen, da sich zu ihm bereits auf der Basis der bisherigen Ausführungen einige Schlüsse ziehen lassen. So reich und differenziert in diesem Riesenland nämlich die Gesellschaft ist, so überschaubar und einheitlich ist der Staat. Im folgenden werden wir uns dabei zuerst mit dem offiziellen Staatsverständnis und dann mit der Tagespolitik befassen.

1. Das offizielle - und auch praktizierte - Staatsverständnis steht in zwei Punkten in Widerspruch zum orthodoxen Islam.

- Das Bekenntnis zur „All-Einen Gottheit" klassifiziert den Staat zwar als „religiösen Staat", doch gilt dies in der Form von fünf einander gleichberechtigten Religionen (Islam, Protestantismus, Katholizismus, Hinduismus, Buddhismus). Die Verfassungsväter um Staatsgründer Sukarno wollten damit bewußt und nach langen Auseinandersetzungen mit den Islamisten ein Primat des Islam verhindern[24]. Damit aber wird für den Staat ein eigentlich säkularer Charakter impliziert; besonders, wenn man unter einem „religiösen Staat" im Sinn dieser Arbeit einen „islamischen Staat" versteht. Das steht im Widerspruch zum Führungsanspruch des Islam in seiner Selbsteinschätzung

---

[21] Heinzlmeir (1989), S. 126.
[22] Zur Übersicht über die allgemeine wirtschaftlich-soziale Situation, s.: Uhlig (1988), S. 527ff., 547ff. u. 552ff.; FEER, 19. Apr. 1990, S. 37ff. / 14. Juni 1990, S. 17 / 18. Apr. 1991, S. 33ff.
[23] Zu einer knappen, aber substantiellen und auch den Islam berücksichtigenden Übersicht destabilisierender Faktoren (ohne Wirtschaft), s.a. Uhlig (1988), S. 584ff.
[24] Vgl.: Schumann (1989), S. 314ff.; Boland (1971), S. 15ff.

als letzte der Religionen. Er versteht den „göttlichen Primat" als den Primat Allahs und nicht als den aller Götter. Nicht von ungefähr waren staatskonforme Islamisten stets bemüht, dieses Prinzip der Pancasila als aus dem Islam hergeleitet darzustellen[25]. Ein Scheinkompromiß in den Augen anderer Islamisten, die die Pancasila bekämpften[26].

- In dieser Staatsauffassung ist der Islam nicht politische oder gesellschaftliche Kraft, sondern faktisch Privatsache. Auch das steht im Gegensatz zum islamischen Selbstverständnis als Weltanschauung, das auch im Adat-Islam gilt. Und auch das ist für orthodoxe Islamisten nicht dadurch zu kaschieren, daß das Ganze nur als Frage der Umsetzung dieser Worte dargestellt wird.

Die positivste Darstellung des Staates läuft also darauf hinaus, daß er „weder säkular noch islamisch"[27] ist. Das mag objektiv zutreffend sein. Doch es interessiert den orthodoxen Islamisten kaum. Ihn interessiert nur der zweite Teil der Aussage. Ihn interessiert nur, daß der Staat „kein islamischer Staat" ist. Ihn interessiert nicht, was er sonst noch alles nicht ist. Und das ist zuerst einmal der Ansatzpunkt für Islamisten[28].

2. Seit Gründung des Staates und der Einrichtung der Pancasila als Staatsphilosophie waren sich Indonesiens Führer bewußt, daß sie den Spielraum zwischen dem Bekenntnis zum „religiösen Staat" und dem Nichtbekenntnis zum „islamischen Staat" irgendwie ausfüllen mußten. Sie mußten jedem die Möglichkeit lassen, den Pancasila-Staat so zu interpretieren, wie er es wollte: als allgemein-religiösen und damit de facto säkularen Staat oder als islamischen Staat. Besonders der heutige Präsident Suharto, ein im Adat-Islam großgewordener Javanese, tat sich dabei durch eine ausgesprochen elastische Politik hervor. Das heißt: Auf der einen Seite wurden durch islamische Akzente die Angriffsflächen für Islamisten minimiert, auf der anderen Seite achtete die Führung peinlichst darauf, daß der Islam keine politische Kraft entwickeln und nicht politisch wirken konnte[29]. Auch Suharto selbst charakterisiert Indonesien gern als „neither a theocratic nor a secular state"[30]. Von „Islamic state" spricht er nicht.

---

[25] Zu den verschiedenen Versuchen, die Pancasila aus dem Islam herzuleiten oder damit gleichzusetzen, vgl.: Manullang (1982), S. 68ff.; Schumann (1989), S. 315f.
[26] Die Höhepunkte dieses Kampfes erlebte Indonesien 1945 und vor 1959, als es um die Festschreibung der Verfassung ging (vgl. Boland (1971), S. 15ff.; Saifuddin Anshari (1985)). Des weiteren zur späteren Zeit, vgl.: Schumann (1989), S. 314ff.
[27] Schumann (1989), S. 314.
[28] Vgl. dazu die Literatur in Anm. 26.
[29] Vgl.: Crouch (1986), S. 20ff.; Nasir Tamara (1986), S. 10; Noer (1988), S. 193.
[30] FEER, 14. Juni 1990, S. 25.

- Zwei institutionelle Beispiele für den „islamischen Anschein" sind das Religionsministerium und die islamische Partei PPP. Das 1946 gegründete Ministerium ist zwar auf dem Papier ein Ministerium für alle Religionen. Doch die Prädominanz der islamischen gegenüber den anderen Abteilungen suggeriert ein Islam-Ministerium, in dem andere Religionen eine untergeordnete oder gar zu schützende Rolle spielen, ganz klassischem islamischen Staatsdenken folgend. Daß dies aber gar nicht einmal mit der Realität übereinstimmt, steht auf einem anderen Blatt[31]. Ähnlich ist es mit der PPP. Als 1973 das umfangreiche Parteienspektrum von oben her reduziert wurde, wies man den islamischen Parteien unter den wenigen verbliebenen eine eigene Sammelpartei zu: die PPP[32]. Daß sich auch dies letztlich mehr als Kontrollmöglichkeit denn als Privileg erwies, ist wiederum eine andere Sache. Ähnlich verhält es sich mit der 1990 gegründeten Vereinigung Muslimischer Intellektueller ICMI, von der noch keiner weiß, ob sie ein Machtfaktor sein soll oder ein leicht zu kontrollierendes Sammelbecken[33]. Und in die gleiche Richtung gehen im institutionellen Bereich auch Gesetze oder Gesetzesvorhaben, die sich auf islamisches Recht innerhalb des nationalen Rechts beziehen. Sie spielen sich vornehmlich in nachgeordneten Politikbereichen wie lokaler Rechtsprechung oder Eherecht ab, in denen die Regierung den Muslimen zwar einen eigenen Rechtsraum gewährt und festschreibt, aber zugleich bestimmt, was islamisches Recht ist[34].

Ebenso verhält es sich mit der praktischen Politik. Gerade Suharto pflegt in ausgewählten Bereichen den „islamischen Anschein". Dazu zählte in der Außenpolitik 1988 die frühe Anerkennung des PLO-Staates von Algier[35], die sich als Solidarität mit der islamischen Sache gegenüber Israel, aber auch innerhalb des Blockfreien-Engagements Jakartas interpretieren ließ. Schwieriger war da schon Jakartas Situation während des Golfkrieges 1991, als sich das Regime nach Kräften um eine Nicht-Außenpolitik bemühte, um nicht in innenpolitische Er-

---

[31] Zum Religionsministerium (und seiner etwas zwitterhaften Position), vgl.: Boland (1971), S. 105ff.; Wawer (1974), S.137ff.; Noer (1978); Hooker (1984), S. 255ff.
[32] Zur PPP („Partai Persatuan Pembangunan" / Vereinigte Entwicklungspartei), vgl. die Ausführungen zu Beginn des Kap. II.1.3.1. und die Anm.en 49 u. 50.
[33] Zur ICMI, vgl.: „Asia 1992 Yearbook" (1992), S. 122; FEER, 20. Dez. 1990, S. 10 / 14. Mrz. 1991, S. 20f. / 6. Feb. 1992, S. 17.
[34] Vgl.: FEER, 8. Juni 1989, S. 40f. / 22. Sept. 1988, S. 28ff. Vgl. auch: Hooker (1984), S. 271ff. (insb. zu Eherecht). In diese Richtung gehen auch Bemühungen der Regierung, islamische Ausbildung zwar zu forcieren, die Lehrer dazu aber in Nordamerika und Europa, statt in Nah- und Mittelost ausbilden zu lassen (vgl. FEER, 14. Juni 1990, S. 25ff.).
[35] Vgl.: SOA akt. Nov. 1989, S. 493.

klärungszwänge zu kommen[36]. Dazu gehört aber auch, daß sich Suharto in der Öffentlichkeit gern als guter Muslim präsentiert und immer wieder einige Akzente setzt: als Mekka-Pilger[37], beim persönlichen Engagement für eine erste Islamische Bank für Indonesien[38] oder beim Aufruf an die in der Wirtschaft dominierenden Chinesen, ihren Wohlstand zu teilen[39]. Interpretierbar sind diese Akzente sowohl als politische Grundsatzaussagen pro Islam wie als reine Privatsache im Sinne des Auslebens der Religionsfreiheit im säkularen Staat. Daß solche Akzente nicht neu sind, belegt D. Noer, der schon Anfang der 80er Jahre von staatlich unterstützten Moschee-Bauten und der Präsenz von Regierungspolitikern bei islamischen Festen berichtet[40].

- Dieser Politik wohlgesteuerter Gesten steht aber ein weitgehend säkularer Staat gegenüber. Das zeigt sich in der Verfassung und in den Institutionen und darin, daß die Macht im Staat vor allem beim erklärtermaßen anti-islamistischen Militär[41] und bei einem weitgehend bürokratischen Apparat liegt. Und in diesem Staat ist zwar das Bekenntnis zum Islam kein Karrierehindernis, doch als maßgebliche Qualifikationen gelten westlich-säkulare Ausbildung und militärische Laufbahn[42]. In Militär und Bürokratie dominieren „gemäßigte" Javaner[43], und dort finden sich auch Christen in hohen Positionen (was dem Islam nicht widerspricht), allen voran Verteidigungsminister B. Murdani[44]. Eingeschränkt ist das aber durch ein ungeschriebenes Gesetz, wonach der Präsident Muslim sein muß; was in der Vergangenheit insbesondere einem Aufstieg des ambitionierten Ministers Murdani Grenzen setzte[45].

---

[36] Zu Indonesiens Nicht-Politik während des Golfkrieges, vgl.: FEER, 24. Jan. 1991, S. 13 / 28. Feb. 1991, S. 20 u. SOA akt. Jan. 1991, S. 24 / Mrz. 1991, S. 101.
[37] Suharto hat 1991 kurz nach dem Golfkrieg und im Vorfeld von Wahlen - wie viele meinen - demonstrativ seine erste „haǧǧ" vollzogen (s. „Asia 1992 Yearbook" (1992), S. 122 u. SOA akt. Mai 1991, S. 305).
[38] Vgl.: „Asia 1992 Yearbook" (1992), S. 122 u. FEER, 21. Mai 1992, S. 45f.
[39] Vgl.: FEER, 14. Juni 1990, S. 32.
[40] Siehe: Noer (1988), S. 192f. (Anm.: Der Beitrag ist ein Reprint von 1983).
[41] Vgl.: Heinzlmeir (1989), S. 121ff.; FEER, 14. Juni 1990, S. 25; Crouch (1986), S. 16f.
[42] Vgl.: Heinzlmeir (1989), S. 121f., Parreñas (1989), S. 52; wobei westliche Karrieremuster bedingt sogar für muslimische Intellektuelle bzw. staatliche Islam-Beamte gelten (vgl. FEER, 14. Juni 1990, S. 25 u. 30). Hinzuzufügen ist aber, daß es auch Anzeichen gibt, daß die Dominanz des militärischen Zweiges abgebaut werden soll (vgl. u.a. FEER, 23. Aug. 1990, S. 12) bzw. sich auch tatsächlich leicht zu Gunsten der Bürokratie verschiebt (vgl.: Crouch (1988) u. FEER, 8. Mrz. 1990).
[43] Vgl.: Crouch (1986), S. 16f.
[44] Zu den Christen, vgl.: Wawer (1972), S. 37ff. u. FEER, 5. Okt. 1989, S. 29f.
[45] Dieses ungeschriebene Gesetz wird i.d.R. in Zusammenhang mit Murdani erwähnt, dem als römisch-katholischem Christen kaum Chancen auf die Suharto-Nachfolge eingeräumt werden (vgl. u.a.: FEER, 18. Jan. 1990, S. 22 u. FAZ, 27. Apr. 1987). Ein Gebot

Und noch einmal zur PPP. Sie ist seit 1973 die Vertretung der Muslime in der Politik. In ihr sind alle früheren, zum Teil sehr gegenläufigen islamischen Parteien „aufgegangen". Islam-Aktivisten wurde damit zwar als Ventil ein eigenes Forum zugestanden, doch versuchte man darin zugleich, durch Bündelung ihrer Kräfte Kontrolle über sie zu gewinnen. Außerdem: Zwar gibt es nun mit der PPP auf dem Papier eine nationale islamische Organisation, doch scheint sie sich eher zu neutralisieren, denn eine aktive Kraft darzustellen[46].

Und selbst die größte Trumpfkarte in der Argumentation für einen islamischen Staat Indonesien sticht m.E. nicht. Gemeint ist der innerhalb dieses säkularen Staates tatsächlich bestehende und geradezu ins Auge fallende „islamische Apparat", der vom Religionsministerium ausgeht und sich unter anderem auf religiösen Unterricht, islamische Gerichte oder die „ḥaǧǧ" erstreckt. Doch auch er begründet nicht den islamischen Staat. Vielmehr dienen all diese Einrichtungen in der Kompetenz des Staates meist der Verwaltung, Steuerung und Kontrolle des Islam, nicht dessen Propagierung und Ausbreitung. Wiewohl man allerdings anmerken sollte, daß dies nicht immer so war[47].

Bündelt man all diese Fakten, so bleibt auch in der Tagespolitik ein recht säkularer Staat. Ein Staat, der sich einzig da und dort einen „*islamischen Anstrich*" gibt. Dieser mag vielen Muslimen und gar manchen Islamisten ausreichen, kann jedoch streng islamistischer Prüfung kaum standhalten.

Fazit: Es gibt sowohl im offiziellen Staatsverständnis wie in der Tagespolitik klare Widersprüche zwischen geltender indonesischer und dezidiert islamischer Staatsauffassung. Widersprüche, die für Islamisten eigentlich kaum zu akzeptieren sind. Die Folge ist denn auch ein an sich hoher Legitimierungsgrad für Islamismus und für eine islamische bzw. islamistische Opposition gegen diesen Staat. Und der Blick auf die Vergangenheit zeigt, daß es in der Bevölkerung durchaus ein Potential für diese Opposition gibt, auch wenn diese bisher keine Mehrheit auf sich vereinen konnte.

Diese Ausführungen mögen vorerst ausreichen, um die wesentlichen potentiellen Konfliktpunkte im indonesischen Staat und den hohen Legitimierungsgrad für eine islamische Opposition zu verdeutlichen. Die Frage nach

---

für einen muslimischen Präsidenten stand übrigens im Entwurf der Verfassung von 1945, wurde jedoch dann wieder entfernt (vgl. Wawer (1974), S. 51ff.).
[46] Zur PPP, vgl. die Ausführungen zu Beginn des Kap. II.1.3.1. und die Anm.en 49 u. 50.
[47] Dies belegt sehr schön Noer in seiner Studie (1978) u. in seinem Aufsatz (1988), S. 195ff. Vgl. zur weiteren Illustration auch: Hooker (1984), S. 255ff. u. FEER, 14. Juni 1990, S. 30. Noer (1978) und Hooker (1984), S. 255ff., sind auch sehr gute Beschreibungen des „islamischen Apparates".

dem Grad der islamischen Identität der Muslime und mithin nach deren Mobilisierungsgrad - also nach den weiteren Grundvoraussetzungen für das Zustandekommen einer starken Opposition -, wurde hier noch ausgespart um in die Argumentationskette in Kap. II.1.4. einfließen zu können. Zuvor aber wollen wir uns mit den Aktivposten beschäftigen, die entweder das islamische Bewußtsein fördern oder die vorhandene Legitimierung und ein eventuelles Mobilisierungspotential zusammenführen könnten.

II.1.3. Islamismus, Mobilisierung und Einflußnahme

II.1.3.1. Islamische Aktivitäten im Inland

Wie die vorangegangenen Ausführungen zum Staat bereits belegt haben dürften, ist mit einer aktiven islamischen Politik von dieser Seite her kaum zu rechnen. Bezeichnend ist der Titel einer Studie von D. Noer über den offiziellen Islam: „The Administration of Islam"[48]. Ähnlich verhält es sich auf der semi offiziellen staatlichen Ebene. Zwar gibt es mit der PPP eine nationale Partei. Doch deren verschiedene Strömungen scheinen sich gegenseitig zu neutralisieren, und die ganze Partei gleicht eher einem Kontrollapparat als einer politischen Kraft. Wie gering ihr Stellenwert heute ist, zeigen zum einen die letzten Wahlergebnisse (1987 und 1992: 16% und 17% (1982 noch 28%)) und der Auszug der Islam-Organisation NU (s.u.) aus der PPP 1984[49], zum anderen ihre innere Zerrissenheit und die Einflußnahmen der Regierung auf ihren Kurs[50]. Kurzum: Die PPP ist kaum mehr als ernstzunehmende politische Kraft anzusehen - und als eine islamistische oder oppositionelle Kraft schon gleich gar nicht[51].

Deswegen wenden wir uns gleich dem zweiten Feld der semi-offiziellen gesellschaftlichen Ebene zu: den „**socio-religious organisations**" oder auch „social organisations"[52]. Unter diesen Begriffen firmieren die beiden bedeutendsten organisierten islamischen Kräfte des Landes: die „NU" und die „Muhammadiyah", die nicht von ungefähr beide außerhalb der Parteienlandschaft stehen. Beide vermeiden zudem peinlichst, „Politik" zu machen und definieren ihre Aktivitäten immer wieder nachdrücklich als „gesellschaftliche Aktivitäten" (zum Beispiel in Sachen Erziehung oder So-

---

[48] Noer (1978).
[49] Vgl.: FEER, 14. Juni 1990, S. 26ff.; ad Wahl 1992, s.: Parlament, 26. Juni 1992.
[50] Vgl.: „Asia 1990 Yearbook" (1990), S. 140 u. FEER, 31. Aug. 1989, S. 10 / 14. Sept. 1989, S. 25.
[51] Ausgeklammert wurde an dieser Stelle die ICMI, da sie zum Zeitpunkt der Untersuchung erst kurze Zeit existierte und ihre Zukunft noch nicht zu übersehen war.
[52] Zu den Begriffen, s. u.a.: Suwardi (1986) u. Wahid (1987), S. 177.

ziales)[53]. Und NU-Chef Abdurrahman Wahid warnt immer wieder vor einer zu starken „Politisierung" des Islam[54]. Die NU ist die weitaus größere von beiden Organisationen und gilt mit ihrer starken Verwurzelung auf dem Lande und im Adat-Islam als die eher „traditionalistische" und bewahrende Kraft, wohingegen die Muhammadiyah mit ihrer Basis in den Städten und mit ihrer Forderung nach einem reineren Islam als die „modernistischere" und stärker auch auf Veränderung ausgerichtete Kraft angesehen wird. Zu einer genaueren Definition ihrer Standorte und ihres Politikverständnisses sei auf den folgenden Kasten „Socio-religious organisations" verwiesen.

„Socio-religious organisations": NU und Muhammadiyah

Die **„Nahdlatul Ulama"** (NU), die unabhängige mächtige Vereinigung der Rechtsgelehrten (wörtlich: „Renaissance der 'ulama',", der Rechtsgelehrten), ist das Sammelbecken traditionalistischer 'ulama', Scheichs, kyai und ihrer Anhänger[55]. Sie zählt etwa 35 Mio. Anhänger und hat ihre Basis auf dem Land, vor allem in Java. Dabei ist anzumerken, daß „Traditionalisten" hier nicht wie im gesamtislamischen Kontext die meint, die sich auf einen frühen Islam beziehen. Es meint Traditionalismus in bezug auf den eigenen indonesischen Islam, also auf seine starke Verwurzelung in Adat-Islam und Mystik. Die NU ist somit die Bannerträgerin eines „indonesischen Islam". Das erklärt auch, warum Wahid oft vor einer zu starken „Politisierung des Islam" warnt und wohl auch gegen einen islamischen Staat oder eine zu starke Akzentuierung des Islam ist[56]. Dies würde die Frage nach der Rolle von Adat und Mystik aufwerfen. Mithin ist die NU im Gesamtkontext eher bewahrend und gemäßigt. Hinzu kommt, daß ihrer Führung gern ein zu enges Verhältnis zur Regierung nachgesagt wird[57]. Hinzu kommt auch, daß die NU zwar nach Größe und Einfluß die wichtigste islamische Kraft ist, daß man sie aber kaum islamistisch nennen kann. Viele sehen in ihr zudem einen „Mittler zwischen Regierung und kyai"[58].

---

[53] Vgl.: FEER, 14. Dez. 1989, S. 34 / 14. Juni 1990, S. 26ff.; Suwardi (1986).
[54] Siehe „Asia 1992 Yearbook" (1992), S. 122 u. FEER, 25. Apr. 1991, S. 23.
[55] Zur NU, vgl.: Boland (1971), S. 49ff.; Wawer (1974), S. 181ff.; Wahid (1987). Zu aktuellen Urteilen u. Informationen, s.: Crouch (1986), S. 22ff.; FEER, 1o. Dez. 1987, S. 3o / 14. Dez. 1989, S. 34 / 14. Juni 1990, S. 25ff. / 12. Nov. 1992.
Eine Anmerkung zur NU. Tatsächlich taucht sie in vielen einheimischen Texten als „Nahdlatul Ulama" auf, so auch in einem Aufsatz ihres Vorsitzenden (Wahid (1987), S. 175ff.). Die korrekte Ableitung aus dem Arabischen wäre aber „Nahdatul Ulama".
[56] Vgl.: „Asia 1992 Yearbook" (1992), S. 122; FEER, 14. Juni 1990, S. 30 u. 26 / 12. Nov. 1992, S. 34ff. Auch: Wahid (1987), S. 179ff.; Asiaweek, 4. Dez. 1987, S. 29.
[57] Vgl.: FEER, 14. Juni 1990, S. 30; Crouch (1986), S. 22ff.
[58] Vgl. etwa Vatikiotis in: FEER, 14. Juni 1990, S. 30.

Die „**Muhammadiyah**"[59] hat ihre 15 Mio. Anhänger vor allem in den Städten und in der Mittelklasse. Sie gilt als „modernistisch", was im indonesischen Kontext eine Mischung aus dem Rückgriff auf den frühen Islam (das heißt: „Reinigung" des indonesischen Islam von „traditionalistischen" Elementen) und aus dem Versuch der Transformierung des Islam in die Moderne meint. Ein Widerspruch ist das nur vordergründig, liegt die Muhammadiyah damit doch im Trend heutiger islamistischer Bewegungen. Doch wie den meisten von ihnen ist auch der Muhammadiyah eine überzeugende Synthese aus alt und neu noch nicht gelungen. Erschwerend kommt hinzu, daß sie dabei gerade in Indonesien sehr vorsichtig sein muß; weniger bei ihren Transformierungsversuchen als bei ihren islamischen Purifizierungsbemühungen, die ihr allzu leicht als islamistisch und damit als „politisch" ausgelegt werden könnten. Ein Problem, das sich der im Adat verwurzelten NU nicht stellt. Erschwerend ist für die Muhammadiyah auch, daß es in ihren Reihen durchaus unterschiedliche Ansichten gibt, wie „politisch" sie sein darf oder soll[60]. Kurzum: Im Moment präsentiert sich die Muhammadiyah eher als eine staatskonforme und eigentlich vor allem gegen die NU gewandte[61] denn als eine meinungsführende oder gar oppositionelle islamische bzw. islamistische Kraft. Dies ist erstaunlich, denn vom Ansatz her müßte sie es sein.

Interessanterweise haben beide Bewegungen die Pancasila anerkannt und dem Islam übergeordnet[62], sich von jeder Islamisierung des Staates distanziert und ihre Aktivitäten ausdrücklich *als auf die Gesellschaft gerichtet* bezeichnet. Das verstehen sie unter „*unpolitisch*". Sie machen damit genau das Gegenteil dessen, was der Staat macht. Während der Staat versucht, unter einem islamischen Anstrich säkular zu bleiben, versuchen sie unter einem säkularen Anstrich islamisch zu sein. Beide treibt dabei das gleiche Motiv. Der Staat kann nicht gegen die islamischen Interessen bzw. Interessen-Gruppen bestehen und diese können nicht gegen den Staat bestehen.

Das aber schließt eigentlich aus, NU und Muhammadiyah im Sinne dieser Arbeit als islamistische *Aktiv*-Posten anzusehen. Sie sind eher Mittler oder Scharniere zwischen Macht und islamischer Basis, bestenfalls „pressure groups". Ihr Handlungsspielraum liegt darin, *nicht* aktiv zu sein. Wahid: „We must be careful to denote our non-political nature. Perhaps by the mid-1990s we shall be able to impose our political views"[63]. Beide Bewegungen

---

[59] Zur Muhammadiyah, vgl.: Wawer (1974), S. 191ff.; Suwardi (1986); FEER, 31. Dez. 1987, S. 21f. / 14. Juni 1990, S. 26ff.; Asiaweek, 19. Jan. 1986, S. 14ff.
[60] Vgl.: Suwardi (1986), S. 12ff.; FEER, 31. Dez. 1987, S. 21 / 14. Juni 1990, S. 30ff.
[61] Vgl.: Suwardi (1986), S. 16.
[62] ad NU, vgl.: FEER, 14. Dez. 1989, S. 24 u. Wahid (1987), S. 179f.; ad Muhammadiyah, vgl.: Suwardi (1986), S. 14 u. Asiaweek, 19. Jan. 1986, S. 14ff.
[63] FEER, 14. Juni 1990, S. 30. Vgl. auch: FEER, 19. Mrz. 1992.

sind also starke islamische Kräfte, die aber in ihren Handlungsspielräumen *noch* eingeschränkt sind. Oder anders gesagt: Sie sind „Hüllen" für zwei potentielle islamische „Parteien", die aber noch mit Leben zu füllen sind.

Aufgrund der gezielten Heraushaltung des Islam aus der staatlichen Ebene und der noch vorhandenen Selbstbeschränkung der beiden großen islamischen Organisationen müssen wir das Augenmerk auf die **gesellschaftliche bzw. lokale Ebene** richten. Gerade dort sitzen m.e. Kräfte und Männer, die islamische Aktivitäten entwickeln.

Kyai, Scheichs und Bruderschaften. Im ganzen Land gibt es zahllose kyai und Scheichs[64] mit einem engmaschigen **Netz von Moscheen**[65], **Schulen (pesantren**[66]**) und sozialen Einrichtungen** (Armenküchen, Hospitäler) als Basen. Die kyai stehen in der Tradition der islamischen Lehrer und Gelehrten, die einst das Land missionierten. Sie haben meist die Stellung sunnitischer Imame. Sie sind in ihren oft dörflichen Gemeinden „nichtformelle politische Größen"[67], die hohe Autorität genießen und ihren Einfluß als Vorbeter, als Schlichter in islamischen Rechtsfragen, als Freitagsprediger und nicht selten als „Vermittler zwischen Volk und Regierung"[68] ausüben. Eine Stellung zwar, die heute manche Beobachter durch die Veränderungen, die die Moderne dem Land gebracht hat, untergraben sehen[69], die aber m.E. eine Renaissance

---

[64] Zu den Scheichs bzw. kyai (wie die Scheichs v.a. auf Java genannt werden), vgl.: Schumann (1983); Moosmüller (1989), S. 128ff. (wobei bei Moosmüller einige Ausführungen etwas mit Vorsicht zu genießen zu sein scheinen); FAZ, 18. Mai 1991.
[65] Nach offiziellen Angaben lag die Zahl der Moscheen 1986 bei 525.000 landesweit (s. SOA akt. Juli 1986, S. 343).
[66] Unter „pesantren" versteht man lokale islamische Schulen; vornehmlich auf Java, wiewohl der Name sich später auch in anderen Teilen Indonesiens eingebürgert hat. Ursprünglich wurden die pesantren um einen kyai herum errichtet, von dessen Bedeutung auch die Zahl der Schüler abhängig war. Heute sind diese Schulen stärker institutionalisiert und weniger von der persönlichen Aura eines kyai abhängig. Auch haben sie sich heute modernem Wissen und modernen Fächern geöffnet. Noch immer aber nehmen sie eine besondere Stellung im Erziehungswesen ein, sind sozusagen dessen islamische Säule. Ihre Zahl ist nicht genau bestimmbar. Angaben schwanken zwischen etwa 6.000 und 53.000, Angaben zur Zahl der Schüler zwischen einer halben und fünf Millionen (s. Moosmüller (1989), S. 121f.). Sicher scheint nur, daß etwa vier Fünftel der pesantren auf Java liegen (s. Moosmüller (1989), S. 122). Interessant ist noch auch, daß Moosmüller etwa 80 bis 90 Prozent der pesantren der NU nahestehen, nur 10 bis 20 Prozent der Muhammadiyah (s. Moosmüller (1989), S. 125). Als Literatur zu pesantren, vgl.: Moosmüller (1989), bes. S. 121ff.; Dawam Rahardjo (1985a), Schumann (1983), S. 21ff.
[67] Schumann (1983), S. 23. Moosmüller spricht von „informellen Führungspersönlichkeiten in ländlichen Gegenden" (Moosmüller (1989), S. 128). Vgl. dazu auch die Ausführungen von Schweizer, in: Schweizer (1983), S. 82f.
[68] Schumann (1983), S. 23.
[69] Vgl. eine Regierungsstudie über einen Verlust von Autorität der kyai bei der Bevölkerung: Moosmüller (1989), S. 144. Vgl. auch: FEER, 14. Juni 1990, S. 30.

des Islam jederzeit wiederbeleben könnte. Im Gegensatz zu vielen anderen muslimischen Ländern sind sie in Indonesien meist finanziell unabhängig und selten einer Zentralorganisation unterstellt[70]. So sind sie unangreifbarer als die national agierenden NU und Muhammadiyah. Zudem scheint die Regierung ihr lokales Wirken weniger streng zu beobachten als das der beiden „Großen"[71], obwohl viele von ihnen der NU oder Muhammadiyah zugerechnet werden.

Neben vereinzelt auftretenden kyai gibt es immer noch im ganzen Land eine Vielzahl von Bruderschaften, die ebenfalls in der Nachfolge früher kyai stehen, aber auch später (v.a. im 19. Jahrhundert) entstanden sind[72]. Ihre Grundlage ist die Mystik und auch sie dürfen als unabhängig und eigenständig betrachtet werden. Neben ihren Orden unterhalten auch sie islamische Schulen („pesantren"). Politisch sind die Bruderschaften recht stark an die De-facto-Regierungspartei Golkar angebunden; ein kleiner Teil gilt als unabhängig oder NU-nah[73].

Dieses Netz unzähliger Moscheen und pesantren sowie eigenständiger kyai, Scheichs und der Bruderschaften ist der wohl markanteste islamische Aktivposten Indonesiens. So flächendeckend es über weite Teile des Landes sein mag, so uneinheitlich aber ist es in seinem Inneren, finden sich dort doch all die verschiedensten Richtungen des uneinheitlichen indonesischen Islam wieder: Traditionalisten und Modernisten, Bruderschaften, Adat-Einflüsse und Mystik; von territorialen Unterschieden einmal ganz abgesehen. Und es wäre wohl auch etwas einfach, sie mit Blick auf die beiden Dachorganisationen nur in zwei Gruppen zu unterteilen. Doch eines sollte man beachten: Könnte man all diese Strömungen vereinen, wären sie eine gewaltige islamische Infrastruktur. Die Frage wäre nur: Infrastruktur welches Islam?

Regionale und separatistische Gruppierungen. In verschiedenen Landesteilen existierten und existieren islamische Gruppierungen, die oft in Verbindung mit nationalistischen und separatistischen Motiven direkt Politik machen oder sich im Widerstand gegen das Zentrum befinden. In der Vergangenheit waren solche Zentren vor allem Aceh,

---

[70] Vgl.: Schumann (1983), S. 23. Über diese Unabhängigkeit, insbesondere in finanzieller Hinsicht, geben auch die Beobachtungen von Moosmüller Auskunft, s.: Moosmüller (1989), S. 137f.
[71] Vgl.: FEER, 14. Dez. 1989, S. 34.
[72] Über die islamischen Bruderschaften in Indonesien und ihre noch immer recht bedeutende Rolle sowie ihr heutiges Wirken gibt es seit 1990 auch in Deutschland eine beachtenswerte neuere Studie, die gerade jene zuletzt fast schon totgeredete Ausprägung des Islam in Indonesien neu beleuchtet: s. Kraus (1990).
[73] Vgl.: Kraus (1990), S. 59ff.

West-Java und Sulawesi[74]. Heute ist es vornehmlich Aceh, das ohnehin eine Sonderstellung in Indonesien einnimmt. Es hat einen Sonderstatus als Provinz und ist der einzige Teil Indonesiens, wo offiziell die Schari'a gilt[75]. Auf einzelne Gruppen soll hier nicht näher eingegangen werden. Festzuhalten ist, daß sie über das ganze Land einige mehr oder minder bedeutsame islamische Zentren bilden und dem oben beschriebenen Netz weitere wichtige Maschen hinzufügen.

Nimmt man alles zusammen, ergibt sich in diesem gesellschaftlichen und lokalen Bereich ein erstaunliches Netz islamischer und islamistischer Aktivposten; verteilt über fast das ganze Land. Im Gegensatz zu den nationalen Dachorganisationen sind sie unabhängiger, damit aber auch unberechenbarer. Allerdings muß man sagen, daß dieses Netz in sich recht uneinheitlich ist, insbesondere mit Blick auf seine islamische Intensität.

Allerdings fällt auf, daß auch diese zahlreichen islamischen Aktiv-Posten in den letzten beiden Jahrzehnten kaum politische Akzente gesetzt haben. Das hat Gründe. Erstens spielt offenbar der Adat-Islam eine Rolle. Sein immer noch weit verbreiteter mäßigender Einfluß sorgt wohl dafür, daß ein hoher Legitimierungsgrad in diesem Land nicht automatisch einen hohen Mobilisierungsgrad nach sich zieht. Zweitens liegt es wohl auch an einem mäßigenden Einfluß der Dachorganisationen und an deren sachte wachsendem Handlungsspielraum, den man möglicherweise an der Basis nicht gefährden will. Drittens mag auch ein Grund sein, daß die vielen islamischen Aktivposten keine einheitliche Kraft sind und zuweilen auch gegeneinander arbeiten, so daß sich manches ausgleicht. Und viertens mag hineinspielen, daß viele einzelne Akzente, die da und dort sehr wohl gesetzt wurden, in diesem Riesenstaat gar nicht zur Kenntnis genommen wurden.

---

[74] Vgl.: Dahm (1983), S. 61; Schumann (1989), S. 319f.
[75] Zu Aceh, vgl.: Morris (1983), bes. S. 269ff. u. 287ff.; Dahm (1983), S. 57ff. (wobei allerdings die beschriebene Stärke der PPP bei den Wahlen 1987 verloren gegangen ist). Diese Sonderrolle Acehs hält auch heute noch an. Vgl. dazu: FEER, 8. Sep. 1988, S. 154. Und auch weiter existieren separatistische Gruppen, die für ein unabhängiges und islamisches Aceh kämpfen. Vgl. dazu: Gunn (1986), S. 41ff.; FEER, 28. Juni 1990, S. 12f. / 24. Jan. 1991, S. 20ff. / 25. Juli 1991, S. 18ff. Daß aber nicht hinter jeder Unruhe gleich eine islamische Gruppierung steht, zeigt z.B. ein Artikel in der FEER, 11. Okt. 1990 über die Hintergründe verschiedener Rebellionen in Aceh.
Zu weiteren kleinen islamistischen Gruppen in anderen Teilen Indonesiens, vgl.: FEER, 2. Juli 1987, S. 40f. / 23. Febr. 1989, S. 20f. (wobei die dortigen Informationen nicht dadurch entwertet werden sollten, daß ausgerechnet der Anlaß für diesen Artikel, die angebliche Zerschlagung einer extrem-islamischen Gruppe in Südsumatra, sich im nachhinein als so nicht haltbar herausstellen sollte (s. FEER, 9. Mrz. 1989)), Straits Times, 6. Jan. u. 9. Feb. 1990, Handelsblatt, 3. Juli 1991, sowie Crouch (1986), S. 27f.

Fazit. Zusammenfassend läßt sich festhalten, daß es in Indonesien eine außergewöhnlich umfangreiche adat-islamische Infrastruktur gibt. Sie setzt sich zusammen aus den beiden großen - aber noch sehr eingeschränkten - Dachorganisationen NU und Muhammadiyah sowie einer Vielzahl kleinerer und über das ganze Land verteilter Aktivposten, die ihrerseits eine breite Basis für diesen Adat-Islam darstellen.

Anmerkung: Abschließend noch eine Anmerkung. Gerade in Indonesien gibt es eine Vielzahl muslimischer Intellektueller, vor allem in der jüngeren Generation. Dazu gehören Nurcholish Madjid, M. Amien Rais oder Taufik Abdullah. Doch da Intellektuelle, die sich über den richtigen Islam Gedanken machen, noch nicht gleich Aktivposten sein müssen, seien sie hier vorerst einmal nur formal erwähnt[76].

II.1.3.2. Islamischer Einfluß von außen

Staat: Schon seit langem unterhält das größte muslimische Land der Welt gute offizielle Kontakte zur islamisch-muslimischen Welt; besonders nach Nahost. Bevorzugt werden dabei gemäßigte Länder wie Ägypten und Saudi-Arabien, die führende Macht der OIC („Organization of the Islamic Conference"; ihr gehört Indonesien seit der Gründung an) und der MWL („Muslim World League"; sie unterhält enge Beziehungen zum „Höchsten Islamischen Rat" Indonesiens)[77]. Interessant ist aber, daß die Beziehungen vor allem formaler und verbaler Natur zu sein scheinen, während die konkrete politische und wirtschaftliche Kooperation gering ist; wohl aber steigende Tendenz aufweist[78]. Diese Beziehungen haben für Jakarta einen doppelten Zweck. Sie erlauben es, Einflüsse aus diesen Ländern zu beeinflussen und zu steuern, und sie sind wichtige Mosaiksteinchen in der „Politik des islamischen Anscheins".

---

[76] Zu den bisher oftmals unbeachteten islamischen und muslimischen Intellektuellen Indonesiens, vgl.: Bachtiar (1981); Nasir Tamara (1986), S. 6ff. (der auch die Skepsis über den Einfluß der Intellektuellen teilt, s. S. 9); FEER, 2. Juli 1987, S. 42f. Die hier genannten Intellektuellen und ihre Vorstellungen zum Islam finden sich auch in: Ahmad Ibrahim u.a. (1985), S. 94ff. u. 379ff.; Taufik Abdullah/ Siddique (1987), 1ff. u. 80ff.; Sharom Ahmat / Siddique (1987), S. 9ff.

[77] Vgl. Schulze (1983), S. 34ff.

[78] Dies belegt sehr schön Piscatori (1986), S. 17ff. Gut illustriert wird das auch in seinen Ausführungen über die Zurückhaltung Indonesiens (und Malaysias) innerhalb der OIC in Fragen der muslimischen Minderheiten in anderen ASEAN-Staaten (ebdt., S. 9ff.). Eine Haltung, die Außenminister Alatas erst 1991 in einem Interview noch einmal untermauerte (FEER, 11. Juli 1991, S. 12).

Gesellschaft: Andererseits aber sind es gerade die guten offiziellen Beziehungen, die es staatlichen und nichtstaatlichen islamischen Organisationen aus diesen Ländern erlauben und erleichtern, Einfluß in Indonesien und auf die indonesische Gesellschaft auszuüben. Das gilt besonders für die eindeutig islamistische MWL - besser bekannt unter dem arabischen Wort für „Liga": „Rabita"[79]. Und unter dem Schirm der guten offiziellen Beziehungen unterhalten denn auch umgekehrt die verschiedenen semi-offiziellen und anderen islamischen Gruppierungen ihrerseits reichhaltige Kontakte, zu internationalen islamischen Organisationen ebenso wie zu islamisch-muslimischen Regierungen und Gruppierungen in anderen Ländern. Und dies gilt auch für entsprechende Verbindungen in andere ASEAN-Staaten. Auf Detailauflistungen sei hier verzichtet, da der Austausch doch recht rege und - zumindest für die großen Organisationen - auch kaum beschränkt zu sein scheint, wie ein Blick auf Gästelisten zu den Kongressen von NU und Muhammadiyah zeigt[80]. So läßt sich sogar sagen, daß in diesem gesellschaftlichen Bereich der Austausch um ein vielfaches reger und reicher ist, als im staatlichen Bereich. Abschließend ein paar Anmerkungen zu einigen interessanten Details dieser Beziehungen.

Anzumerken ist erstens, daß im Zuge der besser gewordenen offiziellen Beziehungen der 70er und 80er Jahre auch die gezielte Einflußnahme aus den Zentren der islamischen Welt zunahm. Staaten und Organisationen (zuvorderst wieder die „Rabita") bauen gezielt eine **Infrastruktur zur „daʿwa"** (frei interpretiert: zur „gesellschaftlichen Islamisierung"[81]) auf. Es entstehen islamische Räte und Vereinigungen, es werden studentische Austauschprogramme und Arabisch-Kurse eingerichtet, es fließen Geld und Propagandamaterial; wenn auch alles in begrenztem Umfang[82].

Anzumerken ist zweitens, daß auch radikale Staaten wie **Libyen und Iran** Verbindungen unterhalten, besonders zu kleinen radikalen und separatistischen Gruppen wie in Aceh. Allerdings sollte man diese Verbindungen nicht überbewerten, scheint ihre häufige Nennung doch

---

[79] Zur Rabita in Indonesien, s.: Schulze (1983), S. 36ff.; Piscatori (1986), S. 26f.
[80] Ad Muhammadiyah, vgl.: Suwardi (1986), S. 13. Es werden u.a. Vertreter aus Brunei, Singapur und Malaysia, Iran, Kuwait, Saudi-Arabien sowie von der fundamentalistischen „Rabita" (Mekka) und von der al-Azhar (Kairo) genannt; aus Singapur und Malaysia kamen auch Vertreter der dortigen Muhammadiyah. Daß sich dies bei der NU ganz genauso verhält, hat dem Autor im Gespräch der Direktor der Islamischen Universität Kuala Lumpur und Kenner des indonesischen Islam, Muhammad Kamal Hassan (s. Muhammad Kamal Hassan (1982)), bestätigt.
[81] Wörtlich übersetzt mit „Ruf" (zum Islam), wird dieser Begriff allgemein gleichgesetzt mit „Mission" bzw. „Missionierung". Faktisch meint er damit die Islamisierung von Gesellschaften und die Gewinnung von Konvertiten.
[82] Zu diesen Aktivitäten, vgl.: Schulze (1983); Piscatori (1986), bes. S. 26f.

m.E. mehr auf die Fokussierung des (westlichen) öffentlichen Augenmerks auf die beiden Länder denn auf empirische Relevanz zurückzuführen zu sein[83]. Interessanter ist in diesem Zusammenhang, daß deren „Hilfen" (Geld und Waffen) zum Teil via Singapur und Malaysia ins Land (z.B. nach Aceh) kommen[84].

Anzumerken ist drittens - und auch das ist wieder interessanter -, daß Unterstützung für islamistische und separatistische Gruppierungen auch aus **Malaysia** kommt. Offenbar helfen islamistische und extremistische Kreise von dort (PAS und Dakwah-Bewegungen (s. Kap. II.2.3.1. in der Fallstudie „Malaysia")) solchen Bewegungen in Indonesien, unter anderem in Aceh und Java[85]. Und im Fall Aceh ist weiter anzumerken, daß in Malaysia auch eine nicht unwesentliche Zahl von Acehnesen lebt[86]. Interessant ist dazu eine Einschätzung aus indonesischen Militärkreisen: „What we regard as extreme in Indonesia is tolerated in Malaysia"[87].

Und noch eine Anmerkung. Bei den islamischen Außeneinflüssen sollte man die „haǧǧ" nicht vergessen. Weitgehend unabhängig von der Ausprägung ihrer islamischen Identität streben die Muslime Indonesiens alljährlich in großer Zahl gen Mekka; allein 1991 waren es 80.000[88]. Und man sollte nicht unterschätzen, was sie dabei an Ideen und Einflüssen aus dem Zentrum der islamischen Welt mitbringen.

Fazit: Es gibt auf der gesellschaftlichen Ebene eine ganze Reihe externer Aktivposten - insbesondere „Rabita" und islamistische Gruppen aus Malaysia -, die ebenfalls einen nicht unerheblichen Einfluß auf den Islam und auf die Muslime in Indonesien ausüben. Hinzu kommt ein außerordentlich reger gesellschaftlicher Austausch.

Anmerkung: Auffällig ist in diesem Zusammenhang eine Kurskorrektur der jüngsten Vergangenheit in einem Teilbereich der Außenbeziehungen Indonesiens. Der Staat geht zunehmend dazu über, seine eigenen Rechtsgelehrten (für Universitäten und Schulen) zur Ausbildung nach Europa

---

[83] Zu Libyens Verbindungen, s.: FEER, 24. Jan. 1991, S. 20. Zu Irans Verbindungen, s.: FAZ, 6. Juni 1989 / Welt, 27. Dez. 1984. Dabei ist anzumerken, daß in beiden Fällen kaum von einem großen Einfluß zu sprechen ist; insbesondere nicht beim Iran. Einzig markant ist die Unterstützung für Aceh; s.: Gunn (1986), S. 44ff.
[84] Vgl. dazu: FEER, 24. Jan. 1991, S. 20.
[85] Zu diesen Verbindungen Indonesien - Malaysia, vgl.: FEER, 24. Jan. 1991, S. 20f.
[86] Zu den Acehnesen in Malaysia und ihren Verbindungen und Aktivitäten, vgl.: FEER, 24. Jan. 1991, S. 20f.
[87] FEER, 24. Jan. 1991, S. 21.
[88] Siehe: FEER, 16. Mai 1991, S. 14. Vgl. dazu auch: Nasir Tamara (1986), S. 25.

und Nordamerika zu schicken, statt wie bisher nach Nah- und Mittelost. Diese Maßnahmen sind allerdings keineswegs unumstritten. Besonders die Entsendung eines Teils der Studenten ausgerechnet an die *holländische* Universität Leiden ist dabei unter Beschuß geraten[89]. Es sollte jedoch angemerkt werden, daß diese „Umleitung" von Studenten nach Europa angesichts der engen gesellschaftlichen Kontakte zwischen Indonesien und dem Nahen Osten bestenfalls ein Korrektiv sein kann.

II.1.4. Analyse: Stabilität und Destabilisierung

Die vorangegangenen Kapitel haben zwei Erkenntnisse gebracht. Erstens ist Indonesien ein weitgehend säkularer Staat, der nicht mit islamischen Idealen übereinstimmt. Dies hat einen hohen Legitimierungsgrad für Islamismus und für eine islamistische Opposition zur Folge, wobei die Regierung aber versucht, dies durch eine „Politik des islamischen Anstrichs" zu kompensieren. Zweitens gibt es eine Fülle islamischer Aktivposten, die in Indonesiens *Gesellschaft* wirken. Sie sind aber keine einheitliche Kraft und bisher auch keineswegs eine Opposition.

Dies sind Ansatzpunkt und Aktivposten für eine Destabilisierung. Nun geht es um die Fragen: Sind diese Voraussetzungen umsetzbar? Und: Wie sind sie umsetzbar? Zur Beantwortung dieser Fragen müssen wir uns mit der Rolle des Islam in der Gesellschaft beschäftigen, die wir in Kap. II.1.2. ausgespart hatten. Gestützt auf Erkenntnisse aus Abschnitt I und aus Kap. II. 1.3.1. lassen sich dazu zunächst zwei Grundzüge des indonesischen Islam festhalten. Erstens ist dieser Islam ein ausgesprochener Adat-Islam. Dies hat eine klare Mäßigung seines Absolutheits-Charakters zur Folge. Zweitens zeichnet sich dieser Islam durch seine Uneinheitlichkeit aus, bedingt durch die Vielzahl der Aktivposten und durch die unterschiedliche Durchdringung von Adat und Islam.

Diese Grundaussagen werden wir im folgenden näher untersuchen. Damit wollen wir die Frage der Identität des Islam im heutigen Indonesien und damit auch jene einer möglichen Destabilisierung beantworten.

1. Der indonesische Adat-Islam

1. Das Gros der Muslime Indonesiens hängt dem Adat-Islam an. Die Zugehörigkeit zu dieser Mischform hat zur Folge, daß das Bekenntnis vieler

---
[89] Vgl.: FEER, 14. Juni 1990, S. 25 u. 30.

Muslime zum Islam offenbar nur oberflächlich ist[90]. Mithin kann man sagen, daß die Basis für einen extremen Islam in einem großen Teil der Bevölkerung gering ist. Daraus ist aber nicht der Schluß zu ziehen, daß der Islam nur noch eine Religion wäre, wie man es in Jakarta gerne sähe. Da sowohl Adat wie Islam Weltanschauungen sind, ist vielmehr auch der Adat-Islam eine Weltanschauung. Festzuhalten ist, daß die Mehrheit der Muslime Indonesiens einer adat-islamischen Weltanschauung anhängt, in der der Islam ein mehr oder minder wichtiger Teil ist. Sie streben von sich aus kaum nach einem islamischen Staat und neigen auch kaum zu Extremismen - obwohl sie durchaus in islamischen Kategorien denken.

2. Das ist die Ausgangslage, wie sie in der Vergangenheit auch oft dargestellt wurde. In den 70er und 80er Jahren war nun aber ein deutlicher Prozeß einer stärkeren Identifikation der Bevölkerung mit dem Islam zu beobachten. Der FEER-Korrespondent in Jakarta, M. Vatikiotis, schrieb dazu Mitte 1990 in einer Analyse[91]:

„A new wave of confidence is surging through Indonesia's Muslim majority. A resurgence of faith has been evident in the younger generation for some years, but new trends emerging include the revival of Muslim political fortunes and activity, a strengthening of Islamic institutions and a move to increase participation in an economy long dominated by non-Muslim groups."

Diese These läßt sich auch mit anderen Autoren belegen und durch weitere Details erhärten[92]. Die Betonung liegt dabei auf dem Bereich „Gesellschaft". Dabei werden vor allem in drei Feldern Veränderungen konstatiert. Erstens wird festgestellt, daß sich immer mehr sogenannte „Pro-Forma-Muslime" stärker mit dem Islam identifizieren. Zweitens wird auf eine zunehmende Aufwertung der muslimischen Gemeinschaft verwiesen (Gesetze, Organisationen, Zugeständnisse). Drittens wird ein gestiegenes Selbstbewußtsein der Muslime ins Feld geführt[93]. Dabei scheint dieser Prozeß - wie schon Vatikiotis anmerkt - besonders die Jugend zu erfassen, die wieder mehr in die Moscheen drängt[94]. Gerade bei ihr dürften aber nicht einmal zuerst religiöse Motivationen ausschlaggebend sein. Sie leidet besonders unter einer Wirtschaftspolitik, „die wohl gesamtwirtschaftliches Wachstum, für

---

[90] Auf diesen großen Anteil sogenannter „Pro-Forma-Muslime" haben schon viele Autoren hingewiesen. Vgl. u.a.: Crouch (1986), S. 15f.; Heinzlmeir (1989), S. 122.
[91] FEER, 14. Juni 1990, S. 25.
[92] In der Tat konstatieren viele Autoren in der zweiten Hälfte der 80er Jahre - erst einmal pauschal gesprochen - einen Anstieg des islamischen Charakters der Gesellschaft oder eine stärkere Präsenz des Islam auf der im weitesten Sinn politischen Bühne. Vgl. u.a.: Crouch (1986); Hussin Mutalib (1990b); Nasir Tamara (1986).
[93] Vgl. dazu die Literaturangaben in Anm. 92.
[94] Vgl.: Nasir Tamara (1986), S. 6ff.; SOA akt. Juli 1986, S. 343; FEER, 14. Juni 1990, S. 25ff.; Welt, 2. Okt. 1984 / 21. Mai 1988.

die große Masse [...] jedoch nur bedingt Verbesserungen gebracht hat"[95]. Mit anderen Worten: Sie sucht in den Moscheen *politische* Antworten. Und in der Tat könnte die Diskrepanz zwischen Wachstum und Verteilung des Wohlstandes ein Nährboden für eine stärkere Akzentuierung des Islam in Indonesiens Adat-Islam werden. Ein zweiter Grund mag in der Entpolitisierung der Gesellschaft liegen, die gerade die akademische Jugend nach anderen Artikulationsmöglichkeiten suchen läßt[96].

3. Wir haben also eine klare Aussage: In Indonesiens Gesellschaft gibt es einen deutlichen Zug zum Islam. Doch zu welchem Islam? Geht der Zug zu jenem traditionell gemäßigten Islam, mit dem wir Indonesien in der Vergangenheit stets identifiziert hatten? Oder aber zu einem reineren Islam, wie wir ihn aus anderen Teilen der Welt kennen? Letzteres hätte zur Folge, daß wir die Ausgangsthese vom gemäßigten Islam revidieren müßten.

Auf diese Frage gibt es m.E. eine zweigeteilte Antwort. Erstens gibt es in Indonesien eine deutliche *Stärkung der gesamten adat-islamischen Gemeinschaft*. Nicht von ungefähr leitete Vatikiotis seine Bewertung mit der Konstatierung einer „new wave of confidence" bei „Indonesia's Muslim majority" ein. Darüber hinaus aber ist zu konstatieren, daß der Katalysator dieses neuen Selbstbewußtseins der Islam ist. Und das heißt zweitens: Innerhalb der „Muslim majority" und ihres adat-islamischen Koordinatensystems haben sich die *Koordinaten in Richtung Islam verschoben*. Wie weit, müssen wir offen lassen, da dies ein fließender Prozeß ist. Festhalten läßt sich aber, daß wir es mit einer etwas mehr zum Islam orientierten adat-islamischen Gesellschaft oder zumindest mit einer größeren Offenheit jener Gesellschaft gegenüber dem Islam zu tun haben. Ein untrüglicher Beleg für diese Verschiebung ist auch eine veränderte Regierungspolitik. So fällt gerade in den letzten Jahren eine Häufung islamischer Akzente und Gesten auf[97]. Beobachter führten das auf die Wahlen 1992/93 und auf Suhartos Bemühen um einen breiten Konsens zurück[98]. Lassen wir die Motive aber einmal beiseite. Uns interessiert hier nur das Faktum.

4. So weit zu den Grundlagen. Nun ist aber im Moment in Indonesien noch unklar, welche Folgen die Stärkung der adat-islamischen Mehrheit und die Veränderungen im adat-islamischen Koordinatensystem für den Gesamtstaat haben werden. Auffällig ist nämlich, daß es neben der starken und bis in die entferntesten Winkel des Landes hinein organisierten Zentralmacht keine starke islamische Gegenkraft gibt. Gemeint ist eine Kraft, wie sie etwa in

---

[95] Heinzlmeir (1989), S. 126.
[96] Vgl.: FEER, 14. Juni 1990, S. 25f.; FAZ, 6. Juni 1989.
[97] Zu der Zunahme proislamischer Akzente und Gesten, vgl.: „Asia 1992 Yearbook" (1992), S. 122; FEER, 20. Dez. 1990, S. 10 / 15. Aug. 1991, S. 15.
[98] Vgl.: FEER, 20. Dez. 1990, S. 10 / 15. Aug. 1991, S. 15.

der Islamischen Revolution im Iran der von Khomeiny bis zum kleinsten Mollah durchorganisierte schiitische Klerus war. In Ansätzen erfüllen diesen Anspruch bestenfalls NU oder Muhammadiyah.

Deswegen müssen wir unsere Überlegungen eine Ebene tiefer fortsetzen. Zentrale Bedeutung kommt bei der Ausformung dieses neugewonnenen Bewußtseins den über das ganze Land verstreuten islamischen Bewegungen und Gruppierungen sowie den unzähligen Scheichs bzw. kyai zu. Sie wirken in einem Umfeld, das durch ökonomisch-soziale Veränderungen aufgerissen und von vielerlei Problemen gezeichnet ist. Die Frage ist, wer von ihnen, inwieweit und in welcher Form das neue Bewußtsein und den Zulauf zum Islam umsetzt, und wer von ihnen sich wie bei einem islamistischen Aufbegehren verhalten würde. Würden diese Kräfte mäßigend oder aktivierend wirken? Gerade die Unabhängigkeit der kyai und Scheichs macht aus ihnen einen unberechenbaren Faktor und eine Gefahr. Eine Gefahr, die größer scheint als jene durch abhängige Zentralorganisationen und schwache externe Kräfte. Zwar scheint das Gros der kyai traditionalistisch und bewahrend eingestellt zu sein, und es scheint derzeit gutes Einvernehmen zwischen ihnen und dem Regime zu herrschen. Doch wer weiß um die Zukunft? So schrieb denn auch O. Schumann 1983 über die Rolle der kyai:

„Kommt es zu sozialer Unrast und gewalttätigen Auseinandersetzungen, dann hängt es oft entscheidend von der Rolle des kyai ab, ob es zum offenen Aufstand kommt oder nicht."[99]

Gleiches darf auch für die Bruderschaften angenommen werden.

5. An dieser Stelle ist kurz auf die Küstenregionen einzugehen. Das Netz der kyai erstreckt sich nämlich vor allem auf das Hinterland. An den Küsten hat ein reinerer Islam Einzug gehalten - der jedoch zugleich durch die massiven Einflüsse der modernen Welt wieder verwaschen wurde. Dies ist der gleiche Säkularisierungs-Effekt wie in den Städten in Nahost. Doch so, wie dort islamistische Gegenbewegungen entstanden, gab es auch in Indonesien solche Gegenkräfte. Bedenkt man, daß nach den gängigen Revolutionstheorien Städte anfälliger für Revolutionen sind, und daß dorthin auch in stärkerem Maße die (sich islamisierende) Jugend drängt, muß also gerade in den (Küsten-) Städten von einem Destabilisierungspotential ausgegangen werden, wenn ökonomisch-soziale Defizite dies begünstigten.

Damit aber würde die Bedeutung der ländlichen kyai wachsen. Würden auch sie einer Islamisierung das Wort reden, könnten zwei Destabilisierungskräfte ineinander greifen und einen Flächenbrand auslösen. Dies wäre unabhängig

---

[99] Schumann (1983), S. 23.

vom Ausgangspunkt. Diese „ländliche Infrastruktur" des Islam ist somit gerade vor dem Hintergrund der Islamischen Revolution in Iran von Bedeutung.

6. Fazit: Wir wissen, daß die Mehrheit der Muslime Indonesiens dem Adat-Islam anhängt, daß diese Mehrheit gestärkt ist, und daß in dieser Mehrheit der Islam wiederum gestärkt ist. Wir wissen aber nicht, ob und eventuell wie dieses gestärkte und mehr dem Islam zugewandte Bewußtsein ausgenutzt wird. Wir wissen nur, daß es ein Potential gibt, das ausgenutzt werden könnte. Und wir wissen, daß es eine entsprechende Infrastruktur gibt.

2. Die Uneinheitlichkeit des indonesischen Islam

1. An dieser Stelle greift die zweite Ausgangsthese. Viele Autoren sind für Indonesien zu dem Schluß gelangt, daß das Land „trotz seiner großen islamischen [d.h. im Sinne dieser Arbeit: „muslimischen", d. Verf.] Mehrheitsbevölkerung weniger anfällig für eine 'islamische Lösung' (...) als andere Staaten der islamischen Welt" sei[100]. Der Schluß liegt nahe, da durch die unterschiedliche Durchdringung von Adat und Islam wie auch durch den Einfluß anderer Kulturkreise eigentlich eine Fülle weltanschaulicher und kultureller Vorstellungen entstanden ist - aber keine *einheitliche* islamische Bewegung. Vor allem „auf dem soziokulturell so eigenen Java [wird] dem Islam kaum ein alleiniger Führungsanspruch zugestanden werden"[101]. Und Java ist in vielerlei Hinsicht - geographisch, politisch, kulturell - das Zentrum Indonesiens. Und dort lebt auch die überwiegende Mehrheit der kyai. Mit anderen Worten: Praktisch nirgendwo in Indonesien steht der Islam allein (von wenigen Enklaven abgesehen). Fast überall stehen daneben andere Kulturformen wie der Adat. Nach allem, was wir nun aber über den Adat wissen, darf angenommen werden, daß dessen mäßigender und harmonisierender Charakter kaum für eine Revolution herhalten kann. Und dies gilt sowohl für die Mehrheit seiner Anhänger wie für sein wichtigstes Potential, die kyai.

2. Nun haben wir einigen Aufwand darauf verwendet, auszuloten, ob das adat-islamische Koordinatennetz noch existiert. Und wir sind zu der Erkenntnis gekommen, daß es nicht nur noch existiert, sondern daß es auch noch gestärkt wurde - ungeachtet der Tatsache, daß innerhalb des Koordinatennetzes Verschiebungen stattgefunden haben. Damit aber bleibt auch der Grundgehalt der beiden oben angesetzten Thesen erhalten: geringe Anfälligkeit für islamische Lösung und uneinheitliche islamische Bewegung. Dies

---

[100] Machetzki (1983), S. xv.
[101] Heinzlmeir (1989), S. 123.

wird dadurch untermauert, daß zu den unterschiedlichen Durchdringungen und Intensitäten noch verschiedene „politische" Richtungen kommen, die miteinander streiten und oft auch gegeneinander arbeiten.

Somit läßt sich ein erstes **Fazit** ziehen, das mit der oben angesetzten These übereinstimmt. Trotz der großen muslimischen Mehrheit ist Indonesien weniger anfällig für eine „islamische Lösung" als andere Staaten der muslimischen Welt. Mit anderen Worten: Wir konstatieren eine Stärkung der adat-islamischen Gemeinschaft und eine Stärkung des Islam innerhalb dieser Gemeinschaft. Aber wir konstatieren auch die weitere Präsenz mäßigender Einflüsse und die Absenz extremer Tendenzen in der Mehrheit, sowohl in der Gesellschaft wie unter den kyai.

3. Destabilisierungs-Szenarien

Nun ist es jedoch nicht nur Ziel dieser Arbeit, ein Tendenzurteil zur möglichen Destabilisierung eines Landes durch den Islam abzugeben. Es ist auch ihr Ziel, Möglichkeiten und Wege einer Destabilisierung – ob wahrscheinlich oder nicht – aufzuzeigen. Dies soll im folgenden durch einige Anmerkungen geschehen. Anmerkungen, die auch das deutliche Tendenzurteil ein wenig relativieren sollen, um zu zeigen, daß auch diese Stabilität Grenzen haben könnte. Ansatzpunkte sind wiederum die Mäßigung und die Uneinheitlichkeit des indonesischen Adat-Islam.

1. Bisher sind wir vom Fortbestand des indonesischen Adat-Islam mit bestenfalls leichten internen Verschiebungen ausgegangen. Dabei gibt es aber einen Unsicherheitsfaktor, der derzeit noch nicht zu überschauen ist: den Zug der Jugend zum Islam (S. 145f.). Die Frage ist, ob diese Jugend an den Islam der Väter anknüpfen oder einen Neuanfang in einem aus dem Nahen Osten auch nach Südostasien drängenden strengeren Islam suchen wird. Vieles spricht für den ersten Weg, drängt doch diese Jugend nicht irgendwohin, sondern in die Moscheen der Väter. Doch sollte damit der zweite Weg nicht ausgeschlossen werden. Eine Gefahr für das künftige Indonesien könnte nämlich davon ausgehen, daß eine künftige Generation den Islam neu definieren könnte. Bisher aber ist diese Neudefinition nicht in Sicht.

Exkurs: Interessant ist in diesem Zusammenhang eine Haltung, wie sie der erwähnte junge Intellektuelle Nurcholish Madjid vertritt. Im Vergleich zur älteren islamischen Elite (hier die inzwischen nicht mehr existierende Masyumi-Partei) macht er als Exponent der „younger generation" einen zentralen Unterschied aus.

„The kiyahis [kyai, d. Verf.] and ulamas were men to be consulted in religious matters, but the Masyumi leaders, thanks to their modern educational background, should have known more about political affairs then their religious teachers did. And that was one of the most important notions that we, the younger generation, wished them to realize."[102].

Nurcholish gehört zu einer kleinen Gruppe junger Intellektueller, die einer Neudefinition des Islam das Wort redet und sich vor allem an die Jugend wendet. Auch in der traditionalistischen NU gibt es einige Exponenten jener Richtung[103]. Bisher aber sollten die kleinen Zirkel und einzelnen Stimmen nicht überbewertet werden - gemessen an der Weite Indonesiens und der großen Zahl seiner Muslime.

2. Zweite Prämisse war die Uneinheitlichkeit in Indonesiens Islam. In der Tat birgt die Vermischung mit anderen Kulturformen fast eine Bestandsgarantie für den Staat, wird sie doch noch durch die Fülle islamischer Richtungen verstärkt. Gerade darin aber liegt auch eine Gefahr. Der Islam ist das einzige, alle Kulturen und Organisationen durchziehende Element. Somit könnte er zusammen mit ökonomischer, sozialer oder nationalistischer Unruhe zum übergreifenden Band eines Flächenbrandes werden. Wohlgemerkt: Dies dürfte kaum allein durch den Islam geschehen, auch wenn der säkulare Staat einige Angriffsflächen bietet. Die Vergangenheit aber hat gezeigt, daß der Islam allein - auch ob der elastischen Politik des Regimes - nicht stark genug ist, Land oder Regierung zu destabilisieren. Vielmehr müßten mehrere Faktoren ineinander wirken. Und: Auch die islamischen Kräfte müßten zusammen-*wirken* - was nicht heißt, daß sie sich auch zusammen-*schließen* müßten.

Vor diesem Hintergrund gäbe es drei Destabilisierungsszenarien.

1. Eine erste Gefahr läge in der Vermischung des gestärkten Islam-Bewußtseins mit ökonomisch-sozialer Unzufriedenheit. Dadurch könnte die vorhandene islamische Infrastruktur im ganzen Lande wirken, Druck auf das Zentrum ausüben und zumindest Kurskorrekturen erzwingen. Um mehr zu erreichen, müßten islamische und islamistische Kräfte unter einer Macht oder unter einem Ziel (dem islamischen Staat oder der islamischen Gesellschaft) gebündelt werden. Da es dabei aber aus Sicht des Staates nur um die

---

[102] Ahmad Ibrahim u.a. (1985), S. 386.
[103] Zu Kräften, die eine solche Neudefinition betreiben, s.: Nasir Tamara (1986), S. 6ff., FEER, 2. Juli 1987, S. 42f. u. Asiaweek, 19. Jan. 1986, S. 16 / 4. Dez. 1989, S. 29. Zu entsprechenden ersten Tendenzen selbst in der NU, s.: FEER, 10. Dez. 1987, S. 30.

Neudefinition des Raumes zwischen religiösem und islamischem Staat ginge, wären Kompromisse zwischen Staat und Bevölkerung möglich.

Vor diesem Hintergrund sollte man eine aktuelle Entwicklung beobachten, die für Indonesien vielleicht brisant werden könnte: die zunehmende Polemik um die Rolle der Wirtschaftschinesen, in die auch Suharto eingegriffen hat[104]. Sie könnte zum Katalysator für wirtschaftlich-soziale Ungleichheiten werden. Neben der islamisch-christlichen wäre das eine zweite Agitations-Front.

2. Eine zweite Gefahr läge in regionalen Unruhen, in denen sich nationalistische bzw. ethnische und religiöse Motivationen träfen. Bekanntlich gibt es in Indonesien traditionell sehr islamische Gebiete wie Westjava, Aceh oder Sulawesi. Das aber sind allesamt Orte außerhalb Zentraljavas. Nun aber kennen wir auch die Gegensätze zwischen Zentrum und Peripherie, den sogenannten „outer islands". Dort könnten in sich geschlossene Unruheherde entstehen - analog zu den Philippinen und bedingt auch zu Süd-Thailand (s. Kap. II.6. u. II.5.). Die Folge wären - so paradox dies klingen mag - islamisch motivierte Sezessionsbemühungen im größten muslimischen Staat der Welt, ist doch ausgerechnet das Zentrum des Staates (territorial wie organisatorisch) der wohl am wenigsten islamische Punkt Indonesiens. Solange diese Bewegungen aber unabhängig voneinander agieren, dürfte ihnen das gleiche Schicksal beschieden sein wie ähnlichen Kräften unter den Holländern (Kap. I.2.3.2.). In dem Moment aber, in dem auch sie sich einem gemeinsamen Ziel unterordnen würden, könnten sie das Zentrum unter Druck setzen. Da es dabei dann aber nicht nur um die kulturelle Identität des Gesamtstaates, sondern auch um seine territoriale und organisatorische Einheit ginge, wäre eine Lösung schwierig.

3. Eine dritte Möglichkeit ist vorerst hypothetisch. Sie ergebe sich aus einem regionalen Vorbild, das es jedoch im Augenblick noch nicht gibt. Doch es sei die Frage in den Raum gestellt: Was wäre, wenn es einen prosperierenden islamischen Staat in der Region gäbe und das große Indonesien wirtschaftlich darben würde?

---

[104] Zu einer zunehmenden Polemik von Islamisten und islamischen Organisationen gegen die die Wirtschaft beherrschenden Chinesen und die Forderung nach mehr staatlichen Eingriffen, vgl.: „Asia 1992 Yearbook" (1992), S. 122; FEER, 29. Aug. 1991, S. 22 / 16. Aug. 1990, S. 64. In die Diskussion eingegriffen hat auch Suharto, ohne klar Stellung zu beziehen. Einerseits rief er zum Konsens auf (s. „Asia 1992 Yearbook" (1992), S. 122), andererseits forderte er die Chinesen auf, ihren Reichtum zu teilen (s. FEER, 29. Mrz. 1990, S. 21 / 15. Aug. 1991, S. 15f.).

4. Zusammenfassung und Wertung

1. Status quo: Eine islamisch motivierte Destabilisierung Indonesiens ist kurzfristig gesehen unwahrscheinlich. Zwar sind der Staat Indonesien säkular, der muslimische Bevölkerungsanteil groß und die islamischen Aktivposten zahlreich. Zwar ist auch die adat-islamische Mehrheit der Bevölkerung gestärkt und hat der Islam innerhalb des adat-islamischen Koordinatensystems an Bedeutung gewonnen. Aber noch immer bewegt sich all dies innerhalb dieses Koordinatensystems, also *zwischen* Adat und Islam. Und noch immer absorbiert dieses Koordinatensystem die radikalen Einflüsse. Das ist zuerst einmal das wesentliche Ergebnis dieser Untersuchung.

2. Möglichkeiten: Doch sollte man nicht übersehen, daß der Islam in Indonesien über die „Infrastruktur für eine Destabilisierung" verfügt - *wenn* andere (nationalistische, ökonomische, soziale oder externe) Faktoren als Impulsgeber wirken würden. Allerdings müßte es deren Aktivisten gelingen, eine islamische Einheit herzustellen und die islamische Identität der Masse deutlich zu steigern; wobei aber auch eine breite Steigerung dieser Identität von unten her jene Einheit hervorrufen könnte. Dann würde das wirken, was weiter oben mit „schlafender Riese" und „manpower" umschrieben wurde: eine sich in Bewegung setzende Masse.

Aber: Diese Ausführungen beschreiben ein Szenario. Ein Szenario, wie es sich in vielen muslimischen Ländern abspielen könnte. In Indonesien sollte man jedoch das tiefverwurzelte Bewußtsein für Harmonie und Konsens nicht unterschätzen. Zum einen dürfte es recht lange dauern, bis die Masse der Indonesier derart in Bewegung gesetzt wäre. Zum anderen ist damit zu rechnen, daß die Machthaber in Jakarta versuchen würden, ihre ohnehin elastische Politik noch elastischer zu gestalten und einer für sie beunruhigenden Entwicklung entgegenzuwirken. Man beachte in diesem Zusammenhang die Häufung proislamischer Akzente zu Beginn der 90er Jahre. Somit ist ein solches Szenario eher unwahrscheinlich.

3. Perspektive: Vor diesem Hintergrund wäre deswegen ein weiteres Szenario zu beachten. Die Kernaussagen des Kapitels - Stärkung der adat-islamischen Mehrheit und interne Stärkung des Islam - laufen letztlich darauf hinaus, daß die Gesellschaft Indonesiens sich in einem *langsamen Prozeß* (adat-) islamisiert. Nun gibt es für einen Muslim (ob mit oder ohne Adat) aber keine Trennung zwischen Staat und Gesellschaft. Je mehr sich also diese Gesellschaft islamisiert, um so mehr wird das früher oder später auch auf den Staat übergreifen. Dies muß aber keineswegs zu einer Theokratie führen, sondern wohl eher zu einer anderen Form eines im weitesten Sinne „islamischen Staates". Eines islamischen Staates vielleicht sogar, der nicht einmal so heißen müßte. Zu diesem Ziel können zwei Wege führen. Erstens könnte die „Politik des islamischen Anscheins" einmal den „point of no return" erreichen und sich daraus eine islamische Politik entwickeln, wie auch immer diese aussehen mag. Zweitens darf man nicht vergessen, daß auch Indonesiens politische Führung sich aus der Gesellschaft rekrutiert. Und wenn sich die Gesellschaft islamisiert, wird aus ihr auch irgendwann ein mehr islamisch denkender Führer kommen. Und man bedenke in diesem Zusammenhang zwei Punkte. Erstens steht Indonesien vor einem politischen Generationswechsel. Und zweitens ist es gerade die Jugend, die zum Islam drängt. Offen ist jedoch, ob diese Jugend dabei dem allgemeinen „mainstream" zu einem etwas islamisierten Adat-Islam folgt (vgl. S. 135 ff.) oder dessen Neudefinition anstrebt (vgl. S. 140 f.).

4. Fazit: Es spricht mehr für einen geordneten - und damit sogar stabilisierenden - Prozeß der Adat-Islamisierung Indonesiens mit etwas deutlicherem Islam-Akzent als für eine Destabilisierung durch einen extremen Islam. Dies scheint m.E. sogar ein wahrscheinlichere Weg und wird wohl dann auch das weitere Geschehen der Region beeinflussen. Allerdings sollte man auch die Alternative einer Destabilisierung nicht ganz ausschließen.

II.1.5. Außenbeziehungen

Indonesiens **Außenbeziehungen** bewegen sich in vier Feldern, die auch die Außenpolitik des Landes bestimmen[105].

1. Erstens ist Indonesien seit der Kolonialzeit eingebunden in die **Weltwirtschaft und** seit seiner Unabhängigkeit in **das internationale politische System**; wobei sich Sukarno allerdings bemühte, es daraus auszuklinken. Doch seit Suharto versteht es sich als Teil dieses politischen und wirtschaftlichen Systems und definiert seinen Platz darin als prowestlich und marktwirtschaftlich orientiert.

2. Zweitens gehört Indonesien zu den Staaten der „Dritten Welt" und ist seit deren Gründung 1964 **Mitglied der „Blockfreien"** und dabei zugleich ein Hauptträger dieser Bewegung. Allerdings scheint Suharto dieses Engagement etwas reduziert zu haben.

3. Drittens ist **Indonesien das größte muslimische Land der Erde.** Es gehört zahlreichen islamischen Organisationen an und hält gute Be-

---

[105] Zu den hier beschriebenen Grundzügen indonesischer Außenbeziehungen und -politik, vgl. bes.: Heinzlmeir (1989), S. 116ff. u. 124ff. u. Manullang (1982).

ziehungen zu gemäßigten Länder in Nah- und Mittelost; wohl nicht zuletzt aus ökonomischen Überlegungen.

4. Viertens gehört Indonesien zu **Südostasien und** ist Mitglied der **ASEAN**, wobei es das mit Abstand größte Land der Gesamtregion ist. Mithin sind Konflikte territorialer und politischer Art mit einigen Nachbarn nicht verwunderlich. Zu den bedeutendsten zählten in der Vergangenheit die Auseinandersetzungen mit Malaysia und Singapur („Konfrontasi-Politik" Sukarnos) und mit Australien (West-Irian und Ost-Timor). Aber auch gegenüber den Philippinen (Streit um einige Inseln) und Brunei (Jakarta sieht eigentlich ganz Borneo als Teil Indonesiens an) gab es Konfliktpotential. Die damit einst verbundenen, häufig aber überbetonten Auseinandersetzungen verloren aber unter Suharto an Schärfe und sind heute weitgehend beigelegt oder auf den Verhandlungsweg verwiesen, so z.B. in Sachen Malaysia[106]. Ausgenommen scheint das Osttimorproblem, das aber hier keine Rolle spielt.

Oberste Politik-Ziele der indonesischen Führung sind seit Suharto Stabilität und Wachstum. Oberste Handlungsmaxime ist Pragmatismus. Daraus leiten sich die **Prioritäten indonesischer Außenpolitik** ab.

1./2. Oberste Priorität haben die **Einbindung in die Weltwirtschaft** und die **Politik in der ASEAN**. Die Einbindung in die Weltwirtschaft wird von der Regierung Suharto als Garant für wirtschaftlichen Erfolg gesehen und der wiederum als wichtigster Garant innenpolitischer Stabilität[107]. Die ASEAN gilt als Garant für regionale Stabilität. Dem wurden alle regionalen Streitigkeiten klar untergeordnet[108].

3./4. Eine daran gemessen untergeordnete Rolle scheinen für Suharto die Blockfreien und der Islam zu spielen. Aus Gründen des Pragmatismus setzt er auf den Islam, da dieser in der Außenpolitik zugleich eine außen- wie eine innenpolitische Aufgabe erfüllt. Außenpolitisch bringt das dezente Einreihen in die Front der gemäßigten islamisch-muslimischen Staaten zum einen ökonomische Vorteile und bremst zum

---

[106] Vgl.: Feske (1991), S. 55ff. (Konfliktpotentiale und Beilegung) u. SOA akt. Nov. 1991, S. 538; FEER, 24. Okt. 1991, S. 14 (zum letzten Punkt). Des weiteren s. die Ausführungen in Kap. I.3.3.1. und in den Kapiteln 5 der jeweiligen Fallstudien.
[107] Vgl.: Heinzlmeir (1989), S. 118 bzw. 124ff. u. FEER, 18. Apr. 1991, S. 46f.
[108] Vgl. dazu ein Interview mit dem indonesischen Außenminister Alatas, in: FEER, 11. Juli 1991, S. 12f. In diesem Interview nimmt Alatas zu bilateralen Problemen Stellung, die mit Malaysia und den Philippinen aus territorialen Konflikten und aus separatistischen Fragestellungen (Malaysische Hilfe für Aceh bzw. indonesische Hilfe für Sabah oder die islamische MNLF in Mindanao) entstehen könnten, und ordnet sie eindeutig dem gemeinsamen Interesse in der ASEAN unter.

anderen die Unterstützung oppositionell-islamistischer Kräfte aus diesen Ländern. Innenpolitisch kompensiert ein stärkeres islamisches Profil in der Außenpolitik ein niedrigeres islamisches Profil in der Innenpolitik. Auffällig ist dabei zweierlei. Erstens ist Indonesiens und Suhartos islamische Außenpolitik vornehmlich *verbale* islamische Außenpolitik. Zweitens gilt innerhalb der ASEAN ganz eindeutig der ASEAN-Primat, der die Zugehörigkeit zu dieser Gemeinschaft über alle anderen - also auch islamische - Interessen stellt[109].

Hinter diesen Prämissen scheint das früher so gepflegte blockfreie Engagement zunehmend ins Hintertreffen geraten zu sein; zumal dessen Zukunft angesichts der aufgelösten Bipolarität der Welt ungewiß geworden ist. Ob sich dies durch die Übernahme des Vorsitzes der Bewegung für die Periode 1992-95 ändert, bleibt abzuwarten[110].

- Darüber hinaus gibt es noch eine weitere Priorität indonesischer Außenpolitik. Indonesien strebt in jüngster Zeit wieder verstärkt nach einor **Führungsrolle** in der Region und über die Region hinaus[111]. Ersteres kam zum Beispiel in der vorwärtstreibenden Rolle Jakartas in der Kambodscha-Frage[112] oder in der Vorreiterrolle in der Wiederannäherung an Vietnam[113] zum Ausdruck, letzteres im erwähnten Bemühen um den Blockfreien-Vorsitz.

ASEAN und Islam

<u>ASEAN:</u> Für Rolle und Politik Indonesiens in der ASEAN haben diese Ausführungen folgende Bedeutung.

1. Für Indonesien haben die ASEAN und ihre Stabilität Priorität[114]. Dem werden in der ASEAN andere Prioritäten untergeordnet. Ohnehin keinen Einfluß auf die Politik Indonesiens in der ASEAN haben die Westorientierung (zumal vornehmlich wirtschaftlich) und das Blockfreien-Engagement.

2. Damit bleiben nur zwei Prioritäten, die potentiell Einfluß auf Indonesiens Außenpolitik in der Region haben können: das Streben nach Führung und

---

[109] Siehe Anm. 108.
[110] Vgl.: FEER, 18. Apr. 1991, S. 46f. / 17. Sep. 1992, S. 10f.; FAZ, 4. Sept. 1992.
[111] Vgl. eine Analyse der aktuellen indonesischen Außenpolitik in: FEER, 18. Apr. 1991, S. 46f., u. eine Übersicht Suryadinatas, in: Suryadinata/Siddique (1981), S. 37ff. Siehe auch: FEER, 20. Sept. 1990, S. 20 / 17. Sep. 1992, S. 10f.
[112] Vgl.: FEER, 18. Apr. 1991, S. 46f.
[113] Vgl.: SOA akt. Mai 1991, S. 252f.
[114] Siehe Anm. 108.

die „islamische Karte". Das Führungsstreben kann in der ASEAN mit anderen Interessen kollidieren und Ressentiments hervorrufen. Die „islamische Karte" kann zu Spannungen mit den drei Staaten innerhalb der Gemeinschaft mit muslimischen Minderheiten führen. Beides wird deswegen vorsichtig gehandhabt und heruntergespielt.

Vor diesem Hintergrund werfen wir nun einen kurzen Blick auf den Stand der Beziehungen zu den Nachbarn Indonesiens.

Malaysia. Mit Malaysia herrscht seit Beilegung des „Konfrontasi"-Erbes aus der Sukarno-Zeit gute Nachbarschaft. Ein Anspruch auf Nord-Borneo scheint ebenso wie eine Unterstützung von Separatismen in Sabah kein Thema mehr zu sein[115]. Ansonsten streitet man nur noch um ein paar kleine Inseln, hat diesen Streit jedoch zur Zeit auf den Verhandlungsweg geschickt[116]. Für die Qualität der Beziehungen sprechen auch gemeinsame Manöver[117]. Ein Belastungspunkt ist aber malaysische Unterstützung für Aceh; wenn auch nicht von Regierungsseite (s. Kap. II.1.3.2.)[118].

Singapur. Über aktuelle Spannungen ist nichts bekannt. Sie würden sich bestenfalls aus der potentiellen Bedrohung des kleinen chinesischen Singapur durch ein großes malaiisches Indonesien ergeben (s. Kap. II.4.5.). Derzeit aber braucht Indonesien den Partner Singapur, z.B. in der „Growth Triangle" (s. Kap. I.3.3.2.). Zuweilen ist sogar von einer Achse Jakarta - Singapur die Rede (s. Kap. II.4.5.).

Brunei. Auch hier sind keine aktuellen Spannungen bekannt. Außerdem liegt Brunei im „Windschatten" Malaysias.

Philippinen. Gleiches gilt für das Verhältnis zu Manila. Selbst eine Unterstützung des malaiisch-muslimischen Widerstands in den Philippinen scheint kein Thema[119]. Herzlich aber ist das Verhältnis auch nicht gerade (s.a. Kap. II.6.5.).

Thailand. Auch dieses Verhältnis scheint störungsfrei. Allerdings gibt es auch wenig direkte Berührungspunkte, und im Augenblick mehr gemeinsame Interessen, wie ein eigenes „Growth Triangle"-Projekt mit Malaysia (s. Kap. I.3.3.2.).

---

[115] Siehe Anm. 108.
[116] Siehe Anm. 108.
[117] Zu gemeinsamen militärischen Operationen, vgl.: Wanandi (1988), S. 462.
[118] Vgl.: FEER, 24. Jan. 1991, S. 20f. / 11. Juli 1991, S. 12f.
[119] Siehe Anm. 108.

Für Indonesien gibt es also eigentlich keine größeren Spannungen mit den Nachbarn, bestenfalls einige kleinere Problemfelder mit Malaysia (Aceh, Inseln). Doch diese sind ebenso wie alle anderen Problemfelder durch die aktuellen Prioritäten überlagert.

Islam: Abschließend sind noch einige Bemerkungen zur indonesischen Außenpolitik und ihrem Verhältnis zum Islam zu machen. Trotz guter Beziehungen zu vielen islamisch-muslimischen Ländern spielt der Islam in Indonesiens Außenpolitik eine untergeordnete Rolle. Sie ist in dieser Richtung vornehmlich formal und verbal. Dem entgegen steht die Rolle des Islam in den Außenbeziehungen der indonesischen Gesellschaft. Dort nimmt er einen hohen Stellenwert ein und genießen gerade jene Beziehungen Priorität. Sie rangieren vor Einbindungen ins internationale System und in die intra-ASEAN-Beziehungen; wobei auch bei den gesellschaftlichen intra-ASEAN-Beziehungen islamische Verbindungen eine wichtige Rolle spielen.

In der Regel ist indonesische Außenpolitik von der Innenpolitik unabhängig[120]. Eine der wenigen Ausnahmen waren Golfkrise und Golfkrieg 1990/91. In diesen Monaten geriet das Regime in Jakarta unter massiven Druck interner Gegebenheiten und Emotionen und sah sich veranlaßt, geradezu *Nicht*-Außenpolitik zu betreiben, um nicht in Schwierigkeiten zu kommen (s. Kap. II.1.2.). Allerdings war dies ein ungewöhnlicher Fall, berühren Weltpolitik und Ereignisse in den Zentren der islamischen Welt Indonesien sonst doch selten. Ausnahmen: der Schah-Sturz und die Palästina-Frage.

Vor diesem Hintergrund ist aber zu sehen, daß es auch im engeren Umfeld Indonesiens Problemfelder in Sachen Islam gibt, die bisher der offiziellen ASEAN-Priorität untergeordnet wurden. Die Rede ist von den malaiisch-muslimischen Minderheiten in Singapur, Thailand und den Philippinen. Sie betreffen Indonesiens Muslime aber um so stärker, als es sich hierbei um nähere und greifbarere Problemfelder und um ein viel plastischeres Bewußtsein für eine gemeinsame umma handelt. Hier ist die weitere Entwicklung zu beobachten; gerade vor dem Hintergrund bisheriger Prioritäten.

Zusammenfassend ist zu sagen, daß im Moment der Islam in Indonesiens Außenpolitik keine große Rolle spielt. Es ist aber zu beobachten, ob Veränderungen in Indonesiens Gesellschaft über kurz oder lang Auswirkungen auf die Prioritäten der Außenpolitik haben werden.

---

[120]Vgl.: FEER, 28. Febr. 1991, S. 20.

II.2. Fallstudie Malaysia

II.2.1. Formale Aspekte

Vorbemerkung 1: Das Kapitel "Formale Aspekte" ist für die Fallstudie Malaysia umfangreicher als für die anderen Fallstudien. Das liegt zum einen daran, daß in Malaysia die Muslime weitgehend mit den Malaien identisch sind. Die Malaien wiederum sind die politisch dominierende Ethnie. Deswegen müssen Staat und Gesellschaft in Malaysia und die Rolle der Malaien in Staat und Gesellschaft vorab bereits etwas stärker herausgearbeitet werden. Zum anderen sind in Malaysia die Muslime nicht so eindeutig eine Mehr- oder eine Minderheit wie in den anderen Staaten. Deswegen spielt hier das gesamtgesellschaftliche System und das Zusammenspiel der Ethnien eine große Rolle. Auch darauf ist vorab ausführlicher einzugehen.

Vorbemerkung 2: "Malaysier" meint in den folgenden Ausführungen die Einwohner Malaysias. "Malaien" meint die malaiische (d.h. die deutero-malaiische) Ethnie[1]. "Malaysia" meint den Gesamtstaat. "Malaya" meint die gleichnamige Halbinsel. "Malaysisch" bezieht sich auf den Staat, "malayisch" auf die Halbinsel, "malaiisch" auf die Ethnie.

1. Land und Bevölkerung

Dieses kurze Kapitel ist eigentlich ebenfalls eine Art Vorbemerkung. Es soll darauf hinweisen, daß der Staat Malaysia eigentlich aus zwei Hälften besteht: aus Westmalaysia (Malaya und die Insel Penang) und Ostmalaysia (Sabah und Sarawak) (s. Karte "Malaysia")[2]. Diese Fallstudie beschäftigt sich jedoch vornehmlich mit Westmalaysia. Der Grund ist einfach. Im Westen leben 83 Prozent der Gesamtbevölkerung und dort liegt das politische

---

[1] Eine Definition dieser Begriffe ist problematisch, da sie je nach Zeit und Sichtweise sehr unterschiedliche Inhalte hatten und haben. Darauf wurde schon in Kap. I.3.2.1. "Bausteine", Stichwort "Malaien", hingewiesen. In Malaysia ist die Sache aber noch komplizierter. Dort kann man unter "Malaysier" z.B. alle Bürger Malaysias zusammenfassen oder auch in Abgrenzung zu zugewanderten Chinesen und Indern alle "einheimischen Völker". Unter "Malaien" kann man sowohl - mehr wissenschaftlich - die Zusammenfassung von Proto- und Deuteromalaien, als auch - heute allgemein gebräuchlich - nur die muslimischen Deuteromalaien verstehen. Man kann aber auch die Bewohner Malayas darunter subsumieren. Hinzu kommt, daß das Englische nicht zwischen "Malaie" und "Malaye" unterscheidet, sondern immer "malay" verwendet. Zu den verschiedenen Interpretationen, s.: Uhlig (1988), S. 415ff. u. 66ff.
[2] Zu Aufteilung und Begrifflichkeiten in und um Malaysia, s.: Uhlig (1988), S. 414 ff. u. Milne/Mauzy (1986), S. 1ff.

Schwergewicht Malaysias. Der Osten, der erst 1963 zu diesem Staat hinzukam, ist in vielerlei Hinsicht kaum mehr als ein Anhängsel. Nun ergeben sich daraus und aus den Tatsachen, daß der Osten auch bevölkerungsmäßig anders strukturiert ist als der Westen und wirtschaftlich hinterherhinkt, einige Probleme für den Gesamtstaat[3]. Da aber diese Problematik in das Thema dieser Arbeit nur am Rand hineinspielt, wird Westmalaysia im Vordergrund stehen und auf den Osten nur bei Bedarf eingegangen werden.

2. *(Islamische) Geschichte*

Im folgenden soll zuerst Malaysias Geschichte kurz referiert werden. Diese Geschichte ist bis zur Staatsgründung analog zur Geschichte Südostasiens in drei Phasen einzuteilen (s. Kap. I.2. "Der historisch-kulturelle Raum"), die jede für sich den Staat maßgeblich mitgeprägt hat[4].

1. Die vorislamische Zeit[5]: Wie das gesamte Südostasien ist auch Malaysia ein alter, nach allen Seiten offener und aufnahmebereiter Kulturraum. Bereits vor dem Islam waren die Malaien als Grundethnie dort zu Hause, und beeinflußten zwei Hochkulturen - China und Indien - das Gebiet. Elemente beider Kulturen fanden Eingang in Denken und Handeln der Malaien wie in die politischen und gesellschaftlichen Strukturen des Landes und verschmolzen mit älteren Kulturen zu einem neuen Ganzen. Zentrale Werte der dabei entstandenen Staats- und Gesellschaftsordnung waren *Tradition, Harmonie und Konsens*.

2. Die islamische Zeit[6]: Im 15. Jahrhundert kam der Islam in das Gebiet und drückte ihm fortan seinen Stempel auf. Dies war aber kein einheitlicher und kontinuierlicher Prozeß. Ausgehend vom späteren Sultanat Malakka entstanden einige kleine und meist recht selbständige islamische und muslimische Fürstentümer. Eines aber hatten alle gemein: Sie waren errichtet auf eine stabile, im Adat-Islam verwurzelte Herrschafts- und Gesellschaftsordnung. In dieser Entwicklung gelang es dem Islam in Malaysia zwar nicht, "sich als überregionale einende

---

[3] Zu Westmalaysia als dem politischen, wirtschaftlichen und bevölkerungsmäßigen Schwergewicht sowie der vielfachen "Unterentwicklung" und Abhängigkeit, vgl.: Milne/ Mauzy (1986), 1ff. sowie S. 34f., 116ff. u. 177; sowie als Fallbeispiel Riggs Ausführungen zu Sarawak, in: Rigg (1991), S. 61ff.
[4] Die folgenden Ausführungen sind im wesentlichen knappe Zusammenfassungen der entsprechenden Kapitel in Abschnitt I. "Die ASEAN-Region". Gute historische Darstellungen zu Malaysia sind weiter: Turnbull (1989), Andaya/Andaya (1982).
[5] Zur vorislamischen Zeit, vgl.: Kap. I.2.1. u. I.3.2.1. (dort: "Malaien", "Adat").
[6] Zur islamischen Zeit, vgl. Kap. I.2.2.1., Kap. I.3.2.1., Stichwörter "Malaien", "Adat-Islam", "Islam", u. Kap. I.3.2.2., Stichwort "Malaysia".

Macht zu etablieren"[7]. Kulturell jedoch entstand durchaus ein *einheitlicher islamischer Raum auf der Basis des Adat-Islam*; viel einheitlicher als in Indonesien. Das drückt sich noch heute in der fast völligen Gleichsetzung von Malaien mit Muslimen aus. Außerdem sollten sich die dabei entstandenen *Sultanate und Fürstentümer* als so stabil und homogen erweisen, daß sie bis heute überleben und unter Erhaltung ihrer politischen und gesellschaftlichen Strukturen das Gros der Bundesstaaten der Föderation Malaysia bilden konnten.

3. Die britische Kolonialzeit[8]: Eigentlich begann die Kolonialzeit im 16. Jahrhundert mit Portugiesen und Holländern. Doch beide hinterließen kaum Spuren[9]. In der 2. Hälfte des 18. Jahrhunderts folgten die Briten. Sie regierten nach dem Prinzip "*divide et impera*". Fast über die gesamte Kolonialzeit wurden die von ihnen kontrollierten Gebiete zentral verwaltet und in ihren Grundstrukturen weitgehend erhalten. Bis in die 70er Jahre des 19. Jahrhunderts war es sogar erklärte britische Politik, sich nicht in innere Angelegenheiten einzumischen. Doch auch unter dem danach eingeführten "Residents-System" blieben die alten Herrschafts- und Gesellschaftsstrukturen weitgehend unangetastet. Die Briten bedienten sich ihrer, indem sie den Fürsten einen Residenten als "Berater" zur Seite gaben. De facto war er der "starke Mann". De jure war er nur in das System eingefügt. So trugen die Briten sehr zum Überleben dieser Staaten und Strukturen bei.

In die Zeit der Briten fiel aber auch die aus ökonomischen Gründen betriebene massive Zuwanderung von Chinesen und Indern. Die Folge war die Herausbildung des einzigen Staates der Region, in dem heute ein Gleichgewicht zwischen der Mehrheits-Ethnie (den Malaien) und den anderen Ethnien (Chinesen und Inder) herrscht. Dieses Bild wurde zwar später durch das Hinzukommen von Sabah und Sarawak etwas differenziert, blieb aber im wesentlichen erhalten.

Auf der Basis des britischen Kolonialgebietes entstand zwischen 1957 und 1965 in mehreren Etappen der Staat Malaysia. Zum Kerngebiet Malaya kamen Sabah und Sarawak hinzu, letztlich aber nicht Singapur und Brunei[10]. Spuren haben die Briten vor allem im Gesamtstaat und in den gehobenen Gesellschaftsschichten hinterlassen. Je weiter man aber ins Land und in die

---

[7] Schumann (1983), S. 28.
[8] Zur britischen Kolonialzeit, vgl.: Kap. I.2.3.3. "Die Briten", Kap. I.3.2.1. "Bausteine", Stichwörter "Chinesen" u. "Westlicher Liberalismus".
[9] Zu Spuren der Portugiesen und Holländer im heutigen Malaysia, s.: Kennedy (1977), S. 131f. Auch optisch sind die Spuren nur gering. Vgl.: Rolf (1988), S. 130ff.
[10] Zur Herausbildung des Staates Malaysia, s. Kap. I.3.1.1. "Die Herausbildung". Zu einer ausführlichen Darstellung, s.: Milne/Mauzy (1986), S. 28ff.

Gesellschaft hineinkommt und je mehr man hinter die Kulissen blickt, um so stärker dominieren die früheren Strukturen[11].

3. Staat und Gesellschaft

Die politische und gesellschaftliche Ordnung Malaysias ist in ihrer Ausgangsposition eine auf Harmonie, Konsens und Tradition beruhende Verschmelzung der in islamischer und in kolonialer Zeit gewachsenen politischen und gesellschaftlichen Ordnungsvorstellungen.

<u>Staat:</u> Das Ergebnis im Bereich "Staat" ist eine **"Demokratie à la Malaysienne"**, die im wesentlichen aus drei Elementen besteht[12].

1. Malaysia ist eine **konstitutionelle Monarchie** nach britischem Vorbild. Staatsoberhaupt ist ein alle fünf Jahre aus dem Kreis der neun traditionellen Herrscherfamilien des Landes gewählter und mit vornehmlich repräsentativen Aufgaben versehener König. Die faktische politische Macht aber liegt wie in Großbritannien bei einem gewählten Parlament und vor allem bei dem von diesem Parlament bestimmten Premierminister und seiner Regierung[13].

2. Malaysia ist eine **Föderation aus dreizehn Bundesstaaten** (und zwei Bundesterritorien). Neun der dreizehn Länder beruhen auf den alten malaiischen Fürstentümern, an deren Spitze auch heute noch die Oberhäupter der neun traditionellen Herrscherfamilien stehen. Die vier anderen - Sabah, Sarawak, Penang und Malakka - sind mehr oder minder künstlich geschaffene Gebilde mit von Kuala Lumpur ernannten Gouverneuren an der Spitze[14].

3. Zu diesen Grundpfeilern der politischen Ordnung (konstitutionelle Monarchie, Föderalismus) kommt noch eine typisch malaysische Komponente von Demokratie: die **Dominanz der Malaien in der politischen Landschaft**. Die Malaien beanspruchen für sich eine Führungsrolle, die sie mit ihrer Position als älteste und größte Ethnie begründen.

---

[11] Von den Einflüssen britischer Kolonialzeit auf Malaysia seien nur drei markante Aspekte erwähnt: die konstitutionelle Monarchie (s.u.) und Rechtsstaatlichkeit, das durch Studium an britischen Hochschulen vermittelte westliche Gedankengut in Kreisen der Elite und die Präsenz britischer Architekturelemente in den Städten (ein markantes Beispiel ist der Bahnhof von Kuala Lumpur). Vgl. dazu: Kap. I.2.3.3. "Die Briten". Zu Architekturelementen, vgl.: Rolf (1988), S. 134f.
[12] Zu guten Übersichten zum politischen System, s.: Milne/Mauzy (1986), S. 99ff.; Zakaria Haji Ahmad (1987); Zainah Anwar (1988); "Area Handbook" (1977), S. 203ff.
[13] Wie Anm. 12.
[14] Wie Anm. 12.

Diese Führungsrolle drückt sich wie folgt aus[15]. Erstens ist der König als Mitglied einer der neun traditionellen Herrscherfamilien stets ein Malaie. Zweitens sind alle bisherigen Premierminister Malaysias Malaien gewesen. Diese Position sichern sich die Malaien durch ihre Führungsrolle in einem von ihnen kunstvoll konstruierten Parteienbündnis der drei Ethnien, welches das Land seit der Unabhängigkeit regiert. Drittens dominieren die Malaien auch die Verwaltung. Und viertens genießen sie verfassungsmäßige Sonderrechte[16]. Untermauert wird diese Rolle noch dadurch, daß der Islam Staatsreligion ist.

Gesellschaft: Diese politisch ganz auf die Malaien zugeschnittene Ordnung findet jedoch keine Entsprechung in der Bevölkerungsstruktur. Malaysia besteht nämlich nicht nur aus Malaien. Im Gegenteil: In Malaysia sind die Bevölkerungs- und damit auch die Machtverhältnisse viel komplexer. Es ist der einzige Staat der ASEAN, in dem nicht eine Ethnie mit einer Stärke über zwei Dritteln der Bevölkerung die anderen Ethnien mehrheitlich dominiert. Malaysia ist vielmehr der einzig wirklich multirassiale Staat der Gemeinschaft. Politisch relevant sind drei Ethnien: **Malaien, Chinesen und Inder**. Deren Gewichte verteilen sich grob wie folgt: Die Malaien stellen etwa die Hälfte der 17,5 Millionen Malaysier, die andere Hälfte stellen die Chinesen (etwa ein Drittel) und die Inder (etwa ein Zehntel). Diese Proportionen sind bewußt vage formuliert. Genauer *könnte* man sie zwar bestimmen, doch soll das hier nicht geschehen. Der Grund liegt darin, daß Rolle und Stärke der Malaien in Malaysia ein Politikum sind (s.a. Kasten: "Die Malaien").

Für unsere Zwecke bleiben wir dabei: eine Hälfte Malaien, die andere Hälfte Chinesen und Inder. Das beschreibt die Gesellschaft so, wie sie ist: geteilt. Doch damit nicht genug. Entlang dieser Grenzen verlaufen auch religiöse und soziale Trennlinien. So sind die Malaien Muslime, die Chinesen Buddhisten, Christen, Konfuzianisten und Taoisten und die Inder vor allem Hindus (einige indische Muslime und Christen fallen kaum ins Gewicht)[17]. Und auch die soziale Schichtung ist entlang dieser Grenzen ausgerichtet und ergibt zudem ein sonderbares Bild. Etwas vereinfacht sind drei Schichten zu unterscheiden[18]:

1. **Die politische Oberschicht aus Adel, Politik und Administration.** Ihre Spitzen (Fürsten, Politiker, hohe Beamte) sind fast ausnahmslos **Malaien**, wie der Blick auf das politische System auch erwarten läßt.

---

[15] Die einzelnen Punkte werden später noch einmal aufgegriffen.
[16] Zu den sogenannten "special privileges", s.: Sheridan/Groves (1967), S. 8, 11f. u. 211f.; Trindade/Lee (1986), S. 10ff.
[17] Vgl.: Reinknecht (1989b), S. 199.
[18] Vgl. dazu: Reinknecht (1989b), S. 206; Uhlig (1988), S. 416ff.; Milne/Mauzy (1986), S. 65ff.

Die Malaien: Politische Mehrheit - Numerische Minderheit

Je nach Quelle variiert der Anteil der Malaien an der Bevölkerung zwischen 45 und 60 Prozent, also zwischen *"knapp der Hälfte", "der Hälfte"* und *"mehr als der Hälfte"*[19]. Sicher ist: Sie sind mindestens "knapp die Hälfte" der Bevölkerung Malaysias und "mehr als die Hälfte" der Bevölkerung Westmalaysias. Der Extremwert 60 Prozent enthält aber noch kleinere Ethnien, die den Malaien einfach zugezählt werden bzw. die sie sich selbst zuzählen; jedoch mehr suggestiv als rechnerisch[20].

Kernproblem ist die Definition der Begriffe "Bumiputra" und "Malaie". "Bumiputra" ("Söhne des Bodens") sind eigentlich in Abgrenzung zu den zugewanderten Chinesen und Indern all jene, die die Verfassung als "malays and indigenous people" zusammenfaßt und die gemeinsam Sonderrechte genießen. "Malays" sind dabei erst einmal zweifelsfrei die ausschließlich deutero-malaiischen Völker im Westen und eine kleine Zahl ebensolcher im Osten; zusammen knapp 50 Prozent. "Indigenous people" sind die proto-malaiischen Mehrheitsvölker Ostmalaysias, die erst 1963 zu Malaysia kamen (aber nicht als "malays" gezählt werden konnten, da unter ihnen kaum Muslime waren), und einige Ureinwohner und Bergvölker. Als Malaya 1957 unabhängig wurde, waren Bumiputra und Malaien identisch. Als der Osten hinzukam, wurde dem Begriff "malays" in der Verfassung der Begriff "indigenous people" angehängt. Und genau so ist seither auch die Realität. Wie schon im Verhältnis West-/Ost, sind auch die "indigenous people" kaum mehr als ein Anhängsel der Malaien oder eine "Verfügungsmasse"; wobei sich gut trifft, daß alle zur selben gesamtmalaiischen Familie gehören und die Grenzen fließend sind[21].

Es gibt in Malaysia also eine Mehrheit der Bumiputra und in Westmalaysia eine Mehrheit der Malaien. Daraus wird in der Politik die Conclusio des malaiischen Führungsanspruchs. Mit anderen Worten wird in der Theorie mit den älteren Rechten und der numerischen Überlegenheit der Bumiputra argumentiert - und in der Praxis eine "Suprematie" der Malaien betrieben. Gestützt wird das zuweilen noch durch geschickte Statistiken und durch diverse Malaiisierungsversuche[22].

---

[19] Zu Unterschieden in Zahlen und Beurteilungen, vgl. z.B.: FWA'92 (1991), Sp. 455 (61% Malaien); "Political Handbook of the World 1991" (1991), S. 416 (46%); Nohlen (1984), S. 381 (55%, mit Einschränkungen); Nohlen/Nuscheler (1983), S. 389 (53,1%); "Jahrbuch Dritte Welt 1992" (1991), S. 216f. (60%, ebenfalls mit Anmerkungen).

[20] Für Gesamt-Malaysia lassen sich die Bumiputra auf ca. 60 Prozent (Uhlig (1988), S. 418) und Malaien auf ca. 48 Prozent (Means (1991), S. 150 (Anm.)) festlegen. Unstrittig ist ein Anteil von ca. 55 Prozent Malaien in Westmalaysia (Milne/Mauzy (1986), S. 66).

[21] Zu diesem Sachverhalt und den daraus folgenden Problemen, vgl.: Husin Ali (1981); Milne/Mauzy (1986), S. 66ff.; Uhlig (1988), S. 415ff. u. 429ff.; Andaya/Andaya (1982), S. 2ff. u. 299ff.; Chandra Muzaffar (1985b), S. 356. Zu einer korrekten Differenzierung zwischen "Bumiputra" und "Malaien", s. bes.: Husin Ali (1981), S. 1ff. u. Uhlig (1988), S. 417f. Uhlig macht auch nähere Angaben zur ethnischen Differenzierung Sabahs und Sarawaks sowie zu Ureinwohnern vornehmlich in Westmalaysia, auf die hier nicht näher eingegangen wird; s. ebdt., S. 429f. u. 433.

[22] Zum ersten Punkt ist anzumerken, daß offizielle Statistiken vornehmlich zu Ostmalaysia Malaien heute meist im Verbund mit kleineren Ethnien als Bumiputra ausweisen und so die Mehrheit errechnen (vgl.: Means (1991), S. 276f.; Andaya/Andaya (1982), S. 3;

In diese Oberschicht dringen von den anderen Ethnien lediglich die chinesischen Spitzen der Wirtschaft (durch den indirekten Einfluß ihrer Position und ihres Geldes) und einige vom Regierungslager kooptierte Politiker (aber weitgehend ohne Macht) vor.

2. **Die Mittelschicht**. Die Wirtschaft Malaysias liegt fast ausschließlich in den Händen der **Chinesen und Inder**. Sie stellen das Gros der Wirtschaftsführer, Freiberufler, leitenden Angestellten und der besser verdienenden Arbeiter. Mithin bilden sie die Mittelschicht. Erst in jüngster Zeit entwickelte sich - mit staatlicher Nachhilfe - auch eine langsam wachsende malaiische Mittelschicht, die sich aber noch mehr im Besitz von Kapitalanteilen denn in ökonomischer Macht ausdrückt.

3. **Die Unterschicht**. Die Basis der Gesellschaftspyramide bilden die Landbevölkerung und städtische Industriearbeiter. Während letztere stärker **ethnisch gemischt** sind, sind erstere fast nur **Malaien** - zugleich das Gros dieser Ethnie.

Schon 1956 hatte J.S. Furnivall diese recht saubere Gliederung der Gesellschaft nach ethnischen, religiösen und sozialen Gesichtspunkten auf den Punkt gebracht: "They mix but do not combine."[23].

Gleichgewicht der Kräfte: Dieses Ungleichgewicht politischer und gesellschaftlicher Strukturen und besonders die Reibungspunkte zwischen den Ethnien haben in der Geschichte Malaysias immer wieder zu Spannungen zwischen den Rassen geführt. Diese fast natürlichen Spannungen wurden jedoch lange Zeit durch eine kunstvoll konstruierte politische und gesellschaftliche Ordnung sorgsam austariert und unter Kontrolle gehalten. Das Ganze lief auf ein den Gesetzen von Harmonie, Konsens und Tradition folgendes Gleichgewicht der Kräfte hinaus. Die zentrale Rolle spielte dabei die in Malaysia noch deutlicher als in anderen Staaten Südostasiens ausgeprägte und funktionierende Aufteilung zwischen politischer Macht der Malaien und ökonomischer Macht der Chinesen und Inder. M. Heidhues nannte diese Konstruktion in Malaysia gar einen "historischen Kompromiß"[24]. Intensive Bemühungen der Regierung um eine Aufwertung der Malaien haben jedoch in den 70er Jahren und mehr noch im letzten Jahrzehnt dieses kunstvoll

---

SOA akt., Mai 1987, S. 215). Zum zweiten Punkt, s.: Means (1991), S. 40f.; Dauth (1991), S. 136. In das Thema spielen auch die geförderte Zuwanderung von Malaien aus anderen Staaten (s. Means (1991), S. 65; Husin Ali (1981), S. 4f.; FEER, 2. Apr. 1992) u. die Bevölkerungsentwicklung, die deutlich auf eine Verschiebung zugunsten der Bumiputra und sogar der Malaien hinläuft (s. Means (1991), S. 276ff.; Hanisch (1991), S. 219).
[23] Furnivall (1956), S. 116.
[24] Heidhues (1983a), S. 70.

austarierte Gleichgewicht in Gefahr gebracht. Darauf aber ist später noch etwas ausführlicher einzugehen.

Chronologie: Die Geschichte des modernen Staates Malaysia war denn auch stets ein ständiges Lavieren zwischen den verschiedenen Ethnien. Auch sie ist grob in drei Phasen einzuteilen:

1. Das erste Jahrzehnt von der Staatsgründung 1957 bis zu den Rassenunruhen 1969. Es ist gekennzeichnet von den Auseinandersetzungen um Malaysias territoriale Gestaltung, von den Versuchen Singapurs, Einfluß auf Malaysia und die Chinesen Malaysias zu nehmen - und umgekehrt - sowie von latenten und langsam ansteigenden Spannungen zwischen den Ethnien[25]. Diese Spannungen wurden im Vorfeld der Wahlen von 1969 erstmals in größerem Maße akzentuiert und entluden sich in den Unruhen vom Mai 1969, bei denen etwa 200 Menschen ums Leben kamen[26].

2. Das zweite Jahrzehnt von 1969 bis zum Regierungswechsel 1981. Es war unter dem Eindruck der Unruhen zuerst einmal vom Versuch geprägt, dieses Land wieder zu beruhigen. Die Suprematie der Malaien wurde als "political fact"[27] festgeschrieben und das Land und seine politischen Strukturen im Ausnahmezustand quasi eingefroren. Im weiteren Verlauf war das Jahrzehnt unter dem Postulat malaiischer Suprematie dann aber auch geprägt von einem langsamen Umdenkungsprozeß und einer vorsichtigen Neuformulierung der Politik[28]. Das neue Ziel war es, die herausgehobene politische Stellung der Malaien durch wirtschaftliche und gesellschaftliche Aufwertung besser zu rechtfertigen. Allerdings wurde dabei oft zu umstrittenen Maßnahmen gegriffen, die auf eine weitere Bevorzugung der Malaien hinausliefen[29]. Die herausragenden Instrumentarien waren eine neue Wirtschafts- und eine

---

[25] Zu einer guten Übersicht über diese erste Phase malayischer bzw. malaysischer Politik, s.: Milne/Mauzy (1986), S. 31ff. u. Means (1970), S. 292ff. u. 341ff
[26] Eine der besten Übersichten und Analysen über den Mai 1969 gibt Means (1991), S. 1ff. Mit stärkerem Akzent auf den Islam, s.: Hussin Mutalib (1990a), S. 53ff.
[27] Milne/Mauzy (1986), S. 42. Zu dieser Phase, vgl. auch: Means (1991), S. 10ff.
[28] Zu dieser Politik, vgl.: Milne/Mauzy (1986), S. 41ff. u. Vasil (1980), S. 187ff.
[29] Evident wird diese Fragwürdigkeit durch die Subsumierung einiger Maßnahmen, in: Heidhues (1983a), S. 72f.: "Durch die 'New Economic Policy' sollten die Malaien bzw. 'Bumiputras' [...] einen größeren Anteil am Reichtum des Landes erhalten [...]. Malaiisch wurde als Nationalsprache im Bildungswesen und im öffentlichen Leben zusätzlich gefördert, und man schaffte für Malaien mehr Studienplätze an den Hochschulen und Universitäten. Die Wahlbedingungen änderte man noch mehr zugunsten der Malaien, indem man die Wahlkreisgrenzen neu festlegte. [...]. Das Äußern von Zweifeln an der 'Malay Supremacy' und auch an Rechten der anderen ethnischen Gruppen wurde verboten; so erlitt die Redefreiheit Einschränkungen, die bis ins Parlament reichten."

neue Bildungspolitik. Die neue Wirtschaftspolitik "New Economic Policy / NEP"[30] lief auf eine Förderung des malaiischen Engagements in der Wirtschaft hinaus, um eine Steigerung ihres Kapitalanteils entsprechend zum Bevölkerungsanteil zu erreichen. Die neue Bildungspolitik sollte mittels Quoten das allgemein als mangelhaft angesehene Bildungsniveau der Malaien heben[31]. Ähnliche Quotierungen gab es auch für andere öffentliche und ökonomische Bereiche[32]. Die Grundrichtung des Jahrzehnts beschrieb R.K. Vasil 1980 so: "The country is in evitably moving in the direction of a Malay Malaysia"[33]. Markant ist dabei aber, daß sich auch in diesem Jahrzehnt die Politik noch immer stets innerhalb des Systems des Kräftegleichgewichts vollzog[34].

3. Das dritte Jahrzehnt der 80er Jahre. Es beginnt mit einer Zäsur: 1981 wird mit Mahathir Mohamed erstmals ein bürgerlicher Politiker Premierminister[35]. Er forciert die bereits von ihm mitgetragene Neuorientierung und bricht damit auch mit der bisherigen Politik des Kräftegleichgewichts. Mahathir hat sich einen wohlhabenden und modernen Industriestaat Malaysia zum Ziel gesetzt, und versucht dabei auch, Staat und Gesellschaft zu erneuern. Zu seinen Erfolgen zählt ein anhaltendes Wirtschafts- und Wohlstandswachstum mit bis zu zweistelligen Zuwachsraten. Zu seiner Politik zählt aber auch der Abbau von Traditionen und Gewohnheiten; im Zuge der Modernisierung oder weil sie seinem Bild von einem modernen Staat - oder auch seiner Macht? - entgegenstehen (z.B. bemüht er sich, die Macht der Fürsten zugunsten der bürgerlichen (malaiischen) Politiker zu begrenzen). Beides bedeutet für Malaysia an vielen Stellen ein Aufbrechen der alten politisch-gesellschaftlichen Ordnung - mit Chancen und Risiken. Allerdings gehört auch in Mahathirs Konzept die Aufwertung der Malaien in Fortsetzung der Politik der 70er Jahre und damit der Versuch, deren Vormachtstellung in die neue Zeit zu transformieren[36].

---

[30] Zur NEP, vgl.: Means (1991), S. 23ff. (Ausgangsposition) u. 310ff. (als erste Wertung); Milne/Mauzy (1986), S. 131ff. u. bes. 141ff.; Rigg (1991), S. 116ff
[31] Zur Bildungspolitik, s.: Means (1991), S. 26f.; Hussin Mutalib (1990a), S. 59f.; Sharom Ahmat / Siddique (1987), S. 61ff.
[32] Dazu s.: Means (1991), S. 24ff.
[33] Vasil (1980), S. 225.
[34] Am besten nachzuvollziehen ist dies an der nach 1970 wieder mit Nachdruck betriebenen Politik des Zusammenbindens möglichst vieler Parteien in einer Allianz. Vgl. dazu "The Coalition Building Scheme", in: Milne/Mauzy (1986), S. 43f.
[35] Zu Mahathir Mohamed und seinen Ansätzen, vgl.: Means (1991), S. 82ff.; Pathmanathan/Lazarus (1984), S. 3ff.
[36] Zur Ära Mahathir, s.: Means (1991); Dauth (1991); Welt, 18. Mrz. 1992; NZZ, 11. Sep. 1991. Zur Begrenzung adliger Macht, s.: FEER, 23./30. Apr. u. 16. Juli 1992

4. Stabilität und Instabilität

Die Kapitel 1. - 3. dürften gezeigt haben, daß in Malaysia die Frage nach allgemeiner Stabilität und unsere Fragestellung nahezu identisch sind. So lautet auch die Kernaussage fast aller Autoren, die sich mit dieser Frage beschäftigt haben[37]: In dem im Umbruch befindlichen Malaysia herrscht eine latente Instabilität oder, wie ich sagen möchte, eine instabile Stabilität. Hauptherausforderung der Stabilität ist die ungelöste und immer wieder aufkommende Rassenfrage, die sich zugleich entlang der religiösen Linien abspielt. Kein Geringerer als Mahathir sprach denn auch einst von einer "society on the razor's edge"[38]. Hauptstützen der Stabilität sind aber das gewachsene und noch immer akzeptierte politische System und der anhaltende Wachstumsprozeß.

Darüber hinaus gibt es nur noch zwei untergeordnete Faktoren für eine potentielle Destabilisierung. Der eine ist der interne West-Ost-Gegensatz innerhalb Malaysias mit seinen permanenten, aus einer Art Mutterland-Kolonie-Verhältnis resultierenden Spannungen und gelegentlichen Separatismen[39]. Der zweite sind Folgewirkungen des starken Wachstumsprozesses, verbunden mit gravierenden ökonomisch-sozialen Strukturveränderungen im Land. Manche Beobachter warnen vor Problemen bei einem Stagnieren oder gar Ausbleiben des Wachstums[40].

Mit dem ersten Szenario des Rassenkonfliktes werden wir uns im folgenden beschäftigen. Die anderen beiden Punkte West-Ost-Gegensatz und Wirtschaft sind von untergeordneter Bedeutung, sollten aber bei den weiteren Überlegungen durchaus in Erinnerung behalten werden.

II.2.2. Identität, Rolle und Partizipation der Muslime

Zur Beurteilung von Rolle und Identität der Muslime in Malaysia ist ein Punkt von herausragender Bedeutung: die Gleichsetzung von Malaien mit Muslimen. Die Verfassung gar schließt aus, daß ein Malaie nicht Muslim sein könne[41]. Dort steht nämlich genau zu lesen, was ein "Malaie" ist:

---

[37] Vgl. dazu z.B.: Reinknecht (1989b), S. 209; Milne/Mauzy (1986), S. 186ff.; Esterline/ Esterline (1986), S. 168; Zainah Anwar (1988), S. 5; Kusuma Snitwongse / Sukhumbhand Paribatra (1987), S. 118 u. 132f.
[38] Siehe: Kusuma Snitwongse / Sukhumbhand Paribatra (1987), S. 110.
[39] Vgl.: Anm. 3; Esterline/Esterline (1986), S. 168; Andaya/Andaya (1982), S. 300f.
[40] Vgl.: Dauth (1991), S. 175ff.; Means (1991), S. 279ff.
[41] Husin Ali berichtet von einigen, offenbar sehr seltenen Fällen, in denen Malaien zum Christentum übertraten. Leider geht er nicht darauf ein, was mit diesen geschah. Er er-

"... a person who professes the Muslim religion, habitually speaks the Malay language, conforms to Malay custom ..."[42]

Dies ist ein Bewußtsein, das nicht nur in der Verfassung steht, sondern auch von allen Malaysiern - ob Malaie oder nicht - verinnerlicht wurde[43]. O. Schumann spricht denn auch davon, daß die Malaien den Islam "als integralen Bestandteil ihrer kulturellen Identität" verstehen[44]. Doch damit nicht genug. Auch der Umkehrschluß gilt: Auch Malaysias Muslime sind fast ausschließlich Malaien. Darüber hinaus existiert nur noch ein recht unwichtiges Quantum indischer und ostmalaysischer (nicht-malaiischer) Muslime. Doch de facto scheinen diese eigentlich nicht Muslime, sondern eher etwas ganz anderes zu sein - zumindest im allgemeinen Bewußtsein[45].

Vor diesem Hintergrund ist wird deutlich, warum den formalen Aspekten in dieser Fallstudie mehr Raum einzuräumen war als in anderen Fallstudien. Der ethnische Konflikt in Malaysia ist nämlich zugleich ein religiöser Konflikt und spielt sich exakt entlang der religiösen Trennlinien ab, mit dem Islam als einem von zwei Lagern. Vor diesem Hintergrund und entlang dieser Linien müssen wir nun die Rolle des Islam in Malaysia betrachten.

Malaysia als Staat der Malaien

Um uns ein Bild von Rolle und Selbstverständnis der Malaien/Muslime machen zu können, fassen wir vorab kurz zusammen, welche Sonderrolle sie schon als Malaien und aus der Verfassung heraus einnehmen.

1. In Malaysia ist der **Islam Staatsreligion** und genießen die Malaien/ Muslime schon aus dieser Bestimmung heraus eine Sonderstellung und Sonderrechte[46]. Das gilt zwar vornehmlich für Malaya. Doch gab es seit je her Bestrebungen zur Ausweitung der Vormachtstellung der Muslime/Malaien auch auf Ostmalaysia, auch wenn sie dort eigentlich keine Mehrheit haben. Im Zuge einer intensiven Islamisierungskampagne sind diese Bemühungen zum Beispiel in den 70er Jahren in Sabah recht erfolgreich gewesen[47].

---

wähnt nur, daß sie keine Malaien mehr sein könnten, daß Druck auf solche Konvertiten ausgeübt würde, und daß ihnen laut Verfassung ernste Strafen drohten (vgl.: Husin Ali (1981), S. 3 u. 42).

[42] Zit. nach: Sheridan/Groves (1967), S. 218.
[43] Vgl.: Chandra Muzaffar (1985b), S. 356.
[44] Schumann (1983), S. 28.
[45] Vgl. dazu: Hussin Mutalib (1990a), S. 163.
[46] S.: Sheridan/Groves (1967), S. 27f. u. 42f.; Trindade/Lee (1986), S. 7f.; "Area Handbook Malaysia" (1977), 139f.; Ahmad Ibrahim (1978), S. 41ff.; EIU o2/1990.
[47] Vgl. dazu: Means (1991), S. 40f. u. 155ff.

2. Eine besondere Rolle spielen dabei **die neun malaiisch-muslimischen Sultane und der König**, der aus ihrer Mitte gewählt wird. Sie sind zugleich weltliche Oberhäupter aller Bürger wie geistliche Oberhäupter der Muslime in ihren jeweiligen Staaten bzw. im Gesamtstaat[48] und nehmen damit - zumindest in den Teilstaaten - die Rolle traditioneller islamischer Fürsten wahr[49]. Ihre Macht auf Bundesebene ist institutionalisiert in der "Conference of Rulers"[50].

Das hat zwei Folgen: Zum einen wird dem Islam dadurch auf der jeweiligen staatlichen Ebene eine klare Autoritäts- und Führungsrolle gesichert. Zum anderen wird diese auch ausgeübt. Denn für den überzeugten Muslim ist eine Trennung zwischen Staat und Religion kaum zu ziehen. Und diese Feststellung gilt nicht nur für die muslimische Bevölkerung und ihr Selbstverständnis, sondern auch für die Handlungsweise der Fürsten[51].

3. Es gibt aber einen klaren **Unterschied zwischen Bundes- und Länderebene**. Auf Bundesebene sind die von den Briten während der Kolonialzeit und bei der Staatsgründung geschaffenen demokratischen und rechtsstaatlichen Strukturen und Ideen zumindest im Gleichgewicht mit den traditionalistischen malaiischen und islamischen Herrschafts- und Gesellschaftsstrukturen und dem damit verbundenen Gedankengut[52]. Der Grund ist, daß ein einheitlicher Staat Malaysia vor den Briten so wenig existierte wie ein einheitlicher islamischer Staat.

Allerdings gilt auch der Umkehrschluß. In den Einzelstaaten sind Malaientum und Islam weiterhin die dominanten Werte, da die alten Für-

---

[48] Etwas zu differenzieren ist die Rolle des Herrschers im Gesamtstaat. Während die Sultane und Fürsten nämlich weltliches und geistliches Oberhaupt in ihren Staaten sind, ist der König (a) weltliches Oberhaupt des Gesamtstaates, (b) weltliches und geistliches Oberhaupt seines eigenen Staates und (c) geistliches Oberhaupt in den vier Staaten, die von einem Gouverneur geführt werden. Die Rolle eines - allerdings - kollektiven, geistlichen Oberhauptes im Gesamtstaat liegt dagegen bei der "Conference of Rulers" (s. Anm. 50), die den König aber mit der Wahrnehmung beauftragen kann (vgl.: "Area Handbook for Malaysia" (1977), S. 213 u. 139).
[49] Zu einer guten Darstellung der Stellung der Sultane und Fürsten, s.: "Area Handbook for Malaysia" (1977), S. 115f. u. 139f.; Means (1991), S. 113 ff. Eine weniger formale Darstellung gibt: FEER, 26. Januar 1989, S. 20ff.
[50] Zur "Conference of Rulers", s.: Sheridan/Groves (1967), S. 7; Azlan Shah (1986), S. 87f.; Means (1991), S. 113ff.
[51] Ein Beispiel mag der Sultan von Johor sein, der sich in den 80er Jahren oft über Regierung und Justiz hinweggesetzt hat (s. NZZ, 10. Apr. 1984 u. Welt, 3. Mai 1984). Zu weiteren Beispielen fürstlicher Selbstherrlichkeit, s.: FEER, 26. Jan. 1989, S. 20ff. / 3o. Apr. 1992, S. 31ff.; FAZ, 22. Aug. 1987; Tagesspiegel, 19. Dez. 1992; sowie Means (1991), S. 113 f. oder Dauth (1991), S. 127ff.
[52] Vgl. dazu: Azlan Shah (1986); Milne/Mauzy (1986), S. 100ff.

stentümer und die alten Herrschafts- und Gesellschaftsstrukturen die Kolonialzeit überdauert haben und sogar zu tragenden Elementen des neuen Staates wurden. Auch wenn jeder Einzelstaat bei der Unabhängigkeit formal die gleichen Verfassungsorgane erhalten hat wie der Bund, gelten dort weiter die alten Herrschafts- und Gesellschaftsstrukturen[53]. M.E. ist es offensichtlich, daß auf Grund des dort nicht so weit tragenden Einflusses der Briten vieles nur Fassade ist[54].

4. Die Vormachtstellung wird dadurch abgerundet, daß die Malaien die wichtigsten Posten in **Regierung und Verwaltung** besetzen[55]. Ihr Machtinstrument ist das regierende Parteienbündnis "National Front"[56], das zwar formal multirassial ist, faktisch aber von der malaiischen UMNO in Form eines sorgsam ausgeklügelten Konsenses mit anderen "kommunalen Parteien" (malaysisch für: ethnische Parteien) dominiert wird. Mit diesem Bündnis beherrscht die UMNO seit der Unabhängigkeit die Politik im Bund wie in den meisten Ländern.

Fassen wir zusammen: Schon bei Betrachtung der politischen Ordnung aus dem Blickwinkel der malaiischen Ethnie zeigt sich eine Dominanz der Malaien/Muslime. Addiert man deren Sonderrechte und Privilegien als Muslime hinzu, wird diese Dominanz noch evidenter. Mithin läßt sich sagen: Malaysia ist der "Staat der Malaien" und somit auch der Muslime und sie allein machen darin Politik - ungeachtet öffentlicher Bekenntnisse zu einem ethnienübergreifenden "nation building". Und das ist auch das Selbstverständnis der Malaien/Muslime. Nichts bringt das deutlicher zum Ausdruck als ihre Selbstbenennung als "Bumiputra - Söhne des Bodens", die sie aus ihren älteren Rechten und ihrer - zumindest relativen - Mehrheit ableiten. Mehr ist denn auch zur grundsätzlichen Selbsteinschätzung der Malaien/Muslime gar nicht zu sagen.

Staat vs. Gesellschaft / Malaien/Muslime vs. Chinesen

An dieser Stelle muß aber noch einmal darauf hingewiesen werden, daß zwischen Selbstverständnis und Position der Malaien auf der einen Seite und den gesamtgesellschaftlichen Gegebenheiten auf der anderen Seite gewaltige Diskrepanzen bestehen.

---

[53] Wie Anm. 49.
[54] Wie Anm. 51. Zu traditionellen Elementen, vgl. auch: Salleh bin Abas (1986).
[55] Vgl. dazu: Milne/Mauzy (1986), S. 118; Means (1991), S. 297ff.
[56] Zu einer knappen, aktuellen Übersicht zur "Nationalen Front" (früher: "Alliance") und zur "United Malays National Organization" / UMNO, s.: Hanisch (1991), S. 217 ff. Über die Wirkungsmechanismen der NF und der UMNO, s.a.: Funston (1980); "Area Handbook for Malaysia" (1977), S. 229ff. u. Dauth (1991), S. 130ff.

1. Die Malaien stellen bestenfalls die Hälfte der Gesamtbevölkerung, während die andere Hälfte vornehmlich aus Chinesen und Indern - also aus Nicht-Malaien und auch weitgehend Nicht-Muslimen - besteht.

2. Die Masse der Malaien bildet nur den untersten Part der Gesellschaftspyramide: die einfache Landbevölkerung. Daß die Malaien sich zugleich auch an der Spitze der Pyramide wiederfinden, widerspricht nicht selten allen Grundsätzen der Qualifikation. Oft genug sind die Chinesen - welche nicht von ungefähr die Wirtschaft des Landes beherrschen - besser ausgebildet und qualifizierter.

Das heißt: In Malaysia gibt es zwei akute Spannungsverhältnisse. Eines besteht zwischen Staat und Gesellschaft und eines zwischen Malaien/ Muslimen und Chinesen (plus Indern). Dazu kommt aber noch ein drittes, das die ersten beiden bedingt: ein den Malaien selbst innewohnendes Spannungsverhältnis. Und das sieht knapp so aus:

Die Malaien sehen Malaysia als "ihren" Staat und halten darin alle Macht. Ein Zustand, der für sie ganz natürlich scheint, ja im wahrsten Sinne des Wortes: *gottgegeben.* So sehen sie auch erst einmal keinen Grund, von der Macht etwas abzugeben. Das allein wäre nun noch nicht destabilisierend. Dazu kommt aber noch eine zweite Sicht der Dinge. Vor dem Hintergrund, daß sie die Macht im Staate besitzen, kommt bei ihnen die Frage auf, warum andere in diesem Staat Geld und Wohlstand haben. Ließe sich nicht aus dem einen der Anspruch auf das andere folgern?

Erst dieses Spannungsverhältnis macht die Dinge instabil, zumal es sich trifft mit dem gleichen - spiegelverkehrten - Ansatz bei Chinesen und Indern. Sie haben Wohlstand und Geld, wollen davon ungern etwas abgeben, fragen aber auch nach politischer Macht.

Malaiisierung und Islamisierung

Zur Lösung dieser Spannungsverhältnisse gäbe es drei Möglichkeiten:

1. Man löst die ethnischen Besitzstände - das hieße vor allem jene der Malaien - auf und räumt allen Ethnien gleiche Chancen ein. Das wäre die Anpassung des staatlichen Rahmens an die gesellschaftlichen Verhältnisse.

2. Man läßt die bestehende und sorgsam austarierte Ordnung unangetastet und vertraut darauf, daß die alten Werte des Strebens nach Harmonie und Konsens und des Bewahrens der Traditionen den Ausbruch oder ein Eskalieren der Spannungen verhindern.

3. Man versucht, die gesellschaftlichen Verhältnisse dem staatlichen Rahmen anzupassen und die Malaien so weit aufzuwerten, daß sie ihrer Führungsrolle gerecht werden.

Betrachtet man Malaysias Geschichte, so wurden bisher nur die letzten beiden Varianten praktiziert. Die erste wurde hingegen von den stets malaiischen Führern offenbar nie in Betracht gezogen. Zu sehr fürchteten sie wohl die Marginalisierung der Malaien durch die in vielerlei Hinsicht überlegenen Chinesen und Inder. Statt dessen haben sie in der ersten Phase Malaysias (1957/63 - 1969) vor allem auf die zweite Vorgehensweise und auf eine Politik des "laissez faire" vertraut. Dem wurde jedoch 1969 durch die blutigen Rassenunruhen ein abruptes Ende gesetzt. In der nächsten Phase (1969 - 1981) entschieden sie sich für eine Mischung aus den Varianten 2 und 3. Ohne das System zu sehr zu belasten, wurde an einer vorsichtigen Aufwertung der Malaien und am vorsichtigen Ausbau ihrer Position in der Gesamtgesellschaft gearbeitet. Auf diese beiden Phasen soll hier aber nicht näher eingegangen werden, ist doch die in den 70er Jahren betriebene Politik der Aufwertung und Bevorzugung der Malaien/ Muslime noch eher mit "Malaiisierung" denn mit "Islamisierung" zu benennen[57].

Anders wurde dies ab 1981. Und zwar aus zwei Gründen. Der erste Grund war wohl die weltweite Renaissance des Islam. Sie mußte gerade in Malaysia auf fruchtbaren Boden fallen, war es doch besonders die Schaffung eines stärkeren malaiischen Selbstbewußtseins in den 70er Jahren, die nun zur Basis für einen um so lauteren Ruf nach mehr islamischer Identität unter den Malaien/Muslimen wurde. Wie schon gesagt, ist für die Malaien der Islam "integraler Bestandteil ihrer Identität". Dies wurde nun immer deutlicher. "Malaiisierung" wurde immer stärker zugleich "Islamisierung"[58]. Und das wiederum förderte der zweite Grund: der neue Premier Mahathir.

Auch Mahathir betrieb eine konsequente Bevorzugung der Malaien/ Muslime. Allerdings gab er ihr einen neuen ideologischen Überbau. Er kleidete sie in das Argument, die apathischen Malaien auf das Niveau der Chinesen heben zu wollen und mischte dies mit Aufrufen zu japanisch-südkoreanischem Produktivitätsethos[59]. Schon in den 70er Jahren

---

[57] Milne/Mauzy z.B. sehen bis zu diesem Zeitpunkt lediglich Ansätze einer Islamisierung und terminieren die tatsächliche Islamisierung erst auf die Aera Mahathir (vgl. Milne/ Mauzy (1986), S. 52f.). Ähnlich sehen es Hussin Mutalib (1990a), S. 133 u. 136f., Zainah Anwar (1988), S. 7, u. Mohamad Abu Bakar (1987), S. 160ff.
[58] Wie Anm. 57.
[59] Zu dem neuen Kurs und dieser unter dem Schlagwort "Look East Policy" bekannt gewordenen Ideologie, vgl.: Means (1991), S. 84ff. u. bes. 92 ff. Speziell zur "Look East Policy", s.: Hanselmann (1985), S. 294ff.

war er einer der Architekten der Malaiisierungspolitik gewesen[60]; beteiligt an der NEP und als Bildungsminister an den Quotenregelungen in den Universitäten. Als Premier legte er den Akzent auf den Islam. In seine Ära fallen die Gründungen der ersten Islamischen Bank und der ersten Islamischen Universität Südostasiens[61] sowie der Aufstieg des wichtigsten islamischen Studentenführers der 70er Jahre, Anwar Ibrahim, zum Minister[62]. Bemerkenswerter aber als solche politischen Winkelzüge und Prestigeobjekte waren viele kleine Schritte der Islamisierung von Staat und Gesellschaft[63]: die Aufwertung des Islam an den Universitäten[64] und in der Justiz[65], der forcierte Bau neuer Moscheen durch den Staat[66] oder neue, gegen andere Glaubensgemeinschaften gerichtete Gesetze[67]. Und das traf sich mit neuen Malaiisierungsmaßnahmen wie der Bevorzugung der Sprache der Malaien[68], und einer konsequenten Weiterverfolgung der NEP (später in die "New Development Policy" (NDP) übergeführt). Alles zusammen soll offenbar das islamische Bewußtsein - und damit das Selbstbewußtsein der Malaien - ebenso stärken wie die zunehmende Einreihung des an sich multireligiösen Landes unter die islamisch-muslimischen Staaten[69] und ein betont islamisches Auftreten Mahathirs und seines Kabinetts[70]. Beobachter sprachen bereits vom "islamischen Muff"[71].

Diese Stärkung des islamischen Bewußtseins hat auch unter den Malaien/ Muslimen des Landes Wirkung gezeigt. Immer mehr verzahnt sich die Islamisierung von oben mit einer Islamisierung von unten.

Eine solche Islamisierung der Malaien läßt sich an einer Vielzahl von Mosaiksteinchen und Details ablesen. Sie findet ihren Ausdruck unter anderem in der steigenden Bedeutung der Moscheen als politische Foren[72], im Fußfassen des Islam an den Universitäten[73], in Versuchen zur

---

[60] Vgl.: NZZ, 21. Juli 1981; Welt, 19. August 1981.
[61] Vgl.: NZZ, 19. Juni 1984; FEER, 22. Jan. 1987; Hussin Mutalib (1990a), S. 138f.
[62] Zu Anwar Ibrahim, s.: Kershaw (1983), Jomo/Cheek (1988), S. 856ff.
[63] Den wohl detailliertesten Nachweis der Islamisierungspolitik gibt: Hussin Mutalib (1990a), S. 127ff. u. bes. S. 133ff. Siehe aber auch: Means (1991), S. 99ff.
[64] Vgl.: FEER, 22. Jan. 1987 / 25. Jan. 1990, S. 32ff.; Milne/Mauzy (1986), S. 93ff.
[65] Vgl.: FEER, 5. Febr. 1987, S. 33 / Welt 30. Mai 1987.
[66] Vgl.: Hussin Mutalib (1990a), S. 137 u. 151 (Anm. 23).
[67] Vgl.: FEER, 3. Aug. 1989, S. 30 / SOA akt. Nov., S. 16f. u. Mai 1990, S. 226f.
[68] Vgl.: Uhlig (1988), S. 463ff.; FEER, 12. Dez.1991, S. 28ff. / 8. Okt.1992, S. 31.
[69] S.: Hussin Mutalib (1990a), S. 128ff.; Pathmanathan/Lazarus (1984), S. 6f., 48ff. u. zwei Mahathir-Reden von 1981 (Pathmanathan/Lazarus (1984), S. 57ff., 69ff.).
[70] Vgl.: Hussin Mutalib (1990a), S. 137ff.
[71] FAZ, 30. Okt. 1987.
[72] Vgl.: NZZ, 19. Juli 1984; Hussin Mutalib (1990a), S. 155.

Ausweitung islamischer Justiz von unten her[74] oder vielleicht am deutlichsten in der Alltäglichkeit, mit der heute islamische Kleidung in aller Öffentlichkeit getragen und islamische Handlungsweisen praktiziert werden[75]. Eine Aufzählung, die sich jederzeit fortsetzen ließe. Und auch wenn man in einem Land mit einer derart massiven staatlich geförderten Islamisierung jedes Detail immer unter einem gewissen Vorbehalt sehen muß, erscheint es m.E. legitim, aus der Fülle von Mosaiksteinchen eine doch recht breite Stärkung des islamischen Bewußtseins in der malaiischen Bevölkerung zu folgern. Ein Urteil, das ich auch durch den persönlichen Eindruck eines Aufenthaltes im Malaysia des Jahres 1990 unterstreichen möchte[76].

Abschließend ist zu fragen, was für ein Islam in Malaysia an Boden gewonnen hat? Hussin Mutalib sieht im Erstarken des Islam bei den Malaien "more a rivival of a general sense of religiosity rather than Islamicity"[77]. Übertragen auf diese Arbeit, die nicht zwischen "privat-religiösem" und "politischem" Islam trennt, spricht das für zweierlei. Erstens für ein stärkeres allgemeines, "religiöses" Bewußtsein; also für ein breiteres islamisches Bewußtsein, das unter Beachtung der Einheit von "Glaube und Reich" Basis auch für mehr sein dürfte. Zweitens für einen auch in Malaysia gemäßigten Islam; gemäßigt durch Adat-Einflüsse. Ein Eindruck, den ich aus eigener Anschauung bestätigen mag. Allerdings ist es auch mein Eindruck, daß durch den einheitlicheren Charakter des malaysischen Islam (im Gegensatz zum indonesischen) die Islamisierungen von Staat und Gesellschaft stärker greifen und abschwächende Elemente geringer sind als in Indonesien. Die gleiche Skala von Adat und Islam auf Malaysia angewandt, würde den - noch dazu geschlosseneren - Akzent klarer auf der Islam-Seite sehen.

Fazit

In Malaysia ist der Islam in den 80er Jahren zum politischen Instrument der herrschenden Malaien geworden. Sie haben ihn zur weiteren Malaiisierung eingesetzt, um ihre Position - die der Malaien und die der UMNO - zu festigen und auszubauen. Oder anders: Es waren Malaien, die den Islam für sich

---

[73] Zum Islam an der Universitäten, s.: FEER, 25. Jan. 1990; Hussin Mutalib (1990a), S. 154f.; Dauth (1991), S. 166ff.; Zainah Anwar (1987).
[74] Vgl.: FEER, 22. Jan. 1987, S. 25 / 5. Febr. 1987, S. 33.
[75] Am besten illustriert dies: Chandra Muzaffar (1987), S. 3ff.; s.a. FEER, 22. Jan. 1987, S. 20ff.; Welt, 30. Mai 1987.
[76] Hussin Mutalib spricht in diesem Zusammenhang von "the rise of Muslim consciousness among Malay masses in general" (Hussin Mutalib (1990a), S. 154). Dauth: "Die 'grüne Revolution' beginnt ihre Früchte zu tragen" (Dauth (1991), S. 161).
[77] Hussin Mutalib (1990a), S. 160.

genutzt haben, und nicht Islamisten, die das Malaientum genutzt haben; auch wenn diese ihre Politik immer wieder damit begründeten, daß sie dem Islam wieder zu dem Stellenwert verhelfen müßten, der ihm in der malaiischen Gesellschaft zustehe[78]. Dies macht übrigens auch ihre Aussagen glaubhaft, zwar einen "islamischen Staat" bzw. einen "Staat nach den Prinzipien eines islamischen Staates", aber keine Theokratie zu wollen[79].

Diese Selbst-Bevorzugung der Malaien/Muslime hat die Spannungen nicht gemindert. Die ärgsten Auseinandersetzungen liegen zwar bereits über zwei Jahrzehnte (1969) zurück, aber der Konflikt ist weiter latent in der Gesellschaft präsent und hat erst 1987 wieder einen Höhepunkt erreicht[80]. Wohl nicht zu Unrecht prangern Beobachter immer wieder die Regierung an, mit ihrer Politik nicht gerade auf eine Beilegung des Konfliktes hinzuarbeiten. Vielmehr deutete gerade 1987 manches darauf hin, daß sie die Konflikte bewußt geschürt habe; unter anderem um gegen Oppositionspolitiker vorgehen zu können[81]. Dazu E. Haubold: "Auch unter Mahathir, [...], wird heute Politik 'kommunalisiert', wird mit dem Rassenfaktor Politik betrieben, wenn sich die Malaien-Partei [die UMNO, Verf.] bedroht fühlt"[82].

Zusammenfassend ist zu sagen: Erstens haben die herrschenden Malaien den Islam in den 80er Jahren zum Instrument für ihre Politik gemacht. Zweitens haben sie damit zweierlei erreicht: zum einen objektiv eine Islamisierung der malaiischen Gesellschaft, zum anderen subjektiv ein stärkeres Selbstbewußtsein der Malaien/Muslime, aber auch eine Beibehaltung der latent instabilen Lage. Beschränkt man sich auf diese Fakten, scheinen Islamisierung und Islamisierungsprozeß in Malaysia kontrolliert und kontrollierbar zu sein; zumindest in den Augen derer, die sie forciert haben.

In Kap. II.2.3. wird nun zu untersuchen sein, ob das wirklich so ist, oder ob weitere Kräfte in diesen Prozeß einwirken, und welche Folgen dies hätte. Festzuhalten ist, daß allein schon dieser kontrollierte Prozeß Gefahren birgt. Was aber, wenn es in diesem Prozeß unkontrollierbare Faktoren gäbe oder wenn der Prozeß außer Kontrolle geräte?

---

[78] Aussagen des damaligen UMNO-Präsidenten u. heutigen Außenministers Abdullah Ahmad Badawi und des Chefberaters des Vize-Präsidenten, Kamarudin Jaffar, zum Autor.
[79] Wie Anm. 78. Vgl. dazu auch Mahathirs Ablehnung eines solchen Staates, in: Hussin Mutalib (1990a), S. 131.
[80] Zu den Unruhen 1987, vgl.: FAZ, 30. Okt. u. 14. Nov. 1987; Welt, 31. Okt. 1987. Als Nachbetrachtung: Means (1991), S. 211ff.
[81] Vgl.: FAZ, 30. Okt. 1987; Welt, 31. Okt. 1987; NZZ, 4. Nov. 1987.
[82] FAZ, 26. Feb. 1988; vgl. dazu auch: FAZ, 2. März 1988.

II.2.3. Islamismus, Mobilisierung und Einflußnahme

II.2.3.1. Islamische Aktivitäten im Inland

Wie wir festgestellt haben, wird bereits von staatlicher Seite eine ausgesprochen islamische Politik betrieben. Im folgenden können wir also all das ausklammern, was damit auf einer Linie liegt, und müssen nach Aktivposten außerhalb des Regierungslagers suchen.

Die PAS

Der große Gegenspieler des Regierungslagers ist die weitläufige gut und organisierte islamistische Partei PAS. Auch ihre Klientel sind die Malaien, aber auch andere Muslime. Nach einigen Hochs und Tiefs der Vergangenheit und zeitweiligen Bündnissen mit der UMNO ist sie seit den 80er Jahren *die* innenpolitische Oppositionskraft. Ihr prononciert islamistischer Kurs geht um einiges über den des Regierungslagers hinaus und beinhaltet auch die vorbehaltlose Forderung nach einem "islamischen Staat" (nähere Informationen zur PAS: Kasten "Die PAS (Parti Islam seMalaysia)").

Zweimal hatte die PAS in den 80er Jahren das Regierungslager bei Wahlen ernsthaft herausgefordert[83] - und ist beide Male gescheitert.

<u>1986</u> war die Herausforderung am markantesten - und die Niederlage verheerend[84]. Obwohl der Zweikampf UMNO - PAS den Wahlkampf beherrscht hatte, errang die PAS nur ein Mandat. Doch zum einen begünstigte das Mehrheitswahlrecht die Regierungsseite; trotz 15,3 Prozent landesweit errang die PAS nur einen Wahlkreis. Zum anderen hatte die UMNO den ganzen Wahlkampf und den Regierungs- und Medienapparat voll auf die PAS konzentriert[85]. Und zum dritten hatte die PAS mit ihrer gerade erst vollzogenen Öffnung hin zu nichtmalaiischen Muslimen - und sogar zu Nicht-Muslimen - das Selbstverständnis ihrer malaiischen Klientel ins Wanken gebracht[86].

---

[83] Die Wahl 1982 sei ausgeklammert, da sich die PAS damals in einem inneren Macht- und Richtungskampf befand und so das Regierungslager kaum ernsthaft herausfordern konnte (s. Jomo/Cheek (1988), S. 852f.; Hussin Mutalib (1990a), S. 121f.).
[84] Zur Wahl 1986, s.: Means (1991), S. 182ff.; Hussin Mutalib (1990a), S. 170ff.
[85] Wie intensiv die UMNO-Kampagne gegen PAS unter massivem Einsatz ihres Apparates waren, zeigen schon im Vorfeld die öffentlichen Kampagnen bis hin zu Verhaftungen aus dem Jahre 1984; s. dazu: "Southeast Asian Affairs 1985" (1985), S. 223ff.
[86] Vgl. dazu: Hussin Mutalib (1990a), S. 171f.; Chandra Muzaffar (1987b), S. 90ff.; FEER, 22. Jan. 1987, S. 24f. u. Asiaweek, 17. Aug. 1986, S. 39.

Die PAS (Parti Islam seMalaysia)[87]

Die PAS ist ohne Zweifel eine islamistische Partei. Sie strebt die Reformierung von Staat und Gesellschaft nach islamischen Grundsätzen an, wozu auch die Dominanz über andere Glaubensgemeinschaften und eine islamische Rechtsprechung gehören. Wie sie sich die Staatsführung vorstellt, zeigt ihre eigene Organisation. Oberstes Parteigremium ist der "Majlis Shura", ein Rat aus zwölf islamischen Rechtsgelehrten[88]. Die PAS hat ihre Anhänger vor allem bei der ländlichen Bevölkerung. Ob der Weite Malaysias erscheinen gerade diese Muslime dem staatlichen Zugriff ferner und damit unzugänglicher als dem der rührigen und gerade an der Basis präsenten PAS-Aktivisten[89]. Nicht von ungefähr liegen die PAS-Hochburgen in den nordmalayischen Staaten Kelantan und Trengganu[90]. Doch längst ist die PAS keine Partei des flachen Landes mehr, findet vielmehr auch darüber hinaus in den Städten Zulauf und etabliert sich besonders an den Universitäten, wo sie in Konkurrenz zu regierungsnahen islamischen Gruppen steht[91]. Ihr politischer Ansatz ist der umgekehrte Ansatz der UMNO. Während die UMNO vom Malaientum zum Islam kam, versteht sich die PAS zuerst einmal als islamische Partei, die aber natürlich ob der spezifisch malaysischen Situation ebenfalls ihre Klientel im Malaientum hat[92]. Entgegen der UMNO aber betrachtet sie auch den kleinen Prozentsatz nichtmalaiischer Muslime als ihre Klientel. Ob ihr das eher zum Vor- oder Nachteil gereicht, ist schwer zu sagen[93]. Für ihre Propaganda findet PAS vor allem zwei Ansatzpunkte. Erstens unislamische Elemente in Malaysias Staatssystem, wie die Tatsache, daß nicht die Schari'a, sondern britisches Recht Grundlage des Recht ist. Zweitens die Furcht vieler Malaien vor einer dominierenden Rolle der Chinesen.

1990 war unter Führung einiger UMNO-Dissidenten erstmals ein Bündnis der Oppositionsparteien angetreten, dem auch die PAS angehörte. Das Bündnis errang zwar 47 Prozent, aber nur 49 der 180 Mandate. Die PAS blieb etwa so stark wie 1982 und 1986 (um 15/16 Pro-

---

[87] Zu guten Darstellungen der PAS, s.: Hussin Mutalib (1990a), S. 106ff. u. Chandra Muzaffar (1987), S. 55ff. Ausführlicher, insbesondere zu Geschichte und Ideologie, sind: Safie bin Ibrahim (1981) u. Funston (1980) (Diese beiden datieren aber vor der Neuformierung der PAS in den 80er Jahren). Wie die Ausführung des geforderten "islamischen Staates" aussehen soll, dazu s. die Literatur unter Anm. 102.
[88] Vgl.: SOA akt. Mai 1987, S. 312.
[89] Vgl.: Tanham/Wainstein (1988), S. 32; FEER, 22. Jan. 1987, S. 24f. / 28. Feb. 1991, S. 14f.
[90] Vgl.: Jomo/Cheek (1988), S. 845.
[91] Den besten Überblick über die islamischen und islamistischen Gruppen und Aktivitäten an den Universitäten gibt: Zainah Anwar (1987). Aktualisiert wird die kurze Arbeit durch einen Beitrag derselben Autorin in: FEER, 25. Jan. 1990, S. 32ff.
[92] Der PAS macht dies zuweilen Probleme, da der Islam keine ethnische Differenzierung - und in der Folge Diskriminierung - kennt. Vgl.: Chandra Muzaffar (1985b).
[93] Vgl.: Hussin Mutalib (1990a), S. 170ff. (u. 119ff.); FEER, 22. Jan. 1987.

zent, genaue Zahlen liegen nicht vor) und errang durch Absprachen 7 Sitze, wobei der Gesamteffekt so gering war wie 1986[94].

Nun wäre es m.E. aber falsch und wohl auch verfrüht, die PAS an den Wahlergebnissen zu messen und daraus Niedergang oder Mißerfolg abzulesen[95]. Islamische und islamistische Bewegungen wirken nämlich erfahrungsgemäß von unten her und ihr Erfolg ist mithin in der Gesellschaft zu messen ist und nicht im Staat und an Wahlergebnissen.

Gerade in Malaysia aber ist eine solche "Messung" in der Gesellschaft schwierig. Zwar war für die 80er Jahre eine Islamisierung der malaiischen Gesellschaft festzustellen. Doch wurde diese Islamisierung größtenteils vom Staat vorangetrieben. Das Wirken der PAS läßt nun zwar den Schluß zu, daß die Regierung nicht allein gewirkt hat. Wer aber vermag auseinander zu dividieren, welche der beiden Kräfte - UMNO oder PAS - welchen Anteil gehabt hatte oder hat?

Auch wenn der PAS-Anteil kaum quantifizierbar ist, wollen wir doch aufzeigen, wo und wie er wirkt, um ihn zumindest erahnen zu lassen. Da ist zuerst einmal *der direkte Anteil*, der sich aus direkter Präsenz in der Gesellschaft und dem daraus resultierenden direkten Einfluß ergibt. Er ist noch am ehesten meßbar. Rechnet man die etwa 15 Prozentpunkte der PAS bei Wahlen auf ihre Klientel hoch, ergibt sich eine Anhängerschaft von etwa einem Drittel unter den Malaien[96]. Zusammen mit einem breiten Netz von "PAS-Moscheen oder -Imamen" und "PAS-'ulama'"[97] ist das ein stattlicher Anteil an der malaiischen Gesellschaft und eine gute Infrastruktur.

---

[94] Eine Darstellung und Analyse der Wahlen von 1990 gibt: Hanisch (1991). Des weiteren u. zu den genauen Wahlergebnissen, s.: FEER, 1. Nov. 1990, S. 10ff.
[95] Verfrüht wäre dies wohl vor dem Hintergrund der Wahlen von 1990. Damals erreichte das Regierungslager seine Zwei-Drittel-Mehrheit der Sitze dank des Mehrheitswahlrechts mit nur 52 Prozent der Stimmen. Das Oppositionsbündnis erhielt 47 Prozent. Ein Sieg dieses Bündnisses wäre also nicht unmöglich. Dann wäre auch die PAS Teilhaber an der Macht. Mit dieser Entwicklung wollen wir uns aber hier nicht weiter beschäftigen. Zum einen würde solcher Sieg ein völlig anderes Szenario schaffen. Zum anderen ist keineswegs sicher, daß das 1990 angetretene Bündnis bis zu den nächsten Wahlen (1994 oder 1995) bestehen bleibt (vgl. Hanisch (1991)).
[96] Geht man davon aus, daß die PAS-Wähler fast ausschließlich Malaien aus Malaya sind, und rechnet bei deren Bevölkerungsanteil von knapp 50 Prozent die konstant 15 bis 16 Prozent der PAS allein auf diese Ethnie um, ergibt sich dieser Wert. Vgl. dazu auch: Hanisch (1991), S. 221. u. Crouch (1987), S. 12.
[97] Wie strikt diese Trennung ist, beschreibt Hussin Mutalib, der sogar von PAS-Anhängern berichtet, die nicht hinter einem "UMNO-Imam" beten wollen. Vgl.: Hussin Mutalib (1990a), S. 123f.

Daneben gibt es *den indirekten Anteil*. Blickt man auf das vergangene Jahrzehnt zurück, fällt zweierlei auf. Zum einen stand die politische Auseinandersetzung dieser Zeit stets im Zeichen von UMNO und PAS, wie die Wahlkämpfe (außer 1990) belegen[98]. Zum anderen brachte das Jahrzehnt zwar insgesamt eine wohlbegründete und gleichmäßige Islamisierungspolitik, doch wurde diese meist direkt gegen PAS betrieben[99] und oft vor Wahlen intensiviert (besonders 1982)[100]. Kurzum: Es gibt einen Zusammenhang zwischen staatlicher Islamisierung und den weitergehenden Forderungen der PAS. Einen Zusammenhang, der maßgeblich zur Islamisierung von Staat und Gesellschaft beigetragen hat. Schon 1979 sagte Premier Hussein Onn: "You may wonder why we spend so much money on Islam ... if we don't, PAS will get us"[101].

Daran - und an nichts anderem - sind Erfolg und Einfluß der PAS zu messen: am hohen Islamisierungsgrad der malaiischen Gesellschaft, an dem PAS maßgeblich mitgewirkt hat; auch wenn ihr Mitwirken zuweilen darin bestand, Auslöser für das Wirken anderer gewesen zu sein.

Fazit: Zu Malaysia und den dortigen Islamisten sind somit drei Sachverhalte festzuhalten. Erstens: PAS ist der Exponent der Islamisten in Malaysia. Ihr Schwergewicht liegt auf dem Land. Sie ist aber längst auch in den Städten präsent (Universitäten und Jugend). Zweitens: In Malaysia ist in den 80er Jahren eine Islamisierung der Gesellschaft und des politischen Lebens erkennbar, woran die PAS maßgeblich Anteil hatte; direkt (Präsenz / 15 Prozent) und indirekt (Druck auf die UMNO). Und mehr noch: Diese Islamisierung stärkte und förderte ihrerseits wiederum die PAS. Drittens: Ungeachtet der Veränderungen fordert die PAS weiterhin den "islamischen Staat". Und: Die PAS ist weiterhin eine präsente Kraft.

Damit ist für Malaysia auch für die weiteren 90er Jahre ein Konfliktpotential beschrieben. Ein Konfliktpotential sowohl für den Gesamtstaat wie auch für Auseinandersetzungen unter den Malaien. Eine zentrale Rolle spielt dabei die Tatsache, daß UMNO und PAS die innenpolitischen Hauptkontrahenten

---

[98] Dies gilt ganz besonders für den Wahlkampf 1986 (vgl. Means (1991), S. 184ff. u. Hussin Mutalib (1990a), S. 170 ff.), aber auch für 1982 (vgl. Means (1991), S. 86ff. u. Hussin Mutalib (1990a), S. 112f.). 1990 stand der Wahlkampf im Zeichen des Zweikampfes des Regierungslagers mit dem neuen Oppositionsbündnis, dem auch PAS angehört, dessen Zukunft aber ungewiß ist (vgl. Hanisch (1991)).
[99] Vgl.: Hussin Mutalib (1990a), S. 127ff., 144f., u. Crouch (1987), S. 11f.
[100] Zu Islamisierungsmaßnahmen vor der Wahl 1982, s.: Hussin Mutalib (1990a), S. 134, 138ff. Vor 1986 waren es weniger konkrete Maßnahmen, denn ein überaus erhitzter innenpolitischer Streit zwischen beiden um den islamischeren Weg. PAS nannte UMNO eine Partei der Ungläubigen und UMNO ließ PAS-Aktivisten reichlich willkürlich verhaften (vgl. Hussin Mutalib (1990a), 123f.). Zu 1990, s.: EIU o2/1990, S. 10f.
[101] Hussin Mutalib (1990a), S. 144.

der 80er Jahre waren - und das auch in den 90er Jahren bleiben werden; ungeachtet temporär weiterer Akteure.

In den 90er Jahren hat die Auseinandersetzung Regierung/UMNO vs. PAS zudem eine neue Qualität erlangt. 1990 gewann PAS mit ihren Partnern die Wahlen in ihrem Stammland Kelantan. Seither regiert dort ein PAS-Premier mit Kurs auf einen islamischen Staat. Für PAS ist Kelantan nun eine Machtbasis im Kampf gegen die UMNO und für ihr Ideal. Und aus dem wahlzyklischen Kampf Regierung - Opposition ist ein permanenter Kampf zweier Regierungen geworden. Interessant ist dabei zweierlei: Kuala Lumpurs massiver Gegenkurs gegen die PAS-Regierung und deren Versuch, einen betont gemäßigten Islam-Staat zu schaffen[102].

2. "Dakwah-Bewegungen"

Die PAS wurde hier ausführlich behandelt, weil sie der Exponent der Islamisten ist. Nun wirkt sie aber in diesem Sinn nicht allein. Zwischen ihr und der Regierung gibt es noch weitere Organisationen, die in der Gesellschaft wirken und jede für sich das islamische Bewußtsein der Muslime stärken wollen. Sie werden als "Dakwah- [Da'wa-] Bewegungen" zusammengefaßt. Die wichtigsten sind "ABIM", "Darul Arqam", "Perkim" und "Tabligh" (s. Kasten "Die Dakwah-Bewegungen").

Die Dakwah-Bewegungen[103]

Der Begriff "Dakwah-Bewegungen" leitet sich vom arabischen "daʿwa" her. Wörtlich übersetzt mit "Ruf" (zum Islam), wird dieser Begriff allgemein gleichgesetzt mit "Mission" bzw. "Missionierung". Faktisch meint er damit die Islamisierung von Gesellschaften und die Gewinnung von Konvertiten. Besonders in Südostasien wirkt er dabei mindestens ebenso stark innerhalb der muslimischen Gemeinde wie nach außen. In Malaysia sind unter "Dakwah-Bewegungen" Organisationen zusammengefaßt, die sich der Festigung des Islam unter Muslimen und der Ausbreitung auf Nicht-Muslime widmen.

---

[102] Vgl.: Hanisch (1991), S. 223 u. 232f.; FEER, 31. Jan. 1991, S. 18f. / 28. Febr. 1991, S. 14f. / 22. Nov. 1990, S. 20f. / 23. Jan. 1992, S. 23ff. / 19. Mrz. 1992, S. 13 / 23. Apr. 1992, S. 20 / 30. Apr. 1992, S. 31ff. / 3. Sep. 1992, S. 13.
[103] Die beste aktuelle Übersicht über die Dakwah-Bewegungen (ohne "Tabligh") gibt: Hussin Mutalib (1990a), S. 73ff. Einen knapperen Überblick geben: Chandra Muzaffar (1987), S. 42ff. u. Jomo/Cheek (1988). Sehr ausführlich ist: Nagata (1984).

"**ABIM**"[104]: Die bedeutendste, weil politischste und einflußreichste Bewegung ist "Angkatan Belia Islam Malaysia", die "Islamische Jugend-Bewegung Malaysias". Sie wurde 1969 gegründet und hat 40.000 Mitglieder, die in ihrer großen Mehrheit zwischen 15 und 40 Jahren alt sind und der gebildeten urbanen Mittelklasse und der Studentenschaft angehören. Ihr Ziel beschreibt Chandra Muzaffar so: "ABIM's primary aim is to transmit a proper understanding of Islam to Muslim youth in particular and to the population in general"[105]. ABIM organisiert Konferenzen, Seminare und Gespräche, gibt Bücher, Zeitschriften und Videos heraus und unterhält eigene Schulen. Ihr Engagement könnte man mit gesellschaftlicher Organisation und politischer Bildungsarbeit umschreiben. Mit ihrer Konzentration auf die urbane Jugend ist ABIM ein Bewußtseins- und Ausbildungszentrum für die künftige Elite. Früher galt ABIM als PAS-nah. Doch spätestens seit dem Aufstieg ihres einstigen Führers Anwar Ibrahim in UMNO und Regierung ist diese Zuweisung hinfällig. Heute rekrutieren sowohl UMNO und Regierung wie PAS Nachwuchs aus ABIM. Trotz dieser Verflechtungen ist ABIM aber eine eigenständige Kraft, mit großer Bedeutung für die Zukunft. Zu ihren Zielen zählt auch die Forderung nach einem islamischen Staat.

"**Darul Arqam**"[106]: "Darul Arqam" wurde 1968 gegründet. Der Name (arab.: "dār al-Arqam", "Haus des Arqam") ist ein Begriff im Islam und geht auf den Kaufmann al-Arqam zurück, der Muhammad einst in Mekka sein Haus zur Ausbreitung des Islam zur Verfügung stellte. "Darul Arqam" hat im Lande islamische Dörfer und Kommunen mit Verwaltungen, Moscheen, Schulen, Fabriken, Kliniken und Geschäften, eigenen Ländereien, Tierfarmen und Anbauflächen gegründet. Der Zweck ist ein doppelter: islamische Zellen zu errichten und sich ökonomisch von Nicht-Muslimen unabhängig zu machen.

"**Perkim**"[107]: "Pertubuhan Kebajikan Islam seMalaysia" ("All Malaiische und Muslimische Wohlfahrts-Organisation") wurde von Malaysias Gründervater Tunku Abdul Rahman 1960 ins Leben gerufen. Im Gegensatz zu den anderen Organisationen konzentriert es sich viel mehr auf die Missionierung unter Nicht-Muslimen, besonders unter den nichtmuslimischen Malaien Ostmalaysias. Bereits bis 1980 zählte Perkim 160.000 Konvertiten[108].

"**Tabligh**"[109]: "Tabligh" gilt als die unpolitischste Dakwah-Bewegung. Sie wurde in den 20er Jahren in Indien begründet und kam in den 50er Jahren nach Südostasien, wo sie zuerst unter indischen Muslimen Fuß faßte (z.B. in Penang, Kuala Lumpur, Singapur). Ursprünglich ebenfalls stark auf die Städte konzentriert, richtet sie ihre Aktivitäten in jüngster Zeit auch auf ländliche Regionen. Sie ist nur schwach durchorganisiert und ihre Mitglieder gehen ganz normal ihren Berufen nach. Man könnte ihre Anhänger fast als "Feierabend-Missionare" bezeichnen, zumal ihr Engagement sich auch stark auf "nur" *religiöse* Aspekte konzentriert.

---

[104] Zu ABIM, s.: Hussin Mutalib (1990a), S. 75ff., Chandra Muzaffar (1987), S. 48ff.
[105] Chandra Muzaffar (1987), S. 48.
[106] Zu Darul Arqam, s.: Chandra Muzaffar (1987), S. 44ff., Hussin Mutalib (1990a), S. 85ff. u. Jomo/Cheek (1988), S. 847f.; ad al-Arqam, s.: Watt/Welch (1980), S. 78.
[107] Zu Perkim, s.: Hussin Mutalib (1990a), S. 89ff.
[108] Vgl. Hussin Mutalib (1990a), S. 91.
[109] Zu Tabligh, s.: Chandra Muzaffar (1987), S. 44ff. u. Jomo/Cheek (1988), S. 846.

Die Dakwah-Bewegungen wirken vor allem gesellschaftlich. Sie bemühen sich, die Gesamtgesellschaft - Malaien/Muslime wie Nicht-Muslime - zu islamisieren. Politisch stehen sie zwischen UMNO/Regierung und PAS. Insofern lassen sie sich ohne weiteres in die bisherige Argumentation einpassen. Sie verstärken die bisher beschriebenen Szenarien und vertiefen die Arbeit und die Ansätze der Parteien.

II.2.3.2. Islamischer Einfluß von außen

Aufgrund der hohen internen Dynamik des Islam in Malaysia spielt der externe islamische Einfluß nur eine untergeordnete Rolle. Deswegen wird er hier auch nur kurz abgehandelt. Von Bedeutung sind lediglich die Verbindungen, welche PAS und die Dakwah-Bewegungen zu radikalen Staaten wie Iran und Libyen und zur saudi-arabischen Rabita unterhalten sowie die sich daraus ergebende Unterstützung, da sie durchaus die Handlungsspielräume der PAS und der Dakwah-Bewegungen aufrechterhält bzw. erweitert (Punkt 2 u. 3). Für das Regierungslager spielen naheliegenderweise solche Hilfen kaum eine Rolle.

1. **Staat und Regierungslager** unterhalten seit den späten 60er Jahren gute Beziehungen zu islamisch-muslimischen Staaten; besonders Saudi-Arabien und Ägypten[110]. So können diese Staaten und mit ihnen verbundene Organisationen wiederum Einfluß auf Staat und Gesellschaft Malaysias nehmen[111]. Saudi-Arabien und die Rabita sind z.B. Mitfinanziers der Islamischen Universität Kuala Lumpur[112]. Radikale Staaten wie Iran und Libyen spielen in Malaysia kaum eine Rolle; zumal Kuala Lumpur zu ihnen auch bewußt Distanz hält bzw. durch gezieltes Zugehen auf diese Staaten Einfluß nimmt. Tatenlos waren und sind aber auch sie nicht[113].

2. Die **PAS** und ihr nahestehende Organisationen erhalten sicher ebenfalls Unterstützung aus gemäßigten Staaten wie Saudi-Arabien oder Ägypten. Doch kommt diese Hilfe meist von einzelnen islamistischen Organisationen wie der Rabita oder der "Muslimbrüder" (Ägypten)[114].

---

[110] Vgl. dazu: Hussin Mutalib (1990a), S. 49ff. und 128ff.; Pathmanathan/Lazarus (1984), S.48f.
[111] Dies wird deutlich in der Übersicht Hussin Mutalibs zu Dakwah-Bewegungen und die Einflüsse islamisch-muslimischer Länder (vgl. Hussin Mutalib (1990a), S. 73ff.). Vgl. auch: Pathmanathan/Lazarus (1984), S. 48f.; Tanham/Weinstein (1988), S. 41.
[112] Vgl.: Welt, 30. Mai 1987.
[113] Vgl.: Tanham/Weinstein (1988), S. 41ff.; Hussin Mutalib (1990a), S. 131ff.; Welt, 30. Mai 1987.
[114] Vgl.: Mohamad Abu Bakar (1989); Welt, 30. Mai 1987.

Darüber hat PAS aber auch gute Kontakte zu Islamisten in Iran, Pakistan oder Indien[115] und wohl auch nach Libyen[116].

3. Für die zwischen Regierungslager und Opposition stehenden **Dakwah-Bewegungen** gilt sinngemäß etwa das gleiche wie für Staat und Opposition. Auch sie werden von verschiedenen Seiten unterstützt[117].

II.2.4. Analyse: Stabilität und Destabilisierung

Bevor wir uns abschließend mit Malaysias Stabilität und mit einer islamisch bedingten Destabilisierung auseinandersetzen, müssen wir noch kurz den heute im Land anzutreffenden Islam charakterisieren. Prinzipiell finden sich dabei aus historischen und ethnischen Gründen in Malaysia die gleichen Voraussetzungen wie in Indonesien. Doch das Staatsverständnis der Malaien/Muslime in Malaysia - insbesondere das sonderbare "Elitedenken" der sie repräsentierenden Führung - und auch die Spannungen zwischen den Rassen lassen den Islam in Malaysia in einem ganz anderen Lichte erscheinen. Die letzten eineinhalb Jahrzehnte waren gekennzeichnet von einem Erstarken und von einer Politisierung des Islam. Doch mehr noch: Der Islam ist in Malaysia zum bestimmenden Faktor einer bestimmten Ethnie geworden. Und in der Folge scheint er vielmehr auf Konfrontation angelegt zu sein als in den anderen Staaten, oder zumindest als Instrument der Konfrontation benutzt zu werden. Mehr und mehr hat man den Eindruck, daß die harmonisierenden Einflüsse des Adat im malaysischen Islam in den Hintergrund gedrängt wurden; auch wenn sie durchaus noch eine breite Kraft innerhalb dieses Islam darstellen mögen und so bis zu einem gewissen Grad weiter mäßigend auf jede weitere Islamisierung und auf die politische Landschaft einwirken können[118]. Doch anders als in Indonesien, wo wir von einem Adat-Islam mit zunehmender Akzentuierung im Islam sprechen konnten, müssen wir für Malaysia von einem Islam mit lediglich mäßigenden Adat-Einflüssen sprechen.

Vor diesem Hintergrund wollen wir die Frage nach Malaysias Stabilität angehen. Vorgehen werden wir dabei in zwei Schritten. Zuerst befassen wir uns mit dem Status quo zu Beginn der 90er Jahre, dann mit der Perspektive auf die weiteren 90er Jahre.

---

[115] Vgl.: Tanham/Wainstein (1988), S. 43f.; Hussin Mutalib (1990a), S. 113f.; Dauth (1991), S. 162.
[116] Vgl.: Tanham/Wainstein (1988), S. 41ff.
[117] Wohl am besten referiert werden deren Beziehungen (ohne die "Tabligh") in: Hussin Mutalib (1990a), S. 73ff. Vgl. dazu auch: Mohamad Abu Bakar (1989).
[118] Vgl.: Hussin Mutalib (1990a), S. 158ff. u. Nagata (1986), S. 43ff.

1. Der Status quo zu Beginn der 90er Jahre

Zur Charakterisierung Malaysias und der Rolle des Islam zu Beginn der 90er Jahre fassen wir zuerst einige vorherige Aussagen zusammen.

1. Erstens ist Malaysia ein multirassialer Staat, in dem entlang der ethnischen auch die religiösen Grenzen verlaufen; wobei die Malaien/Muslime gegenüber anderen Gruppen stets ein "Lager" bilden. Da nun allerdings entlang dieser Grenzen zugleich auch politische, wirtschaftliche und soziale Trennlinien verlaufen, sind diese Grenzen zugleich Konfliktlinien, die darüber hinaus auch maßgeblich den politischen Alltag bestimmen.

2. Zweitens sind der Staat und die (malaiische) Gesellschaft in den 80er Jahren nachhaltig islamisiert worden, wobei es sich dabei in hohem Maße um eine staatlich betriebene und kontrollierte Islamisierung von oben handelte. Dabei hat der Staat den Islam auch als Instrument der Politik benutzt.

3. Drittens wurde diese Islamisierung aber auch durch weitere Kräfte (Parteien und Organisationen) mit vorangetrieben. Kräfte, die auch außerhalb dieser staatlichen Kontrolle lagen.

Hinzu kommt - ob als Folge oder als eigenständige Entwicklung, sei dahingestellt -, daß die politische Auseinandersetzung in Malaysia in den 80er Jahren zunehmend monopolisiert wurde von der Auseinandersetzung zwischen dem UMNO-geführten Regierungslager (mit einer malaiisch-islamischen Grundhaltung) und der oppositionellen PAS (mit einer islamisch-malaiischen Grundhaltung). Eine Auseinandersetzung, in der die Machtfrage und der Islam die zentralen Rollen spielten.

Dabei wird diese Auseinandersetzung auf zwei Ebenen betrieben und scheint zunehmend an zwei Stellen Keile in die Gesellschaft Malaysias zu treiben. Die eine Ebene ist die bekannte Spannungsebene zwischen Malaien/Muslimen und "anderen", deren Konfliktlinie durch derartige Auseinandersetzungen akzentuiert wird (Kap. II.2.2.). Die andere Ebene aber ist ein neuerer inner-malaiischer Konflikt, der die an sich früher recht geschlossenen Malaien zunehmend spaltet; ausgerechnet mit ihrem tragenden Element Islam als Indikator der Spaltung (Kap. II.2.3.). Hussin Mutalib brachte es auf den Punkt, indem er den Islam in einer seiner Thesen als einen zugleich "integrative and divisive factor in Malay political culture"[119] definierte.

Die Staat und Gesellschaft in Malaysia latent innewohnenden Spannungen und Konflikte wurden also durch die Geschehnisse und die Politik der 80er

---
[119] Hussin Mutalib (1990a), S. 153.

Jahre sowie durch die Forcierung des Islam als politischer Faktor weiter akzentuiert. Sie wurden mithin nicht abgebaut, sondern beibehalten und können jederzeit ausbrechen. Und mehr noch: Sie wurden zugleich auch verlagert - und zwar in ein höchst sensibles Feld. Vor diesem Hintergrund ist die Lage Malaysias auch zu Beginn der 90er Jahre latent instabil, wobei dem Islam zunehmend eine Schlüsselrolle für Bewahrung oder Verlust dieser brüchigen Stabilität zukommt.

2. Die Perspektive für die 90er Jahre

In den 80er Jahren sind Staat und (malaiische) Gesellschaft in einem geordneten und kontrollierten Prozeß islamisiert worden. Diese Islamisierung hat mittlerweile einen Grad erreicht, von dem man sagen kann: Ein Zurück gibt es im gegenwärtigen weltpolitischen Umfeld und im aktuellen Stadium der Islamisierung in Malaysia selbst nicht mehr. Oder anders: Der "point of no return" ist m.E. überschritten, insbesondere in der malaiischen Gesellschaft. Der Islam ist für die Malaien nicht mehr *ein*, sondern *der* Bestimmungsfaktor. Und mit diesem Faktum muß man in diesem Land von nun an leben und Politik machen.

Nun fand diese Islamisierung zwar in einem weitgehend kontrollierten Prozeß von oben her statt. Sie war jedoch stets begleitet von einer Islamisierung von außen (die parallel zu Staat und UMNO wirkenden Parteien und Organisationen) und von unten (die einzelnen Muslime). Gerade erst diese Parallelität staatlicher und nicht-staatlicher Islamisierung hat zu dem markanten Islamisierungsgrad Malaysias geführt. Und dabei ist anzumerken, daß insbesondere die prononcierten PAS-Islamisten davon profitierten, daß ihnen von offizieller Seite sozusagen das Feld bereitet wurde.

Solange nun jedoch gerade von Regierungsseite her der Islam zum einen als Instrument der Politik gebraucht bzw. mißbraucht wird und zum anderen den PAS-Islamisten zeitweise noch ein Wettlauf um den richtigen Weg geliefert wird, droht der Islam über kurz oder lang zu einem höchst destabilisierenden Faktor in der heterogenen multirassialen Gesellschaft Malaysias zu werden. Die Folge einer solchen Politik ist nämlich, daß der Islam von unten herauf weiter wächst und im Bewußtsein der Malaien immer mehr Akzeptanz findet. Wie bereits ausgeführt, ist gerade dies die Basis für eine Islamisierung der (malaiischen) Gesellschaft und über diese Gesellschaft dann des Staates - oder aber für ein unkontrollierbares Aufbrechen der Spannungen, wenn es zu dieser Islamisierung des Staates nicht kommt.

An dieser Stelle sind wir an der entscheidenden Frage für Malaysias Zukunft angelangt. Was ist das Endziel der seit über einem Jahrzehnt betriebenen

Islamisierungspolitik? Ist es ein wie auch immer gearteter "islamischer Staat" - was nicht heißt: eine islamische Theokratie - oder nur die Erlangung eines bestimmten Islamisierungsgrades der malaiischen Gesellschaft? Daran schließen sich zwei Szenarien an. Strebt man das erste Ziel an, nimmt man zwar den PAS-Islamisten den Wind aus den Segeln, wird aber zwangsläufig die inner-malaysischen Spannungen zwischen den ethnisch-religiösen Lagern steigern und möglicherweise zum Eskalieren bringen. Strebt man "nur" das zweite Ziel an, werden sich in gleichem Maße beide - der inner-malaysische und der inner-malaiische - Konflikte verschärfen. Oder ist ein drittes Szenario denkbar, das auf dem gegenwärtigen Status quo stehenbleibt? Letztlich könnte man die Frage auch umdrehen: Wie weit werden die Malaien ihren Konflikt treiben? De facto ist das nämlich die gleiche Frage, nur von der anderen Seite her gestellt.

Schlußbetrachtung

Führen wir abschließend unsere Überlegungen über den Status quo und über die Perspektiven zusammen und leiten wir daraus ein Szenario für die künftige Entwicklung ab. Ein Szenario, das die Wahrscheinlichkeit einer Destabilisierung beleuchtet und zugleich die beiden auslösenden Momente einer Destabilisierung anreißt.

Malaysia ist ein Staat, in dem Tradition und Konsens eine große Rolle spielen und in dem Autokratismus stets die Herrschafts-Grundform war, ungeachtet durchaus vorhandener demokratischer Elemente. Nur so ist die "Demokratie à la malaysienne" mit dem ihr übergeordneten Primat der Malaien und das bis heute unveränderte Fortbestehen dieser "Demokratie" zu erklären. Sie ist eine tradierte Form des Zusammenlebens, die auf den traditionellen Staats- und Gesellschaftsvorstellungen der Region beruht. Nun ist aber gerade jene "Demokratie à la malaysienne" in ihren Grundzügen sehr nahe an der Idealvorstellung eines "islamischen Staates", in dem der Islam den Primat ausübt und in dem den "anderen" ein Platz, eine eigene Rolle und eigene Rechte und Aufgaben zugewiesen werden (vgl. die entsprechenden Ausführungen zu Staats- und Gesellschaftsvorstellungen im Islam zu Beginn dieses II. Abschnittes). Die Dominanz einer Gruppe (der Malaien/Muslime) und der "Kommunalismus", wie sie in Malaysia zum Staatsprinzip erhoben worden sind, sind in der Tat nichts anderes als die Umsetzung des Ideals des islamischen Staates mit nur leichten Abstrichen. Überspitzt formuliert wäre das, was in Malaysia in den vergangenen drei Jahrzehnten politischer Alltag war, eine Art "islamische Demokratie", mit einer vielleicht etwas undeutlichen Akzentuierung des Islam an der Staatsspitze. Daß dies bisher kaum auffiel, liegt wohl an dem gängigen Fehlschluß, daß in einem islamischen Staat alle Bürger Muslime sein und Geistliche an der Spitze stehen müßten.

Nun sind zwei Punkte von Bedeutung. Erstens befindet sich dieser "islamische Staat" - der nicht so genannt wird - in hohem Grade in Einklang mit den traditionellen staatlichen und gesellschaftlichen Ordnungsvorstellungen der Region; einschließlich einem ihr innewohnenden Autokratismus (an die Stelle des Personalismus tritt lediglich der Institutionalismus, ausgedrückt durch das Malaientum und später den Islam). Zweitens befindet sich Malaysia durch die Entwicklungen der 80er Jahre nun tatsächlich auf dem Weg von der "Demokratie à la malaysienne" zum "islamischen Staat". Da nun aber diese ganze Entwicklung in realitas bisher keine Systemveränderung war, sondern mehr eine Bewußtseinsveränderung - der Staat blieb schließlich de facto der gleiche -, erklärt dies auch, warum die ganze Entwicklung der 80er Jahre nicht zu einer - nach westlichem Verständnis zu erwartenden - markanten Destabilisierung geführt hat, sondern nur den latent instabilen Zustand zementiert hat. Wobei man anmerken sollte, daß dies sicher auch durch die gegenwärtig positive ökonomische Entwicklung und durch sehr strikte Gesetze zur inneren Sicherheit begünstigt wurde.

Vor diesem Hintergrund ist es durchaus möglich, daß Malaysia auch in Zukunft dieses Zwischenstadium zwischen der "Demokratie à la malaysienne" und dem "islamischen Staat" weiter pflegt, und dabei seine mittlerweile schon fast stabil zu nennende latente Instabilität noch lange aufrechterhält. Zumindest so lange, wie es dem Regierungslager gelingt, die politische Ordnung und Entwicklung wie auch die Islamisierung unter Kontrolle zu halten; zumal all das nicht in Widerspruch zu diesem Land steht. Mit anderen Worten: Solange die Islamisierung Malaysias unter der Kontrolle des Regierungslagers bleibt und von diesem dosiert wird, wird sie das Land kaum destabilisieren. Eine Destabilisierung würde in dem Augenblick eintreten, in dem der "Bogen überspannt" würde oder die Entwicklung außer Kontrolle geriete. "Den Bogen zu überspannen" hieße, entweder den "islamischen Staat" auszusprechen oder das systemimmante Gleichgewicht zwischen den Lagern einseitig zu verschieben. Letzteres ist eine Gefahr, in der sich das Regierungslager zuweilen durchaus befindet, und sei es nur getrieben durch das Ringen mit der Opposition. "Außer Kontrolle" geraten könnte die Entwicklung hingegen dann, wenn die Islamisierung der Gesellschaft eine derartige Eigendynamik erreichte, daß eine Mehrheit unter den Malaien den "islamischen Staat" auch in Wort und Tat "vollenden" möchte. In beiden Fällen würde sich dann sehr schnell zeigen, daß die scheinbare Stabilität Malaysias nichts als eine stabil gehaltene Instabilität ist. Einer stabil gehaltenen Instabilität mit zwei Sollbruchstellen, einer inner-malaysischen und einer inner-malaiischen.

Fazit: Verglichen mit Indonesien, das einen stabilen Eindruck machte und wo Destabilisierungsszenarien geradezu konstruiert werden mußten, sind diese Szenarien in Malaysia praktisch systemimmanent und spielt in ihnen noch dazu der Islam mittlerweile eine zentrale Rolle an sensibler Stelle. Gemildert werden sie lediglich dadurch, daß das gegenwärtige System auf historisch gewachsenem Boden steht und durch eine gute ökonomische Gesamtlage gestützt wird. Prinzipiell ist damit in Malaysia die Gefahr einer Destabilisierung höher und bleibt ständig präsent; zumal das gewachsene System durch Mahathirs forcierte Modernisierung auch einmal in Mitleidenschaft gezogen oder die allgemeine Wohlstandszunahme durch eine Rezession gebremst werden könnten. Dann könnte sich die Islam-Akzentuierung um so nachhaltiger auswirken.

II.2.5. Außenbeziehungen

Außenbeziehungen: Malaysias Außenbeziehungen bewegen sich etwa in den gleichen Feldern wie jene Indonesiens[120].

1. Malaysia ist **Teil des weltpolitischen und weltökonomischen Systems**.

2. Malaysia gehört zur "**Dritten Welt**". Zu seinen Aktivfeldern zählen die "Blockfreien" und der "Commonwealth", allerdings ohne große Priorität[121].

3. Malaysia sieht sich als **muslimisches Land** und gehört der OIC an. Es unterhält gute Beziehungen zu gemäßigten islamisch-muslimischen Staaten; bei vorsichtiger Distanz zu Staaten wie Iran und Libyen (s. Kap. II.2.3.2.).

4. Malaysia gehört zu **Südostasien** und ist Mitglied der **ASEAN**. Innerhalb Asiens hingegen spielt es eher eine untergeordnete Rolle.

Außenpolitik: Da Malaysia ein kleines Land ist, liegt nahe, daß es seine Außenpolitik vornehmlich auf die engere Umgebung konzentriert: auf Südostasien, auf den umliegenden pazifischen und asiatischen Raum sowie auf einige ausgewählte Themenfelder, die einen Bezug zur Innenpolitik haben (z.B. internationale Wirtschaftsfragen und Nahostpolitik). Hinzu kommt, daß Mahathir sich auch zuweilen gerne als Sprecher einer selbstbewußteren "Dritten Welt" und mit internationalen Wirtschaftsinitiativen profiliert - was aber sehr an seine Person gebunden zu sein scheint[122]. Generell orientiert sich Malaysias Außenpolitik seit Mahathir fast ausschließlich an zwei Prioritäten: an der Zugehörigkeit zur ASEAN und zur islamisch-muslimischen

---

[120] Zu Außenbeziehungen und Außenpolitik, s.: Azhari Karim u.a. (1990); Pathmanathan/ Lazarus (1984); Hussin Mutalib (1990a), S. 128ff.; Feske (1991), S. 56ff.
[121] Diese beiden Aktivfelder sind unter Mahathir deutlich redimensioniert worden. Vgl. dazu: Hussin Mutalib (1990a), S. 128.
[122] Vgl. dazu: Dauth (1991), S. 182ff.; NZZ, 11. Sep. 1991; FEER, 20. Aug. 1992.

Welt[123]. Beide sind gleichwertig, bezogen aber auf verschiedene geographische Rahmen: Innerhalb Südostasiens gilt die ASEAN-Priorität, außerhalb Südostasiens gibt man sich in mindestens dem gleichen Maße islamisch. Vielleicht läßt sich mittlerweile sogar sagen: Erste Priorität hat der Islam[124] - und nur in Südostasien ist ihm die ASEAN-Priorität übergeordnet[125]. Das ist wichtig, da es sonst Konflikte mit den Nachbarn geben könnte, wie ein Blick auf die ASEAN-Beziehungen zeigt.

Malaysia innerhalb der ASEAN: Malaysia ist der einzige Staat in der ASEAN, den mit allen Partnern potentielle Konflikte "verbinden". Konflikte, die aber derzeit der Vergangenheit anzugehören scheinen oder dem ASEAN-Primat bzw. politischer Vernunft untergeordnet sind.

Indonesien: Ein recht gutes Verhältnis hat Malaysia zu dem ihm in vielfacher Hinsicht nahen Indonesien; trotz zuweilen leichter Eintrübungen[126]. Die kriegerische Zeit der "Konfrontasi" ist Vergangenheit[127]. Der Streit um einige kleine Inseln ist auf den Verhandlungsweg gebracht[128]. Gegenseitige Mutmaßungen der Unterstützung separatistischer Gruppen in Aceh und Sabah werden heruntergespielt, obwohl hier durchaus vitale Interessen ins Spiel kommen könnten (bei Aceh der islamistische Hintergrund der Separatisten und bei Sabah der alte Anspruch Jakartas auf ganz Borneo)[129]. So bleibt letztlich nur ein latentes Mißtrauen Kuala Lumpurs gegen eine Achse Singapur - Jakarta, das immer wieder aufkommt[130]. Zusammenfassend ist zu sagen: Anlässe zum Streit gäbe es, doch man umgeht sie bewußt.

---

[123] Zu den Prioritäten ASEAN und Islam, vgl.: Pathmanathan/Lazarus (1984), S. 41ff. u. 48ff. sowie ebdt., S. 103f. (zur ASEAN-Priorität) und Hussin Mutalib (1990a), S. 128ff. (zur Islam-Priorität). Diese Prioritäten werden auch dadurch deutlich, daß beide Themen (neben dem Thema "Supermächte") eigene Kapitel in "Malaysian Foreign Policy" erhielten (Azhari Karim u.a. (1990), S. 65ff. u. 77ff.).
[124] Eine tendentiell pro-islamische Außenpolitik verfolgt Kuala Lumpur etwa seit Ende der 60er Jahre (s. Hussin Mutalib (1990a), S. 64f.). Eine prononciert pro-islamische Außenpolitik betreibt es seit Mahathir (s. ebdt., S. 128ff.). Allerdings sei darauf verwiesen, daß andere Autoren diese prononciertere Außenpolitik noch lange nicht als islamisch ansehen (s. z.B. Mohamad Abu Bakar (1990)).
[125] Dies bestätigten in Gesprächen mit dem Autor der damalige UMNO-Vizepräsident und heutige Außenminister Abdullah Ahmad Badawi und der Chefberater des Vizepräsidenten, Kamarudin Jaffar. Vgl. auch: Tanham/Wainstein (1988), S. 44ff. u. Piscatori (1986), S. 9ff. Als gutes Beispiel wird in diesem Zusammenhang immer wieder angeführt, daß Kuala Lumpur die Aufnahme der muslimischen MNLF (Philippinen) in die OIC dort nicht unterstützte (vgl. Tanham/Wainstein (1988), S. 46).
[126] Zu einem generellen Überblick über die guten Beziehungen, s.: Wanandi (1988).
[127] Vgl.: Feske (1991), S. 58.
[128] Vgl.: FEER, 11. Juli 1991, S. 12 / 24. Okt. 1991, S. 14.
[129] Vgl.: in Kap. II.1. "Fallstudie Indonesien" die Kap. II.1.3.2. u. II.1.5.
[130] Vgl.: Feske (1991), S. 58.

Singapur: Auch die Beziehungen zu Singapur sind gut, trotz des erwähnten latenten Mißtrauens. Beide Seiten sind sich heute wohl näher als je zuvor, auch wenn im Hintergrund stets der traditionelle Antagonismus Malaya/Singapur steht, der einst zur Abspaltung Singapurs führte (s. Kap. II.4. "Singapur")[131].

Brunei: Zu Brunei bestehen ob der traditionellen Bindungen gute Beziehungen, obwohl Brunei auch leicht als Teil Malaysias zu reklamieren wäre[132].

Philippinen: Am brüchigsten scheint das derzeit entspannte Verhältnis zu Manila. Im Raum stehen die Mindanao-Frage und die Sympathien vieler Malaien für die dort um ihre Rechte kämpfenden Muslime - und auf der anderen Seite Manilas lange Zeit gehegten Ansprüche auf Sabah und dessen Separatismusgelüste. Dies sind Konflikte, die wieder einmal hochkochen könnten ... (s.a. Kap. II.6. "Philippinen")[133]

Thailand: Die Beziehungen zu Thailand sind gut. Ähnlich der Mindanao-Frage gibt es auch eine Patani-Frage, die jedoch wegen der eben ganz anderen Beziehungen zwischen Kuala Lumpur und Bangkok nicht als so kontrovers gilt (s.a. Kap. II.5. "Thailand")[134].

Zusammenfassend läßt sich also sagen: Von seinen Nachbarschaftsbeziehungen her ist Malaysia sicher das sensibelste Land der ASEAN.

Informelle Außenbeziehungen: Neben den offiziellen Außenbeziehungen und der Außenpolitik gibt es noch einen weiten Bereich informeller Außenbeziehungen. Gemeint sind die schon erwähnten traditionellen Beziehungen der Malaien/Muslime Malaysias nach Indonesien und zu den malaiisch-muslimischen Minderheiten der Nachbarregionen Patani/Thailand und Sulusee/Philippinen sowie Singapurs, die sowohl emotionaler wie persönlicher Art sind. Während sich das Regierungslager wegen seiner Prioritätensetzung "pro ASEAN" in dieser Hinsicht stets eine besondere Zurückhaltung auferlegt und diese Beziehungen vorsichtig behandelt, knüpfen PAS und einige Dakwah-Organisationen zunehmend intensive Kontakte in diese Richtungen. Bekannt und brisant sind solche Kontakte nach Indonesien (besonders zu

---

[131] Vgl.: Abd. Samad (1990), S. 175ff., New Straits Times, 3. Mai 1990, u. FEER, 17. Okt. 1991, S. 37f. Zu beachten ist neuerdings noch ein Streit um ein Inselchen (s. FEER, 13. Feb. 1992, S. 20).
[132] Vgl.: Feske (1991), S. 58ff. (bes. zu Ansprüchen Malaysias).
[133] Zu den malaysisch-philippinischen Beziehungen u. zu weiteren Ausführungen, vgl.: Feske (1991), 56f.; Abd. Samad (1990), S. 172ff.
[134] Zu Beziehungen zu Thailand u. Patani-Frage, s.: Mohamad Abu Bakar (1990), S. 6ff.

separatistischen Gruppen in Aceh), in die Patani-Region (die Nachbarregion zum PAS-regierten Kelantan) und nach Mindanao[135].

Für die Nachbarländer sind die Kontakte zunehmend beunruhigend, da hier zu islamischer Solidarität (z.B. iranischer oder saudischer Aktivisten) noch malaiische Solidarität hinzukommt. Allerdings gilt auch der Umkehrschluß. War die grenzüberschreitende malaiische Solidarität früher ein zu vernachlässigender Faktor, so hat sie durch die islamische Komponente eine stärkere Intensität erhalten. Doch auch für Malaysias Regierungslager könnten sowohl die traditionellen Beziehungen an sich wie auch die aktuell zunehmenden Kontakte über kurz oder lang zu einem Problem werden. Auch Kuala Lumpur könnte der Ruf nach mehr malaiischer und muslimischer Solidarität ereilen.

Perzeption der Außenpolitik: Abschließend noch zwei Zitate zum Zusammenwirken von Außen- und Innenpolitik. Khoo Khay Kim schrieb 1984:

"In Malaysia the making of foreign policy is the pre-occupation of a few. Public opinion on the subject does exist, but it is not vociferously expressed."[136]

Während des Golfkrieges 1991, der das offizielle Kuala Lumpur an der Seite der Alliierten sah, schrieben M. Vatikiotis und Suhaini Aznam in der FEER:

"Popular Muslim reaction to the Gulf War is exerting considerable, and some say not fully anticipated, pressure on the governments of Malaysia and Indonesia".[137]

Die Zitate zeigen, daß sich im Zusammenwirken von Außen- und Innenpolitik etwas geändert hat. War Außenpolitik früher in Malaysia tatsächlich reine Außenpolitik, so ist sie heute zunehmend durch innenpolitische Faktoren beeinflußt. Eine nicht unwesentliche Veränderung mit Blick auf die künftige Außenpolitik Kuala Lumpurs in der ASEAN.

---

[135] Vgl. dazu in den entsprechenden Fallstudien II.1., II.5. und II.6. die Kap. 3.2. "Islamischer Einfluß von außen" sowie zu Philippinen und Thailand noch die vorangegangenen Anm. 133 u. 134. Und zu Thailand, vgl. darüber hinaus noch einmal: Feske (1991), S. 41; Tanham/Wainstein (1988), S. 47; Gunn (1986), S. 35ff.
[136] Pathmanathan/Lazarus (1984), S. 1.
[137] FEER, 28. Feb. 1991, S. 20.

II.3. Fallstudie Brunei

II.3.1. Formale Aspekte

Brunei ist in vielerlei Hinsicht vergleichbar mit einem malaysischen Bundesstaat. Genauer gesagt: mit einem der traditionellen Fürstentümer, welche Basis und Rückgrat der Föderation Malaysia bilden. Der Grund dafür liegt in der über weite Strecken gemeinsamen Geschichte, die das im Norden Borneos angesiedelte Sultanat und die auf Malaya gelegenen malaysischen Fürstentümer trotz der räumlichen Distanz miteinander verbindet.

1. (Islamische) Geschichte

Im folgenden soll deswegen hier zuerst einmal die Geschichte Bruneis vom 15. bis zum 20. Jahrhundert kurz referiert werden[1].

Im 15./16. Jahrhundert war das Sultanat Brunei[2], dessen Machtbereich sich damals im wesentlichen über den gesamten Norden Borneos (dieser Name ist nicht anderes als eine andere Form von „Brunei"[3]) und bis in die Sulusee erstreckte[4], so etwas wie das Pendant zu den beiden jenseits des Meeres auf Malaya dominierenden Fürstentümern Malakka und Johor. Dies war auch die Zeit, in der die Staaten der Region durch ihre Lage entlang der wichtigen Handelsrouten unter den Einfluß des sich ausbreitenden Islam kamen. Der Herrscher von Brunei hatte wohl im 15. Jahrhundert nach der Heirat mit einer Prinzessin aus Johor den Islam angenommen und sein Reich zum islamischen Sultanat gemacht[5]. Und aus dieser Zeit stammen auch die Bindungen in die Sulusee, wo mit dem zeitweise tributpflichtigen Sultan von Sulu der zweite wichtige Herrscher der Region saß (s. Kap. II.6. „Philippinen").

---

[1] Die folgende Darstellung der Geschichte Bruneis orientiert sich an vier Quellen: Ranjit Singh (1984); Turnbull (1989); Siemers (1983); Leake (1990).
[2] Die eigentlichen Anfänge Bruneis als selbständiges Sultanat gehen wahrscheinlich noch auf das ausklingende 14. Jahrhundert zurück. Genaue Jahresangaben existieren jedoch nicht. Vgl. dazu: Ranjit Singh (1984), S. 12ff. u. Majul (1985b).
[3] Vgl. Siemers (1983), S. 558.
[4] Zeitweise reichte die Macht Bruneis auch über ganz Borneo und bis nach Manila (vgl. dazu Ranjit Singh (1984), S. 17ff.).
[5] Auch zum Zeitpunkt des Übertritts zum Islam durch den Herrscher und zur Überführung des Reiches in ein islamisches Sultanat liegen keine gesicherten Daten vor. Möglicherweise datiert beides bereits ins ausklingende 14. Jahrhundert (vgl. Ranjit Singh (1984), S. 14ff.; Turnbull (1989), S. 53).

Seine Stellung konnte Brunei bis ins 19. Jahrhundert halten. Bedrängt wurde es lange Zeit nur durch die stärker werdenden Spanier auf den Philippinen. Ansonsten überlebte es ganz gut zwischen den Interessensphären der Kolonialmächte. Im 19. Jahrhundert jedoch geriet das islamische Sultanat, das nur an der Küste über eine malaiisch-muslimische Bevölkerung verfügte, unter zunehmenden Druck der Bergvölker aus dem Inneren Borneos[6]. Dieses Druckes konnte sich der Sultan nur mit Hilfe der Briten erwehren, die sich diese Hilfe aber honorieren ließen. Im Laufe des Jahrhunderts fielen weite Teile Bruneis an die Briten. 1888 mußte sich dann der Sultan endgültig mit dem kleinen, ihm verbliebenen Gebiet den Briten unterstellen. Sein Reich wurde als Protektorat Teil des britischen Kolonialgebietes. Der Sultan sicherte sich weitgehend innere Autonomie, mußte aber 1906 auch das „Residents-System" (s. Kap. I.2.3.3. „Die Briten ...") akzeptieren.

So war Brunei auch im 20. Jahrhundert Teil des britischen Kolonialgebietes. Neben äußerem Schutz genoß es innere Autonomie. Als in den 60er Jahren die Bildung der Föderation Malaysia anstand, entschloß sich der Sultan gegen einen Beitritt. Der Grund lag auf der Hand. Ausgerechnet das kleine Fleckchen, das der Herrscherfamilie verblieben war, erwies sich als Reservoir reicher Erdöl- und Erdgasvorkommen. Diese wollte die Familie lieber für sich behalten, als sie in den neuen Staat und damit in die Staatskasse in Kuala Lumpur einzubringen[7]. Bis Ende 1983 blieb Brunei britisches Protektorat.

Anfang 1984 ging Brunei schließlich seinen - nun eigenen - Weg in die Unabhängigkeit. Seither ist es mit einer Fläche von 5765 km^2 und einer Bevölkerung von etwas mehr als 250.000 Menschen das kleinste, aber wegen seines Ölreichtums auch das wohlhabendste Land in Südostasien. Und mit der Unabhängigkeit wurde es auch Mitglied der ASEAN.

2. Staat und Gesellschaft

Aufgrund dieser Geschichte verwundert es nicht, daß Brunei in vielerlei Hinsicht einem malaysischen Bundesstaat - der es ja fast auch geworden wäre - gleicht. Brunei ist ein autokratisch regiertes, islamisches Sultanat. Alle Macht liegt in den Händen der Herrscherfamilie. Der Monarch regiert absolut, gestützt auf seine weitverzweigte Familie und auf eine Reihe ihm meist

---

[6] Das „Hinterland" des damaligen Sultanats waren das heutige Ostmalaysia sowie das Innere des heute indonesischen Borneo. Und diese Gebiete hatten bekanntlich eine andere Bevölkerungszusammensetzung aus Protomalaien und Bergvölkern.
[7] Zu einer Darstellung der Verhandlungen, s.: Ranjit Singh (1984), S. 181ff.

eng verbundener und persönlich ernannter „Räte" sowie legitimiert durch den Islam als Staatsgrundlage und Staatsreligion[8]. 1962 scheiterte ein Versuch, Brunei in eine konstitutionelle Monarchie umzuwandeln (analog zu den - formalen - Ordnungen der malayischen Bundesstaaten). Der Sultan ließ einen Volksaufstand mit britischer Hilfe niederschlagen und zugleich die gesamte Opposition verhaften[9]. Seither ist eine demokratisch gesinnte Opposition nur mehr rudimentär vorhanden. Sie besteht aus zwei kleinen, beschränkten Parteien und aus Splittergruppen im Exil[10].

Maßgeblich geprägt ist Brunei vom Ölreichtum[11]. Obwohl der Großteil der Öleinnahmen in die Privatschatullen des Herrscherhauses fließt, profitiert davon auch das Volk. Mit den Dollar-Milliarden hat der Sultan einen beispiellosen Sozialstaat („Shell-Fare State") aufgebaut, in dem es „nicht annähernd ähnlich krasse Unterschiede zwischen arm und reich wie in anderen Ländern Asiens" gibt[12]. Es liegt nahe, daß er das nicht aus Nächstenliebe tat, sondern aus politischem Kalkül - wohlwissend, daß eine Beteiligung des Volkes am Wohlstand die Gefahr des Aufbegehrens doch arg reduziert.

3. Bevölkerung, Ethnien, Religionen[13]

Die Bevölkerungsstruktur ähnelt ebenfalls der eines malayischen Fürstentums. Sie besteht aus Malaien, Chinesen und Bergvölkern. Malaiische Muslime bilden mit etwa 60 Prozent das Schwergewicht der Bevölkerung[14]. Sie gehören allen sozialen Schichten an, sind aber vor allem im Staatsdienst zu Hause. Hinzu kommen eine chinesische Minderheit (ca. 20-30 Prozent) und einige noch verbliebene Bergvölker. Während diese Völker im Hinterland heute weitgehend zu vernachlässigen sind, spielen die auch in Brunei die Wirtschaft dominierenden Chinesen eine wichtigere Rolle. Sie ist jedoch

---

[8] Zum politischen System in Brunei, vgl.: Abu Bakar Hamzah (1989), S. 91ff.; Reinknecht (1989a), S. 45f.; Siemers (1983), S. 561ff. Eine ausführlichere, weniger formale Beschreibung gibt: Leake (1990), S. 65ff. (bes. zur Herrscherfamilie).
[9] Zu einer detaillierten Beschreibung dieser Phase und der weiteren sie überlagernden Faktoren, s.: Ranjit Singh (1984), S. 162ff. u. 206ff.
[10] Vgl. dazu: Reinknecht (1989a), S. 46.
[11] Zur Ölindustrie und dem damit verbundenen Reichtum, vgl.: Leake (1990), S. 113ff.; Abu Bakar Hamzah (1989), S. 96; Uhlig (1988), S. 469f.
[12] Reinknecht (1989a), S. 47. Vgl. auch (inkl. Folgesatz): Leake (1990), S. 144. „Shell-Fare State" bezieht sich auf Bruneis Ölförderpartner „Shell".
[13] Zu Bevölkerung, Ethnien und Religionen, vgl.: Neville (1990), Reinknecht (1989a), S. 46ff.; Leake (1990), S. 86ff.
[14] Die Zahlen schwanken zwischen ca. 55 (Leake (1990), S. 65) und 68 Prozent (Franz (1983), S. 305 u. Neville (1990), S. 29). Das Problem dürfte in der Zuordnung einiger islamisierter proto-malaiischer Völker u. in den ohnehin fließenden Abgrenzungen liegen. Zu einer exakteren Differenzierung, s.: Neville (1990), S. 27ff.

nicht so bedeutsam wie in Malaysia, zumal die Chinesen in diesem Land tatsächlich weitgehend untergeordnet sind. Dies hängt damit zusammen, daß sie oft nicht einmal Staatsbürgerstatus haben. Des weiteren gibt es in Brunei noch eine einflußreiche britische Minderheit aus kolonialer Vergangenheit, die noch immer wichtige Positionen in Politik (u.a. im Militär) und Wirtschaft innehat, sich jedoch nach außen weitgehend den islamischen Grundlagen des Staates unterordnet[15].

Wie bereits angedeutet, weist Brunei eine Besonderheit auf. Nur etwa zwei Drittel der Bevölkerung besitzt auch die Staatsbürgerschaft und genießt die damit verbundenen Rechte und Annehmlichkeiten. Es sind dies fast ausschließlich die Malaien sowie andere Ureinwohner und Bergvölker. Da Brunei nämlich die, wie in Malaysia auch hier bestehende, Zweiteilung der Gesellschaft einfach rechtlich festgeschrieben hat, gilt der Rest der Bevölkerung als staatenlos und somit als „Bürger zweiter Klasse". Das trifft besonders die Chinesen[16].

4. Stabilität und Instabilität

Brunei gilt als stabil. Grundpfeiler der Stabilität sind das weithin akzeptierte traditionelle System und der ungewöhnliche Wohlstand[17]. Gefahren sehen Beobachter lediglich für die Zukunft: (1) in einem Abflauen des Wohlstands bei einem Rückgang der Öleinnahmen, von denen das Land derzeit noch stark abhängt[18], (2) in Problemen mit den in der Wirtschaft wichtigen, politisch aber ausgegrenzten Chinesen[19], (3) in etwaigen Forderungen nach Demokratie. Erstens aber ist ein Rückgang der Öleinnahmen ferne Zukunftsmusik und könnte wohl durch das weltweit gut angelegte Staatsvermögen aufgefangen werden[20]. Zweitens hätten auch die durchweg wohlhabenden Chinesen einiges zu verlieren. Und drittens sollte auch das Fehlen demokratischer Rechte nicht überbewertet werden, hat doch Opposition in Brunei nur eine schmale Basis (im Volk wie materiell)[21], und gibt es bisher nur in kleinen Segmenten der Bevölkerung (im Westen ausgebildete Intellektuelle

---

[15] Vgl.: Reinknecht (1989a), S. 47.
[16] Vgl.: Leake (1990), S. 108ff.; Reinknecht (1989a), S. 47. Esterline/Esterline (1986), S. 201.
[17] Vgl.: Esterline/Esterline (1986), S. 200f.; Leake (1990), S. 151ff.; Reinknecht (1989a), S. 49; EIU o4/1989, S. 5 u. o2/1990, S. 8.
[18] Vgl.: Esterline/Esterline (1986), S. 200f.; Leake (1990), S. 151.
[19] Vgl.: Esterline/Esterline (1986), S. 201.; Reinknecht (1989a), S. 47.; Leake (1990), S. 153.
[20] Zu diesen Anlagen, s.: Leake (1990), S. 127 u. 151; Uhlig (1988), S. 470.
[21] Zur Opposition, vgl.: Leake (1990), S. 154ff.; Abu Bakar Hamzah (1989), S. 93ff.

und einige Arbeitslose) vereinzelt Unzufriedene[22]. So bleibt letztlich nur noch eine stets im Raum stehende potentielle Bedrohung des wohlhabenden, aber kleinen und schwachen Sultanats durch seine beiden großen Nachbarn[23]. Diese aber kompensiert die ASEAN.

II.3.2. Identität, Rolle und Partizipation der Muslime

Brunei hat sich 1990 das gegeben, was seine großen Nachbarn längst haben: eine Staatsphilosophie. Das, was Brunei ausmacht, faßte der Sultan in drei Worte bzw. Buchstaben: „**Melayu Islam Beraja / MIB**", oder auf englisch „Malay Muslim Monarchy / MMM"[24].

In der Tat ist Brunei genau das, was es vorgibt, zu sein: eine malaiisch-muslimische Monarchie. Dies ist der Wille des Herrschers und auch politische und gesellschaftliche Praxis. Herrscherhaus und Monarchie stehen über allem - Demokratie wird bestenfalls in engen Grenzen *gewährt*. Islam und Schari'a sind Staatsgrundlage und zugleich Richtschnur für das Alltagsleben - Westliche Werte werden nur begrenzt adaptiert und Un-Islamisches wird gebannt. Das Malaientum und die Malaien sind die Basis des Staates - Alles Fremde und alle Fremden spielen eine *unter*-geordnete Rolle.

Eine zentrale Rolle in dieser Staatsphilosophie nimmt der Islam ein. In keinem anderen Staat der ASEAN ist er derart dominant. Er durchsetzt alle Bereiche von Staat und Gesellschaft[25].

---

[22] Da Brunei bis 1984 keine Universität besaß, war Hochschulbildung nur im Ausland (v.a. USA u. Großbritannien) möglich. Vgl. dazu FAZ, 23. Feb. 1984: „Wie lange kann das so bleiben, wenn immer mehr junge Leute von England und Amerika zurückkehren, mit dem Universitätsdiplom in der Tasche, aber auch mit kritischen westlichen Wertvorstellungen". Allerdings ist Algeriens jüngste Entwicklung ein beredtes Gegenbeispiel, da dort die Führung der Islamisten größtenteils im Westen ausgebildet wurde. Vgl. auch Abu Bakar Hamzah (1989), S. 93, und die dort beschriebenen Versuche, „to incorporate this group into the Bruneian polity".
Vereinzelt tauchen zuweilen Berichte über ökonomisch-soziale Unzufriedenheit und über Arbeitslosigkeit auf (vgl. FEER, 15. Nov. 1990, S. 19; EIU o1/1990, S. 32), während aber allgemein von „Vollbeschäftigung" und geringen sozialen Problemen die Rede ist (vgl.: SOA akt., Nov. 1991, S. 537; Reinknecht (1989a), S. 47).
[23] Vgl.: Esterline/Esterline (1986), S. 201f.; Ranjit Singh (1986), S. 168ff.
[24] Vgl.: „Asia 1992 Yearbook" (1992), S. 86f. u. FEER, 15. Nov. 1990, S. 19. Siehe dazu auch: FEER, 15. Okt. 1992, S. 18.
[25] Zu einem, wenn auch recht kursorischen, Überblick über den Islam in Staat, Wirtschaft und Gesellschaft, s.: Leake (1990), S. 147ff.

1. **Der Islam ist Staatsgrundlage.** Malaien und Muslime (anders als in Malaysia sind die Grenzen in Brunei fließender) genießen - im islamischen Sinn - volle politische Partizipation. Sie wird wahrgenommen durch das Herrscherhaus. Malaien und Muslime bilden auch das eigentliche Staatsvolk, zusammen mit den Bergvölkern und einem kleinen Teil der Chinesen. Die anderen Bewohner (vor allem Chinesen und Briten) genießen - trotz zum Teil einflußreicher Positionen in Wirtschaft und Verwaltung - zumeist nicht die Staatsbürgerschaft und sind somit nur „Gäste". Denkt man hier in islamischen Kategorien, so beruhen deren Rechte lediglich auf der „Schutzgarantie" des islamischen Herrschers für nicht-muslimischen Untertanen[26].

2. **Staat und Gesellschaft sind in hohem Maße mit islamischen Regeln vereinbar.** Nichts bestätigt dies eindrucksvoller als ein Blick auf die Silhouette der Hauptstadt Bandar Seri Begawan:

> „Its skyline is dominated by the Sultan Omar Ali Saifuddin Mosque and minaret. No high-rise building has so far been permitted and the skyline does indeed bear comparison with San Giorgio and the Salute seen across the lagoon."[27]

Im Vergleich zu Kuala Lumpur und Jakarta sagt dies mehr über den islamischen Charakter Bruneis aus als jede theoretische Abhandlung. Trotzdem mögen noch einige Beispiele dies etwas weiter illustrieren. Ein Religions- (das heißt: Islam-) Ministerium wacht über islamische Organisationen, Erziehung und Alltagsleben[28]. Schon 1984 gab es über 100 religiöse Schulen in Brunei[29]. Der Alkoholgenuß ist radikal eingeschränkt[30], Lehrbücher, in denen Hinweise auf Alkohol oder Fotos von Frauen mit kurzen Röcken zu sehen waren, wurden spätestens zum Zeitpunkt der Unabhängigkeit 1984 gebannt[31], und Zensoren schneiden selbst Küsse unter Eheleuten aus Filmen heraus[32]. In einem Satz gesagt: Der Islam ist „way of live" in Brunei[33].

---

[26] Zu den Ethnien und ihren Rechten, vgl.: Leake (1990), S. 86ff. Zum „Schutzbefohlenen"-Status (arab.: „dimmī"), s.: Khoury (1980), S. 138ff. Khoury definiert „dimmī" als „Gruppen und Gemeinschaften sowie Personen, [...] die aufgrund eines Abkommens von der islamischen Gemeinschaft im Gebiet des Islam toleriert werden".
[27] Fulton (1984): „Brunei", S. 5.
[28] Vgl.: Leake (1990), S. 147f. u. Siemers (1983), S. 562.
[29] Vgl.: Siemers (1983), S. 562.
[30] Vgl.: „Asia 1992 Yearbook" (1992), S. 86.
[31] Vgl.: AZ, 12. Dez. 1983.
[32] Vgl.: Leake (1990), S. 149.
[33] Zu weiteren Illustrationen dazu, s. u.a.: Leake (1990), S. 147ff.; FEER, 26. Aug. 1986, S. 36ff.; Le Monde, 2. Jan. 1988; FEER, 24. Sep. 1992, S. 36.

3. **Der Islam ist Staatsreligion.** Der Sultan ist Oberhaupt des Islam und unternimmt alles, diesen zu stärken[34]. Dabei basiert auch Bruneis Islam auf dem Adat-Islam, vielleicht mit einem etwas stärkeren Islam-Akzent[35].

4. Daneben gibt es nur wenige „un-islamische" Elemente in Staat und Gesellschaft. Im wesentlichen sind dies ein zum Teil noch von den Briten stammendes Rechtssystem, das neben dem für Muslime gültigen islamischen Recht besteht, und einige westliche Alltagsgewohnheiten[36].

Nimmt man all das zusammen, läßt sich Brunei ohne weiteres als ein islamischer Staat bezeichnen. Er ist ein Staat mit dem Primat des Islam, in dem alle „anderen" ihre Rolle, ihren Platz und ihre Aufgaben haben (vgl. die entsprechenden Ausführungen zu Staats- und Gesellschaftsvorstellungen im Islam zu Beginn dieses II. Abschnittes). Er verfügt über eine Gesellschaft, die in ihrem malaiisch-muslimischen Teil durchaus in dieser Weltanschauung zu Hause ist, und deren „andere" Hälfte diesen Status quo weitgehend akzeptiert zu haben scheint, wozu der Wohlstand des Landes sicher beiträgt. Und eben ob seines Reichtums kann er sogar als „gerechter und sozialer Staat" wirken. Das läßt für Brunei zwei Folgerungen zu: (1) Der hohe Legitimierungsgrad der islamischen Herrschaft hat umgekehrt einen verschwindend geringen Legitimierungsgrad für extremen Islamismus zur Folge, und daraus folgt wiederum (2) ein überaus geringer Mobilisierungsgrad für islamistische und fundamentalistische Bestrebungen. Dieser wird sich auch nicht erhöhen, solange der Reichtum und das damit verbundene hohe Sozialstaatsniveau Bruneis erhalten bleibt.

Für die Erhaltung dieser Zustände sorgt die Herrscherfamilie mit einer Reihe von Maßnahmen.

1. Zum einen wird die „MIB" flankiert von islamischen Politiken und Programmen. So hat der Sultan etwa eine Kommission eingesetzt, die das britisch-beeinflußte Zivilrecht auf seine Vereinbarkeit mit islamischem Recht überprüft. Eine Islamische Bank wurde gegründet. Öffentlicher Alkoholgenuß wurde verboten. Und der Sultan kreierte eine „Islamic work ethic", zu der er sein Volk neuerdings aufruft[37].

---

[34] Vgl.: FEER, 28. Aug. 1986, S. 36ff.; „Asia 1992 Yearbook" (1992), S. 86.
[35] Zur allgemeinen adat-islamischen Grundhaltung, vgl.: FEER, 28. Aug. 1986, S. 36ff. Zu den mittlerweile vielleicht etwas stärkeren Islam-Akzenten, vgl.: „Asia 1992 Yearbook" (1992), S. 86 u. FEER, 15. Nov. 1990, S. 19.
[36] Vgl. dazu: Leake (1990), S. 147 (ad Recht) u. Le Monde, 2. Jan. 1988 (ad Alltag).
[37] Vgl. dazu: „Asia 1992 Yearbook" (1992), S. 86f. u. FEER, 15. Nov. 1990, S. 19. Ad Islamische Bank, vgl.: SOA akt. Nov. 1991, S. 537f.

2. Zum anderen bemüht sich das Herrscherhaus, auch die islamische Geistlichkeit und andere Aktivposten unter Kontrolle zu haben. So sind zum Beispiel die meisten 'ulama' im Staatsdienst beschäftigt[38].

Zusammenfassend läßt sich sagen: Die malaiisch-muslimische Monarchie Brunei ist ein in hohem Grade islamischer Staat und der Islam befindet sich dabei fest unter der Kontrolle des Herrscherhauses.

II.3.3. Islamismus, Mobilisierung und Einflußnahme
II.3.3.1. Islamische Aktivitäten im Inland

Wie kaum anders zu erwarten war, gibt es in Brunei wenig Ansatzpunkte für oppositionellen Islamismus und auch keinerlei sichtbare Aktivitäten und Mobilisierungen. Dazu Suhaini Aznam (FEER):

„Without political forces expounding from religious platforms, there is little reason for the emergence of Islamic rebels."[39]

So sind denn auch Berichte über eine islamische oder islamistische Opposition in Brunei sehr spärlich und wohl zu vernachlässigen[40].

II.3.3.2. Islamischer Einfluß von außen

Wo keine richtige islamistische Opposition existiert, ist auch kein externer Einfluß darauf zu beschreiben. So ist denn auch ein Einfluß externer Kräfte nur auf den staatlichen Bereich zu konstatieren. Er drückt sich in den guten Beziehungen des Herrscherhauses zur islamischen Welt, insbesondere zu den ihm sehr eng verbundenen arabischen Monarchien, aus (s. Kap. II.3.5.). Damit ist zwar diesen Staaten und mit ihnen verbundenen Organisationen auch in Brunei die Tür für eine Unterstützung islamischer Organisationen und Gruppen geöffnet. Doch erstens benötigen diese Organisationen ob reichlich vorhandener eigener Petrodollars kaum Unterstützung. Und zweitens macht es wenig Sinn, gerade diese Organisationen islamisch beeinflussen zu wollen.

---

[38] Vgl.: Abu Bakar Hamzah (1989), S. 96.
[39] FEER, 28. Aug. 1986, S. 38.
[40] Zu den wahrlich geringen Anzeichen unabhängiger islamistischer Aktivitäten, s.: SOA akt. Mrz. 1991, S. 99 u. FEER, 28. Aug. 1986, S. 37.

II.3.4. Analyse: Stabilität und Destabilisierung

Bruneis malaiisch-muslimische Monarchie steht auf festen Füßen, weil (1) dessen traditionelle Ordnung als weithin akzeptiert gilt[41] und (2) das Land überaus wohlhabend und prosperierend ist. Insbesondere die erste Aussage dürfte durch die vorangegangenen Ausführungen nur noch weiter untermauert worden sein. Dieser grundsätzlichen Stabilität stehen lediglich einige - aber eher quantitativ gewichtige - Bedrohungen gegenüber. Es sind dies (1) die auf lange Sicht schwer voraussagbare Haltung der unterprivilegierten Chinesen, (2) einige partiell aufkeimende Unzufriedenheiten unter den Malaien (negative Auswirkungen des Wohlstands und des Sozialstaates sowie langsam zunehmende Arbeitslosigkeit) und (3) ein Mangel an Demokratie. Doch all diese Bedrohungen scheinen m.E. angesichts der breiten Abstützung des Regimes im Volk und gezielter Bemühungen des Sultans durchaus zu bewältigen zu sein. Außerdem werden sie durch den allgemeinen Wohlstand überdeckt und scheinen nicht von einer breiteren Basis im Volk getragen zu sein.

Außerdem ist keine dieser Bedrohungen islamisch motiviert. Sicher ist der Sultan da und dort gezwungen, wegen internationaler Abhängigkeiten (Brunei ist Exportland) oder wegen der Unverzichtbarkeit der Ausländer (Mangel an eigenem qualifizierten Personal, aber auch an solchem, das die niederen Arbeiten erledigt) und der Chinesen (Kontrolle fast der gesamten Wirtschaft) in einigen Punkten Kompromisse einzugehen, so daß nicht alles islamisch ist, was es sein sollte. Doch reicht dies kaum aus, ihn von islamischer Seite her zu kritisieren. Und in der Tat gibt es auch kaum jemanden im Lande, der dies ernsthaft täte. Bestenfalls die Person des Sultans selbst und seine zuweilen ausschweifende Lebensführung rufen zuweilen Kritik hervor[42]. Doch seit einiger Zeit bemüht sich der Sultan, auch dieses Bild zumindest nach außen hin zu korrigieren[43].

Mit anderen Worten: Was in Brunei wohl ausgeschlossen werden darf, ist eine islamisch bedingte Destabilisierung. Dieser Staat ist ohnehin schon viel islamischer, als es nach außen den Anschein hat. An einem Mehr an Islam besteht eigentlich kaum Bedarf, insbesondere nicht bei den traditionsbewußten und dem gemäßigten Adat-Islam verschriebenen Muslimen Bruneis. Grosso modo wirkt der Islam in diesem Land damit eher stabilisierend, obwohl er eigentlich in Brunei die gleiche Stellung hat wie in Malaysia. Doch noch tiefer als in Malaysia ist er in dem kleinen Sultanat verwurzelt. Und

---
[41] Vgl.: Abu Bakar Hamzah (1989), S. 92; FEER, 15. Okt. 1992, S. 18.
[42] Vgl. dazu: FEER, 26. Feb. 1987, S. 20ff. / 15. Nov. 1990, S. 19; Le Monde, 2. Jan. 1988.
[43] Vgl.: FEER, 15. Nov. 1990, S. 19 / 15. Okt. 1992, S. 18.

noch einmal sei wiederholt: Solange der Wohlstand anhält und die malaiische Mehrheit nicht wirtschaftlich oder sozial in Bedrängnis gerät, ist eine Destabilisierung von dieser Seite her nicht zu erwarten.

Somit bleibt eigentlich nur noch die umgekehrte Frage zu klären: Kann die Akzentuierung des islamischen Staates und der islamischen Gesellschaft durch den Sultan auf der anderen Seite destabilisierende Gegenreaktionen hervorrufen? Könnten die Chinesen rebellieren oder die Malaien mehr Demokratie fordern? Darauf sei mit zwei Gegenfragen geantwortet. Warum sollten die Chinesen ihre unangefochtene ökonomische Dominanz in dem reichen und auch für sie ertragreichen Land aufs Spiel setzen? Warum sollten die Malaien wegen des Vorteils einiger weniger ambitionierter Politiker an einem für sie so vorteilhaften, fast paradiesähnlichen Zustand rütteln, ihren behaglichen Fast-Ruhestand aufgeben und rebellieren?

Zusammenfassend ist festzuhalten: Kaum einer hat Grund, an der „Malay Muslim Monarchy" zu rütteln. Traditionsbewußtsein und Wohlstand sind ihre Bestandsgarantien. Und sie wird so lange stabil bleiben, wie der Sultan keine gravierenden Fehler macht und sich flexibel genug zeigt, auf eventuell aufkommende partielle Unzufriedenheiten zu reagieren.

Abschließend noch ein Zitat von H. Crouch zur Stabilität Bruneis.

> „Far from the radicalism of political Islam in other Southeast Asian countries, Islam provides conservative ideological legitimation to support a traditional, almost anachronistic, state. It is of course possible that one day Islam could also provide the ideological basis for a radical attack on the present regime but, at least from the outside, there are no signs yet that this is likely in the short term although it cannot be dismissed as a long-term possibility"[44].

Nimmt man für die „long-term possibility" tatsächlich einen sehr großzügig bemessenen Zeitraum an, so ist dem nichts mehr hinzuzufügen.

Abschließend ist aber noch eine Anmerkung zu einem eigentlich außenpolitischen Faktum zu machen, da dieses durchaus Rückwirkungen auf das kleine und damit verwundbare Land haben könnte. Bemerkenswert nämlich ist für Brunei der für islamische Herrscher an sich nicht ungewöhnliche Missionierungseifer des Sultans mittels Petrodollars. Würde er diesen Eifer ungefragt und ohne Abstimmung in den Nachbarstaaten ausleben, könnte dies unangenehme Rückwirkungen für sein Land und für ihn selbst haben. Doch bisher gibt es keine Anzeichen dafür, daß er dies beabsichtigt[45]. Und eigent-

---

[44] Crouch (1987), S. 33f.
[45] So unterstützt der Sultan in den Nachbarländern eher Moscheebauten durch großzügige Spenden (vgl. Leake (1990), S. 138) als islamistische Gruppen.

lich ist damit auch kaum zu rechnen, nachdem Brunei 1984 großen Wert auf die Aufnahme in die ASEAN gelegt hatte. Zudem scheint für Brunei in der ASEAN-Region zu gelten, was auch für die anderen Partner gilt: ASEAN first, zumal ihm gute Nachbarschaft wichtig sein muß (s. dazu Kap. II.3.5.).

II.3.5. Außenbeziehungen

Bruneis **Außenbeziehungen** und seine **Außenpolitik** werden von drei Faktoren bestimmt[46]. Erstens von seiner geringen Größe und der damit verbundenen Verwundbarkeit. Zweitens von seiner Staatsform als islamisches Sultanat. Und drittens von seinem Status als Ölförderland.

1.: Ob seiner Lage und der geringen Größe ist es naheliegend, daß Bruneis erste außenpolitische Priorität Südostasien und der ASEAN-Region gilt. Schon vor der Unabhängigkeit war es Gast auf den ASEAN-Konferenzen. Seit 1984 ist es Mitglied und betreibt seither eine Politik des „ASEAN first"[47].

Das liegt auch ganz im ureigensten Interesse des kleinen Landes. Besonders ambivalent sind seine Beziehungen zu den großen Nachbarn Indonesien und Malaysia. Trotz historischer und ethnischer Gemeinsamkeiten hegten beide früher Ansprüche auf Brunei. Für Malaysia war es ein Affront, daß Brunei 1963 nicht der Föderation beitrat. Für Indonesien war ohnehin ganz Borneo indonesisch. Sieht man Größe und Potenz der Nachbarn, bedarf es kaum weiterer Ausführungen, um zu erklären, warum Brunei mit ihnen in guter Nachbarschaft leben muß - „to sleep easily at night", wie ein Beobachter einmal sagte[48]. Heute sind die Beziehungen entspannt. Mit Malaysia gibt es noch leichte Friktionen, kurioserweise vor allem wegen Gebietsansprüchen, die Brunei seinerseits auf ein zwischen seinen beiden Landesteilen gelegenes Stück Malaysias hegt. Und Jakarta spielt gerne einmal den „großen Bruder" und versucht, das kleine Brunei zu bevormunden[49].

Der dritte Staat, der im engeren Umkreis noch eine wichtige Rolle spielt, ist Singapur - und zwar als Verbündeter. Doch nicht nur wegen ihrer vergleichbaren Größe und Verwundbarkeit üben die beiden

---

[46] Zu Bruneis Außenbeziehungen und Außenpolitik, vgl.: Leake (1990), S. 135ff.; FEER, 26. Feb. 1987, S. 26.; Abu Bakar Hamzah (1989), S. 102ff.
[47] wie Anm. 46, s.a.: Ranjit Singh (1986).
[48] FEER, 26. Feb. 1987, S. 26.
[49] Zu diesen ambivalenten Beziehungen Bruneis zu Indonesien und Malaysia, vgl.: Feske (1991), S. 58ff., Leake (1990), S. 136f. u. FEER, 26. Feb. 1987, S. 26.

kleinsten ASEAN-Mitglieder den Schulterschluß. Auch sonst sind beide politisch und vor allem wirtschaftlich eng verbunden. Unter anderem sind die Währungen beider Länder miteinander gekoppelt und übt man sich in militärischen Kooperationen. Außerdem war Singapur auch historisch immer ein wichtiger Orientierungspunkt für Brunei[50].

Wenig bedeutsam sind die Beziehungen zu den anderen ASEAN-Partnern. Zu den Philippinen sind sie zumindest emotional noch etwas belastet, aus ähnlichen Gründen wie zu Indonesien und Malaysia (Sulusee-Region). Brunei bemüht sich aber gerade um die Philippinen, da es instabile Philippinen als eine der größten Gefahren für sich selbst betrachtet[51]. Zu Thailand sind die Beziehungen eher geschäftsmäßig[52].

2.: Außerhalb der ASEAN prägen die anderen beiden Faktoren die Beziehungen. Als traditionelles Sultanat unterhält Brunei enge **Beziehungen zu islamischen und muslimischen Ländern**, besonders zu den ihm eng verwandten Monarchien in Arabien wie Oman und Saudi-Arabien[53]. Außerdem profiliert sich der Sultan gern als Finanzier islamischer Projekte und Gruppen in aller Welt (auch Widerstandsgruppen, wie etwa im ehedem kommunistischen Afghanistan)[54] und als Fürsprecher der Palästinenser oder der Muslime in Bosnien-Herzegowina[55]. Distanz hält Brunei hingegen zu Staaten wie Iran[56].

3.: Last but not least bestimmt auch Bruneis Reichtum einen Teil der Außenpolitik. Gute Beziehungen unterhält es zu **Japan** (Haupthandelspartner und Abnehmer für Öl und Gas) und zu **Australien, den USA, Großbritannien und auch Deutschland** (als wichtige Zielländer für Investitionen)[57]. Bei Großbritannien spielen dabei natürlich auch noch die traditionellen Beziehungen und die enge Zusammenarbeit im militärischen Bereich eine Rolle[58]. Allerdings werden die Briten dabei zunehmend von den USA abgelöst[59].

---

[50] Zu den Beziehungen zu Singapur, vgl.: Leake (1990), S. 132; FEER, 26. Aug. 1987, S. 26.
[51] Vgl.: Leake (1990), S.136; FEER, 22. Sep. 1988, S.29; SOA akt. Sep. 1991, S. 421.
[52] Vgl.: Abu Bakar Hamzah (1989), S. 100 u. 104 sowie Franz (1983), S. 308.
[53] Vgl.: Leake (1990), S. 141f.
[54] Vgl.: Leake (1990), S. 141.
[55] Vgl.: Leake (1990), S. 141 bzw. FEER, 15. Okt. 1992, S. 18.
[56] Vgl.: Leake (1990), S. 142.
[57] Zu Bruneis Beziehungen zur industrialisierten Welt, vgl.: Leake (1990), S. 140f.
[58] Zu den heute noch bestehenden Beziehungen Großbritanniens, vgl.: Leake (1990), S. 137ff. u. 142ff.
[59] Zu den Beziehungen zu den USA, vgl.: Leake (1990), S. 137ff. u. „Asia 1992 Yearbook" (1992), S. 87.

II.4. Fallstudie Singapur

II.4.1. Formale Aspekte

Singapur ist der vierte Staat des malaiisch-muslimischen Kernraumes innerhalb der ASEAN-Region (vgl. Kap. I.3.2.2. „Geistes- und Kulturräume"). Es liegt mitten in einer Region, in der Malaien und Muslime die Mehrheit bilden - und in der die Städte meist von Chinesen dominiert werden. Da aber Singapur nichts anderes als ein Stadtstaat ist, ist verständlich, warum eben auch das vornehmlich chinesische Singapur zum malaiisch-muslimischen Kernraum gehört und faktisch nichts anderes als *eine „chinesische Insel" inmitten eines „malaiisch-muslimischen Meeres"* ist. Diese Tatsache bestimmt das Umfeld, in dem dieser Staat lebt und agiert, und sie bestimmt maßgeblich auch die Innenpolitik dieses Staates. Mithin wird erst durch sie und durch dieses Bewußtsein dieser Staat verständlich.

1. Geschichte Singapurs

Dieses Kapitel steht unter der Überschrift „Geschichte Singapurs". Eine „islamische Geschichte" Singapurs gibt es nämlich nicht. Wie schon in der Einführung andeutet, ist Singapurs Geschichte eigentlich eine „chinesische Geschichte", wiewohl sie auch untrennbar mit der Geschichte des malaiischmuslimischen Malaya im Norden verbunden ist. Im folgenden wird diese Geschichte kurz referiert[1].

Singapur wurde 1819 von dem Briten Sir Stamford Raffles wegen seiner strategisch günstigen Lage gegründet. Unbeschränkte Zuzugsmöglichkeiten und Handelsfreiheit machten aus der fast unbewohnten Insel in kürzester Zeit einen der wichtigsten Handelsstützpunkte der Briten in der Region. 1824 hatte Singapur bereits 11.000 Einwohner. 1860 waren es 80.000 und 1911 schließlich 185.000 Einwohner[2]. Das Gros der Bewohner bildeten zunehmend Chinesen; darunter viele Händler, die von den guten Geschäftsaussichten angezogen wurden. Als eines von drei Gliedern der britischen Stützpunktkette „Straits Settlements" wurde der Tiefseehafen als Umschlagplatz und später auch als Marinestützpunkt zu einer festen Größe in Südostasien.

---

[1] Die folgenden Ausführungen zu Singapurs Geschichte orientieren sich im wesentlichen an zwei Quellen: Turnbull (1977) u. Milne/Mauzy (1990). Zu einer breiteren Einbindung dieser Geschichte in die gemeinsame Geschichte mit Malaysia, s.: Turnbull (1989) u. die Ausführungen in Kap. I.2.3.3. „Die Briten".
[2] Zu den Zahlen für 1824 u. 1860, vgl.: Milne/Mauzy (1990), S. 43. Zu 1911, vgl.: Turnbull (1977), S. 97.

Nach dem Zweiten Weltkrieg faßten die Briten die Staaten Malayas zur „Malayan Union" zusammen. Sie erhielt später den Namen „Federation of Malaya" und wurde 1957 unabhängig. Das mehrheitlich chinesische Singapur ließen sie jedoch nicht in diesem Verbund aufgehen, sondern machten es zur eigenständigen Kronkolonie. Aber auch Singapur wurde auf die Unabhängigkeit vorbereitet und erhielt 1959 innere Souveränität. 1963 entschloß es sich nach langem inneren Ringen, dem neuen Staat Malaysia beizutreten (s. ebdt.). Für die Malaien Singapurs hieß das, daß sie nun Teil der malaiischen Mehrheit des Gesamtstaates waren und einige Sonderrechte genossen[3]. Sie hatten zudem in einem Ableger der malaysischen UMNO einen politischen Vertreter. Obwohl Singapur in einigen Bereichen (Erziehung, Arbeitspolitik) weitgehende Autonomie besaß, mischte sich Malaysia mehrfach in dessen Angelegenheiten ein und agitierte unter der malaiischen Bevölkerung. Die Spannungen wurden bald so groß, daß Singapur 1965 die Föderation wieder verließ (bzw. verlassen mußte) und seine Unabhängigkeit erklärte. Damit verloren die Malaien Singapurs ihre Rechte und Vorteile wieder und waren erst recht eine Minderheit. Und Singapur war von nun an de facto ein chinesischer Staat; vielfach sogar als „drittes China" bezeichnet[4].

2. Staat und Gesellschaft[5]

Singapur ist formal parlamentarische Republik mit Mehrparteiensystem. Faktisch aber regiert seit der Unabhängigkeit unangefochten die chinesisch dominierte PAP (People's Action Party). Dank des Mehrheitswahlrechtes und gezielter Benachteiligung der Opposition sicherte sie sich bei Wahlen stets fast alle Mandate. Nicht wenige Beobachter attestieren ihr deswegen immer wieder Tendenzen zur autokratischen Einheitspartei[6]. Der dominierende Mann der PAP und damit Singapurs war seit der Unabhängigkeit Premier Lee Kuan Yew, der Singapur wie ein „Übervater" regierte. 1990 übergab er das Amt an Goh Chok Tong, blieb aber im Hintergrund präsent.

Singapurs Politik ist maßgeblich von seiner Lage und Größe und von einem permanenten Kampf ums Überleben in einem ihm nicht unbedingt wohlgesonnenen Umfeld und unter schwierigen Bedingungen bestimmt. Mit ande-

---

[3] Es war dies ein Teil der Rechte, die den Malaien in Malaysia zustanden, wenn auch nicht in dem vollen Umfange (s. dazu: Siddique (1983), S. 144f.).
[4] Dazu s. u.a.: Pohl (1989b), S. 270.
[5] Zu einer guten Übersicht über Staat und Gesellschaft in Singapur, s.: Milne/Mauzy (1990) u. Pohl (1989b) sowie etwas ausführlicher Sandhu/Wheatley (1989), S. 53ff.
[6] Zu autokratischen Tendenzen und Benachteiligungen der Opposition, vgl.: NZZ, 16. Nov. 1986 / 14. Okt. 1987; Le Monde, 27. Dez. 1987; FEER, 19. Nov. 1990, S. 20ff.

ren Worten: Um zu überleben, ist es zum Erfolg verdammt. Zwei Prioritäten prägten die ersten gut drei Jahrzehnte des Stadtstaates. Beide resultieren aus dem Wunsch nach Erfolg und Stabilität[7].

1. Eine Priorität war die **Wirtschaft**[8]. „Um zu überleben, müssen wir den anderen immer ein Stück voraus sein", pflegt Lee zu sagen. So hat er Singapur binnen 30 Jahren neben Hongkong zu einem der beiden wohlhabendsten und prosperierendsten Wirtschaftszentren der Region gemacht. Basis war Singapurs Rolle als wichtiger Hafen und später auch als führendes Dienstleistungszentrum. Heute zählt es zu den „Four Asian Tigers" und hat das vierthöchste Pro-Kopf-Einkommen in Asien[9]. Manchmal kann man sich aber des Eindrucks nicht erwehren, der Stadtstaat sei ein einziges großes Wirtschaftsunternehmen.

2. Zweite Priorität hat die **Stabilität**. Die Folgen waren große Verteidigungsanstrengungen nach außen[10] und ein straff geführter Staat nach innen[11]. Dazu gehörte auch das stärker als in anderen Ländern der Region betriebene „**nation building**"[12] - der Versuch, unter den verschiedenen Rassen ein Gemeinschaftsgefühl aufzubauen. Dies basiert auf einer Staatsphilosophie, wonach Singapur ein multirassialer Staat ohne Rücksicht auf Ethnien und Religionen ist. „One people, one nation, one Singapore" ist heute der Leitspruch Singapurs.

3. Bevölkerung, Ethnien, Religionen[13]

Gut drei Viertel der 2,7 Mio. Singapurianer sind Chinesen. Unter ihnen gibt es Buddhisten, Konfuzianer, Taoisten und Christen. Sie sind das Staatsvolk.

---

[7] Vgl.: Esterline/Esterline (1986), S. 189.
[8] Zu Singapurs Wirtschaft u. deren Bedeutung für Singapur, vgl.: Milne/Mauzy (1990), S. 131ff. u. Rieger (1991).
[9] Vgl.: „Asia 1992 Yearbook" (1992), S. 6f.
[10] Zu Verteidigungspolitik u. -anstrengungen, s.: Milne/Mauzy (1990), S. 156ff.
[11] Zum straffen innenpolitischen System, s.: Sandhu/Wheatley (1989), S. 53ff.
[12] Zu diesem für Singapur so wichtigen Prozeß des „nation building", s.: Sandhu/Wheatley (1989) (Aufsätze von Siddique u. Willmott) u. Vasil (1988), S. 95ff. Eine kritische, aber sehr gute Bestandsaufnahme dieses Prozesses (nicht nur) aus malaiischer Perspektive gibt: Hussin Mutalib (1990c).
Zum Slogan „One people, one nation, one Singapore" und den Kampagnen zu dessen Verbreitung und Umsetzung, vgl. die Berichterstattung in der „Straits Times" (einschl. ihrer Wochenausgabe) im Monat August 1990 (praktisch durchgängig) anläßlich des 25. „Geburtstages" Singapurs.
[13] Zu Bevölkerung, Ethnien und Religionen, s.: Milne/Mauzy (1990), S. 10ff.; Sandhu/Wheatley (1989), S. 563ff. u. 692 ff.; „Singapore 1989" (1989), S. 25ff. Zu den neuesten Zahlen (Zensus 1990): SOA akt. Juli 1991, S. 301f.; FEER, 2o. Juni 1991, S. 17.

Etwa 15 Prozent sind Malaien, die überwiegend den unteren Schichten angehören und meist nur geringe Bildung haben (s. Kap. II.4.2.). Sie sind fast ausnahmslos Muslime, was mit ihrer Herkunft sowohl aus Malaysia wie zu einem kleinen Teil aus Indonesien zusammenhängt[14]. Diese Herkunft legt nahe, daß es sich bei ihrem Islam weitgehend um Adat-Islam handelt. Etwa 7 Prozent sind Inder; das Gros unter ihnen Tamilen, ein kleiner Teil auch Muslime. Die Inder (und damit auch die indischen Muslime) fallen aber als Gruppe kaum ins Gewicht und sind ebenso zu vernachlässigen wie die restlichen kleineren Ethnien (gut drei Prozent)[15].

Da die Malaien und Muslime in hohem Grade identisch sind und auch weitgehend miteinander gleichgesetzt werden, wollen wir auch für Singapur das klassische Junktim „Malaien/Muslime" verwenden.

4. Stabilität und Instabilität

Singapur gilt als stabil[16]. Grundpfeiler der Stabilität sind das geordnete innenpolitische System und der breitgefächerte Wohlstand so aus dem Erreichten erwachsene Selbstbewußtsein. Als mögliche Destabilisierungsfaktoren werden zuweilen Forderungen nach mehr Demokratie, eine Verschlechterung der ökonomischen Lage und eine Akzentuierung der Rassengegensätze genannt. Im Vordergrund bei der Frage nach einer Bedrohung Singapurs steht jedoch ein anderer Punkt:

„As a Chinese city-state in a Malay world, Singapore must strive not to give offense or to identify with other [...] Chinese communities, since these are still perceived as political and economic threats in most nations of Southeast Asia"[17].

„Größte Besorgnis der Führung ist das Überspringen von Konflikten in und zwischen anderen Ländern auf Singapur ..."[18].

Singapurs größte Bedrohung liegt in einem Feld, das es selbst kaum beeinflussen kann: in seinem Umfeld und in den Gefahren, die von außen auf den Stadtstaat überspringen könnten. Sie könnten innere Probleme wie Rassenspannungen oder Sozialkonflikte akzentuieren und zu Bedrohungen machen; wenn etwa einer der großen Nachbarn das in hohem Maße von der Außenwirtschaft abhängige Singapur von der Außenwelt abschneiden oder sich

---

[14] Vgl. Siddique (1983), S. 144.
[15] Zu einer Übersicht über diese kleineren Ethnien, s.: wie Anm. 13.
[16] Vgl.: Esterline/Esterline (1986), S. 190; Pohl (1989b), S. 270ff.; Sandhu/Wheatley (1989), S. vi.; Kusuma Snitwongse / Sukhumbhand Paribatra (1987), S. 170.
[17] Esterline/Esterline (1986), S. 190. Siehe dazu auch: Vasil (1988), S. 95f.
[18] Pohl (1989b), S. 272.

plötzlich zum „großen Bruder" der Malaien aufschwingen würde. Die gleiche Gefahr liegt im Import von Ideen wie des islamischen Fundamentalismus'. Dann könnte es auch im Inneren des an sich stabilen Singapur zu Problemen kommen. Im folgenden ist also zweierlei zu untersuchen: die Lage der Malaien und Muslime in Singapur und deren Anfälligkeiten.

II.4.2. Identität, Rolle und Partizipation der Muslime

Den Fragen nach Identität, Rolle und Partizipation der Muslime in Singapur wollen wir uns in zwei Schritten nähern. Zuerst wollen wir einen Blick auf die Rahmenbedingungen werfen und die wichtigsten Aspekte fokussieren. Danach wollen wir diese kurz analysieren und untersuchen, welche Auswirkungen sie auf die praktische und aktuelle Politik haben. Anschließend werden wir unsere Folgerungen ziehen.

Rahmenbedingungen

Die Situation der Malaien/Muslime in Singapur wird im wesentlichen von fünf Aspekten bestimmt, von denen die ersten beiden moralisch-emotionaler und die letzten drei politisch-sozialer Art sind.

1. Singapur ist Teil des malaiisch-muslimischen Raums. Die Malaien/ Muslime Singapurs sind mithin Teil einer den Staat übergreifenden, größeren Mehrheit in diesem Raum. Und dies ist *auch* eine emotionale Frage.

2. Seit der Trennung Singapurs von Malaysia 1965 ist der Stadtstaat allerdings eine Art „chinesische Insel" in diesem „'malaiisch-muslimischen Meer". Das machte aus den Malaien/Muslimen in Singapur wiederum eine Minderheit. Und auch dies ist wiederum *auch* emotionale Frage.

3. Innerhalb Singapurs sind die Malaien und Muslime nicht nur eine Minderheit, sonder bilden zugleich eine wirtschaftlich-soziale Unterschicht. Die Situation ist vergleichbar mit Malaysia. Hier wie dort dominieren Chinesen die Wirtschaft und stellen Malaien den Großteil der Unterschicht. Da jedoch Malaysia das „Land der Malaien" ist, fällt diesen zugleich die politische Dominanz zu und gleicht dies wieder aus. Singapur aber ist - um im Bild zu bleiben - die „Stadt der Chinesen". Deswegen dominieren sie hier auch die Politik - und den Malaien bleibt oft nur die „Zuschauerrolle".

In Fakten und Zahlen sieht das so aus. Nur 6 % der Malaien arbeiten in höheren Berufsklassen. Der Zensus von 1980 führte unter „Professional and Technical" 5 % und unter „Administrative and Managerial" 1 %

auf. Unter Arbeitern („Agricultural Workers and Fishermen" und „Production and Related Workers") dagegen wies er 55 % aus. Weitere 24 % waren im Handel und im Dienstleistungssektor tätig[19]. Dies überträgt sich nach einer Statistik von 1988 auch auf das Einkommen. Unter denen, die unter $ 1.000 im Monat verdienen, sind mit 25,4 % überdurchschnittlich viele Muslime. Unter denen, die über $ 2.000 verdienen, sind aber nur 8,8 % Muslime[20]. Und S. Siddique hat 1983 nachgewiesen, daß dies auch die Lebensbedingungen der Malaien prägt: „Zwar wohnen mehr als 70 % aller Singapurianer in staatlichen Wohnsiedlungen. Aber von den 70 % der islamischen Einwohner, die in solchen Siedlungen wohnen, lebt die Mehrheit (57 %) in den kleineren Wohnungen (mit 1, 2 oder 3 Zimmern)."[21]

4. Dieses Bild spiegelt sich auch im Bildungsniveau der Malaien/Muslime.

1980 hatten 70 % entweder gar keine Schulbildung erhalten oder nur die Volksschule besucht. 12 % hatten eine höhere Schule besucht. 18 % gingen zur Schule oder studierten. Und nur 0,3 % (absolut 679) besaßen eine abgeschlossene akademische Ausbildung[22].

5. Außerdem bekamen die Malaien/Muslime nach der Unabhängigkeit zwar die Bürgerrechte. Trotzdem waren sie keineswegs gleichberechtigt. So wurden sie aus sensiblen Bereichen in Verwaltung, Militär und Polizei gezielt ferngehalten bzw. entfernt[23] (was umgekehrt auch in Malaysia geschah). Noch heute ist das Thema heikel und emotionsgeladen und sehen besonders junge Malaien dies als Diskriminierung [24]. Nicht zuletzt, weil ein Nichtableisten des Militärdienstes auch die zivilen Aufstiegschancen mindert[25]. Dar-

---

[19] Zu diesen Angaben, vgl.: Siddique (1983), S. 142.
[20] Zu diesen Angaben, vgl.: „Religion in Singapore" (1988), S. 23. Diese Studie analysierte das Einkommen ausschließlich nach Zugehörigkeit zu Glaubensgemeinschaften. Streicht man die indischen Muslime heraus, könnten die Zahlen also noch negativer aussehen.
[21] Siddique (1983), S. 142f.
[22] Zu diesen Angaben, vgl.: Siddique (1983), S. 143; Omar Farouk (1988a), S. 164. Zu einer breiten Diskussion der Ausbildungslage: Siddique/Yang (1987), S. 152ff.
[23] Vgl.: Milne/Mauzy (1990), S. 157f.; Omar Farouk (1988a), S. 163f.
[24] Vgl. u.a. den Wirbel um eine Äußerung des Verteidigungsministers Lee Hsien Loong (des Sohnes von Lee Kuan Yew), der diese Ausgrenzung 1987 öffentlich rechtfertigte (vgl. SOA akt. Mrz. 1978, S. 114 / Mai 1987, S. 215f.). Daß die Malaien gerade dies als große Diffamierung betrachten, erschloß sich dem Autor 1990 u.a. in seinen Gesprächen mit dem führenden malaiischen Wissenschaftler und Politiker Hussin Mutalib und anderen, vornehmlich jungen Malaien und Malaiinnen. Siehe dazu auch: Omar Farouk (1988a), S. 164 u. Hussin Mutalib (1990c), S. 16f.
[25] Vgl.: Milne/Mauzy (1990), S. 158. Darüber berichteten dem Autor auch einige seiner malaiischen Gesprächspartner wie Hussin Mutalib und zwei hier bewußt namentlich nicht genannten malaiischen Nachwuchswissenschaftler.

über hinaus gibt es sogar Indizien dafür, daß auch chinesische Unternehmer Malaien gezielt aus Führungspositionen in ihren Firmen fernhielten[26]. Um neuerliche Beunruhigung haben in jüngster Zeit auch die staatliche Förderung des Konfuzianismus und der Chinesen-Sprache Mandarin ausgelöst[27].

Politik

Da drei Viertel der Bevölkerung Chinesen sind und diese weitgehend die Schalthebel in Politik und Wirtschaft halten, ist oft von einer „chinesischen Stadtrepublik" oder vom „dritten China" die Rede[28]. Die Malaien/Muslime bilden hingegen nur eine Minderheit, noch dazu mit eindeutiger sozialer Randfunktion. Im Gegensatz dazu kommt ihnen als Teil einer übergeordneten regionalen Mehrheit und als stärkste Minderheit in Singapur aber durchaus eine wichtige Rolle zu.

Der einzige Ort, wo sich die Relationen tatsächlich widerspiegeln, ist das Parlament. Obwohl Singapur nach außen ein multi-rassialer Staat ist, sind die Malaien dort etwa gemäß ihrer Stärke vertreten[29]. Doch diese Teilhabe an der Macht hält sich in Grenzen. In den Grenzen der quasi alleinregierenden PAP (der alle malaiischen Abgeordneten angehören), die den Malaien/Muslimen zwar diese Präsenz einräumt (schon ob der malaiisch dominierten Wahlkreise), aber selbst von den Chinesen dominiert wird. Nicht von ungefähr sind fast alle namhaften malaiischen Politiker wie Ahmad Mattar in der PAP[30]. Eine *starke* malaiische oder islamische Partei gibt es nicht (s. Kap. II.4.3.1.).

Allerdings weiß man in der PAP sehr wohl um den politischen Sprengstoff, den die Muslime ob des ethnischen Hintergrundes, der Geschlossenheit der sozialen Randfunktion darstellen[31]. So macht man Konzessionen, die zum einen auf eine Integration in die Gesamtgesellschaft abzielen, zum anderen aber auch die - und nur so sieht man es - *religiösen* Gefühle respektieren sollen. Dabei wird jedoch größter Wert darauf gelegt, daß es sich bei dieser

---

[26] Darüber gibt es verständlicherweise keine Statistiken oder Berichte. Allerdings sind derartige Informationen dem Autor glaubhaft aus deutschen Wirtschaftskreisen in Singapur und von Malaien berichtet worden.
[27] Vgl.: FEER, 24. Jan. 1991, S. 19 (ad Mandarin) / 9. Febr. 1989, S. 30ff. / 7. Febr. 1991, S. 27f. (beide ad Konfuzianismus).
[28] Vgl. Vasil (1988), S. 95; Uhlig (1988), S. 472; Pohl (1989b), S.270.
[29] Seit 1980 stellen die Malaien jeweils 9 oder 10 der rund 80 Abgeordneten, z.T. bedingt durch gemischte Wahlkreise, in denen je ein Kandidat einer Minderheit angehören muß (vgl. Siddique (1983), S. 146 u. SOA akt. Sept. 1991, S. 492ff.).
[30] Zu Mattar, vgl.: Siddique (1983), S. 146f.
[31] Vgl. dazu: Vasil (1988), S. 95ff. Das bestätigte in einem Interview mit dem Autor auch der malaiische Minister für „Muslimische Angelegenheiten", Ahmad Mattar.

Politik um eine allgemeine staatlich-gesellschaftliche Aufgabe handelt, welche mit ethnischen Rücksichten nichts zu tun habe - denn dies würde dem multirassialen Primat widersprechen[32]. Dieser Argumentation kommt entgegen, daß die Malaien/Muslime weitgehend geschlossen die Unterschicht bilden. Und dies und nichts anderes wird zum Aufhänger für Konzessionen und fördernde Maßnahmen für die Malaien/Muslime gemacht[33].

Im einzelnen versucht die Regierung, die Rückständigkeit der Malaien/Muslime mit Ausbildungs- und Erziehungsprogrammen abzubauen[34]. Die Schlüsselrolle hat dabei die Stiftung „MENDAKI" inne, die vornehmlich mit Geld von Muslimen die Ausbildung muslimischer Kinder finanziert[35]. Daneben genießen Muslime einige Sonderrechte. Sonderrechte, wie sie aber jeder anderen Glaubensgemeinschaft auch zugestanden werden. Für die Muslime beinhalten diese Rechte Eigenständigkeit in Religions- und Erziehungsfragen, in der Finanzierung einiger eigener Angelegenheiten nach islamischem Steuerrecht sowie in Eigentums-, Ehe- und Testamentsfragen, die teilweise einem eigenen Schari'a-Gerichtshof unterliegen. Dies ist im „Administration of Muslim Law Act" von 1966 festgeschrieben[36]. 1985 wurde eine Stiftung „DANAMIS" zur Finanzierung muslimischer Projekte gegründet[37].

Als zentrale Institution wurde ebenfalls 1966 die „MUIS" („Majlis Ugama Islam Singapura" / „Rat des Islam in Singapur")[38] geschaffen, der alle islamischen Fragen koordiniert. Er ist eine Art oberste Islam-Behörde und überwacht zum Beispiel sowohl den in den letzten Jahren forcierten Moschee-Bau (einschließlich der Infrastruktur) als auch de-

---

[32] Vgl. Siddique (1983), S. 146ff. Das bestätigte in einem Interview mit dem Autor auch der malaiische Minister für „Muslimische Angelegenheiten", Mattar, wiewohl er aber einräumte, daß auch die ethnische Frage im Hintergrund stehe. Er stellte aber auch fest, daß er nicht Minister für „malaiische Angelegenheiten" sei.
[33] Vgl.: Siddique (1983), S. 147.
[34] Zur Ausbildungs- und Erziehungspolitik und den entsprechenden Programmen, s.: Siddique (1983), S. 147ff. u. Siddique/Yang (1987), S. 151ff.
[35] Zu einer Übersicht über MENDAKI („Majlis Pendidikan Anak-anak Islam Singapura" / „Council for the Education of Muslim Children" und malaiisch für „Aufstieg"), s.: Siddique/Yang (1987), S. 157ff. Im Jahr 1989 wurde MENDAKI übrigens umbenannt in „Yayasan MENDAKI" („Council for the Development of Singapore Muslim Community") (vgl. Voice of Islam, Vol. III., Nr. 182 vom 31. Febr. 1990).
[36] Zu diesem gesamten islamischen Rechtsbereich einschl. „Administration of Muslim Law Act" u. zu weiteren Ausführungen, vgl.: Hooker (1984), S. 110ff.; Siddique (1983), S. 145f.; Siddique (1987), S. 325ff.
[37] Zu der Stiftung „DANAMIS" („Dana Masyarakat Islam" / „Singapore Muslim Fund"), s.: Siddique/Yang (1987), S. 162ff.
[38] Zum MUIS und seinen Rechten und Aufgaben, s.: Siddique (1983), S.145f.; dies. (1987), S. 326ff.; Hooker (1984), S. 110ff.; The Straits Times, 24. Aug. 1990.

ren weitere Nutzung[39]. Er ist auch für die Freitagspredigt bzw. für die Formulierung des dabei verlesenen Textes verantwortlich, die im Islam ein höchst wichtiges und einflußreiches Herrschaftsinstrument darstellen[40]. Das Ziel, das mit dieser Organisation verfolgt wird, ist klar ersichtlich. Zum einen wurde mit ihr den Muslimen in Singapur in gewisser Weise der Status einer eigenen Gemeinschaft und daraus abgeleitet eine eigene Administration gegeben. Zum anderen hält der Staat mit ihr seither ein überaus effizientes Kontroll- und Lenkungsinstrument der muslimischen Gemeinde in Händen.

Folgerungen

<u>Staat</u>: Bereits diese kursorischen Angaben zur Behandlung der Malaien/ Muslime dürften eines klar gemacht haben. Singapur nimmt die heikle Frage der sensiblen Gemeinschaft in seinen Mauern überaus ernst. Es bemüht sich, die Malaien/Muslime - zu seinem eigenen Nutzen - in Staat und Gesellschaft zu integrieren und sie - zu deren Nutzen - am Wohlergehen und Wohlstand dieses Staates zu beteiligen. Wobei letzteres auch wiederum dem eigenen Vorteil zu Gute kommt. Nur so kann es der Regierung nämlich gelingen, das Potential für innere Spannungen gering zu halten und die Anfälligkeit für äußere Einflußnahme zu reduzieren. Ob und inwieweit sie dabei bisher erfolgreich war, sei hier erst einmal dahingestellt ...

Auffällig ist an dieser Politik eines. Sie bezieht sich zwar im Grunde genommen auf die Gesamtheit der Malaien/Muslime. Genau genommen ist es aber eine Politik für die Muslime und für die sozial Unterprivilegierten. Daß es sich zugleich um eine Politik für die Malaien handelt - weil eben die Malaien fast ausschließlich unterprivilegiert und muslimisch sind -, wird nach Möglichkeit kaschiert. Dies ändert für uns zwar nichts am Faktum, sollte aber in Erinnerung bleiben.

<u>Malaien/Muslime</u>: Auf der anderen Seite ist den Malaien/Muslimen - zumindest in ihrer Rolle als Muslimen - Eigenständigkeit und die Wahrung der eigenen, d.h. der islamischen Identität gesichert. Stärker noch als die Gewährung einer eigenen Organisation fällt dabei wohl für sie ins Gewicht, daß sie als gleichberechtigte Teilhaber an diesem Staat und an seinem Wohlstand akzeptiert werden - zumindest auf dem Papier und gemessen an ihrer Stärke.

---

[39] Zu Moschee-Bau und der weiteren Nutzung, s.: Siddique (1983), S. 149ff.; dies. (1987), S. 327f.
[40] Vgl.: Siddique (1983), S. 146.

Subtrahiert man einmal für den Moment die Zugehörigkeit der Muslime zu einer größeren islamisch-muslimischen und vor allem zu einer größeren malaiischen Gemeinschaft außerhalb der Staatsgrenzen, so läßt sich folgendes feststellen. Politisch ist ihnen als einer Minderheit in diesem Lande durchaus Genüge getan. Ökonomisch-sozial liegt für sie aber noch einiges im argen - allerdings geht es ihnen in diesen Fragen insgesamt sicher besser als vielen Muslimen in anderen Teilen der muslimischen Welt. Und außerdem befindet sich die Lage auch noch auf dem - langsamen - Wege der Besserung.

Nun wissen wir aus naheliegenden Beispielen wie Deutschland oder Frankreich, daß in einem halbwegs stabilen Staat muslimische Minderheiten in vergleichbaren Situationen keine elementare Bedrohung darstellen. Auch gibt es im Islam keinerlei Aufruf an Minderheiten, unbedingt zu rebellieren und mit Gewalt die Macht zu erkämpfen. Vielmehr begnügt sich die islamische Welt heute *in der Praxis* allgemein mit dem Respektieren der Rechte ihrer in der Minderheit befindlichen Brüder und Schwestern. Vor diesem Hintergrund darf man wohl davon ausgehen, daß auch Singapurs Muslime ihre Rolle akzeptieren. Und viele Anzeichen sprechen dafür, daß dies in der Mehrheit auch so ist - wenn auch diese Akzeptanz oft passiv erscheint[41].

Anmerkung: Dies war im wesentlichen eine Analyse der Situation der Malaien/Muslime, wie sie sich aufgrund der Punkte 2 bis 5 der oben beschriebenen Rahmenbedingungen ergibt. Und von dieser Situationsbeschreibung sollte man auch grosso modo ausgehen. Allerdings ist dabei stets der hier noch leicht erweiterte Punkt 1 der Rahmenbedingungen im Hinterkopf zu behalten. Das heißt: Es ist zu berücksichtigen, daß Singapurs Malaien/Muslime zugleich Teil einer größeren islamisch-muslimischen und einer größeren malaiischen Gemeinschaft außerhalb der Grenzen des Stadtstaates sind. Dies *muß* aber nicht zwangsläufig Auswirkungen haben, zumal viele Malaien/ Muslime in Singapur ihre Rolle akzeptiert zu haben scheinen und die Situation im Moment nicht brisant zu sein scheint. Doch es *kann* Auswirkungen haben, wenn (1) Spannungen und Probleme aufkommen. Dann nämlich könnten die emotionalen Hintergründe diese Spannungen und Probleme potenzieren. Und es *kann* Auswirkungen haben, wenn (2) diese emotionalen Beweggründe bewußt und gezielt von interessierter Seite (extern oder intern) geschürt würden.

---

[41] Von dieser recht breiten Akzeptanz gehen eigentlich die meisten Autoren aus (vgl. dazu die Untersuchung von Federspiel zu den politischen Sichtweisen der muslimischen Führer: Federspiel (1985), S. 812ff.). Unterschiedlich ist allerdings zumeist die Bewertung dieser Akzeptanz. Vgl. dazu: (1) Crouch (1987), S. 33 (Er geht ganz allgemein von einer Akzeptanz des Systems aus); (2) Siddique (1983), S. 152 (Sie geht von einer mehr aktiven Akzeptanz aus); (3) Hussin Mutalib (1990c), S. 15ff. (Er sieht eher eine passive Akzeptanz).

II.4.3. Islamismus, Mobilisierung und Einflußnahme
II.4.3.1. Islamische Aktivitäten im Inland

Wie wir bereits festgestellt haben, scheint in Singapur die Mehrheit der Malaien/Muslime im System integriert zu sein. Einige von ihnen - wenn auch nicht gerade viele - sind sogar Funktionsträger: als Politiker in der PAP oder als Geistliche und Funktionäre im MUIS oder in anderen Organisationen[42]. Sie werden oft als Mittler zwischen System und Malaien/ Muslimen gesehen. Im folgenden müssen wir nun also nach Kräften suchen, die außerhalb dieses Systems wirken. Dabei gilt es einen semi-oppositionellen und einen oppositionellen Bereich zu unterscheiden.

- Im semi-oppositionellen Bereich sind jene Kräfte einzuordnen, die weitgehend innerhalb der Regierungspartei oder der offiziösen Islam-Organisationen (wie MUIS) auf Veränderung hinarbeiten. Und es sind diejenigen Kräfte in diesem Bereich einzuordnen, die weitgehend unter Akzeptanz des Systems für Veränderungen eintreten.

In diesem Bereich müssen wir zuerst einmal auf eine Bewußtseinsveränderung eingehen. So haben offenbar die staatlichen Erziehungs- und Ausbildungsprogramme zu einer langsamen Verbesserung des intellektuellen Niveaus unter den Malaien beigetragen, vor allem unter jüngeren Malaien. Sie sind als Singapurianer aufgewachsen und haben von diesem Staat eine gute Bildung erhalten. Sie sehen sich zunehmend als Singapurianer, Malaien und Muslime - nicht mehr so sehr als Malaien/Muslime. Sie blicken mithin weniger nach außen als vielmehr nach innen[43]. Zu dieser Generation gehört zum Beispiel der Politiker und Wissenschaftler Hussin Mutalib, der heute gerne als „aufgehender Stern" in Singapurs politischer Landschaft apostrophiert wird[44]. Wie sich der Autor im Gespräch überzeugen konnte, ist dieser Mann ein engagierter Singapurianer, der das System akzeptiert - und trotzdem mehr Chancengleichheit und mehr Rechte für die (Singapur-) Malaien und Muslime fordert. Hussin Mutalib ist kein Einzelfall. Mittlerweile entsteht langsam so etwas wie eine kleine malaiisch-muslimische Mittelschicht[45] und gibt es immer mehr malaiisch-muslimische Intellektuelle[46]. Und für sie alle scheint mehr und mehr das neue Junktim „Singapurianer,

---

[42] Vgl.: Siddique/Yang (1987), S. 163.
[43] Vgl. dazu: Omar Farouk (1988a), S. 164; Siddique (1983), S. 152. In diese Richtung deutet auch ein allgemeiner Trend zu einer stärkeren Identifikation mit Singapur, der unter der Bevölkerung Singapurs festzustellen ist (vgl. Sandhu/Wheatley (1989), S. 592ff.).
[44] Zu Hussin Mutalib, vgl.: The Sunday Times (Singapore), 12. Aug. 1990.
[45] Vgl.: Siddique (1983), S. 151.
[46] Wie Anm. 45. Siehe auch: Hussin Mutalib (1990c), S.15.

Malaie, Muslim" das alte „Malaie/Muslim" abzulösen[47]. Hier scheint sich - wenn auch langsam - etwas Neues abzuzeichnen.

- Im zweiten „oppositionellen" Bereich sind diejenigen Kräfte zu erfassen, die etwas anderes als den jetzigen Staat Singapur fordern.

In diese Kategorie gehört die einzige tatsächlich islamische Partei, die „Pekamas". Sie hat jedoch bezeichnenderweise längst an Bedeutung verloren[48]. Daneben gibt es kleine islamistische Zirkel, die aber nur durch Festnahme einiger ihrer spärlichen Anhänger auffallen. Und ab und an werden vereinzelt islamistische Regungen laut, doch ist nicht immer klar, ob diese allgemein oppositionell oder tatsächlich islamisch motiviert sind[49]. Diese kurzen Anmerkungen machen schon deutlich, daß es so etwas wie eine echte und organisierte islamische oder gar islamistische Gegenkraft in Singapur kaum gibt. Zumindest ist sie nicht sichtbar. Bedenkt man aber, daß Singapurs Sicherheitskräfte 30 Jahre lang rigoros alle internen Bedrohungen (einschließlich der demokratischen Opposition) und jeglichen Fundamentalismus (nicht nur islamischen) bekämpft haben[50], so läßt sich wohl sagen: Gäbe es eine größere derartige Kraft im Untergrund, müßten die Sicherheitskräfte davon wissen und hätten sie diese wohl längst offengelegt. So ist zusammenfassend zu sagen: Eine ernsthafte islamische Gegenkraft läßt sich wohl ausschließen. Lediglich eine kleine Grauzone ist davon vielleicht auszunehmen: einige Kreise im MUIS oder in anderen offiziös-islamischen Organisationen. Doch dazu gibt es kaum sichere Anhalte[51].

II.4.3.2. Islamischer Einfluß von außen

Abschließend bleibt noch zu untersuchen, welchen Einfluß externe Kräfte haben. Dabei wollen wir den allgemeinen moralisch-emotionalen Einfluß hier einmal unberücksichtigt lassen. Er ist bereits besprochen worden und wird später noch einmal aufgegriffen. Hier geht es uns vielmehr um den - im weitesten Sinne - materiellen Einfluß.

---

[47] Wie Anm. 43.
[48] Zur Pekamas, vgl.: Pohl (1989b), S. 269. Ihre letzten Wahlergebnisse lagen zwischen 0,5 und 2,1 Prozent (s. FEER, 12. Sept. 1991, S. 11).
[49] 1982 wurde z.B. unter dem Vorwurf des „Rassismus und Extremismus" vier „Muslim-Extremisten" („disgruntled Malay and Indian Muslims") verhaftet, die aber auch Mitglieder der wichtigsten Oppositionsparteien waren (s. Siddique (1983), S. 146).
[50] Tatsächlich haben die Sicherheitskräfte Fundamentalisten aller Couleurs bisher verfolgt. 1990 wurde in dieser Angelegenheit das „Maintenance of Religious Harmony Bill" verabschiedet (s. zu beiden Punkten: Hussin Mutalib (1990b), S. 16).
[51] Kettani ((1986), S. 154f.) berichtet von solchen islamistischen Organisationen.

Das kleine chinesische Singapur liegt zwischen den beiden malaiisch-muslimischen Riesen Indonesien und Malaysia, in denen schon immer ein reiches intellektuelles Leben blühte. Und einiges davon dringt natürlich ganz zwangsläufig auch über die Grenzen nach Singapur[52].

Malaysia: Den größten Einfluß hat naheliegenderweise Malaysia. Die dortige Islamisierung von Staat und Gesellschaft färbt zwangsläufig auf die malaiisch-muslimische Gemeinde Singapurs ab, zumal malaysische Medien das neue islamische Bewußtsein und auch vielerlei islamische Informationen über die Grenzen transportieren[53]. Allerdings scheint deswegen noch lange nicht alles im gleichen Umfang kopiert zu werden, weder politisch noch im Alltagsleben. Singapurs Malaien/ Muslime scheinen hier durchaus zu differenzieren[54].

Islamische Welt: Indonesien und Malaysia sind auch diejenigen Länder, über die fast der gesamte restliche Einfluß aus der islamischen Welt nach Singapur kommt - meist in „vorgefilterter", d.h. südostasiatischer, Fassung[55]. Der direkte Einfluß aus den Zentren der islamischen Welt ist hingegen gering und scheint vornehmlich von Saudi-Arabien und seinen Organisationen („Rabita" und der mit ihr verbundene „Weltrat für Moscheen") auszugehen[56]. Diese begrenzten und kanalisierten Verbindungen scheinen der Regierung wohl der geeignetste Mittelweg zwischen einer wohl zu ermöglichenden Einflußnahme und deren Begrenzung und Kontrolle zu sein.

II.4.4. Analyse: Stabilität und Destabilisierung

Es ist nicht einfach, für Singapur die Frage nach Legitimierungs- und Mobilisierungsgrad zu beantworten. Im allgemeinen entspricht der vom Staat sorgsam aufgebaute Sektor der malaiisch-muslimischen Minderheit zumindest einem Rahmen, in dem die dringendsten Bedürfnisse einer islamischen Gesellschaft erfüllt werden können. Doch auf der anderen Seite dürften die Muslime mit ihrer Gesamtrepräsentanz im Staate nur bedingt zufrieden sein, sind sie doch allein vom - allerdings in deren eigenem Interesse nicht unerheblichen - Wohlwollen der PAP abhängig; nicht von ungefähr sind viele ihrer prominenteren Köpfe in der PAP.

---

[52] Vgl.: Siddique (1983), S. 152; Hussin Mutalib (1990b), S. 17.
[53] Vgl. dazu u. zu weiteren Ausführungen: Omar Farouk (1988a), S. 165.
[54] Wie Anm. 53.
[55] Vgl.: Siddique (1983), S. 152.
[56] Zu deren Einflußnahmen, s.: Schulze (1983), S. 39ff.

Doch in diesem eher theoretischen Bereich liegt nicht das Problem. Den eigentlichen Sprengstoff bilden der politische Hintergrund und die soziale Position der Muslime. Bei entsprechender Motivierung durch eine islamistische Kraft könnte sich daraus eine Gefahr für den Stadtstaat entwickeln. Diese Gefahr wird begünstigt durch die Separierung der Muslime und auch durch den forcierten Moschee-Bau. Allerdings ist die Regierung dabei, diesen sozialen Sprengstoff abzubauen. Da es aber wohl noch einige Zeit dauern wird, bis die Muslime in dieser Hinsicht mit den Chinesen auf einer Stufe stehen, wird auch das damit verbundene Konfliktpotential noch einige Zeit erhalten bleiben. Hinzu kommt, daß eine gemeinsame Nation - trotz aller Bemühungen - nicht nur wirtschaftlich-sozial, sondern wohl auch ethnisch-religiös noch einige Zeit auf sich warten lassen wird. Der Grund ist banal und beide Male der gleiche: Beides sind Prozesse, die nicht Jahre, sondern Generationen dauern. Die langsam einsetzende Identifikation der Bürger - Malaien wie Chinesen - mit Singapur[57] ist allerdings ein Fingerzeig in diese Richtung. Sie könnte auf lange Sicht helfen, die Gefahren zu *minimieren*. Sie zu *eliminieren*, dürfte wohl vor dem Zeithintergrund, vor dem sich die vorliegende Analyse bewegt, Wunschdenken sein[58].

Doch der Prozeß ist in Bewegung und ein Ansatz zur Destabilisierung von innen her ist im Augenblick nicht zu erkennen. Zwar entwickelt sich - langsam - eine malaiisch-muslimische Mittelschicht, die auch den Islam als Identifikationselement begreift[59]. Doch wird diese erst einmal kaum ihre neu gewonnenen Privilegien durch eine Infragestellung des Systems aufs Spiel setzen. Zwar nimmt - langsam - die Zahl der malaiisch-muslimischen Intellektuellen zu und begreifen auch sie den Islam zunehmend als Identifikationselement[60]. Doch gerade in dieser jüngeren Generation wächst das Bewußtsein, Singapurianer zu sein. M.E. könnten daher gerade diese Entwicklungen eher zur Stabilisierung denn zu einer potentiellen Destabilisierung beitragen. Denn sie basieren auf den beiden größten Pfunden, mit denen Singapur wuchern kann und auf denen im wesentlichen seine Stabilität beruht: auf seinem Erfolg und auf seinem Wohlstand.

Somit bliebe als einzige interne Gefahr wohl ein von der Basis ausgehender extremer Islamismus. Diesen dürfte die Regierung aber mit ihrer Politik derzeit gut ausschalten können. Mit dem MUIS als Kontroll- und Lenkungsinstrument kann sie zum einen die Ansatzpunkte für eine islamistische Legitimierung (v.a. geringe Berücksichtigung und soziale Unzufriedenheit) langsam bannen und zum anderen eventuelle Unruhe-Keimzellen frühzeitig be-

---

[57] Vgl.: Willmott (1989), S. 578ff. u. 592 ff.; Hussin Mutalib (1990c), S. 10f.
[58] Vgl. dazu auch die kritische, aber optimistische Darstellung des malaiischen Politikers Hussin Mutalib, in: Hussin Mutalib (1990c), bes. S. 20.
[59] Vgl.: Siddique (1983), S. 151.
[60] Wie Anm. 59.

kämpfen - zumal sie oft bewiesen hat, daß sie gegen oppositionelle Kräfte sehr schnell und schon im Ansatz vorgeht. Ihr effizientes Polizei- und Sicherheitswesen dürfte es mithin jedem Fundamentalismus schwer machen, sich zu entwickeln.

Soviel zum innenpolitischen Problem. Und läge Singapur in der Karibik, könnte man die Ausführungen an dieser Stelle beenden. Denn unter diesen Voraussetzungen würde zumindest ein klassisches Argument - das Argument, daß die Muslime Singapurs Teil einer größeren islamisch-muslimischen Gemeinde sind - nicht greifen. Oder anders: Mit seinen Muslimen könnte Singapur sehr gut leben! Doch in Singapurs besonderem Fall kommt nun einmal hinzu, daß es Teil der malaiisch-muslimischen Welt ist. Und damit kommt eine Gefahr hinzu, auf die Singapur selbst - wie wir nun schon mehrfach gesagt haben - kaum Einfluß nehmen kann. Das kleine Singapur liegt zwischen zwei malaiisch-muslimischen Riesen. Entwicklungen in diesen beiden Staaten könnten mithin sehr leicht übergreifen und das gegenwärtig harmonische Zusammenleben der Gemeinschaften in dem kleinen und engen Stadtstaat gefährden - zumal anzunehmen ist, daß die gegenwärtige politische Zurückhaltung der Muslime wohl nur durch Impulse von außen aufzubrechen ist. Bisher wurde diese Gefahr durch die ASEAN und durch die Interessen der gegenwärtigen Regierungen in Jakarta, Kuala Lumpur und Bandar Seri Begawan (Brunei) minimiert. Ob dies auch in Zukunft so bleiben wird, ist mithin die zentrale Frage für Singapur. Sie aber läßt sich derzeit vorausschauend kaum beantworten. Wir können lediglich in Abschnitt III dieser Arbeit versuchen, uns ihr anzunähern.

Perspektivische Anmerkung: Was wir bisher beschrieben haben, war im Grunde genommen der Status quo. Doch es ist anzumerken, daß die Weltpolitik derzeit stark in Veränderung begriffen ist. Und in Singapur wird man auf diese Veränderungen über kurz oder lang reagieren müssen. Bisher - läßt sich vereinfacht sagen - konnte Singapur gut leben mit seinen Muslimen, hatte aber Probleme mit seinen Malaien. Nicht von ungefähr hat es die Malaienfrage stets heruntergespielt und den Malaien/Muslimen als *Muslimen* Rechte und Möglichkeiten eingeräumt. Nun haben aber 25 Jahre ASEAN die Bedeutung der Malaien-Frage immer mehr reduziert. Und auf der anderen Seite haben eineinhalb Jahrzehnte eines weltweiten Erstarkens des Islam dessen Bedeutung markant gesteigert. Für Singapur hängt nun vieles davon ab, wie es diesen Akzentwechsel in seine Politik einbezieht. Dabei aber gibt es wiederum einen Punkt, auf den es keinen Einfluß nehmen kann. Die Frage nämlich, inwieweit die zunehmende Verknüpfung von Malaientum und Islam in den anderen Ländern Auswirkungen auf Singapur haben wird. Sehr wohl jedoch kann Singapur Einfluß darauf nehmen, die innenpolitische Situation der Malaien/Muslime in seinem Land weiter zu verbessern und damit gleichzeitig jedem islamischen Radikalismus rechtzeitig den Boden zu entziehen. Und gerade in diese Richtung hat Singapur bereits einige Grundlagen gelegt ...

II.4.5. Außenbeziehungen

Außenbeziehungen und **Außenpolitik** Singapurs sind vor allem vor dem Hintergrund der bisherigen Ausführungen zu sehen[61]. Die wichtigsten Motive für Singapurs Außenpolitik sind seine Lage als quasi-chinesische Insel im malaiisch-muslimischen Meer, seine Position als Wirtschaftszentrum mit hoher Außenabhängigkeit und seine geringe Größe.

Aufgrund dieser Motive bestehen Singapurs Außenbeziehungen in erster Linie aus weltweiter und regionaler Außen-Wirtschaftspolitik und aus regionaler Außen-Sicherheitspolitik.

1. Weltpolitik bzw. Weltwirtschaftspolitik: Singapurs Außenpolitik über seine engeren Grenzen hinaus ist zu einem großen Teil Außenwirtschaftspolitik. Zu den Industrieländern unterhält Singapur gute Beziehungen, weil sie für das Land wichtige Wirtschaftspartner sind und es für das Selbstbewußtsein des kleinen Staates ungemein wichtig ist, von den „Großen" *akzeptiert* zu werden. Zu vielen Entwicklungsländern[62] unterhält Singapur ebenfalls gute Beziehungen, weil in diesem Falle Singapur ein wichtiger Wirtschaftspartner für diese Länder ist, und weil es für sein Selbstbewußtsein ebenfalls wichtig ist, in diesen Fällen bereits in der Lage zu sein, helfen zu können.

2. Regionale Außenwirtschafts- und Außensicherheitspolitik: Auf der Basis dieser Stärke betreibt Singapur auch Außenpolitik in Asien und in der Region. Im Grunde genommen ist Singapurs Regionalpolitik nichts anderes als Sicherheitspolitik. Und diese Sicherheitspolitik hat zwei Komponenten: eine politische und eine wirtschaftliche. Die politische Komponente besteht aus Vertrauensbildung (dazu gehört ASEAN) und Aufbau eines Abschreckungspotentials (Vorbilder Israel und Schweiz). Die wirtschaftliche Komponente besteht aus bilateralen Ver-

---

[61] Zu den Grundzügen der Außenpolitik Singapurs seien hier nur zwei Quellen angegeben, da wir uns im Text auf einige für diese Arbeit wichtigen Wesenszüge beschränkt und nicht so sehr eine länderspezifische Analyse vorgenommen haben. Zu einer tieferen Betrachtung der Außenbeziehungen und der Außenpolitik Singapurs, s. deswegen: Milne/Mauzy (1990), S. 156ff. u. 145ff. sowie Leifer (1989). Leifers Beitrag ist noch einmal aktualisiert durch einen Artikel desselben Autors in: FEER, 15. Nov. 1990, S. 34.
[62] Vgl. z.B.: Rieger (1991), S. 31.

flechtungen. Musterbeispiel dafür ist das „Growth Triangle"-Konzept (s. Kap. I.3.3.2.). Damit verfolgt Singapur zwei Ziele. Erstens schafft es sich ein „Hinterland" zur Auslagerung niederqualifizierter Arbeitsprozesse und auf lange Sicht auch einen zusätzlichen Absatzmarkt. Zweitens aber schafft es Abhängigkeiten, die ihm ein wichtiges Sicherheitspolster bescheren, und verringert auch noch ökonomisch-soziale Probleme in diesen unterentwickelten Nachbargebieten; womit es auch potentiellen Druck von den dortigen Regierungen nimmt. Druck, der sonst wiederum durch Druck auf Singapur kompensiert werden könnte[63]. Gerade für Singapur ist es wichtig, der malaiisch-muslimischen Welt klar zu machen, daß man nur gemeinsam überleben kann. Lee Kuan Yews Sohn, Verteidigungsminister Lee Hsien Loong faßte das in die Worte: „A wise nation will make sure that its survival and wellbeing are in the interests of other states"[64].

3. Indonesien und Malaysia: Eine Sonderrolle in Singapurs Außenpolitik nehmen naheliegenderweise die großen Nachbarn Indonesien und Malaysia ein. Längst ist der Punkt erreicht, an dem Singapur mit beiden in gutem Einvernehmen lebt - wohlwissend, daß der Abbau von Erbfeindschaften nicht über Nacht geht. So sind denn auch aktuelle Streitpunkte gering, insbesondere zu Jakarta, spricht man doch zuweilen bereits von einer Achse Singapur/Jakarta[65]. Was bleibt, sind emotionale Friktionen - allerdings immer vor der Frage, ob in Südostasien Kriege heute bereits ausgeschlossen werden können oder nicht[66].

---

[63] Zu diesem bisher noch wenig behandelten Thema der „Growth Triangle"-Idee, s.: SOA akt. Mrz. 1991, S. 136ff. (Artikel von Pohl: „Hinterland für einen Stadtstaat") u. FEER, 3. Jan. 1991, S. 34ff. (u.a. Artikel von Vatikiotis: „Search for a hinterland"). Daß Singapur solche Projekte für besonders wichtig hält, zeigt sich auch in Reden seiner Minister und in Presseberichten aus Singapur (vgl. The Straits Times, 12. Juli oder 22. u. 29. Aug. 1990).
[64] Leifer (1989), S. 965.
[65] Vgl. dazu: Feske (1991), S. 58.
[66] Speziell zu diesen guten Beziehungen, in denen es derzeit lediglich leichte Friktionen gibt, vgl.: „Asia 1990 Yearbook" (1990), S. 215; „Asia 1991 Yearbook" (1991), S. 206f.; „Asia 1992 Yearbook" (1992), S. 188. Zur Beachtung auch: FEER, 1. Mrz. 1990, S. 8f. / 15. Nov. 1990, S. 34 / 13. Feb. 1992, S. 20; New Straits Times, 3. Mai 1990 u. The Straits Times, 16. Aug. 1990. Die letzte größere Belastungsprobe stellte 1986 der Besuch des israelischen Präsidenten Herzog in Singapur dar (s. „Asia 1988 Yearbook" (1988), S. 224; SOA akt. Jan. 1987, S. 5).
Außerdem sind die Ausführungen zu Indonesien und Singapur in der Fallstudie II.2. Malaysia zu beachten (s. Kap. II.2.5. „Außenbeziehungen").

II.5. Fallstudie Thailand

Vorbemerkung: Gegenstand dieser Fallstudie ist nicht Thailand. Gegenstand sind die in Thailand lebenden Muslime und ihr Einfluß auf die Stabilität des Landes. Deswegen wird auf den Gesamtstaat nur in den Rahmenkapiteln 5.1. „Formale Aspekte" und 5.5. „Außenbeziehungen" eingegangen. Und dies geschieht dort auch nur so weit, wie es notwendig ist, um die Erkenntnisse der Fallstudie in den Gesamtstaat und in die Gesamtregion (Abschnitt III) einzuordnen. Ansonsten sei auf die Ausführungen in Kap. I.2. „Der historisch-kulturelle Raum" und I.3. „Der politisch-kulturelle Raum" sowie auf die zu den Rahmenkapiteln angegebene Literatur verwiesen.

II.5.1. Formale Aspekte

1. Staat und Gesellschaft

Drei für diese Fallstudie relevante Aspekte bestimmen Thailand[1].

1. Thailand ist eine thai-buddhistische Monarchie. Die Thais sind das Staatsvolk, der Buddhismus ist die kulturelle Grundlage des Staates, und die Monarchie vereint und symbolisiert beides in der Person des Königs.

2. Thailand ist eine konstitutionelle Monarchie. Traditionell aber kennt es drei Machtzentren: (1) das wegen seiner hohen moralischen und religiösen Integrität geschätzte Königshaus, (2) die machtbewußte und gutstrukturierte Armee mit der ihr eng verbundenen weitläufigen Bürokratie, (3) das, in seiner Grundhaltung aber eher apolitische, Mönchtum. In jüngster Zeit fügen sich in dieses Machtdreieck ein aufstrebendes Bürgertum und eine städtische Intelligenz sowie eine damit verbundene, von der einst allmächtigen Armee zunehmend unabhängigere Politikerkaste ein.

3. Thailand ist ein zentralistischer Staat, in dem die Macht in Bangkok konzentriert ist. Entsprechend gering ist die Autonomie der 73 Provinzen. Mithin gilt auch in den Dörfern zuerst einmal das, was Bangkok anordnet.

Zudem ist anzumerken, daß Thailand zu den wohlhabenden und prosperierenden Ländern Südostasiens zählt - mit all den damit verbundenen positiven und negativen Folge- und Begleiterscheinungen[2].

---

[1] Für eine ausführlichere Darstellung zum Staat und zum politischen System in Thailand, s.: „Thailand" (1989), Keyes (1987), Pretzell (1989a) und (1989b).

2. Bevölkerung, Ethnien, Religionen

Das Staatsvolk in Thailand bilden die Thais und mit ihnen verwandte Ethnien. Von den etwa 58 Millionen Einwohnern stellen sie über 50 Millionen, d.h. etwa 85 Prozent. Die bedeutendste Minderheit sind die - zu einem großen Teil assimilierten - gut fünf Millionen Chinesen. Die zweitgrößte Minderheit sind die gut zwei Millionen Muslime. Dazu kommen noch einige kleinere Ethnien, vor allem Bergvölker[3].

Die Muslime sind in Thailand nur eine Minderheit, die sich zudem vor allem auf zwei Rand-Siedlungsgebiete beschränkt[4]. Sie sind grob in zwei Gruppen einzuteilen. Die erste Gruppe bilden die ebenfalls weitgehend assimilierten „Thai-Muslime", die vor allem aus einer kleinen Schar chinesischer Muslime im Norden und aus einigen kleineren Minderheiten in anderen Landesteilen bestehen. Sie brauchen jedoch wegen ihrer geringen Bedeutung hier nicht weiter berücksichtigt zu werden[5]. Wichtiger ist die größere zweite Gruppe der malaiischen Muslime. Diese Muslime leben relativ geschlossen in den vier Südprovinzen Patani, Yala, Narathiwat und Satun sowie zu einem Teil noch in der angrenzenden Provinz Songkhla. Mit einer Stärke von etwa 1,5 Millionen Menschen stellen sie in ihren vier Hauptprovinzen etwa drei Viertel der Bevölkerung[6]. Im weiteren werden diese Provinzen als „Patani-Region" zusammengefaßt. „Patani" allein meint entweder das historische Patani oder nur die heutige Provinz[7]. Die dortigen Muslime wollen wir auch in dieser Studie „Malaien/Muslime" nennen.

---

[2] Zum wirtschaftlichen Aufstieg Thailands und den Auswirkungen, s.: Rüland (1991).
[3] Zu einer ausführlichen Übersicht über Bevölkerungsgruppen und -proportionen, s.: „Thailand" (1989), S. 69ff. u. 96ff. sowie Uhlig (1988), S. 284ff. Zur aktuellen Stärke der Muslime: FEER, 9. Aug. 1990, S. 22 u. Kraas-Schneider (1989), S. 192. „Thais und ihnen verwandte Ethnien" sind hier nicht näher differenziert, da dies im Zusammenhang mit dieser Fallstudie keine Rolle spielt. Zu einer näheren Differenzierung, vgl. ebenfalls: „Thailand" (1989), S. 69ff.
[4] Zu einer ausführlichen Übersicht über die Aufgliederung der muslimischen Minderheiten, besonders der politisch wie numerisch kaum ins Gewicht fallenden kleinen Gruppen, s.: Omar Farouk (1981), S. 9ff. An seinen Angaben orientiert sich auch die im folgenden verwandte Differenzierung „Thai-Muslime" / „Malaien/Muslime".
[5] Zu den sogenannten „Thai-Muslimen": wie Anm. 4.
[6] Zahlenangaben nach: Che Man (1990), S. 36. Die Angaben über die Stärke der Muslime variieren zuweilen. Kraus gibt sie 1983 mit nur 850.000 an (Kraus (1983), S. 111). Doch scheint m.E. die Angabe von Che Man die zuverlässigste, da sie die neueste ist und er sich an offiziellen Quellen orientiert.
[7] „Patani" ist die malaiische Schreibweise, während „Pattani" eine Transliteration aus dem Thai ist. Wir verwenden die erste Schreibweise.

3. (Islamische) Geschichte

Im folgenden soll hier lediglich die Geschichte der Patani-Region kurz referiert werden[8]. Sie ist eng verbunden mit jener der malaiischen Staaten im heutigen Malaysia. Die Region war nämlich über Jahrhunderte hinweg stets so etwas wie die Grenzregion zwischen dem Macht- und Kulturbereich der Thais auf der einen Seite und dem der Malaien auf der anderen Seite (s. Kap. I.2.2.2.). Bis heute gibt es denn auch enge emotionale und persönliche Bindungen zwischen der Patani-Region und Nord-Malaya (s. Kap. II.5.3.3.).

Der Islam in dieser Süd-Region geht auf das ausklingende 12. oder auf das 13. Jahrhundert zurück, als das Königreich ein wichtiger Handelshafen zwischen Arabien, Indien und China war, und wurde durch Händler ins Land getragen. Mitte des 15. Jahrhunderts wurde das Königreich offiziell zum Islamischen Staat deklariert. Zwischen dem 16. und 18. Jahrhundert war das historische Patani eine relativ eigenständige und wohlhabende Macht; mit Phasen staatlicher Unabhängigkeit und Phasen unter siamesischer Oberherrschaft. Erst in der 2. Hälfte des 18. Jahrhunderts gelang es den Siamesen, das Gebiet zu unterwerfen. Seither gehört es zu Siam bzw. zum Machtbereich der Siamesen. 1909 wurde die Grenze zwischen Siam und dem britischen Kolonialreich im anglo-siamesischen Vertrag festgeschrieben und spätestens seit dem Zeitpunkt ist die Patani-Region so etwas wie eine Kolonie Siams bzw. Thailands. Die Siamesen versuchten, die Malaien zu assimilieren und zwangen ihnen Anfang des Jahrhunderts eine siamesische Verwaltung auf, die in abgewandelter Form bis heute besteht. Alle Verwaltungspositionen sind mit Thais, meist von Bangkok entsandt, besetzt. Sporadisch kam es immer wieder auch zu Unruhen.

Bis heute sind die Malaien/Muslime im Süden denn auch „weder integriert noch assimiliert"[9]. Sie haben sich noch immer ihre eigene Religion, ihre Sprache, ihre Sitten und Gewohnheiten erhalten - und auch viele Kontakte über die Grenzen hinweg (s. unten).

4. Stabilität und Instabilität

Das Ende des „kalten Krieges" und der fortschreitende Zusammenbruch des Kommunismus in Indochina haben ihre größten Auswirkungen in der Region für Thailand und dessen Stabilität gehabt. Ende der 80er Jahre noch galt die kommunistische Bedrohung durch die indochinesischen Nachbarn (v.a. Viet-

---

[8] Die folgende Geschichte Patanis orientiert sich v.a. an: Che Man (1990), S. 32ff.
[9] Kraus (1980), S. 80.

nam) und durch die von dort unterstützte Guerilla als die größte Gefahr für Thailand[10]. Ansonsten galt das Land als politisch wie ökonomisch überaus stabil. Politisch ruhte es in seiner thai-buddhistischen Tradition und in seinem stabilen politischen System (Monarchie, Militär, Mönche). Wirtschaftlich war es wohlhabend und prosperierend. So ließ sich sagen, daß es zwar auch in Thailand Probleme (Demokratiedefizite und die sozialen Folgen eines überaus raschen Wachstums- und Veränderungsprozesses) gab. Aber ernsthafte Gefahren für die Stabilität oder gar das Fortbestehen Thailands und seiner politischen Ordnung stellte keines dieser Probleme dar[11].

Heute darf für Thailand die kommunistische Bedrohung (extern wie intern) als überholt angesehen werden[12]. Was bleibt, ist ein von seinem *Äußeren* her betrachtet politisch wie wirtschaftlich stabiles Land, noch dazu mit glänzenden Zukunftsaussichten angesichts friedlicher Perspektiven und neuer Märkte in Indochina[13]. Allerdings verbleiben in seinem *Inneren* auch die genannten Probleme „Demokratiedefizit" und „soziale Ungleichgewichte" - und treten nun erst recht hervor. Thailands grundsätzliche Stabilität dürfte dadurch aber m.E. nicht in Frage gestellt sein. Mit anderen Worten: Thailand als Staat und als thai-buddhistische Monarchie erscheinen ungefährdet, allerdings ist mit Veränderungen im bisherigen Machtdreieck Monarchie - Militär - Mönche und mit turbulenten Übergangsphasen auf dem Weg dorthin zu rechnen. Das belegen bereits ein klarer Machtzuwachs der Parteien und die inneren Spannungen in der jüngsten Vergangenheit[14].

II.5.2. Identität, Rolle und Partizipation der Muslime

Obwohl wir den Gesamtstaat stets im Auge behalten wollen, werden sich die folgenden Ausführungen weitgehend auf die Malaien/Muslime der Patani-Region konzentrieren, da politisch und numerisch nur sie bedeutsam sind[15]. Dabei sind zuerst einmal Rolle und Partizipation dieser Malaien/Muslime zu untersuchen. Und dies geschieht in zwei Schritten: zuerst für den Gesamtstaat und dann für die Patani-Region.

---

[10] Vgl.: Esterline/Esterline (1986), S. 270; Pretzell (1989a), S. 293f. Vgl. aber auch Kusuma Snitwongse / Sukhumbhand Paribatra (1987), S. 187ff.
[11] Vgl.: „Thailand" (1989), S. xxi ff.; Esterline/Esterline (1986), S. 269f.; Pretzell (1989a), S. 291ff.
[12] Vgl.: SOA akt. Mai 1991, S. 253ff.; FEER, 1. Mrz. 1990, S. 50f.
[13] Vgl. dazu: „Thailand" (1989), S. xxvii.
[14] Vgl. die polit. Berichterstattung der FEER seit 1988 und besonders 1991/92.
[15] Die „Thai-Muslime" in anderen Teilen des Landes sind weitgehend assimiliert und im Gesamtstaat integriert. Vgl. dazu: Omar Farouk (1981).

1. **Muslime und Malaien/Muslime im Gesamtstaat**: Der Gesamtstaat läßt sich hier recht knapp abhandeln. Auf dieser Ebene spielen weder Malaien noch Muslime eine Rolle. In den drei wichtigsten Machtzentren - dem buddhistischen Königshaus, der aus Thais rekrutierten Armeeführung und dem buddhistischen Mönchtum - sind sie nicht vertreten[16]. Gering ist ihr Einfluß zudem im Parlament und in der Bürokratie[17]. Da Thailand nun jedoch ein ausgesprochen zentralistischer Staat ist und Malaien wie Muslime sich ihrerseits weitgehend auf „ihre" Enklaven im Süden und Norden des Landes beschränken, können sie auch kaum Einfluß auf die nationale Politik nehmen. Dies gilt um so mehr, als sie auch in den regionalen Organen kaum eine Rolle spielen (vgl. dazu Punkt 2.).

2. **Die Malaien/Muslime der Patani-Region**: In dieser Region stellen sie zwar eine Mehrheit von rund drei Vierteln der Bevölkerung und fühlen sie sich auch als Mehrheit[18]. Doch um ihre Macht und um ihre Rechte steht es auch dort schlecht. Die Beschreibungen des Verhältnisses zwischen Thailand und den Thais auf der einen und der Patani-Region und den Malaien/Muslimen auf der anderen Seite reichen bis zum Vergleich von Mutterland zu Kolonie[19].

Die politische Macht in der Region liegt ausschließlich in den Händen von Thais, die noch dazu aus verschiedenen Teilen Thailands auf Zeit in die Region entsandt werden. Nur während einer kurzen Phase in den 70er Jahren war einmal ein Malaie Gouverneur. Unter den 28 obersten Distriktbeamten und den sieben Bürgermeistern größerer Städte waren zuletzt nur je zwei Malaien. Und dieses Mißverhältnis setzt sich nach unten fort[20]. Lediglich auf der untersten Ebene, bei den Kommunen-

---

[16] In Sachen Königshaus und Mönchtum ergibt sich dies von selbst. Zur thai-dominierten Armeespitze, vgl.: „Thailand" (1989), S. 245.

[17] So stellten die Malaien/Muslime im 1986 gewählten Parlament von Bangkok 7 von 324 Abgeordnete (Che Man (1990), S. 133f.). Angaben für 1988 und 1992 liegen dem Autor zwar nicht vor, dürften sich aber etwa in der gleichen Größenordnung bewegen. Auch haben die Malaien/Muslime bisher erst einen Gouverneur gestellt (zudem in ihrer eigenen Region (Che Man (1990), S. 133)). Zu näheren Ausführungen zur Rolle der Malaien/Muslime in der Bürokratie, s.: Che Man (1990), S. 132ff.
Nicht viel besser steht es um die Muslime (Thai-Muslime und Malaien/Muslime) in der Bürokratie des Gesamtstaates. Nur 5 Prozent der Muslime waren Anfang der 80er Jahre im Staatsdienst, darunter viele Lehrer (in den Südprovinzen), aber kaum Soldaten oder Polizisten. Hohe Posten waren für sie offenbar fast unerreichbar. Bis 1984 hatten sie in der Geschichte des modernen Thailand erst drei Gouverneursposten inne. Zu diesen Angaben und zu näheren Ausführungen zur Rolle von Muslimen im Gesamtstaat (bes. in der Bürokratie), vgl.: Suthasasna (1984), S. 235ff.

[18] Vgl.: Kraus (1983), S. 110f.

[19] Vgl.: Che Man (1990), S. 133.

[20] Zu diesen Angaben und zu weiteren Ausführungen zur politischen Dominanz der Thais in der Region, vgl.: Che Man (1990), S. 41f. u. 132ff.

und Dorfvorstehern (und bedingt noch unter den Lehrern[21]), gibt es eine klare Mehrheit der Malaien/Muslime. Doch der Grund ist einfach: Sie benötigt man als „Mittelsmänner". Denn trotz langer Dekaden der Thai-Herrschaft sind sich Thais und Malaien nicht näher gekommen und sprechen in der Regel keine gemeinsame Sprache[22]. So läßt sich postulieren: Die Malaien werden von den Thais regiert. Und dabei ist der Eindruck einer Kolonialmacht kaum von der Hand zu weisen. Mehr noch: Eine Reihe von Autoren weisen nach, daß die Thais von den Malaien/Muslimen oft keine gute Meinung haben und sie gar als minderwertig ansehen, während sich die Malaien/Muslime dadurch und durch häufige Bezeichnungen wie „Thai Muslims" oder „Khaek" („Fremde/Besucher") diskriminiert fühlen[23].

Doch das ganze ist nicht nur eine Machtfrage. Die rural strukturierte Region ist auch das „Armenhaus" des sonst so wohlhabenden und prosperierenden Thailand. Und das hat soziale Folgen bis hin zu Arbeitslosigkeit und Armut[24]. Fatal ist, daß die Region einst wohlhabend und autark war. Heute aber liegt der wenige Reichtum in den Händen der chinesischen Minderheit und einiger Thais[25]. Bezeichnend ist ein Satz aus einer Darstellung über die Wirtschaft der Region: „The majority of Muslim villagers purchase their daily rice requirements from the Chinese or Thai 'middlemen'"[26]. Hinzu kommen aktuelle Probleme wie der Verfall der Preise für lokale Produkte (Baumwolle) und der parallele Anstieg der Preise für Lebensmittel[27]. So macht sich der Eindruck breit: „This situation leaves many southern Muslims feeling they have no part in Thailand's vaunted economic boom"[28].

In gewisser Weise ist diese politisch-gesellschaftliche Struktur jener in Malaysia sehr ähnlich. Die untere Ebene der Gesellschaftspyramide bilden die Malaien/ Muslime. Die mittlere Ebene bilden die Chinesen. Die obere Ebene aber bilden dann nicht wieder die Malaien, sondern die Thais. Das malaysische Junktim aus malaiisch-politischer Macht und chinesisch-ökonomischer Macht ist mithin in der Patani-Region ein

---

[21] Zur Beschäftigung von muslimischen Lehrern im Staatsdienst (insb. im Süden), vgl.: Suthasasna (1984), S. 237 u. Che Man (1990), S. 131.
[22] Vgl.: Che Man (1990), S. 22 u. 131.
[23] Vgl.: Satha-Anand (1990), S. 8f.; Che Man (1990), S. 42; Kraus (1983), S. 113.
[24] Zur wirtschaftlich-sozialen Situation der Patani-Region, vgl.: Che Man (1990), S. 36ff.; Pitsuwan (1985), S. 18ff.; FEER, 9. Aug. 1990, S. 22f.
[25] Vgl.: Che Man (1990), S. 37f. u. 133.
[26] Che Man (1990), S. 37.
[27] Zur aktuellen ökonomisch-sozialen Lage der Region, s.: FEER, 9. Aug 1990, S. 22f.
[28] FEER, 9. Aug. 1990, S. 22.

Junktim aus thai-politischer Macht, chinesisch-ökonomischer Macht und - malaiischer Ohnmacht.

Ein Wort noch zur Politik Bangkoks. Sie war über im gesamten 20. Jahrhundert geprägt vom ständigen Wechsel zwischen partiellen Zugeständnissen und ihrer (oft gewaltsamen) Rücknahme[29]. Zwei Züge bestimmten die Politik: auf der einen Seite immer neue Versuche zur Thaiisierung (bis hin zur Ansiedlung von Thais in der Region[30]), auf der anderen Seite sporadische Maßnahmen zur Hebung der ökonomischsozialen Lage, die aber stets durch Sicherheitsüberlegungen bedingt waren und nach Wegfall der Überlegungen wieder versandeten[31]. Allerdings wurden beide Züge keineswegs konsequent verfolgt.

Zusammenfassend läßt sich sagen, daß es um Rolle und Partizipation der Muslime im Gesamtstaat und besonders um die der Malaien/Muslime in der Patani-Region sehr schlecht steht. Sie sind eine Minderheit, genießen kaum Rechte und leiden unter wirtschaftlichen und sozialen Mißständen. Hinzu kommt, daß sie an der politischen Macht weder im Gesamtstaat noch in ihrem eigenen engeren Umfeld beteiligt sind. Und für die Patani-Region und die dortigen Malaien/ Muslime gilt: Im einst eigenen Land sind sie eine Minderheit in eindeutiger Randlage - geographisch, politisch und sozial.

Nun haben wir uns aber bisher weitestgehend mit Rolle und Partizipation der (Thai-) Muslime und der Malaien/Muslime als „ethnischer" Gruppe beschäftigt und den „religiösen" Aspekt bewußt ausgeklammert. Abschließend müssen wir uns nun noch der Frage widmen, welchen Stellenwert der Islam und die Muslime im Gesamtstaat und in der Patani-Region genießen. Da dieser Stellenwert im Gesamtstaat und in der Patani-Region insgesamt recht einheitlich ist, lassen sich beide hier durchaus gemeinsam behandeln.

In diesem Feld scheint die Situation etwas besser zu sein. Im wesentlichen werden dem Islam und den Muslimen drei Institutionen und Rechte zugestanden: die Organisation in „Islam-Komitees", das Recht auf Moscheen und auf die Ausübung ihrer Religion[32].

Zuerst einmal haben die Muslime in jeder Provinz, „which has a large Thai-Islam population"[33], ein „Provincial Committee for Islamic

---

[29] Zu einem kurzen Abriß dieser Geschichte, vgl.: Kraus (1983), S. 113ff. Zu einer ausführlichen Darstellung, s.: Pitsuwan (1985).
[30] Vgl.: Senee (1987), S. 76.
[31] Vgl.: Kraus (1983), S. 113ff.; FEER, 9. Aug. 1990, S. 22.
[32] Zu einer Übersicht über die organisatorische und rechtliche Stellung der Muslime in Thailand, vgl.: Omar Farouk (1981), S. 110ff.
[33] Omar Farouk (1981), S. 113.

Affairs" zu bilden. Es besteht aus mehr oder weniger kompetenten Geistlichen und Muslimen[34] und hat zur Aufgabe, „to advise the provincial governors in matters concerning Islam and the welfare of the Muslims"[35]. Dieses Gremium ist das höchste und de facto wohl einzige Instrument, mit dem die Muslime Einfluß auf den Staat (den Gesamtstaat wie die Provinz) nehmen können. Nun sollte man aber hinzufügen, daß es sich dabei lediglich um ein Instrument handelt, das der Gouverneur (1) in islamischen Fragen (2) zu Rate ziehen (3) kann. Da in ihm aber zugleich führende Muslime der jeweiligen Provinzen sitzen, ist es denn auch wohl eher ein Kontroll- und Lenkungsinstrument denn ein solches mit realen Einflußmöglichkeiten. Immerhin nimmt es aber wenigstens eine Art Organisations- und Mittlerfunktion für die ansonsten reichlich rechtlose Minderheit ein. Anzumerken ist noch, daß die Provinzkomitees in Bangkok in einem Zentralkomitee organisiert sind, das wiederum mehrere Ministerien zu „beraten" hat[36].

Unterhalb dieser Ebene gibt es in ganz Thailand über 2.000 Moscheen und einige hundert islamische Schulen (primary and secondary level). Das Gros befindet sich in der Patani-Region. Über die Moscheen wachen in der Regel analog zu den Provinzkomitees lokal gebildete Moschee-Komitees. Eine Reihe der größeren Moscheen sind mit staatlicher Unterstützung gebaut worden[37]. Und auch auf die Schulen versucht der Thai-Staat etwa seit den 80er Jahren zunehmend Einfluß auszuüben[38]. Diese wenigen Ausführungen machen bereits deutlich, daß grosso modo der Thai-Staat den Muslimen auf der einen Seite die Ausübung ihrer Religion in Kult wie religiöser Unterrichtung durchaus gestattet, daß er sie aber auf der anderen Seite zugleich in einen organisatorischen Apparat einbindet und versucht, sie zu kontrollieren. Man könnte allerdings auch sagen: Er organisiert sie und ermöglicht ihnen die Ausübung ihrer Religion, zumal er auch finanzielle Unterstützung zu Pilgerfahrten und für islamische Schulen gewährt[39].

Ob man die Rolle des Islam in Thailand vor diesem Hintergrund also positiv oder negativ beurteilt, ist letztlich wohl auch eine Frage der Be-

---

[34] Zu der Auswahl und der zuweilen angezweifelten Kompetenz der Mitglieder der Komitees, vgl.: Che Man (1990), S. 130f.
[35] Che Man (1990), S. 130.
[36] Zu den Provinzkomitees und dem Zentralkomitee, vgl.: Omar Farouk (1981), S. 113 ff. u. Che Man (1990), S. 129ff. Die neutrale Darstellung Omar Farouks und die im Grundton etwas negativere Darstellung Che Mans (allerdings weitgehend auf die Patani-Region fokussiert) geben zusammen wohl ein recht gutes Bild ab.
[37] Zu diesen Angaben, vgl.: „Thailand" (1989), S. 107f.; Omar Farouk (1981), S. 110ff.; Che Man (1990), S. 129ff.
[38] Vgl.: Che Man (1990), S. 131 u. 97f.
[39] Vgl.: „Thailand" (1989), S. 108.

trachtungsweise[40]. Und was für die kleine thai-muslimische Minderheit im Gesamtstaat recht gut aussieht, mag der malaiisch-muslimischen Mehrheit im Süden wenig erscheinen.

Aus den bisherigen Ausführungen geht hervor, daß sich die Malaien/ Muslime in Thailand als ethnische Gruppe zwar in einer außerordentlich schlechten Position befinden, daß aber ihre religiösen Rechte weitgehend gewahrt sind. „Religiöse Rechte" steht hier allerdings ganz im Sinne der für diese Arbeit verwandten Definition von „Religion". Das heißt: Den Malaien/Muslimen sind nur ihre spirituell-liturgischen Rechte gesichert. Den Islam als Weltanschauung hingegen können sie vor diesem Hintergrund kaum praktizieren.

An dieser Stelle ist anzumerken, daß Südthailands Malaien/Muslime in ihrer großen Mehrheit wohl wie ihre Glaubensbrüder und -schwestern im benachbarten Malaysia dem Adat-Islam anhängen, aber sicher nicht in gleichem Maße islamisiert oder auch politisiert sind. Auf beiden Seiten der Grenze nämlich gab es zwar die gleiche historische Ausgangslage, aber keineswegs die gleiche Entwicklung in den letzten ein bis zwei Jahrzehnten. So dürfen wir wohl für den gegenwärtigen Zeitpunkt dieser Untersuchung für Südthailand noch immer von einem gemäßigten Adat-Islam ausgehen[41]. Allerdings sei anzumerken, daß es in dieser Hinsicht in den 80er Jahren erste Anzeichen einer, wenn auch langsamen Akzentuierung des Islam gab[42].

Betrachtet man nun die weitgehende Rechtlosigkeit und die markante Benachteiligung der Malaien/Muslime in politischen, wirtschaftlichen und sozialen Bereichen sowie die nur im religiösen Bereich vorhandenen Zugeständnisse an die Muslime, so muß man eigentlich von einem hohen Legitimierungsgrad für einen islamisch motivierten Widerstand ausgehen. Dieser müßte sogar noch um so stärker sein, als er sich mit einem malaiisch motivierten Widerstand paaren müßte. Und beides zusammen müßte eigentlich durch die Stellung von Malaien/Muslimen im Nachbarland zusätzlichen Auftrieb erhalten. Betrachtet man nun allerdings auf der anderen Seite den weiterhin gemäßigten Adat-Islam, der sich hier noch immer mit einer geradezu klassischen Apathie der Malaien für politische und gesellschaftliche

---

[40] Diese unterschiedlichen Sichtweisen kommen sicher gut zum Ausdruck, wenn man die ersten beiden Literaturverweise der Anm. 37 mit den dort ebenfalls angegebenen Ausführungen von Che Man vergleicht.
[41] Vgl.: Scupin (1987), S. 81; Che Man (1990), S. 39ff. u. 129ff.; Kraus (1983), S. 111 u. 116ff.; „Thailand" (1989), S. 107.
[42] Vgl.: Kraus (1983), S. 122ff.; Scupin (1987), S. 84f.; FEER, 9. Aug. 1990, S. 22 ff. Bei Kraus und Scupin zeigt sich übrigens, daß es in der kleineren thai-muslimischen Gruppe offenbar einen stärkeren Islamisierungsakzent gibt.

Belange zu paaren scheint[43], kommen daran aber wieder einige Zweifel auf. Hinzu kommt, daß verschiedene Autoren unter den älteren Malaien/Muslimen - trotz aller Mißstände - eine ausgesprochen loyale Grundhaltung gegenüber den Herrschenden ausgemacht haben[44].

Somit bleiben zwei entscheidende Fragen für die Zukunft der Patani-Region und ihrer Malaien/Muslime. Welche Aktivposten fördern einen (malaiisch-) islamisch motivierten Widerstand? Können diese Aktivposten die theoretisch vorhandene Legitimierung in praktische Mobilisierung umsetzen? Diese beiden Fragen werden Gegenstand der nächsten beiden Teilkapitel sein.

II.5.3. Islamismus, Mobilisierung und Einflußnahme
II.5.3.1. Islamische Aktivitäten im Inland

In der Patani-Region hat der Widerstand gegen die Thai-Herrschaft Tradition. Er läßt sich zurückverfolgen bis in die Anfänge des Jahrhunderts, als die Grenze zwischen Malaysia und Thailand festgeschrieben wurde. In der Geschichte dieses Widerstands hat immer auch der Islam eine Rolle gespielt, wurde doch über die Jahrzehnte hinweg die malaiisch-muslimische Identität der Malaien/Muslime zur tragenden Kraft des Widerstands gegen die thaibuddhistische Herrschaft und Dominanz. Ursache war er aber selten. Das waren bis heute mehr die politischen, ökonomischen und sozialen Mißstände. Der Widerstand fand seinen Ausdruck in unterschiedlichsten Formen: politisch und materiell in Organisationen, Widerstandsbewegungen und Terrorgruppen ebenso wie gesellschaftlich und emotional in Ablehnung, Abgrenzung und Verweigerung. Die Geschichte des Widerstands durch das Jahrhundert hindurch soll hier aber nicht noch einmal aufgerollt werden. Sie ist bereits sorgsam und ausführlich dokumentiert, so daß uns dieser vorangegangene knappe Abriß ausreichen mag[45].

Im folgenden wollen wir hier lediglich ein paar kurze Anmerkungen zu den beiden erwähnten Formen des Widerstands (materiell und emotional) machen und diese durch einige aktuelle Einlassungen ergänzen.

1. Das eigentliche Widerstandspotential bildete stets der emotionale Widerstand. Bei ihm handelt es sich weitestgehend um einen passiven Widerstand, der aus verschiedenen Formen der Ablehnung, der Abgrenzung und der Verweigerung besteht. Einige Beispiele mögen dies illustrieren.

---

[43] Vgl.: Che Man (1990), S. 39ff.
[44] Vgl.: „Thailand" (1989), S. 82f.; FEER, 9. Aug. 1990, S. 22.
[45] Die beiden wohl besten Arbeiten über Geschichte und Gegenwart dieses Widerstands im 20. Jahrhundert sind: Pitsuwan (1985) u. Che Man (1990).

Bis heute ist die Gesellschaft in der Region - bewußt - zweigeteilt. Auf der einen Seite stehen die Thais und viele Chinesen, auf der anderen die Malaien/Muslime. Zwischen beiden Gruppen gibt es kaum gesellschaftliche Interaktionen[46]. Zwischen beiden wird nicht geheiratet, wird kaum Umgang gepflegt, wird häufig nicht einmal miteinander gesprochen. Viele Thais beherrschen das Malaiische nicht. Und viele Malaien haben Thai nicht gelernt (dies ändert sich langsam) - oder weigern sich, es zu sprechen. Dies führt dazu, daß meist eine dritte Gruppe zwischengeschaltet werden muß: malaiisch-muslimische „Mittelsmänner", die Thai sprechen und auf den untersten Verwaltungsebenen eingestellt werden - und dann meist in jeder Hinsicht *zwischen* Thais und Malaien/Muslimen stehen.

Das ist grob der gesellschaftlich-emotionale Widerstand. Darin spielt der Islam durchaus eine Rolle, da die gesellschaftliche Elite zu einem großen Teil aus islamischen Geistlichen und Lehrern besteht[47]. Doch eine führende und damit aktive Rolle der Geistlichen ist kaum zu erkennen, zumal viele ob ihrer Involvierung in staatliche Islam-Organe nicht unumstritten sind[48].

2. Daneben gibt es den organisiert-aktiven bzw. politisch-militanten Widerstand. Er besteht aus vier Organisationen und einigen kleinen Gruppen und Grüppchen. Die vier Organisationen sind die vier „Malay Liberation Fronts": die BNPP, die BRN, die PULO und die BBMP[49]. Sie alle sind mehr oder minder gut organisierte Untergrundbewegungen verschiedener Couleurs, wiewohl jede von ihnen mittlerweile islamische Geistliche und Intellektuelle zu ihren Führungen zählt[50]. Zu ihnen schrieb Che Man 1990:

> „Although the fronts have been weakened in recent years by factional conflicts and internal rifts, they have conducted occasional armed insurgence in the four Muslim provinces to remind the government as well as villagers of their existence. More significantly, all fronts assume that popular support is always potentially present, and, therefore, their relatively weak resources are concentrated more on external activities, to obtain international support and recognition. This external emphasis has further lessened local activities"[51].

---

[46] Dazu und zu den folgenden Ausführungen, vgl.: Che Man (1990), S. 42f.; Pitsuwan (1985), S. 22ff.
[47] Vgl. Che Man (1990), S. 129ff. (bes. S. 132).
[48] Vgl.: Che Man (1990), S. 131; FEER, 9. Aug. 1990, S. 24.
[49] Zu einer aktuellen Übersicht über die verschiedenen Bewegungen, s.: Che Man (1990), S. 98ff. BNPP steht für „Barisan Nasional Pembebasan Patani / National Liberation Front of Patani", BRN für „Barisan Revolusi Nasional / National Revolutionary Front", PULO für „Patani United Liberation Organization / Pertubuhan Perpaduan Pembebasan Patani" und BBMP für „Barisan Bersatu Mujahideen Patani / United Front of Patani Fighters" (nach: Che Man (1990), S. 98).
[50] Vgl.: Che Man (1990), S. 134ff (bes. S. 136).
[51] Che Man (1990), S. 112f.

Knapp zusammengefaßt sind diese Gruppen damit kaum etwas anderes als größere Guerillatruppen, denen es weitgehend an einer soliden organisatorischen, finanziellen wie materiellen Basis fehlt. Ob sie größere Rückendeckung im Volk haben, ist ungewiß[52].

3. Neben diesen Organisationen und einigen kleineren Gruppen gibt es noch einige „Einzelaktivposten" vornehmlich islamischer Couleurs, die punktuell islamisieren und Unruhe schüren.

In der jüngeren Vergangenheit waren dies Aktivisten von Da'wa- und Sufi-Organisationen (wie in Malaysia und Indonesien) sowie kleine islamistische Gruppen[53]. In der jüngsten Vergangenheit häuften sich auch Berichte über Geistliche und Propagandisten, die größere Menschenmengen zu Protestaktionen aktivieren konnten[54]. Ihre Ansatzpunkte waren meist lokale Konflikte zwischen Behörden und Muslimen (z.B. Streit um eine Moschee). Markanterweise sind diese Aktivposten vor allem Schiiten, die jedoch m.E. bei den adat-islamischen und sunnitischen Malaien/Muslimen kaum eine Basis finden dürften.

Obwohl Bangkok diese Aktivisten durchaus sehr ernst nimmt[55], sind sie wohl kaum mehr als Einzelerscheinungen.

Fazit: Am stärksten ist noch ein gewisser passiver Widerstand in der Gesellschaft. Ein massiver politischer und aktiver Widerstand oder gar eine einheitliche Kraft ist hingegen derzeit nicht auszumachen.

II.5.3.2. Islamischer Einfluß von außen

Nachdem also die internen Widerstandskräfte nicht gerade vor Stärke strotzen, ist zu fragen, welche Unterstützung sie von außen erhalten und welche Einflüsse von außen auf sie und auf die Region wirken.

1.: **Gesellschaftliche Ebene Patani-Region - Malaya:** Auch hier dominiert die gesellschaftliche Komponente. Gemeint sind damit die außerordentlich engen emotionalen und persönlichen Bindungen zwischen den Bewohnern der Patani-Region und denen der benachbarten malayischen Staaten. Omar Farouk spricht von einem „extensive kin net-

---

[52] Vgl.: Kraus (1983), S. 124.
[53] Zu diesen Bewegungen und Gruppen, s.: Pitsuwan (1985), S. 244ff., sowie die Ausführungen von Kraus (1983), S. 122ff., u. Scupin (1987), S. 83ff.
[54] Vgl.: FEER, 9. Aug. 1990, S. 23ff.; The Straits Times, 2. Juli 1990; Welt, 2. Sep. 1990; Bangkok Post, 2. Juli 1990.
[55] Vgl.: Kraus (1983), S. 122ff.; The Straits Times, 11. Juni 1990.

work between the Malay-Muslims in the Pattani region and Satun and the Malays of Kelantan, Kedah, Perlis and Upper Perak". Als Belege nennt er „intermarriage", die Entsendung von Kindern an malaysische Schulen oder saisonale Arbeiterwanderungen. Außerdem macht er Malaysia als Zentrum von „psychological, cultural and religious inspiration" aus, zumal Fernseh- und Radioprogramme sowie eine reiche Flut von Literatur aus Malaysia zu den wichtigsten Informationsquellen für die Malaien/Muslime der Patani-Region zählen[56]. Diese emotionalen und persönlichen Bindungen übertrugen sich auch auf eine semioffizielle politische und gesellschaftliche Unterstützung. Malaysias Presse zeigte stets Sympathien für die Malaien/Muslime der Patani-Region. Auch eine Reihe malaiischer Persönlichkeiten haben über die Zeit ihren Sukkurs ausgedrückt, ebenso wie viele Malaien in den malayischen Staaten (Umfragen). Massive politische Unterstützung - und vielleicht sogar mehr - erhielten der Widerstand und die Malaien/Muslime zudem stets aus den Reihen der PAS[57].

2. **(Malaysia / Indonesien):** Erstaunlicherweise ist jedoch trotz der engen inoffiziellen Verbindungen eine naheliegende offizielle Unterstützung aus Malaysia oder auch aus dem anderen großen malaiischmuslimischen Staat Indonesien ausgeblieben. Beide haben zwar die Sache der Malaien/Muslime in der Patani-Region zuweilen verbal unterstützt. Doch sie haben weder massiven Druck auf Bangkok ausgeübt, noch dem Widerstand ernsthafte materielle Hilfe zukommen lassen. Ganz offenbar sind die Malaien/Muslime der Patani-Region ein Opfer übergeordneter Interessen geworden. Jakarta und Kuala Lumpur haben die ASEAN und die Bedeutung Thailands als Puffer gegenüber Indochina stets höher gestellt als die abgelegenen Verwandten. Malaysia hatte zudem lange Zeit selbst ein Guerillaproblem in der Grenzregion zu Thailand und war somit auf Thailands Wohlwollen angewiesen (s. hierzu auch Kap. II.5.5.)[58].

3.: **(Islamische Welt):** Gemessen an dem, was die sendungsbewußte und reiche islamische Welt in andere muslimische Länder und muslimische Minderheiten investiert, nimmt sich die materielle, aber auch die moralische Unterstützung für die Muslime der Patani-Region bescheiden aus. Selbst das offizielle Saudi-Arabien hält sich merklich zurück und läßt lediglich die ihm angeschlossenen Organisationen wirken - dies aber in einem Umfang, der mehr wie ein „Pflichtprogramm" denn

---

[56] Zu diesen und weiteren Ausführungen sowie zu den oben verwandten Zitaten, vgl.: Omar Farouk (1981), S. 109.
[57] Zu diesen Ausführungen, vgl.: Che Man (1990), S. 158ff.
[58] Dazu, vgl.: Che Man (1990), S. 160 u. Tanham/Weinstein (1988), S. 46f.

wie echte Unterstützung aussieht. Auch die anderen islamisch-muslimischen Staaten halten sich merklich zurück. Lediglich Iran, Libyen und Syrien könnten - die Informationen sind keineswegs gesichert - in bescheidenem Maße Ausbildungs-, Waffen- und Finanzhilfe an die Widerstandsgruppen liefern. Und selbst in der OIC wird das Thema Patani-Region bestenfalls einmal diskutiert - obwohl Indonesien und Malaysia dort Mitglieder sind[59].

Fazit: Echte internationale Unterstützung haben weder der Widerstand noch der einfache Malaie/Muslim bisher erhalten. Als einzige externe Unterstützung darf man bisher die gesellschaftlichen Interaktionen mit Nordmalaya ansehen - und die Hoffnung, darauf aufzubauen ...

II.5.4. Analyse: Stabilität und Destabilisierung

Status quo: Alles in allem sind die Malaien/Muslime der Patani-Region wohl zu schwach und unbedeutend, um den Bestand und die Stabilität des in sich ruhenden und zentralistischen Thai-Staates zu gefährden. Dies läßt sich wohl ohne Einschränkung sagen, zumal sich auch eine Unruhe in diesem Randgebiet kaum auf ganz Thailand ausbreiten würde. Doch auch eine partielle Destabilisierung des Staates durch eine Destabilisierung seiner Südprovinzen ist im Moment auszuschließen. Auch dazu sind die Malaien/Muslime wohl zu schwach und unbedeutend.

Zwar gäbe es durchaus eine Legitimation für einen islamisch-motivierten wie auch für einen malaiisch-motivierten Widerstand. Doch geben ein unter den (Malaien-) Muslimen weit verbreiteter Adat-Islam und die anhaltende politische Apathie vieler Malaien (-Muslime) nicht gerade die nötige „manpower" für einen solchen Widerstand her. Und auch die wesentlichen Züge eines potentiellen Widerstands in der Bevölkerung sind eher passiver Natur.

Zwar gibt es durchaus rudimentäre Widerstandsbewegungen und einige Aktivisten. Doch eine einheitliche und übergreifende politische Kraft ist nicht einmal im Ansatz zu erkennen. So aber kann man nur gelegentlich auf sich aufmerksam machen.

---

[59] Wie schlecht es um die internationale islamische Unterstützung steht, zeigt Che Mans knappe und reichlich substanzlose (kein Vorwurf an Che Man!) Referierung der externen Unterstützung in: Che Man (1990), S. 160ff. Zur vergleichsweise ebenso dürftigen Unterstützung durch Libyen, s.: Gunn (1986), S. 35ff. (zu Libyen); The Straits Times, 22. Okt. 1989 u. FEER, 9. Aug. 1990, S. 23f. (zu Iran). Zur Haltung Indonesiens und Malayias in der OIC, s.: Pitsuwan (1985), S. 262ff.

Zwar gibt es immer wieder verbale Unterstützung aus Malaysia und Indonesien wie auch aus anderen Teilen der islamisch-muslimischen Welt. Doch fehlen letztlich die entscheidenden Impulse von außen, der konzertierte Wille der islamischen Welt und nicht zuletzt schlicht die materielle Unterstützung.

So sprechen im Moment also im wesentlichen zwei Punkte gegen eine Destabilisierung. Zum einen gibt es in der Region selbst noch zu wenig Substanz für eine von innen heraus kommende Opposition. Zum anderen ist die kleine Region wohl auch nicht wichtig genug, als daß in ihr in naher Zukunft etwas Nennenswertes passieren könnte. Für die islamische Welt scheint sie zu unbedeutend, um in sie in größerem Maße zu investieren - sei es nun ideell oder materiell. Und auch für die malaiische und zunehmend auch islamische Regierung in Kuala Lumpur scheinen die armen „Verwandten" im Hinterhof des thailändischen (ASEAN-) „Bruders" derzeit kein Thema. Hinzu kommt, daß das zentralistische und mit Widerstandsgruppen erfahrene Thailand durch Unruhen in einem Randgebiet nicht so leicht zu erschüttern sein dürfte.

Perspektive: Daß eine gewisse Gefahr trotzdem auf lange Sicht bleibt, liegt vor allem an drei Gründen. Erstens steht natürlich immer eine plötzliche Solidarisierung der malaiisch-muslimischen Regierung in Kuala Lumpur mit den Brüdern und Schwestern in der Nachbarschaft im Raume - so unwahrscheinlich sie derzeit auch sein mag. Zweitens ist immer damit zu rechnen, daß die Islamisierung Malaysias irgendwann einmal über die Grenze schwappt und dann auch zu einer stärker islamischeren Haltung unter den Malaien/Muslimen in Südthailand führt. Schließlich sind die Verbindungen weiterhin eng. Und drittens sind gerade die benachbarten malaysischen Bundesstaaten Trengganu und Kelantan Hochburgen der islamistischen Partei PAS, die zudem erst 1990 in dem an Thailand angrenzenden Staat Kelantan die Macht übernommen hat (s. Kap. II.2.). Sollte sie diesen Staat erfolgreich entwickeln, könnte das Vorbildcharakter haben und eine Sogwirkung über die Grenze hinweg nach sich ziehen. Zumal dann auch PAS-Aktivisten ihre Ideen sicher bereitwillig über diese Grenze hinwegtragen würden[60]. Zusammengefaßt gäbe es zwei Szenarien einer Destabilisierung.

1.: Der Impuls müßte von außen kommen: durch Umwälzungen in einem ASEAN-Staat oder durch Erfolge und eine Konsolidierung der PAS im benachbarten Malaysia. Dann wäre ein „Domino-Effekt" denkbar. Mit direktem Druck der beiden großen Nachbarn ist dagegen wegen des Gemeinschafts-Interesses ASEAN und auch wegen wirtschaftlicher Interessen im

---

[60] Nicht von ungefähr beobachtet Bangkok seit einiger Zeit mit größter Aufmerksamkeit die Entwicklung in Kelantan (vgl. FEER, 23. Jan. 1992, S. 23).

Moment ebensowenig zu rechnen wie mit einem plötzlich stärkeren Engagement der islamischen Welt.

2.: Sollte der Impuls jedoch nur aus den schwachen Kräften einer erstarkten PAS kommen und keinen islamischen Staat hinter sich haben, wäre lediglich eine langfristige Islamisierung und ein Ansteigen des islamischen Bewußtseins möglich. Durch die Involvierung islamischer Geistlicher und Intellektueller in die Elite der Patani-Region und durch das breite Netz von Moscheen und Schulen könnte dann langfristig eine Aktivierung des bisher passiven Widerstandspotentials in der Bevölkerung für ein Erstarken des Widerstands und für eine Umwälzung sorgen. Dies wäre gewiß der „sicherste", wohl aber auch der langwierigste Weg. Und es wäre der Weg, der den Thai-Militärs die größten Probleme bereiten dürfte - weil das Problem dann militärisch kaum lösbar wäre.

Zu diesen Szenarien sind noch zwei Anmerkungen zu machen. Zum einen hätte Bangkok jederzeit den Schlüssel in der Hand, all dies zu vermeiden. Es müßte nur die Region an der Entwicklung des Landes teilhaben lassen und ihr mehr Rechte zugestehen. Zum anderen liegt der wichtigste Schlüssel zur Heraufbeschwörung einer Krise in Kuala Lumpur. Wie die Vergangenheit jedoch gezeigt hat, sind Bangkok und Kuala Lumpur durchaus in der Lage, sich zu verständigen (s. Kap. II.5.5.). Da zudem beide an Stabilität und guter Nachbarschaft interessiert sind (ebdt.), liegt selbst bei einer Zuspitzung der Lage eine Konsenslösung stets im Bereich des Möglichen. Wie gering das Problem eigentlich ist, sagt ein Hochschullehrer: „There is no question of us wanting a separate state. We are not even asking for autonomy. We just want greater decentralisation".[61]

II.5.5. Außenbeziehungen

Im Rahmen dieser Arbeit spielen Thailands Beziehungen über die Region hinaus nur eine untergeordnete Rolle. Deswegen werden wir uns hier auf den Stellenwert der ASEAN in Bangkoks Außenpolitik und auf den Stand der Beziehungen zu den ASEAN-Partnern konzentrieren. Des weiteren ist kurz auf die Beziehungen zu Indochina und Birma einzugehen.

ASEAN: Die ASEAN hatte bisher für Thailand die zentrale Rolle in seiner Außenpolitik gespielt, war es doch das am weitesten exponierte antikommunistische Land der Gemeinschaft[62]. Vor dem Hintergrund der Verände-

---

[61] The Straits Times, 30. Juni 1990.
[62] Vgl.: Pretzell (1989a), S. 289f.

rungen in Indochina und der Ausführungen zu „Indochina und Birma" (s.u.) wird sich allerdings zeigen müssen, ob dies auch in Zukunft so bleibt oder ob Thailand mehr in eine Mittlerrolle zwischen ASEAN und Indochina hineinwächst[63].

ASEAN-Staaten: Zu den ASEAN-Partnern unterhält Thailand gute Beziehungen. Zu **Malaysia** sind diese mittlerweile - trotz der Patani-Frage - gut. „The two countries claim to uphold the principles of peaceful coexistence and mutual respect for each other's sovereignity", schreibt Che Man. „Cordial relations have been further cemented by the ASEAN spirit of solidarity"[64]. Gemeinsame Wirtschafts- und Entwicklungsprojekte (Stichwort „Growth Triangle" (Kap. I.3.3.2.)) bringen beide Staaten noch enger zusammen. Letzteres gilt auch für **Indonesien**. Zu den anderen ASEAN-Partnern sind die Beziehungen gut und ausgeglichen.

Indochina und Birma: Naheliegenderweise - im doppelten Wortsinn - spielen auch die Beziehungen zu Indochina eine herausgehobene Rolle in Bangkoks Außenpolitik. Thailand ist einerseits der „Frontstaat" der ASEAN, der direkt an das (noch mehr oder minder kommunistische) Indochina grenzt und entsprechend lange Zeit als am meisten von der kommunistischen Gefahr bedroht galt. Und es ist andererseits die „Brücke" der ASEAN zu Indochina. Man könnte auch sagen: die „Brücke" zwischen ASEAN und Indochina. Mithin ist es naheliegend, daß Thailand seit Ende der 80er Jahre den Ausgleich mit den nördlichen Nachbarn sucht und deutliche Schritte auf das frühere „Feindesland" hin unternimmt. Bangkok handelt dabei frei nach dem Motto: „Vom Kampfplatz zum Handelsplatz"[65].

---

[63] Zu dieser Frage, s.: „Asia 1992 Yearbook" (1992), S. 208.
[64] Che Man (1990), S. 160; s.a.: Tanham/Wainstein (1988), S. 46.
[65] Zu einem knappen historischen Hintergrund der Lage und Position Thailands zwischen Indochina und den anderen ASEAN-Staaten, s.: „Thailand" (1989), S. 214ff. Zu der seit Ende der 80er Jahre betriebenen Politik der Öffnung Thailands zu Indochina, vgl.: SOA akt. Mai 1991, S. 253ff. u. FEER, 23. Feb. 1989, 11f. / 1. Mrz. 1990, S. 50f. / 18. Juli 1991, S. 36ff. / 3. Okt. 1991, S. 15. Und zum aktuellen Stand der Dinge, s.: „Asia 1992 Yearbook" (1992), S. 208f.

II.6. Fallstudie Philippinen

Vorbemerkung: Gegenstand dieser Fallstudie sind nicht die Philippinen, sondern die in den Philippinen lebenden Muslime und ihr Einfluß auf die Stabilität dieses Landes. Deswegen wird auf den Gesamtstaat nur in den Rahmenkapiteln 6.1. „Formale Aspekte" und 6.5. „Außenbeziehungen" sowie in Teilkapitel 6.4. „Analyse" eingegangen. Ansonsten sei auf die Kapitel I.2. „Der historisch-kulturelle Raum" und I.3. „Der politisch-kulturelle Raum" sowie auf die in den Rahmenkapiteln angegebene Literatur verwiesen.

II.6.1. Formale Aspekte

1. Staat und Gesellschaft[1]
Stabilität und Instabilität

Die Philippinen (ohne ihre Süd-Provinzen) sind in erster Linie von zwei Faktoren geprägt: von einer westlichen Kultur und vom Christentum (vgl. Kap. I.3.2.2. „Geistes- und Kulturräume"). Im Lande selbst wird dessen Geschichte denn auch zuweilen in die Formel gefaßt: „400 Jahre im Kloster und 50 Jahre in Hollywood"[2]. Die Philippinen sind somit ein Land, dessen Politik und Kultur stärker von (nord- wie süd-) amerikanischen und von christlichen, also von abendländischen Einflüssen geprägt sind, als von asiatischen Zügen. Diese Grundstruktur ist es zuerst einmal, die dieses Land und seine Menschen im wesentlichen ausmacht und damit jeder weiteren Betrachtung vorweggeschickt werden sollte. Ihretwegen nennen wir in dieser Arbeit die an sich malaiischen Bewohner des Landes übrigens auch nicht Malaien, sondern „Filipinos".

Über diese Grundstruktur hinaus gibt es zwei weitere Grundzüge, die das Land prägen. Die Philippinen gelten - und dies muß hier bereits im Vorgriff behandelt werden - politisch als chronisch instabil und wirtschaftlich als der „kranke Mann" der ASEAN, wobei beides faktisch eng miteinander zusammenhängt[3].

---

[1] Zu Staat und Gesellschaft auf den Philippinen, vgl.: Hanisch (1989); Reinknecht (1989c) u. De Guzman/Reforma (1988) sowie für die Ära Aquino: Dahm (1991).
[2] NZZ, 16. Juni 1991.
[3] Zu der politischen Instabilität und den wirtschaftlichen Problemen als Hauptherausforderungen der Stabilität, vgl.: Kusuma Snitwongse / Sukhumbhand Paribatra (1987), S. 138; Esterline/Esterline (1986), S. 353; Reinknecht (1989c), S. 261f.

1.: Die politische Instabilität hat vor allem zwei Gründe. Der erste liegt im politischen System[4]. In den vergangenen gut 25 Jahren hatte das Land zwei Präsidenten: Ferdinand Marcos (1965-86) und Corazon Aquino (1986-92). Marcos regierte zunehmend autoritär, ohne aber die politischen und wirtschaftlichen Probleme zu lösen. Wie instabil das Land tatsächlich war, zeigte sein Sturz durch eine „sanfte Revolution" 1986. Nachfolgerin Aquino regierte zwar demokratisch, bekam aber die Probleme auch nicht in den Griff[5]. Die wahre Macht lag in den 25 Jahren nämlich in den Händen einiger Dutzend Grundbesitzerfamilien, die um Macht und Pfründe konkurrierten. Marcos war einer der Exponenten dieses Spiels, seine Nachfolgerin vielleicht mehr ein Werkzeug. Darüber hinaus hatten nur noch die Militärs etwas zu sagen - und sicherten sich ebenfalls Macht und Pfründe.

Neben dieser ganz und gar an den Problemen des Landes vorbei orientierten Politik gibt es einen zweiten Faktor der Instabilität[6]: Die Philippinen waren und sind das Land der ASEAN, das am stärksten mit kommunistischen (und muslimischen (s.u.)) Guerillas zu kämpfen hat. Die Kommunisten sind zwar zuletzt schwächer geworden. Doch die Philippinen bleiben das einzige ASEAN-Land, in dem sie noch nicht besiegt sind. Damit nicht genug. Daneben gibt es in einigen Landesteilen auch Privatarmeen der Grundbesitzer, die sich befehden. Kurzum: Weite Teile des Landes werden nicht vom Staat kontrolliert.

2.: Gefördert wird diese Instabilität durch ökonomische und soziale Probleme. Auch sie gehen größtenteils auf die Aufteilung des Landes unter den Familien und die fehlende Macht der Regierung in vielen Teilen des Landes zurück. Auch zum Teil respektable Wachstumsraten der 80er Jahre haben nicht zu einer Verbesserung geführt. Im Gegenteil: Die Kluft zwischen arm und reich ist größer geworden. Die Auswirkungen des Golfkrieges, Naturkatastrophen wie der Ausbruch des Mount Pinatubo und die Nichterneuerung des Stützpunktabkommens mit den USA haben die Lage 1991/92 weiter verschlechtert[7].

---

[4] Zu diesem ersten Punkt: vgl. wie Fußnote 3
[5] Zu einer etwas vorgezogenen Bilanz der Ära Aquino, die dies deutlich macht, s.: NZZ, 16. Juni 1991 u. FAZ, 7. Dez. 1991. Siehe auch: Zeit, 8. Mai 1992.
[6] Zu diesem zweiten Punkt, vgl.: wie Anm. 3. Zu einer internen Neubeurteilung dieser Bedrohung, die deutlich macht, daß sowohl der kommunistische (etwas mehr) wie auch der muslimische Widerstand (etwas weniger) jüngst an Boden verloren haben, s.: NZZ, 26. u. 29. Juni 1991, sowie SOA akt. Sep. 1991, S. 426f. Allerdings scheinen dafür insbesondere neben dem muslimischen Widerstand Privatarmeen stärker das Feld zu beherrschen (vgl. FEER, 6. Sep. 1990, S. 27ff.).
[7] Gute Übersichten über die wirtschaftlichen und sozialen Grundprobleme geben: Dahm (1991), Abschnitte I u. II sowie Hanisch (1989), S. 62ff., 82ff. u. 130ff. Zur aktuellen

Abschließend ist hinzufügen, daß die Philippinen im Grunde genommen ein geteiltes Land sind. Neben den bisher behandelten Hauptinseln im Norden führt der Süden (Mindanao und Sulu-Archipel) praktisch ein Eigenleben. Im Grunde genommen war er nie etwas anderes als eine Kolonie, sofern Manila ihn überhaupt kontrolliert hat. Dies war so unter den Spaniern und blieb so auch nach der Unabhängigkeit. Nicht von ungefähr sind diese Gebiete am meisten unterentwickelt und zudem Hochburgen des Widerstands, des muslimischen wie des kommunistischen[8].

2. Bevölkerung, Ethnien, Religionen

In den Philippinen leben heute gut 60 Millionen Menschen[9]. Knapp 50 Millionen verteilen sich auf die nördlichen Hauptinseln, gut 10 Millionen auf Mindanao und den Sulu-Archipel[10]. Die große Mehrheit der Bevölkerung sind Filipinos (nach obiger Definition) und damit Christen. Wohl gut drei Millionen sind Muslime (nach eigenen, eher unwahrscheinlichen Angaben islamischer Gruppen soll sich ihre Zahl auf über fünf Millionen belaufen)[11]. Bei ihnen handelt es sich um mit den Malaien des malaiisch-muslimischen Kernraumes verwandte Deutero-Malaien (s. Kap. I.3.2.1. „Bausteine"). Sie werden in den Philippinen „Moros" genannt. Der Name wurde von den Spaniern eingeführt und leitet sich aus deren Bezeichnung für die muslimischen Mauren ab. Die Moros konzentrieren sich auf Mindanao und die umliegenden Inseln des Sulu-Archipels; alles zusammen auch „Moroland" genannt. Dabei sind der Archipel und seine umliegenden Inseln fast ausschließlich muslimisch, während auf Mindanao im Zuge christlicher Zuwanderung im 20. Jahrhundert die Christen heute in der Überzahl sind. Nur noch in fünf der insgesamt 22 Provinzen dieser Region bilden Muslime eine Mehrheit: in Sulu, Tawi-Tawi, Lanao del Sur, Maguindanao und Basilan[12]. Weitere kleinere muslimische Gemeinden leben in den Kernlanden, sind jedoch für diese Arbeit nicht weiter bedeutsam[13].

Situation, vgl.: NZZ, 12. u. 16. Juni u. 14. Sep. 1991 sowie FEER, 30. Jan. 1992, S. 10 u. 6. Feb. 1992, S. 17.
[8] Vgl. dazu: Che Man (1990), S. 22ff.
[9] Vgl.: „Asia 1992 Yearbook" (1992), S. 9 u. FWA'92 (1991), Sp. 5o4. Zu einer genaueren Differenzierung der Ethnien und Religionen, s.: Hanisch (1989), S. 19ff. u. auch Uhlig (1988), S. 593f. u. 597ff.
[10] Vgl.: Che Man (1990), S. 19.
[11] Vgl. Che Man (1990), S. 19 u. Heidhues (1983b), S. 135. Interessanterweise geben jedoch auch seriöse Quellen wie Omar Farouk immer wieder einmal höhere Zahlen für die Moros an (vgl. z.B. Omar Farouk (1988b), S. 23).
[12] Zur ethnisch-religiösen Identifikation und Differenzierung der Moros und zu ihrer geographischen Verteilung, s.: Majul (1985a), S. 9ff. u. Che Man (1990), S. 19ff.
[13] Zu den Muslimen in den Kernlanden, s.: Majul (1985a), S. 11; Die einzige bedeutende Gemeinde in den Kernlanden scheint dabei jene in und um Manila zu sein, wohin seit den

3. (Islamische) Geschichte

Im folgenden wird hier nur die Geschichte der Sulusee-Region kurz referiert[14]. Der Begriff „Sulusee-Region" steht in Anlehnung an das historische Sultanat von Sulu, das einst die Region beherrschte. In der Literatur wird diese Region auch „Mindanao" genannt[15]. Um aber Verwechslungen mit der Insel Mindanao zu vermeiden, verwenden wir den Begriff „Sulusee-Region" für Mindanao und den Sulu-Archipel.

Die Geschichte der Sulusee-Region ist eng verbunden mit der Geschichte des malaiisch-muslimischen Kernraumes. Das einstige Sultanat von Sulu war der Außenposten dieses Raumes im Nordosten, dessen Ausläufer zeitweise sogar bis Manila reichten. Die islamische Identität der Region ist damit älter als die spanisch-christliche der restlichen Philippinen. Die ersten muslimischen Seefahrer und Händler kamen wohl etwa zwischen dem 8. und 10. Jahrhundert in die Region. Und wie die anderen Teile des malaiisch-muslimischen Raumes wurde auch diese Region schließlich irgendwann in den späteren Jahrhunderten von Westen her über diese Handelswege islamisiert; wahrscheinlich etwa ab dem 13. Jahrhundert. Um 1450 datiert das erste islamische Sultanat auf der Insel Jolo im Sulu-Archipel. Zur Zeit der spanischen Eroberung der Philippinen im 16. Jahrhundert gab es bereits mehrere islamische Reiche um das Sultanat von Sulu herum (u.a. ein Sultanat von Mindanao); mit besten Beziehungen zu den islamischen und muslimischen Staaten und Gebieten Indonesiens und Malaysias, unter anderem zu dem mächtigen Brunei. Bis heute gibt es denn noch einige Bindungen zwischen dieser Region und dem Nordosten des malaiisch-muslimischen Raumes, insbesondere nach Sabah (s. Kap. II.6.3.2.).

In den folgenden Jahrhunderten widersetzten sich die Moros recht erfolgreich und in zum Teil überaus erbitterten und blutigen Kämpfen - den „Moro Wars" - den Spaniern. Es sollte erwähnt werden, daß die Spanier dabei ihrerseits die Filipinos massiv in ihren Kampf um das Land und für ihre Kultur und Religion einbanden[16]. Che Man dazu: „This created a bitter enmity between the two groups, despite the many

---

70er Jahren auch viele tausend Moros geflüchtet sind. Dazu, s.: Majul (1985a), ebdt. u. Heidhues (1983b), S. 137.
[14] Diese Ausführungen zur Geschichte folgen im wesentlichen drei Quellen: Che Man (1990), S. 19ff., Majul (1985a), S. 15ff. u. Gowing (1979), S. 11ff. Vgl. auch: die entsprechenden Kapitel in Abschnitt I.
[15] Vgl. z. B.: Che Man (1990), S. 19.
[16] Vgl.: Che Man (1990), S. 22f. Weiter beschrieben wird dieser Prozeß bei: Majul (1985a), S. 17ff.

similarities in their socio-cultural heritage"[17]. Erst mit der Niederlage des Sultans von Sulu 1876 verloren die Moros ihre Unabhängigkeit. Die Spanier hatten allerdings nicht mehr viel davon. Für die Moros folgte die amerikanische und die kurzzeitige japanische Besetzung, bis schließlich die Amerikaner 1946 die Macht an eine philippinische Regierung in Manila abgaben.

Manila und die Filipinos betrachteten „Moroland" - wie schon die Spanier - als eine Art Kolonie[18] und setzten die von den Spaniern begonnene und von den Amerikanern übernommene, planmäßige Zuwanderung und Etablierung christlicher Filipinos aus dem überbevölkerten Norden fort. So kam es langsam zu einer demographischen Umwälzung - vor allem auf Mindanao. Waren 1903 noch drei Viertel der Bevölkerung Moros und ein Viertel Nicht-Moros, so hatten sich die Proportionen 1980 genau umgedreht[19]. Dadurch wurden die vorhandenen Gegensätze weiter vertieft und es kam mehrfach zu Spannungen (insbesondere um Landfragen) und Unruhen[20]. Die Moros waren nun zur Minderheit im einst eigenen Land geworden.

Die Angst vor Unterdrückung und Entfremdung zog die Gründung eines organisierten Widerstandes nach sich. Ende der 60er Jahre bildete sich das „Muslim Independance Movement / MIM" (später: Mindanao Independance Movement), das eine Islamische Republik forderte. Kurz darauf entstand die „Moro National Liberation Front / MNLF", die treibende Kraft in einem seither anhaltenden Bürgerkrieg.

II.6.2. Identität, Rolle und Partizipation der Muslime

Noch deutlicher als in Fallstudie II.5. „Thailand" läßt sich für die Philippinen das Problem geographisch eingrenzen: auf die Sulusee-Region. Muslime in anderen Teilen der Philippinen existieren zwar auch, sind jedoch politisch und numerisch kaum relevant. Deswegen konzentrieren wir uns im folgenden auf die Sulusee-Region und die Moros. Rolle, Partizipation und Identität der Moros sind maßgeblich von den beiden Faktoren bestimmt, die in Kap. II.6.1. „Formale Aspekte" dargestellt wurden: von der leidvollen Geschichte der Sulusee-Region und von der heutigen demographischen Situation.

---

[17] Che Man (1990), S. 22.
[18] Die Transformation dieser spanischen Sicht ins Bewußtsein der Filipinos beschreibt recht gut Gowing in „Legacy of colonial rule in Moroland", in: Gowing (1979), S. 41f. Siehe auch Anm. 16 u. darüber hinaus: Che Man (1990), S. 124.
[19] Vgl.: Che Man (1990), S. 25.
[20] Diese Gegensätze, Spannungen und Befürchtungen sind gut beschrieben am Beispiel von Zamboanga City, in: FEER, 19. Mrz. 1987, S. 50ff.

Anmerkung: Im folgenden wird weitgehend argumentativ vorgegangen. Zur Illustration sei auf den Kasten „Die Sulusee-Region" verwiesen.

1.: Die Geschichte „Morolands" und der Moros ist die Geschichte eines Jahrhunderte währenden Kampfes; anfangs gegen die Spanier, dann gegen Amerikaner und Japaner und schließlich gegen die Filipinos. Es ist die Geschichte eines Kampfes um das eigene Land und - um die eigene Identität. Denn über eines muß man sich immer im klaren sein: In den vergangenen vier Jahrhunderten seit Eintreffen der Spanier wurde nicht nur ein Eroberungskrieg geführt, sondern ein Kampf zweier Weltanschauungen und Kulturen. Die Spanier waren nicht nur gekommen, um ein Stück Land zu erobern. Sie waren gekommen, um Menschen zu erobern. Und die Filipinos waren über 300 Jahre lang ihre Schüler (vgl. Kap. I.2.3.1. u. I.3.1.1.). Aus diesem Kampf heraus entwickelte sich ein Nord-Süd-Gegensatz, der nach der Eroberung zur Herausbildung eines Mutterland-Kolonie-Verhältnisses führte und eine starke Rückständigkeit und Unterentwicklung des Südens und der dort lebenden Moros zur Folge hatte. Doch damit nicht genug. Wir haben es hier nicht nur mit einem wirtschaftlich-sozialen, sondern zugleich mit einem kulturellen Nord-Süd-Gegensatz zu tun. Die aus der kolonialen Vergangenheit stammenden Denkmuster haben sich trotz der einst engen ethnischen Verwandtschaften auch auf das heutige Verhältnis zwischen den christlichen Filipinos im Norden und den muslimischen Moros im Süden übertragen und zur Herausbildung tiefer Gräben und Gegensätze geführt. Die Christen sehen noch heute den muslimischen Süden als Kolonie an. Und mehr noch. Die dort lebenden Moros sind für sie nicht gleichwertig. Im Gegenteil: Sie sind für sie zutiefst minderwertig[21]. Sie suchen nicht einmal Schimpfworte (wie die Thais bei Malaien/Muslimen). Für sie ist „Moro" ein Schimpfwort[22].

2. Könnte man das Problem nun auf seine Nord-Süd- und Christentum-Islam-Gegensätze beschränken, so wäre es wohl eine ähnliche Situation wie mit Thailand und der Patani-Region, wenn auch die Konfliktlinien in den Philippinen ungleich schärfer sind. Doch im Falle der Sulusee-Region kommt noch etwas hinzu. Die demographischen Umwälzungen des 20. Jahrhunderts und die massive Zuwanderung von Christen aus dem Norden haben dazu geführt, daß die Moros in der Sulusee-Region heute nur noch etwa ein Viertel der Bevölkerung stellen und so zur - nicht nur politischen, sondern auch numerischen - Minderheit im einst eigenen Land geworden sind. Längst sind die administrativen Hebel in den Händen der Christen. Eine po-

---

[21] Zwei sehr drastische und detaillierte Darstellungen dieser Sichtweise geben: Gowing (1985), S. 184f. u. Che Man (1990), S. 29. Daß dies auch heute noch gilt, haben dem Autor erst 1990 Dean Carmen A. Abubakar (Institute of Islamic Studies, University of the Philippines) und andere Gesprächspartner bestätigt.

[22] Vgl.: Heidhues (1983a), S. 151 u. Gowing (1985), S. 184f. Daß dies auch heute noch gilt, haben dem Autor Carmen A. Abubakar (s. Anm. 21) und andere bestätigt.

litische Partizipation der Muslime ist nur noch rudimentär durch eine kleine, ins System integrierte Elite und nicht selten durch gekaufte Überläufer gewährleistet. Auch heute müssen die Moros weiter um ihre Identität und ihre Rechte bangen. Der manchmal suggerierte Vergleich mit dem Schicksal der Indianer im Nordamerika des 19. Jahrhunderts und ihrer Verdrängung durch den Zug nach Westen scheint gar nicht so abwegig[23].

Zuweilen wird die „Moro-" mit der „Patani-Frage" verglichen. Doch dieser Vergleich hinkt. Während die Patani-Region ein Teil der malaiisch-muslimischen Welt ist, der von den Thais beherrscht wird, ist die Sulusee-Region dabei, ein Teil der filipino-christlichen Welt zu werden. Nichts beschreibt krasser die Lage, in der sich die Moros heute befinden. Nicht von ungefähr haben wir in Abschnitt I die Region als eigenen Unterraum eingeführt. In dieses Bild passen auch die Bemühungen der christlichen Filipinos, den Begriff „Filipinos" auch auf die Moros zu übertragen.

Diese Machtverhältnisse und ihre Auswirkungen sind kaum vereinbar mit islamischen Staats- und Gesellschaftsvorstellungen. Ebensowenig ist der Gesamtstaat damit vereinbar[24]. Entsprechend hoch ist der Legitimierungsgrad für eine islamische Bewegung, der sich wiederum trifft mit einem hohen islamischen Bewußtsein. Gerade der Jahrhunderte alte und buchstäblich „bis aufs Messer" geführte Kampf *Christentum contra Islam* hat den Islam zu einem prädominanten Faktor der Moro-Identität gemacht. Sie waren nicht als Malaien angefeindet, sondern als Muslime. Malaien hätten sie bleiben sollen, aber nicht Muslime. Deswegen scheint m.E. in der Region auch die einst adat-islamische Identität der Moros längst eine stärkere Akzentuierung im Islam zu haben[25]. Unterstrichen wird dies noch dadurch, daß die Zahl islamischer Institutionen (Moscheen, Schulen etc.) in der Region bereits seit geraumer Zeit hoch ist und diese sich regen Zulaufs erfreuen[26] (s. Kap. II.6.3.1.), und daß Moros als „Muslime" bezeichnet werden wollen[27]. Und diese Islamisierung wurde noch weiter vorangetrieben durch die hohe Außenorientierung der Moros - nicht nur in die nähere Nachbarschaft, sondern in die Zentren der islamischen Welt[28] (s. Kap. II.6.3.3.). Hier existiert also schon längst eine breite islamische Basis.

---

[23] Vgl.: FEER, 19. Mrz. 1987, S. 52.
[24] Vgl.: Che Man (1990), S. 32.
[25] Vgl.: Che Man (1990), S. 57ff. Zur teilweise noch vorhandenen adat-islamischen Grundhaltung, s.: Majul (1985a), S. 12ff. Den wohl besten Überblick sowohl über die islamischen und Adat-Praktiken wie auch über die zunehmende Akzentuierung im Islam gab schon 1979 Peter G. Gowing, in: Gowing (1979), S. 59ff.
[26] Vgl.: Gowing (1979), S. 70f.
[27] Vgl.: Gowing (1979), S. 70; Che Man (1990), S. 58.
[28] Vgl.: Che Man (1990), S. 57ff.; Gowing (1979), S. 69ff.

Die Sulusee-Region: Fakten und Zahlen[29]

Die Region, besonders Mindanao, war einst eine reiche Region. Ihr Niedergang begann während der Kriege mit den Spaniern, die erfolgreich die Handelsbeziehungen störten. Nach der Eroberung wurde sie praktisch zur Kolonie. Sie wurde systematisch ausgebeutet und von Filipinos aus dem Norden besiedelt. Ökonomisch wurde sie fast ganz auf Export ausgerichtet, u.a. waren 1977 rund 50 Prozent der Ackerfläche mit Exportprodukten belegt. Hinter den meisten Unternehmen steht heute ausländisches Kapital und von den - durchaus florierenden - Geschäften in der Region profitiert nur eine kleine Elite. Hinzu kommt, daß Mindanao nur so weit entwickelt wurde, wie es dem Wirtschaftsprozeß nützlich war.

In dieser „Region zweiter Klasse" wurden die Moros noch einmal in die „zweite Klasse" verwiesen. Ihre traditionellen Berufe - v.a. Fischer und Bauern - waren kaum geeignet, Reichtum anzusammeln. Doch als Arbeiter in den neuen Firmen wurden zugewanderte Filipinos bevorzugt. Man kannte sie aus dem Norden und sie waren qualifizierter. Auch der begrenzte Wohlstand sammelte sich in den Zentren der Filipinos. Che Man: „[The] economic development disrupted the Moro economic order, by replacing subsistence production with export-oriented production, and drove the Moros to the economic periphery". Eine Ursache des Mißstandes lag in der fehlenden Bildung. In diesem Feld waren die Moros „a generation behind the Christians".

Einher mit der ökonomischen ging die politisch-rechtliche Ohnmacht. Mit der Eroberung wurde alles Land öffentliches Land. Das hieß: Das Land, das den Moros gehörte, gehörte nun dem Staat. Und der gab es weiter - meist an christliche Siedler. 1982 besaßen nur 17 Prozent der Moros Land. Ähnlich steht es um die politische Macht. Zwar halten auch einige Moros hohe Positionen. Doch sind diese dann meist zugleich ins System integriert, von Manila ausgesucht oder mit entsprechenden Pfründen „eingekauft" worden[30]. Viele von ihnen sind Mitglieder einstiger Herrscherhäuser, die zwischenzeitlich auf „normale Bürger" reduziert waren, und nun mehr oder minder kooptiert worden sind. Andere sind Überläufer aus der Guerilla. Ansonsten werden Politik und Verwaltung von Filipinos dominiert[31], wobei dies für die Provinzen mit muslimischer Mehrheit etwas einzuschränken ist. Des weiteren gibt es längst auch in Mindanao eine herrschende Grundbesitzerklasse.

---

[29] Die folgenden Ausführungen orientieren sich weitgehend an: Che Man (1990), S. 19ff. u. 59ff. sowie S. 124ff. u. 117ff. (diese beiden nur zum letzten Absatz über die politische Rolle). Von dort sind auch jene Zahlen und Zitate entnommen, die im folgenden nicht weiter gekennzeichnet sind. Zur weiteren Illustration der ersten beiden Absätze, s.a.: Monte Hill (1982).
[30] Vgl. dazu auch: Heidhues (1983a), S. 153 u. dies. (1983b), S. 137.
[31] Vgl. dazu auch: Noer (1988), S. 2o9.

Da nun viele Faktoren zusammenkommen (Machtlosigkeit, ökonomischsoziale Unzufriedenheit, ein Kulturkampf um das eigene Überleben und um das der eigenen Identität, ein strengerer Islam), ist auch der Mobilisierungsgrad hoch. Sichtbarste Folgen sind der schon seit der Eroberung andauernde Widerstand und ein seit den 70er Jahren stattfindender De facto-Bürgerkrieg. Viele Muslime sehen ihr Heil in der Umkehrung der Verhältnisse durch Wiederherstellung ihrer alten Rechte in einem islamischen Staat oder einem irgendwie autonomen Gebiet[32]. Dies hat in den 70er Jahren zu schweren Unruhen geführt, die gewaltsam niedergeschlagen wurden, über 50.000 Menschen das Leben kosteten und darüber hinaus Zehntausende Moros als Flüchtlinge ins nahe Sabah trieben[33]. Weitere Zehntausende sind ihnen seither gefolgt, aus politischen und ökonomischen Gründen. Deren Zahl wird heute auf bis zu 300.000 geschätzt[34].

Nun haben allerdings die Entwicklungen dieses Jahrhunderts - vor allem die demographische Umwälzung - das Ziel des islamischen Staates in weite Ferne gerückt. Wenn heute nur noch fünf der 22 Provinzen eine muslimische Mehrheit aufweisen, wie ist dann der Ruf nach Unabhängigkeit oder Autonomie noch zu rechtfertigen? Längst ist der Widerstand und sind die Moros in ein Dilemma geraten. Im Raum steht die Frage nach der Legitimation des Widerstands und seiner Forderungen in einem veränderten Umfeld. Und im Raum steht die Frage nach der materiellen Umsetzung mit immer weniger Menschen. Dies hat Folgen für den Widerstand und für den politischen Kampf, wie wir im nächsten Kapitel noch ausführen werden.

Zuvor aber noch eine kurze Einlassung zur Politik Manilas. Über Jahrzehnte hinweg bestand diese Politik lediglich aus der Konzipierung von wirtschaftlichen Großprojekten (die den Moros nichts brachten), aus dem militärischen Kampf gegen den Widerstand und aus dem Werben um Überläufer. Daneben gab es lediglich einige formale Zugeständnisse. Dies war letztlich immer eine Politik der Vereinnahmung, nicht aber der Akzeptanz der Moros[35]. Erst die Regierung Aquino hat in den letzten Jahren versucht, einen

---

[32] Zu einer Geschichte des hier nicht weiter behandelten Widerstands, s.: Gowing (1979), S. 34ff. u. Che Man (1990), S. 46ff. Zu einer Geschichte des seit den 70er Jahren andauernden Bürgerkriegs, s.: Majul (1985a), S. 39ff.
[33] Vgl.: Hanisch (1989), S. 96.
[34] 1985 gab es bereits 200.000 offiziell registrierte Flüchtlinge aus der Sulusee-Region in Sabah (vgl. Means (1991), S. 159). Heute geht man von etwa 300.000 Moros in Sabah aus (vgl. FEER, 6. Sep. 1990, S. 28).
[35] Zu einer Übersicht über die bisherige Politik der Regierung, s.: Che Man (1990), S. 148ff. u. Heidhues (1983b), S. 137. Zu einer recht neutral gehaltenen und kurzen Übersicht über die erwähnten Zugeständnisse, insbesondere im islamischen Feld, s.: Madale (1987), S. 288ff. Doch insbesondere Che Man und auch Heidhues belegen, daß diese Politik in der Substanz falsch ist, politisch nicht auf eine Akzeptanz der Moros angelegt ist und wirtschaftlich den Moros auch nichts brachte. Noch deutlicher macht dies Go-

Schritt auf die Moros zuzutun. Einem Teil der Sulusee-Region wurde Autonomie angeboten. Es handelt sich dabei um vier der fünf Provinzen, in denen die Moros die Mehrheit stellen[36]. Doch dieser Ansatz - mehr ist es bisher kaum - hat das Dilemma der Moros nur vergrößert. Einerseits wollen sie Autonomie für alle Provinzen, um auch ihre Minderheiten schützen zu können[37]. Andererseits regen sich längst die Christen und droht den Moros der gleiche Widerstand, den sie bisher den Filipinos entgegenbrachten[38]. Entsprechend gespalten sind mittlerweile das Moro-Bewußtsein und die Moro-Gemeinde: zwischen Fortsetzung des Kampfes und dem Versuch, den demokratischen Weg zu gehen[39]. Hinzu kommt, daß das Angebot die Gräben zwischen Filipinos und Moros in der Region weiter vertieft hat. Und hinzu kommt auch, daß das Angebot noch keineswegs mit realen Machtbefugnissen ausgefüllt ist, und keiner weiß, ob und wie der 1992 gewählte Präsident Fidel Ramos diesen Weg fortsetzen wird ...

II.6.3. Islamismus, Mobilisierung und Einflußnahme
II.6.3.1. Islamische Aktivitäten im Inland

Im folgenden müssen wir uns zum einen mit dem organisierten politischen Widerstand und zum anderen mit den islamischen Aktivposten in der Gesellschaft beschäftigen. Beides hängt durchaus miteinander zusammen. Denn der Widerstand gibt sich auch weitgehend islamisch und die islamischen Aktivposten sind ebenfalls weitgehend im Widerstand.

Gesellschaft: In der Moro-Gesellschaft spielt das politische und gesellschaftliche Geschehen vor allem in zwei Bereichen: in den lokalen Verwaltungs- und in den Islam-Institutionen[40].

---

wing ((1982), S. 17f. u. 21f.), der diese Politik schon nach ihrer Hochzeit (nach dem Tripolis-Abkommen) pessimistisch sah.
[36] Zu diesem Autonomieangebot und seiner Vorgeschichte, s.: de Jesus (1991). Wobei die dort vertretene optimistische Grundhaltung m.E. zu optimistisch ist. Siehe dazu: FEER, 6. Sep. 1990, S. 27ff. u. NZZ, 29. Juni 1991. Die Grundhaltung dieser Artikel rechtfertigt eher einen pessimistischen Blick in die Zukunft.
[37] Vgl.: NZZ, 6. Jan. 1987; Welt, 26. Jan. u. 18. Nov. 1989; FEER, 7. Sep. 1989.
[38] Am augenscheinlichsten ist dies sicherlich im Ergebnis eines Referendums, das dem Autonomieangebot vorausging. Nicht nur, daß acht weitere Provinzen mit christlichen Mehrheiten und eine mit etwa gleichen Bevölkerungsteilen die Autonomie ablehnten. Auch die eigentlich als Hauptstadt des Autonomen Gebietes vorgesehene Stadt Cotabato verweigerte sich (vgl. FEER, 3o. Nov. 1989, S. 13). Zu weiterem christlichen Widerstand bis hin zu einer „Christian Mindanao Liberation Front", s.: FEER, 19. Mrz. 1987, S. 53 / 6. Sep. 1990, S. 32; SOA akt. Mai 1987, S. 231f.
[39] Vgl.: Hussin Mutalib (1990b), S. 18; Madale (1987), S. 286f.; FEER, 6. Sep. 1990, S. 27ff.
[40] Vgl.: Che Man (1990), S. 119ff.

Den ersten Bereich kann man hier allerdings ausklammern, da ihn vor allem traditionelle und kooptierte Eliten (Aristokratie und Überläufer) beherrschen. Sie stehen meist zwischen Regierung und Moros, wenn auch meist näher an den Moros[41]. Mithin kann man ihn kaum unter „Widerstand" oder „islamische Aktivposten" fassen.

Daneben gibt es einen breiten Bereich islamischer Institutionen: Moscheen, „madaris" (Schulen) und Organisationen. Insgesamt sind es einige hundert Moscheen und über tausend madaris. Die wichtigsten Organisationen sind „Ansar al-Islam", „Muslim Association of the Philippines" und „Agama Islam Society". Hinter diesem über die Region enggezogenen Netz von Institutionen stehen Tausende islamischer Geistlicher, Lehrer und Funktionäre. Zu ihnen sind drei Anmerkungen zu machen. Erstens genießen sie bei den Filipinos kein besonderes Ansehen - bei den Moros dafür um so mehr. Zweitens sind sie in den politischen Apparaten kaum präsent - was ihnen aber einige Unabhängigkeit sichert. Drittens steht es finanziell recht schlecht um sie. Viele Lehrer müssen an mehreren Schulen unterrichten, um ihren Lebensunterhalt zu sichern. Das alles aber macht aus ihnen auch einen potentiellen Unruheherd[42].

Nun kann man diese Kräfte zwar nur bedingt Widerstand nennen. Doch es sind *Aktivposten*, die das Bewußtsein für die Gemeinschaft und den Islam erhalten. Die politisch-sozial engagierten Organisationen sichern den Zusammenhalt. In den madaris werden die geistigen und geistlichen Grundlagen überliefert. Und in den Moscheen können Geistliche politische Parolen verbreiten, vor allem außerhalb der Städte. Und somit bereiteten und bereiten jene Aktivposten auch den Boden für den Islam und islamistische Widerstandsgruppen[43].

Politisch-organisierter Widerstand: Auf dieser Ebene gibt es einige nationalistische wie islamistische Gruppierungen, die sich als Sprachrohr der Moros sehen und den Guerillakampf tragen[44].

Hauptkraft des Widerstands ist die „Moro National Liberation Front / MNLF" von Nur Misuari. Sie hatte einst die Zusammenarbeit der zerstrittenen Stämme und Gruppen eingeleitet und hat als einzige Gruppe eine Basis und eine politische Organisation. Seit einigen Jahren aber kämpft sie mehr

---

[41] Zu dieser traditionellen Elite, s.: Che Man (1990), S. 119ff.
[42] Zu einer detaillierteren Übersicht über den Bereich islamischer Institutionen, Geistlicher, Lehrer und Funktionäre sowie über die damit verbundenen folgenden Ausführungen, s.: Che Man (1990), S. 121ff.
[43] Zu diesen Ausführungen, vgl.: wie Anm. 42.
[44] Die wohl beste Übersicht über die im folgenden beschriebenen Widerstandsgruppen gibt: Che Man (1990), S. 77ff.

gegen ihren schwindenden Einfluß als gegen Manila[45]. Neben der MNLF gibt es noch die kleine islamistische MILF („Moro Islamic Liberation Front") unter Misuaris früherem Mitstreiter Salamat Hashim, die BMILO („Bangsa Muslimin Islamic Liberation Organization") und die „MNLF-Reformists", eine weitere Abspaltung der MNLF[46].

Diese Bewegungen leiden aber an zunehmender Fragmentierung. Da ist zum einen eine materielle Fragmentierung in die genannten Gruppen und Abspaltungen, die fast alle aus der MNLF kamen und vielfach auf persönliche Zwistigkeiten zurückgehen[47]. Daneben besteht aber auch über das Ziel immer weniger Einigkeit. Analog zu den Richtungsgegensätzen in der Gesellschaft streitet auch der Widerstand, ob Unabhängigkeit, Autonomie (wenn ja, was für eine?) oder ein demokratischer Weg anzustreben sei[48]. Außerdem ist es dem Staat gelungen, einzelne Köpfe und Guerilla-Teile durch Posten, Pfründe oder Zugeständnisse aus dem Widerstand herauszulösen[49]. Die Folge dieser Fragmentierungen ist eine signifikante Schwächung des Widerstands[50]. Einzig die MNLF ist noch eine ernsthafte Kraft, doch auch sie hat viele Anhänger und Kämpfer verloren[51]. Gruppen wie die MILF weisen bestenfalls noch einige hundert Kämpfer und Aktivisten auf. Und immer mehr von ihnen scheinen sich vom politischen und militärischen Kampf ab- und Terroranschlägen oder einträglichen Entführungen zuzuwenden - denn auch an Geld fehlt es ihnen offenbar zunehmend[52].

Fazit: Während der organisierte Widerstand an Bedeutung verliert, ist das weite Netz islamischer Institutionen eine bleibende Kraft. Insgesamt gesehen schwächen aber Uneinigkeit und Fragmentierung die Moros.

II.6.3.2. Islamischer Einfluß von außen

Zum äußeren Einfluß auf die Moro-Frage und die Moros sind zwei Feststellungen zu machen. Zum einen hat keine andere muslimische Minderheit Südostasiens bisher so viel Wohlwollen und Unterstützung der islamischen

---

[45] Zur MNLF, s.: wie Anm. 44. Zu schwindendem Einfluß und schwindender Stärke, vgl.: FEER, 6. Sep. 1990, S. 27ff. sowie NZZ, 26. u. 29. Juni 1991.
[46] Zu den einzelnen Gruppen, s.: wie Anm. 44.
[47] Zu dieser Fragmentierung, s.: Che Man (1990), S. 84ff.
[48] Vgl.: FEER, 7. Dez. 1989; SOA akt. Mrz. 1987, S. 134f.
[49] Vgl.: Heidhues (1983b), S. 137; FEER, 6. Sep. 1990, S. 27f.
[50] Vgl.: Che Man (1990), S. 58f.; FEER, 6. Sep. 1990, S. 27ff.; NZZ, 26. Juni 1991.
[51] Die Stärke der MNLF wird heute auf noch ungefähr 9.000 Kämpfer und rund 100.000 Anhänger geschätzt (vgl.: FEER, 6. Sep. 1990, S. 28ff.). Zum zurückgegangenen Einfluß, vgl.: FEER, 6. Sep. 1990, S. 27ff.; NZZ, 29. Juni 1991.
[52] Vgl.: NZZ, 26. Juni 1991.

Welt erhalten wie die Moros, wobei diese aber mehr aus den Zentren der islamischen Welt als von den nahegelegenen Staaten Malaysia und Indonesien kam. Zum anderen pflegt auch keine andere muslimische Minderheit der Region einen so regen Austausch mit der islamisch-muslimischen Welt. So läßt sich denn auch für die Moros und ihren Islam eine sehr hohe Außenorientierung konstatieren.

Gesellschaft: Zuerst die gesellschaftliche Ebene. Die Kontakte der islamischen Institutionen Morolands zur islamischen Welt sind außerordentlich reichhaltig - und zwar in beiden Richtungen. Einige Beispiele mögen dies illustrieren und deutlich machen, welche Bedeutung diese Kontakte für das islamische Bewußtsein der Moros haben.

Seit den 50er Jahren kommen Prediger aus allen Teilen der islamisch-muslimischen Welt in die Region, in offiziellem Auftrag oder auf eigenen Antrieb. Ebenfalls bereits seit dieser Zeit bieten bedeutende Hochschulen wie al-Azhar (Kairo) oder die Islamische Universität Medina jungen Moros Studium und Stipendien an. Allein Saudi-Arabien nimmt jährlich gleich einige Dutzend Studenten auf. Heute sind viele Geistliche und Prediger Absolventen nahöstlicher Universitäten und nicht wenige von ihnen stammen sogar von dort. Darüber hinaus standen nach Angaben von Che Man 1984 über 100 Moro-Prediger auf Gehaltslisten islamischer Staaten oder Institutionen. Des weiteren unterhalten viele der einheimischen islamischen Institutionen und madaris enge Kontakte zu entsprechenden Einrichtungen in anderen Teilen der islamischen Welt. Überaus stark frequentiert sind auch die Pilgerfahrten. Nach Angaben vom Beginn der 80er Jahre brachen jährlich rund 1.500 Moros gen Mekka auf[53].

Politische Ebene: Auch auf politischer Ebene erhielten und erhalten die Moros und die Widerstandsgruppen offenbar umfangreiche verbale und zeitweise auch materielle Unterstützung aus der islamisch-muslimischen Welt[54]. Seinen sichtbarsten Ausdruck hatte dieser Sukkurs in den Abkommen von Tripolis [arab.: Tarablus] 1976 und Jeddah [Gidda] 1987, die auf Vermittlung der OIC oder islamischer Staaten zwischen Manila und dem Widerstand zustandekamen[55]. Neben der OIC erwiesen sich vor allem drei

---

[53] Zu diesen reichen informellen Verbindungen zwischen den Moros und der islamischen Welt, s.: Che Man (1990), S. 58f. u. Gowing (1979), S. 69f. Aus diesen beiden Quellen stammen auch die angegebenen Beispiele.
[54] Eine detaillierte Übersicht über diese externe Unterstützung des Widerstands gibt: Che Man (1990), S. 138ff.
[55] Zum Tripolis-Abkommen: Heidhues (1983b), S. 136f.; Zum Jeddah-Abkommen: FEER, 15. Jan. 1987, S. 17f. u. NZZ, 6. Jan. 1987.

Staaten als Bannerträger der Moro-Sache und als deren wichtigste Unterstützer: Malaysia, Libyen und Saudi-Arabien.

Bei Malaysia spielt ein historischer Aspekt eine Rolle[56]. Gemeint ist Manilas Anspruch auf Sabah, der bis heute formal nicht aufgegeben wurde. Umgekehrt gibt es in Sabah enge emotionale Bindungen zur Sulusee-Region. So haben denn auch sowohl Kuala Lumpur wie Kota Kinabalu von Anfang an die Sache der Moros unterstützt. Che Man: „Malaysia's involvement at the beginning of the conflict served to lay a foundation for the Moro separatist movement"[57]. Diese Unterstützung hatte ihren Höhepunkt während der blutigen 70er Jahre und reichte bis zur Gewährung von Stützpunkten und Ausbildung, vor allem in Sabah. Zehntausende von Moros waren zudem damals nach Sabah geflüchtet und bilden dort heute eine stattliche Kolonie (s. Kap. II.6.2. u. 6.5.). Im Zuge seines ASEAN-Engagements reduzierte Kuala Lumpur dann aber seine Hilfen[58]. Sie kamen nun vor allem aus inoffiziellen Kanälen wie aus Sabah oder aus der regionalen Dakwah-Bewegung. Doch auch in Sabah änderte sich die Haltung, als dort 1986 eine christlich-geführte Regierung an die Macht kam[59].

Seit den 70er Jahren ist die Moro-Frage ein Thema für die OIC[60]. Seit 1977 hat die MNLF Beobachterstatus in der OIC. Interessanterweise wurde die Frage 1972 zwar von Malaysia eingeführt. Allerdings waren es Kuala Lumpur und Jakarta, die in der Folge weitere Fortschritte eher gebremst haben. Unter anderem verhinderten sie bisher eine Vollmitgliedschaft der MNLF. Außer Vermittlungsbemühungen und der Diskussion des Themas leistet die OIC auch umfangreiche, vor allem finanzielle Hilfen auf direktem und indirektem Wege. Unter den islamischen Staaten erwiesen sich bisher Saudi-Arabien (mit den ihm angeschlossenen islamischen Organisationen wie „Rabita") als wichtigster Protektor, Geldgeber und intellektueller Austauschpartner. Riyād übte zeitweise sogar direkten Druck auf Manila aus, indem es seine Öllieferungen reduzierte[61]. Darüber hinaus unterhielt vor allem Libyen enge

---

[56] Zu diesen Verbindungen, s.: Che Man (1990), S. 138ff. Siehe auch: Kap. II.6.5.
[57] Che Man (1990), S. 138.
[58] Vgl.: Gowing (1982), S. 18ff.; Piscatori (1986), S. 9ff. Tanham/Wainstein (1988), S. 46f.
[59] Vgl.: Tanham/Wainstein (1988), S. 46f.; Feske (1991), S. 56f.; Abd. Samad (1990), S. 173ff.; Che Man (1990), S. 14o.
[60] Zur Behandlung der Moro-Frage in der OIC wie auch zur Haltung Kuala Lumpurs und Jakartas, s.: Che Man (1990), S. 139ff. u. Piscatori (1986), S. 9ff.
[61] Zu Saudi-Arabiens Unterstützung, s.: Che Man (1990), S. 141ff.

Beziehungen zu einigen Widerstandsbewegungen, gab ihnen Geld, Waffen und militärisches Training[62].

Die internationale Unterstützung hat also durchaus Substanz, inhaltlich wie materiell. Allerdings hat man den Eindruck, daß besonders die OIC, Riyad und Kuala Lumpur ihre Möglichkeiten keineswegs ausspielen. Der Grund dafür dürfte wohl in Kuala Lumpur und in dessen übergeordneten ASEAN-Interessen liegen, die wohl auch das Engagement der OIC und der Saudis bremsen. Insbesondere die Unterstützung für die Widerstandsgruppen scheint darunter zu leiden, was ein Grund für ihren Schwund an Einfluß sein dürfte. Die bisherigen Ausführungen dürften aber gezeigt haben, welches internationale Potential vorhanden ist und jederzeit aktiviert werden könnte.

II.6.4. Analyse: Stabilität und Destabilisierung

Obwohl in der internationalen Öffentlichkeit weniger beachtet als die kommunistische Bedrohung, stellt das Moro-Problem und der damit verbundene islamische Widerstand eine ernste Gefahr für die Philippinen dar und ist nur vordergründig ein lokales Problem - zumal alle bisherigen Lösungsansätze und Verhandlungen zwischen Regierung und Muslimen in eine vorprogrammierte Sackgasse zu laufen scheinen.

Die Bandbreite der Lösungen, die nach philippinischen und muslimischen Vorstellungen in Frage kommen, reichen von Unabhängigkeit über Autonomie bis zur Einbindung in den demokratischen Prozeß - wobei alles nur Marksteine sind und es zu jedem Punkt noch verschiedene Konzepte und zwischen den einzelnen Punkten noch reichlich Spielraum gibt. Das Hauptproblem einer jeden Lösung jedoch sind die demographischen Umwälzungen des 20. Jahrhunderts, welche die Moros in weiten Teilen der Region zu einer Minderheit gemacht haben und vor dem Hintergrund der Gegensätze zwischen christlichen Filipinos und muslimischen Moros zu Recht Anlaß ihrer Sorge sind. Die Herren im Land sind heute die Filipinos. Jedes Zugeständnis in Richtung Moros ruft mittlerweile ihren Widerstand hervor. Die Moros aber müssen wohl zu Recht fürchten, daß sie irgendwann untergehen, wenn sich nicht vorher etwas ändert. Ein Schicksal analog zu dem der marginalisierten Bergvölker in anderen Teilen Südostasiens scheint m.E. gar nicht so abwegig zu sein. Von allein allerdings wird sich das Problem auch kaum lösen. Zwar beherrscht Uneinigkeit das Bild unter der Moro-Elite und verliert der Widerstand zunehmend an Bedeutung. Aber das islamische Bewußtsein ist und bleibt weiter präsent. Zwar haben sich einige Moro-

---

[62] Zu Libyens Unterstützung: Che Man (1990), S. 140ff. u. Gunn (1986), S. 47ff.

Politiker mittlerweile ins System eingefügt. Aber in der Masse sind die Moros weiterhin „Bürger zweiter Klasse".

Somit bleibt die Frage: Quo vadis Sulusee-Region? Quo vadis Moroland? Vom Tisch scheint lediglich der Gedanke eines islamischen Staates auf der Basis der Gesamt-Region, da Sulusee-Region und Moroland längst nicht mehr identisch sind und dieser Gedanke mithin schlicht nicht mehr durchsetzbar ist. Selbst die MNLF verfolgt ihn derzeit nicht mehr[63]. Somit fokusiert sich die Diskussion zunehmend auf die nächste Ebene: auf eine irgendwie auszugestaltende Autonomie. Schon Marcos hatte nach dem „Tripolis-Abkommen" von 1976 für 13 Provinzen (mit größeren muslimischen Bevölkerungsanteilen) eine Autonomie veranlaßt, die jedoch nicht viel gebracht hat[64]. Das neueste Angebot (der Regierung Aquino) ist nun eine „Autonome Region von Muslim-Mindanao", welche vier der fünf Provinzen mit muslimischer Mehrheit umfaßt. Das Dilemma, das hinter diesem Angebot steckt, wurde bereits besprochen. Auf der einen Seite ist es vielen Moro-Führern (vor allem im Widerstand) zu wenig, auf der anderen Seite ist in Sachen Autonomie kaum mehr zu erreichen. Wie schwierig selbst die Durchführung dieser Lösung ist, zeigt sich darin, daß sich ausgerechnet Cotabato, die geplante Hauptstadt dieser „Autonomen Region", in einem Referendum gegen diese Lösung ausgesprochen hatte[65].

Dies aber zeigt exakt das ganze Ausmaß des Problems. Längst scheint der Punkt erreicht, wo autonome Gebiete nach kulturellen Gesichtspunkten kaum mehr die Lösung sein können - egal, ob nun mit vier, fünf, 13 oder 22 Provinzen. Die Gegensätze zwischen Filipinos und Moros sind so groß, daß in jeder dieser autonomen Gebietsgruppen und wohl ebenso auch noch in den dann verbleibenden Gebieten unter dem Primat der einen Gruppe (seien es nun Moros oder Christen) die andere Gruppe (dann entsprechend Christen oder Moros) Widerstand leisten würde. Und so wie die Moros bisher immer den „großen Bruder" im Westen hinter sich hatten, hätten die Christen dann den „großen Bruder" im Osten hinter sich, der zudem noch direkt eingreifen könnte. Das Fatale an dieser Situation jedoch ist, daß auch die Nichteinführung von autonomen Gebieten das Problem nicht löst - zumindest nicht, so lange damit herumexperimentiert wird und sich in der Region selbst nichts ändert. Man sollte nämlich nicht vergessen, daß zwar die Moros uneins sind und der Widerstand an Bedeutung verloren hat, daß aber das islamische Bewußtsein als tragende Kraft weiterhin präsent ist und jederzeit auch ansteigen könnte. Nicht wenige Beobachter glauben, daß dies der Fall sein wird, wenn auch das neueste Autonomieprojekt keine Fortschritte

---

[63] Vgl.: NZZ, 6. Jan. 1987.
[64] Vgl.: de Jesus (1991), S. 272ff.
[65] Vgl.: FEER, 3o. Nov. 1989, S. 13.

bringt⁶⁶. Zusammenfassend läßt sich sagen, daß die gesamte Autonomiefrage m.E. schlicht eine Einbahnstraße ist und den Konflikt bestenfalls verlängern könnte. Da aber derzeit weder eine andere Lösung vor dem Hintergrund der Art, wie in Manila Politik gemacht wird, in Sicht ist, noch sich das Problem auf lokaler Ebene von selbst lösen wird, wird es wohl auf jeden Fall noch einige Zeit bestehen bleiben - für die Philippinen und für die Sulusee-Region. Und so wird es auch weiter eines jener Elemente sein, welche die Philippinen in ihrer Summe - gar nicht einmal einzeln - auf unabsehbare Zeit weiter destabilisieren werden ...

Lösen wir uns zum Schluß einmal kurz von unserem Blick auf die Region und wenden uns noch einmal den Philippinen als Ganzem sowie Manila und seiner Sichtweise zu. Für die Philippinen wie für Manila und die dortigen Regierungen, die in den instabilen und kranken Kernlanden schon genug Probleme haben und schon dort mehr mit dem Kampf ums politische Überleben denn mit praktischer Politik beschäftigt sind, ist das Ganze ohnehin mehr ein Mindanao- (bezogen auf die Insel und das, was im Westen noch mehr oder minder zu ihr gezählt wird) als ein Moro-Problem. Für Manila nämlich ist die Region als ganze eine Unruheregion und das Moro-Problem nur ein kleiner Teil dessen. Dort gibt es nicht nur muslimischen Widerstand. Dort gibt es auch kommunistischen Widerstand sowie Clankämpfe und eine zunehmende Kriminalität. Und diese mischen sich noch mit politischer, wirtschaftlicher und sozialer Unrast. Vor diesem Hintergrund scheint es das erste Ziel Manilas zu sein, seine eigene Position zu halten und keine neuen Probleme zu bekommen. Konkrete Problemlösungen scheinen da zweitrangig zu werden⁶⁷. Mit anderen Worten: Manila scheint viel zu schwach und vielleicht sogar zu uninteressiert für eine Lösung dieses in vielfacher Hinsicht fernen Problems. Dies zumindest ist mein persönlicher Eindruck, der es mithin höchst unwahrscheinlich macht, daß sich in dieser Frage überhaupt etwas bewegen könnte. Solange sich aber auf den Philippinen in toto nichts ändert und das ganze Konglomerat von Destabilisierungs-Faktoren auf den Philippinen *und* auf Mindanao erhalten bleibt, würde letztlich gar ein noch mehr geschwächter Widerstand weiterhin als bedeutsamer Faktor bestehen bleiben. Auch aus dieser Sicht wird das Moro-Problem weiter ein destabilisierender Faktor bleiben ...

---

⁶⁶ Vgl.: FEER, 6. Sep. 1990, S. 27.
⁶⁷ Nichts macht dies wohl deutlicher als die Art und Weise, wie in Manila die Vorbereitung der jüngsten Autonomie und insbesondere des vorangehenden Referendums gehandhabt wurde. So hat z.B. die Präsidentin dem entsprechenden Gesetz zugestimmt, obwohl sie die Vorlage für fehlerhaft („flawed") und wenig chancenreich hielt - nur um keinen Streit mit dem Parlament in dieser Frage zu riskieren. Vgl. dazu: FEER, 23. Nov. 1989, S. 37f.

II.6.5. Außenbeziehungen

Im Rahmen dieser Arbeit sind zu den Philippinen drei außenpolitische Felder von Belang: die ASEAN und die Beziehungen zu den ASEAN-Partnern, das Verhältnis zur islamischen Welt und jenes zu den USA.

ASEAN: Die Beziehungen zu den ASEAN-Staaten lassen sich in zwei Kategorien einteilen. Erstens in die emotionalen und gespannten Beziehungen zu Malaysia, Indonesien und Brunei (in dieser Reihenfolge). Zweitens in die weitgehend spannungsfreien, aber auch entsprechend emotionslosen und lockeren Beziehungen zu Thailand und Singapur.

Die Beziehungen zu **Malaysia**[68] bewegen sich stets zwischen ASEAN-Rationalität und den vielschichtigen emotionalen Spannungen, welche beide Länder verbinden. Diese Spannungen lassen sich sehr konkret geographisch und kulturell am Großraum Sulusee-Region festmachen, der in diesem Falle neben dem Sulu-Archipel und Mindanao auch Teile Borneos umfaßt, und in dem Manila und Kuala Lumpur wechselseitige Gebietsansprüche erheben bzw. wechselseitige emotionale Bindungen haben. Im wesentlichen handelt es sich dabei um Manilas formal nie aufgegebene Ansprüche auf Sabah sowie Kuala Lumpurs Sympathien für die Moros und für diesen - im wahrsten Sinn des Wortes - „Außen"-Posten der malaiisch-muslimischen Welt. Obwohl die Lage heute auf staatlicher Ebene wohl in beiderseitigem ASEAN-Interesse entspannt ist, bleiben im Hintergrund die Schatten der Vergangenheit und die immer noch bestehenden emotionalen Verbindungen auf gesellschaftlicher Ebene präsent. Hinzu kommt, daß westlich und nördlich dieses Großraumes zwei gänzlich voneinander verschiedene Welten liegen, die malaiisch-muslimische und die filipino-christliche. Die Beziehungen zu **Indonesien** und **Brunei** bewegen sich etwa in den gleichen Grundstrukturen. Auch sie grenzen an die Sulusee-Region oder haben Verbindungen in diese Region. Hinzu kommen vereinzelte Grenzstreitigkeiten zwischen Jakarta und Manila. Insgesamt aber sind hier die Spannungen weniger stark, und Jakarta versucht sich sogar zuweilen als Vermittler zwischen Manila und Kuala Lumpur[69].

Mit **Thailand** und **Singapur**, zu denen die Philippinen keine direkten Grenzen haben, unterhält Manila normale bis freundschaftliche Beziehungen. Alle drei Staaten verbindet eine pro-amerikanische Grundhal-

---

[68] Zu den Beziehungen zu Malaysia, s.: Abd. Samad (1990), S. 173ff.; Feske (1991), S. 57f. sowie Kap. II.6.3.2.
[69] Zu den Beziehungen zu Indonesien, s.: Che Man (1990), S. 142 sowie Kap. II.1.5. (Indonesien) „Außenbeziehungen".

tung in der Außenpolitik und in Teilen der Bevölkerung. Außerdem sind die Philippinen für Thailand und Singapur willkommener Ausgleichspartners gegenüber den malaiisch-muslimischen Staaten. Insgesamt aber haben diese Beziehungen eine andere, weniger emotionale Qualität. So scheint es m.E. auch fraglich, ob diese Staaten in einem Ernstfall Position für die Philippinen beziehen würden.

Islamische Welt: Interessant sind vor dem Hintergrund der Moro-Frage und der hohen Außenorientierung der Moros noch die Beziehungen Manilas zu den islamischen und muslimischen Staaten. In den krisenhaften 70er Jahren hatte Manila angefangen, gute Beziehungen dorthin aufzubauen[70]. Diese bestehen heute besonders zu Saudi-Arabien, wenn auch in einer fast gänzlich wirtschaftsbezogenen Art und Weise. Die Saudis sind sowohl ein wichtiger Öllieferant der Philippinen wie auch der wichtigste Arbeitgeber für Filipinos im Ausland, womit sie letztlich maßgeblich zur Entlastung des Arbeitsmarktes und auch des Staatshaushalts in Manila beitragen. Allerdings sind beides auch Druckmittel der Saudis, die von beidem nicht abhängig sind und zumindest die Ölwaffe auch schon einmal in den 70er Jahren eingesetzt haben. Auch die Beziehungen zu den meisten anderen nahöstlichen Staaten sind von einer derartigen Wirtschaftslastigkeit geprägt und lassen eine substantielle politische Komponente vermissen[71]. Eine 1989 dem „Philippine Council for Foreign Relations" vorgelegte Analyse bemängelte denn auch die „low priority", welche Manila diesen Beziehungen zuweise und konstatierte ein „credibility gap with the OIC"[72].

Abschließend ist anzumerken, daß die **USA** der mit Abstand wichtigste außenpolitische Partner der Philippinen sind (s. Kap. I.3.1.1. „Herausbildung unabhängiger Staaten"). Ob sich dies nach dem Abzug der Amerikaner von ihren philippinischen Stützpunkten ändert, bleibt abzuwarten ...

---

[70] Vgl.: Che Man (1990), S. 145ff.
[71] Eine Übersicht sowohl der Beziehungen zu den nah- und mittelöstlichen Staaten als auch besonders zu Saudi-Arabien gibt: Abbas (1989), S. 102ff. Dort werden auch Angaben zu den Saudi-Arabien beschäftigten Filipinos vor dem Golfkrieg gemacht. Zu neueren Zahlen und den Auswirkungen des Golfkriegs auf diese Beschäftigung u. auf die Wirtschaft, s.: SOA akt. Sep. 1990, S. 426f. / Jan. 1991, S. 30ff. Zu Saudi-Arabien im besonderen, s.: Che Man (1990), S. 141ff.
[72] Abbas (1989), S. 1o4.

III. Die ASEAN und der Islam

In diesem Abschnitt wenden wir uns nun der ASEAN-Region und der Frage nach ihrer Stabilität vor dem Hintergrund eines Erstarkens des Islam in dieser Region zu. Der Abschnitt dient dabei zunächst der Zusammenfassung einiger Ergebnisse aus den Fallstudien und einiger Erkenntnisse aus Abschnitt I und dann ihrer weiteren Diskussion auf der nächsthöheren Ebene der ASEAN-Region und der mit ihr verbundenen Organisation. In gewisser Weise handelt es sich bei diesem Abschnitt also um eine siebte Fallstudie „ASEAN", die allerdings zugleich die vorangegangenen sechs Fallstudien zusammenfaßt.

Abschnitt III ist in vier Kapitel gegliedert. Kap. III.1. gibt zuerst eine kurze Zusammenfassung von Kap. I.3.3. „Der politisch-ökonomische Raum", in dem die Region und das Staatenbündnis ASEAN als Raum und Organisation beschrieben und analysiert wurde. Daran schließt sich eine Übersicht über die für die weitere Diskussion wichtigsten Ergebnisse der Fallstudien an, die im wesentlichen die Erkenntnisse der jeweiligen Teilkapitel 4. „Analyse: Stabilität und Destabilisierung" und 5. „Außenbeziehungen" wiedergibt. Das Kapitel bildet die Grundlage für die weitere Diskussion.

    III.1. „Südostasien, die ASEAN-Region,
           ihre Staaten und der Islam.
    III.2. „Der ASEAN-Raum und der Islam".
    III.3. „Die ASEAN-Organisation und der Islam".
    III.4. „Resümee und Perspektive".

Nach dieser Zusammenfassung ist der weitere Abschnitt entsprechend unserer Einteilung in Kap. I.3.3. „Der politisch-ökonomische Raum" in zwei zentrale Kapitel gegliedert. Kap. III.2. und III.3. behandeln die ASEAN zuerst als (1) Raum aus sechs Staaten und deren zwischenstaatlichen Interaktionen und dann als (2) Organisation mit ihrem wertemäßigen Über- und ihrem organisatorischen Aufbau. Jedes der beiden Kapitel verfügt über eine eigene Schlußbeurteilung (III.2.3. und III.3.2.). Kap. III.4. beschließt diese Arbeit mit einem Resümee, das diese beiden Schlußbeurteilungen zusammenführt, und einigen perspektivischen Schlußbemerkungen, die einen Blick voraus unternehmen.

III.1. Südostasien, die ASEAN-Region, ihre Staaten und der Islam

Südostasien und die ASEAN-Region: Südostasien ist eine historisch in Abgrenzung entstandene und heute in sich geschlossene Region, während die ASEAN-Region keineswegs historisch gewachsen, sondern lediglich durch einen politischen Willensakt ihrer Staaten zusammengefügt worden ist. Südostasien gliedert sich in einen asiatisch-buddhistischen und in einen malaiisch-muslimischen Schwerpunktraum und in einen filipino-christlichen Randraum. Die ASEAN-Region gliedert sich in einen malaiisch-muslimischen Kernraum und in einen thai-buddhistischen und in einen filipino-christlichen Flankenraum. Anzumerken ist, daß sowohl der asiatisch- bzw. thai-buddhistische wie der malaiisch-muslimische Raum „asiatische", um nicht zu sagen „südostasiatische" Räume sind, während dies für den filipino-christlichen Raum aus vielerlei Gründen nur sehr bedingt gilt. Ergänzt werden muß, daß zwischen dem malaiisch-muslimischen und dem filipino-christlichen Raum noch die Sulusee-Region als Übergangsraum oder zumindest als Übergangszone liegt.

Der ASEAN-Raum: Der ASEAN-Raum ist ein sehr lebendiger, farbiger und reicher Raum. Er ist stabil, innerlich gefestigt und prosperierend. „Einheit in Vielfalt", „Wachstumsregion", „Beharrung" auf den eigenen Werten und wachsendes „Selbstbewußtsein" waren die Stichworte, die wir dafür gewählt hatten. Die Stärke des Raumes liegt in seinem inneren Selbstbewußtsein, seiner Vielfalt und seinem Erfolg. „Traditionalismus und Westorientierung" waren zwei Stichworte dafür, daß er sich seiner Stärke durchaus bewußt ist und von außen nur das selektiv aufnimmt, was er für nützlich erachtet. Was er darüber hinaus nicht abwehren kann, adaptiert er - heute wie seit Jahrhunderten. Allerdings haben gerade Vielfalt und Wachstum auch Kehrseiten: „Konfliktreichtum" sowie „Veränderung und Orientierungssuche". Der Konfliktreichtum drückt sich in einer Vielzahl bisher nicht überwundener zwischenstaatlicher, territorialer und kultureller Konflikte in dem Raum aus. „Veränderung und Orientierungssuche" stehen für das Aufbrechen alter Strukturen und die Suche nach Werten, welche die Eingliederung der Staaten und Gesellschaften in eine größer werdende Welt und das rasche Wachstum in diesen Staaten mit sich bringen.

Kurzum: Der ASEAN-Raum ist eine farbiger und kraftvoller Raum, wenn auch nicht ohne Probleme. Doch es ist ein Raum mit Perspektive und mit Perspektiven. Stärke und Erfolg geben dem Raum eine Perspektive, die politischen Veränderungen - insbesondere in Indochina - geben der Organisation und ihren Staaten neue Perspektiven. Und schon heute ist dies ein Raum, der zu Recht eine starke Stimme in der Politik Asiens und weit über Asien hinaus geltend machen kann - und machen will. Wobei anzumerken ist, daß diese starke Stimme die Summe von sechs durchaus ernstzunehmenden Einzelstimmen ist; wenn man dabei einmal bei den Philippinen einige Einschränkungen großzügig übersieht.

Die ASEAN-Organisation: Diese Stärke sichtbar und diese Stimme hörbar gemacht zu haben und weiter zu machen, sind Verdienst und Aufgabe der Organisation. Sie ist die *Interessengemeinschaft* der sechs Staaten, die die ASEAN tragen. Sie dient den Mitgliedern bzw. deren Führungen als Forum und Instrument. Sinn und Zweck der ASEAN ist eine Harmonisierung im Interesse eines größtmöglichen Nutzens der Einzelstaaten bzw. deren Regierungen. Nach außen harmonisiert sie die Außen- und Außenwirtschaftspolitiken, um die Stimme und den Nutzen der Einzelstaaten zu vergrößern. Nach innen harmonisiert sie die Staatsführungen und deren Interessen, um den Bestand der Staaten, Systeme und Regierungen zu sichern. Entsprechend sind die wichtigsten Erfolge der Organisation, (1) das internationale Gewicht ihrer Mitglieder erhöht, (2) den Wohlstand und damit nach ASEAN-Interpretation auch die Stabilität der Mitglieder gesichert und gemehrt, und (3) Feindseligkeiten und die einst permanente Kriegsgefahr abgebaut zu haben.

Unterhalb der politischen und einzelstaatlich fixierten Ebene ist die ASEAN als Organisation aber wenig präsent. Politische Entscheidungen und Prozesse spielen sich auf höchster Ebene in den Staatsführungen und Regierungsapparaten ab. Ein eigener normativer und demokratischer Überbau fehlt bisher. Einen eigenen politisch-administrativen Apparat gibt es zwar, doch ist er in seinem Bewußtsein und seinen Aufgaben auf einen technisch hilfreichen Verwaltungsapparat beschränkt. Ein gemeinsamer Innen- und Wirtschaftsraum existiert auch noch nicht. Mehr noch: Auch ein gemeinsames ASEAN-Bewußtsein besteht nur auf oberster Ebene, die breite Masse kann damit wenig anfangen. Und die ökonomische und gesellschaftliche Vernetzung konzentriert sich auch vor allem auf Interaktionen zwischen den Einzelstaaten, ist im ASEAN-Bereich aber bisher ökonomisch noch recht formal und gesellschaftlich noch recht rudimentär. Kurzum: So wie der Raum die Summe der Staaten ist, ist die Organisation die Summe der einzelnen Staatsführungen und Regierungsapparate. Sie dient ihnen als gemeinsames Forum und als Instrument für gemeinsame Projekte zum allseitigen Nutzen.

ASEAN-Staaten: Diese Ausführungen dürften gezeigt haben, daß sich die ASEAN im wesentlichen auf ihre sechs Staaten und Staatsführungen sowie deren jeweilige Interessen konzentriert. Außerdem dürften sie gezeigt haben, daß dies sechs Staaten mit vielen Gemeinsamkeiten sind - aber auch mit vielen Unterschieden und Gegensätzen. Doch was wäre anderes zu erwarten bei sechs Staaten, die nicht historisch zusammengewachsen, sondern durch einen politischen Willensakt ihrer Führungen zusammengruppiert worden sind? Da haben wir erstens Indonesien, den nach seinen Land- und Menschenmassen mit Abstand größten Staat der Region und zugleich den größten muslimischen Staat der Erde. Trotz der Größe und der muslimischen Mehrheitsbevölkerung wird er autoritär und einheitlich von einem Militär- und Beamtenregime geführt. Da haben wir zweitens das kleine Malaysia, das im Zentrum der ASEAN liegt, und das als einziger Staat Grenzen und potentielle Konflikte mit allen Partnern verbinden. Ob seiner schwierigen ethnisch-religiösen Balance zwischen Malaien/Muslimen sowie Chinesen und anderen gilt seine innere Verfassung als labil und sensibel. Da haben wir drittens und viertens das malaiisch-muslimische Sultanat Brunei und den chinesischen Stadtstaat Singapur. Beide sind überaus wohlhabend und ob ihrer geringen Größe zugleich überaus verletzlich. Und da haben wir fünftens und sechstens die beiden nach Fläche und Bevölkerung großen Flankenstaaten Thailand und Philippinen, die aber sonst kaum Gemeinsamkeiten haben. Während Thailand in sich gefestigt, stabil und prosperierend erscheint, sind die Philippinen chronisch instabil und ökonomisch der „kranke Mann" der ASEAN. Eine der wenigen Gemeinsamkeiten sind kleine, aber beachtenswerte malaiisch-muslimische Minderheiten in den jeweiligen Südregionen. Beide Staaten behandeln diese zwar schlecht, doch während sich daraus für das in sich ruhende Thailand kaum eine Gefahr ergibt, sind die Moros für die Philippinen nur einer von vielen innerstaatlichen Destabilisierungsfaktoren. Die Philippinen trüben denn auch stets das positive Gesamtbild.

Islam: Damit wären wir endgültig bei der Frage nach der Rolle des Islam in diesem Raum, in dieser Organisation und in diesen Staaten. Und damit wären wir auch bei der Frage, ob der Islam ein potentiell destabilisierender Faktor für den Raum, für die Organisation und für die beides tragenden Staaten ist oder sein kann. Es sei noch einmal daran erinnert, daß in diesen sechs Staaten die Muslime dreimal in der Mehrheit (Indonesien, Malaysia, Brunei) und dreimal in der Minderheit (Singapur, Thailand, Philippinen) sind. Es sei ebenfalls noch einmal daran erinnert, daß es sich bei diesen Muslimen jeweils fast ausschließlich um Malaien handelt. Deswegen haben wir für sie auch den Begriff „Malaien/Muslime" verwandt und unsere Untersuchungen auf diese konzentriert. Es sei drittens daran erinnert, daß in Südostasien der Islam in erster Linie Adat-Islam ist und daß dieser Adat-Islam aufgrund seiner Entwicklung und im Bewußtsein sehr vieler Malaien/Muslime eine südostasiatische und keine fremde Kulturform ist. Es sei viertens daran erinnert, daß dieser Islam nicht nur eine Kulturform und Religion, sondern in erster Linie eine Weltanschauung mit einer eigenen kompletten Welt-, Staats- und Gesellschaftsordnung ist. Es sei fünftens daran erinnert, daß dieser Adat-Islam eine recht gemäßigte Form des Islam ist. Und es sei sechstens noch daran erinnert, daß die 80er Jahre auch Südostasien und der ASEAN-Region ein Erstarken des Islam und eine Islamisierung gebracht haben. Diese sechs Prämissen müssen noch einmal in Erinnerung gerufen werden, wenn man die Rolle des Islam in der Region und seine Bedeutung für Stabilität und Destabilisierung bewerten möchte.

Damit haben wir noch einmal die Bühne skizziert, auf der sich unsere Überlegungen abspielen. Nun fehlen uns noch die aktuelle Inszenierung und die Akteure dieses Spiels. Beides mag uns eine Zusammenfassung der Erkenntnisse der einzelnen Fallstudien liefern, die sich vor allem aus den Ergebnissen der jeweiligen Kapitel 4. „Analyse: Stabilität und Destabilisierung" und 5. „Außenbeziehungen" zusammensetzt. Ergänzt werden die einzelnen Zusammenfassungen durch eine kurze Evaluierung des Islamisierungsgrades und des Destabilisierungspotentials in den betreffenden Ländern, die uns wiederum wichtige Anhaltspunkte für die nachfolgenden Kapitel III.2. und III.3. geben sollen.

1. Indonesien

Analyse: Indonesien ist das mit Abstand größte Land der Region und verfügt über eine enorme „manpower". Nicht von ungefähr haben wir das Land einen „schlafenden Riesen" genannt. Daraus folgt, daß Veränderungen in diesem Land Folgen auch für die Region haben. Nun ist davon auszugehen, daß sich Indonesien über kurz oder lang verändern wird. Der Staat wird früher oder später jene adat-islamische Grundhaltung übernehmen, welche seiner Gesellschaft schon jetzt innewohnt und welche in dieser Gesellschaft am wachsen ist. Und das wird in einem selbstverständlichen und natürlichen - in südostasiatischer Diktion „evolutionären" - Prozeß ablaufen. Das Ergebnis werden ein Staat und eine Gesellschaft auf der Basis des Adat-Islam sein. Offen bleibt lediglich die Stärke der darin enthaltenen Islam-Komponente. Vor diesem Hintergrund läßt sich die Gefahr einer Destabilisierung als gering ansetzen. Einzige Gefahrenherde sind separatistische, ökonomisch-soziale und islamistische Faktoren. Diese allerdings scheinen gering, solange der Staat den oben beschriebenen evolutionären Prozeß mitvollzieht und den potentiellen Destabilisierungsfaktoren auch weiter mit seiner traditionell „elastischen Politik" begegnet. Eine ernsthafte Gefahr stellt damit lediglich das Zusammenwirken mehrerer Faktoren oder ein massiver externer Einfluß dar. Einen leichten Unsicherheitsfaktor stellt allerdings die Jugend dar.

Außenbeziehungen: Für Jakarta genießen die Einbindung in das internationale System (besonders in die Weltwirtschaft) und die Politik in der ASEAN Priorität. Dem untergeordnet ist die Rolle des Islam. Dies könnte sich aber vor dem Hintergrund der oben beschriebenen Entwicklung etwas ändern, wie sich bereits während des Golfkrieges erahnen ließ. Bemerkenswert ist noch, daß Indonesien stets nach einer Führungsrolle strebt, auch in der ASEAN, daß aber seit Beendigung der Konfontasi-Aera die Beziehungen zu den Nachbarn gut sind.

Islamisierung/Destabilisierung: Für den Staat ist der Islamisierungsgrad gering. Für die Gesellschaft und für die diese Gesellschaft tragende adat-muslimische Gemeinschaft ist jedoch ein hoher Adat-Islamisierungsgrad anzusetzen. Ein Adat-Islamisierungsgrad, der wohl früher oder später auch auf den Staat übertragen wird. Anzumerken ist, daß ein hoher Adat-Islamisierungsgrad nicht gleich ein hoher Islamisierungsgrad ist, sondern lediglich Ausgangsbasis für eine Islamisierung sein kann. Das Destabilisierungspotential ist gering und besteht nur aus drei recht ungewissen Szenarien, von denen jene separatistischer Bewegungen und ökonomisch-sozialer Unzufriedenheit unter der Jugend wohl die wichtigeren sind.

2. Malaysia

Analyse: Malaysia ist der Staat der ASEAN, der wohl am ehesten Gefahr läuft, durch den Islam intern destabilisiert zu werden. Staat, Wirtschaft und Gesellschaft sind im hohen Grade nach ethnisch-religiösen Strukturen aufgebaut. Der Staat selbst wird von Malaien/Muslimen dominiert, während Chinesen und anderen Großteils andere und zumeist untergeordnete Segmente zugewiesen sind. De facto gleicht dies einem im islamischen Verständnis „islamischen Staat", der nur nicht so genannt wird. Die Gefahr in Malaysia liegt nun darin, daß Staat und (malaiische) Gesellschaft im vergangenen Jahrzehnt zunehmend islamisiert wurden. Dabei wurde der Islam immer mehr zum dominierenden Bestimmungselement der Malaien und zugleich zu einem politischen Instrument. Damit aber wurde dieser *gelebte* islamische Staat immer näher an die formale Errichtung eines islamischen Staates gerückt. Dazu kommt, daß diese Entwicklung nicht nur von offizieller Seite, sondern auch noch von der malaiisch-islamistischen Opposition vorangetrieben wurde und sich beide Seiten regelrecht einen Wettlauf liefern. Das Ergebnis ist ein an zwei sensiblen Stellen angespanntes Land. Angespannt ist das Verhältnis zwischen Malaien/Muslimen und anderen wie auch das der Malaien untereinander. Da dies für Malaysia aber prinzipiell nichts Neues ist, sondern vielmehr den traditionellen Strukturen entspricht, ist es bisher noch nicht zu einer markanten Destabilisierung gekommen. Allerdings ist das Land damit in einem permanenten Schwebezustand zwischen Stabilität und Instabilität - einer Art *instabiler Stabilität* mit zwei Sollbruchstellen, einer innermalaysischen und einer innermalaiischen. Doch es hat sich gezeigt, daß dieser Zustand noch lange Bestand haben kann.

Außenbeziehungen: Zwei Elemente tragen Malaysias Außenbeziehungen: Es ist der zentrale Staat der ASEAN und der malaiisch-muslimischen Welt. Malaysia verbinden mit allen ASEAN-Staaten Grenzen - und Spannungsfelder. Zugleich haben die Malaien/Muslime reiche emotionale und persönliche Bindungen in die Nachbarstaaten und -gesellschaften. Und dies bestimmt auch die Außenpolitik des Landes, die stets diese sensiblen Beziehungen zu berücksichtigen hat. Die Außenpolitik wird seit den 80er Jahren von zwei Prioritäten geprägt: der Zugehörigkeit zur ASEAN und der Verbundenheit mit der islamisch-muslimischen Welt. Dabei gewinnt der Islam zunehmend an Bedeutung, ausgenommen innerhalb der ASEAN.

Islamisierung/Destabilisierung: Gemäß diesen Ausführungen gilt für Malaysia ein außergewöhnlich hoher Islamisierungsgrad. Und zwar für Staat, Gesellschaft und Muslime. Das Destabilisierungspotential ist ebenfalls hoch.

3. Brunei

Analyse: Bruneis kleine „Malay Muslim Monarchy" steht auf festen Füßen. Vor allem, weil die traditionelle Ordnung weithin akzeptiert ist und das Land selbst wirtschaftlich überaus wohlhabend und prosperierend ist. Obwohl es ein islamischer Staat mit einer streng nach ethnisch-religiösen Gesichtspunkten strukturierten Ordnung ist, lassen sich kaum interne Gefahren ausmachen. Selbst von der nicht-muslimischen Bevölkerung (ein Drittel) wird diese Ordnung akzeptiert. Bruneis eigentliche Bedrohung liegt vielmehr in der geringen Größe. Eine Destabilisierung der Region könnte jederzeit seinen physischen Bestand in Frage stellen.

Außenbeziehungen: Ob seiner Lage und der geringen Größe konzentrieren sich Bruneis Außenbeziehungen auf die ASEAN-Region. Dabei orientiert es sich am Motto „ASEAN first" und an seinen islamischen Interessen und unterhält gute Beziehungen zu allen Partnerstaaten. Über die Region hinaus bestehen enge Bindungen zur islamisch-muslimischen Welt und zu führenden Industrienationen.

Islamisierung/Destabilisierung: Obwohl Brunei ein islamisches Sultanat ist, läßt sich nur eine ausgeprägte Adat-Islamisierung festhalten. Sie aber gilt wiederum für Staat, Gesellschaft und Malaien/Muslime.

Bruneis aktuelles Destabilisierungspotential geht vor dem Hintergrund obiger Ausführungen gegen Null.

4. Singapur

Analyse: Das kleine Singapur ist eine chinesische Insel im malaiisch-muslimischen Meer. Deswegen liegt seine größte Bedrohung auch in seinem Umfeld. Zwar hat Singapur seine Beziehungen zu den Nachbarn in den vergangenen Jahrzehnten stetig verbessert, doch eine potentielle Bedrohung bleibt. Singapurs größte Sorgen sind, daß eine Destabilisierung der Gesamtregion auch seinen physischen Bestand gefährden könnte und/oder daß einer der beiden großen Nachbarn versuchen könnte, Einfluß auf Singapurs Malaien/Muslime zu nehmen. In seinem Inneren nämlich ist Singapur an einem Punkt angelangt, an dem die malaiisch-muslimische Minderheit keine substantielle Bedrohung mehr darstellt, sondern langsam aber sicher ihren Platz in diesem wohlhabenden und prosperierenden Staat sucht. Immer mehr scheint unter ihnen das Bewußtsein zu wachsen, „Singapurianer, Malaie und Muslim" zu sein - und nicht mehr nur „Malaie/Muslim". Allerdings ist dies ein sehr langwieriger und noch keineswegs unumkehrbarer Prozeß. Was bleibt, sind eine weiterhin untergeordnete Minderheit und die Ungewißheit um die äußere Entwicklung. Was vorhanden ist, sind Wohlstand und Erfolg als „Bindemittel".

Außenbeziehungen: Vor diesem Hintergrund bewegt sich auch Singapurs Außenpolitik. In der Region setzt es auf eine doppelte Sicherheitspolitik aus politisch-militärischer Sicherung und ökonomischen Querverbindungen, um die gegenseitigen Bindungen und Abhängigkeiten zu stärken. Verteidigungsminister Lee: „A wise nation will make sure that its survival and well-being are in the interests of other states". Singapur ist auf Stabilität und gute Nachbarschaft angewiesen.

Islamisierung/Destabilisierung: Auch für Singapurs Malaien/ Muslime gilt ein Adat-Islamisierungsgrad. Schwierig ist die Bestimmung des Destabilisierungspotentials: theoretisch hoch, aber praktisch derzeit eher niedrig.

5. Thailand

Analyse: Thailand ist ein relativ stabiles Land, in sich ruhend in seinem thai-buddhistischen Zentralstaat und gestützt durch eine prosperierende Wirtschaft. Für diesen Staat stellt auch die geographisch, politisch und wirtschaftlich-sozial am Rande liegende malaiisch-muslimische Patani-

Region keine ernsthafte Bedrohung dar. Mehr noch: Selbst um diese Patani-Region zu destabilisieren, scheinen die dortigen Malaien/Muslime zu schwach. Die Gründe sind vielfältig: ein weit verbreiteter Adat-Islam, anhaltende Apathie vieler Malaien, das Fehlen eines starken Widerstands und internationaler Unterstützung. Dies könnte sich erst in dem Augenblick ändern, in dem Kuala Lumpur seine demonstrative Zurückhaltung in der Patani-Frage aufgebe und Druck auf Bangkok ausüben und/oder die Malaien/Muslime massiv unterstützen würde. Dann könnten auch die vielfachen emotionalen und persönlichen Verbindungen zwischen Malaya und der Patani-Region zum Tragen kommen. Doch derzeit ist dies nicht zu erwarten. Es sei hinzugefügt, daß der Thai-Staat wohl in der Lage wäre, auch auf Druck zu reagieren.

Außenbeziehungen: Die Außenbeziehungen Thailands bewegen sich traditionell zwischen zwei Polen: zwischen ASEAN und Indochina. Lange Zeit war es der „Frontstaat" der ASEAN. Heute scheint es mehr die „Brücke" zwischen ASEAN und Indochina zu sein. Wohin es sich letztlich orientiert, muß sich noch zeigen. Innerhalb der ASEAN hält es gute Kontakte zu allen Partnern, besonders zu Malaysia.

Islamisierung/Destabilisierung: Die Malaien/Muslime der Patani-Region sind vom Adat-Islam geprägt und stellen ein geringes Destabilisierungspotential dar.

6. Philippinen

Analyse: Die Philippinen sind politisch chronisch instabil und wirtschaftlich schwach. Vor diesem Hintergrund sind sowohl die Mindanao- wie auch die dort noch einmal untergeordnete Moro-Frage nur einzelne Faktoren innerhalb eines größeren Destabilisierungspotentials. Es scheint nicht so, als ob Manila kurzfristig in der Lage wäre, dieses Potential abzubauen. Ebensowenig scheint es in der Lage, auch nur die Moro-Frage zu lösen. Verschiedene Versuche mit Autonomieregelungen und formellen Zugeständnissen waren bisher erfolglos. Der Grund ist, daß sie am Problem vorbeigehen. Zwar ist die Moro-Frage auch ein politisches und wirtschaftlich-soziales Problem, da die Moros in beiden Feldern benachteiligt sind. Doch zuerst einmal ist sie in dem tiefen kulturellen Graben zwischen christlichen Filipinos und muslimischen Moros begründet, der auf einen jahrhundertealten und blutigen Kulturkampf zurückgeht. Heute sind die Filipinos Herr über das Land, das einst den Moros gehörte und das diese noch nicht ganz aufgegeben haben. Und in welche Richtung sich auch immer etwas bewegt, regt sich der Widerstand der anderen Seite. Zu einem Miteinander hat man bisher nicht gefunden.

Außenbeziehungen: Die Philippinen wirken mit ihrer christlich-westlichen Kultur in Asien wie in der ASEAN immer wie ein Fremdkörper. Dies zu überwinden, ist für sie der erste ASEAN-Zweck. Weiter haben sie davon profitiert, daß Indonesien und Malaysia ihre malaiisch-muslimischen Interessen dem ASEAN-Primat unterordnen. Insgesamt lassen sich Manilas Beziehungen zu den Partnern in zwei Kategorien einteilen: die emotional angespannten zu Malaysia (Sabah- und Moro-Frage), Indonesien und Brunei und die emotionslosen zu Thailand und Singapur.

Islamisierung/Destabilisierung: Die Moros haben einen hohen Islamisierungsgrad. Durchaus vorhandene Adat-Einflüsse sind durch den langen Kulturkampf und durch die hohe Außenorientierung zunehmend in den Hintergrund getreten. Ebenfalls hoch ist das Destabilisierungspotential, was aber nicht nur an den Moros liegt.

Auf den vorangegangenen neun Seiten sind noch einmal die wichtigsten Aspekte aus dem bisherigen Verlauf dieser Arbeit zusammengefaßt worden. Das war für die „Fallstudie ASEAN" etwa die Arbeit, die in den bisherigen Fallstudien immer in den Kapiteln 1 bis 3 erbracht wurde. Nun geht es daran, auch für diese Fallstudie eine Analyse von „Stabilität und Destabilisierung" vorzunehmen. Und dies geschieht in zwei Teilen. Erst für den ASEAN-Raum und dann für die ASEAN-Organisation.

III.2. Der ASEAN-Raum und der Islam

In diesem Kapitel beschäftigen wir uns also zuerst mit der ASEAN-Region als dem Raum und seinen Staaten. Die Hintergründe und Fakten sind bereits im vorangegangenen Kapitel vorgegeben worden. Im folgenden wollen wir sie auf das Thema „Islam" hin ordnen und diskutieren. Dies wird in drei Schritten geschehen. Zuerst werden die regionalen Rahmenbedingungen und Gemeinsamkeiten herausgearbeitet und dabei konfliktfördernde und konflikthemmende Faktoren vor dem Hintergrund des Islam aufgezeigt. Dann werden noch einmal die einzelnen Staaten betrachtet. Dazu werden diese in zwei Gruppen eingeteilt. Es werden zuerst jene Staaten behandelt, die in geringerem Maße von einer Destabilisierung bedroht sind, und dann jene, bei denen die Gefahr einer Destabilisierung größer ist. Danach werden die Ergebnisse für ein abschließendes Urteil zusammengeführt.

III.2.1. Regionale Rahmenbedingungen

Zuerst wenden wir uns den regionalen Rahmenbedingungen zu und ordnen diese kurz nach konfliktfördernden und konflikthemmenden Faktoren.

Als konfliktfördernd sind dabei drei Faktoren zu beschreiben.

1. Zwischen allen Staaten dieses Raumes gibt es mehr oder minder latente Spannungsfelder und Konflikte, die von territorialen, politischen und kulturellen Differenzen ausgehen. Territoriale Differenzen sind etwa die Auseinandersetzungen zwischen Malaysia und den Philippinen um Sabah und die Spratly-Inseln oder der historische Streit zwischen Malaysia und Indonesien um Nord-Borneo. Politische und kulturelle Differenzen sind in erster Linie Gegensätze zwischen den Großräumen wie dem malaiisch-musli-mischen und dem filipino-christlichen und den in ihnen lebenden Menschen, die eigentlich unterschiedlichen Welten angehören. Daraus resultieren Spannungen wie jene zwischen Malaysia und den Philippinen um die Sulusee-Region. Festzuhalten ist, daß in vielen Konflikten der malaiisch-muslimische Kernraum bzw. die Malaien/Muslime involviert sind.

2. In all diesen Staaten sind zudem ausgeprägte ethnisch-religiöse Spannungs- und Konfliktpotentiale vorhanden, die überall auf die politische, wirtschaftliche und gesellschaftliche Strukturierung dieser Länder entlang eben jener ethnischen und religiösen Linien zurückgehen. Und fast überall stehen sich dabei zwei Lager gegenüber, von denen das eine oft aus Malaien/Muslimen gebildet wird. In der Regel ist dies der Gegensatz zwischen

Malaien/Muslimen und Chinesen. In den Philippinen und in Thailand stehen den Malaien/Muslimen die Filipinos und die Thais gegenüber.

3. Auch darüber hinaus gibt es in den einzelnen Staaten weitere mehr oder minder latente Spannungsfelder und Konflikte, in die in hohem Maße die Malaien/Muslime involviert sind und die nicht selten auch eng mit den unter Punkt 2 genannten Feldern verbunden sind. Das reicht von politischen bis zu ökonomisch-sozialen Konflikten. In die erste Kategorie fallen zum Beispiel Auseinandersetzungen um die islamische Identität von Staat und Gesellschaft, wie sie unter anderem von Islamisten in Indonesien betrieben werden. In die zweite Kategorie fällt zum Beispiel die vielfache ökonomisch-soziale „underdog"-Rolle der Malaien/Muslime, wie sie unter anderem in Singapur recht ausgeprägt ist.

Damit sind eine ganze Reihe potentieller Destabilisierungsfaktoren sowohl für den Raum als auch für die einzelnen Staaten genannt: das Aufeinandertreffen unterschiedlicher Weltanschauungen und Kulturen, territoriale und politische Konflikte zwischen Staaten, ethnisch-religiöse Gegensätze, politische Unzufriedenheiten und Mißstände sowie ökonomisch-soziale Probleme und Benachteiligungen. All das sind Spannungsfelder und Konfliktpunkte, die essentiell auch den malaiisch-muslimischen Kernraum und die Malaien/Muslime betreffen. Und all das sind Spannungsfelder und Konfliktpunkte, die bei entsprechender Sensibilisierung und/oder bei einem entsprechenden Zusammenwirken jederzeit in einen gefährlichen und destabilisierenden Konflikt münden könnten. Auswirken könnten sich diese Konflikte in drei Formen. Erstens als innenpolitische Konflikte in Form (1) inner-malaiischer bzw. -muslimischer Auseinandersetzungen oder (2) intra-kultureller, das heißt ethnisch-religiöser Konflikte. In die eine oder die andere Kategorie fallen Konflikte in allen Ländern des Raumes. Zweitens als lokale Konflikte bis hin zu separatistischen Regungen. In diese Kategorie fallen Konflikte in den Philippinen (Sulusee-Region), in Thailand (Patani-Region) und sicher auch in Indonesien (Aceh). Und drittens als regionale Konflikte, die sich nicht nur aus territorialen und politischen Differenzen, sondern auch aus einer Art „spill over" aus den bereits genannten Konflikten ergeben könnten.

Dieser Fülle von Spannungs- und Konfliktfeldern stehen im ASEAN-Raum fünf markante konfliktthemende Faktoren gegenüber.

1. Der wichtigste Faktor ist das, was in Abschnitt I eine „südostasiatische Kultur" genannt und mit den Annäherungswerten „Mischkulturraum, Vermischungen, Adaptionen, evolutionäre Prozesse, Tradition, Harmonie und Konsens" umschrieben wurde. Besondere Bedeutung kommt dabei sicher dem in diesem Raum und unter seinen Bewohnern weitverbreiteten Grundbedürfnis nach „Tradition, Harmonie und Konsens" zu.

2. Eng mit dieser südostasiatischen Weltsicht verbunden ist die hohe Akzeptanz, welche die Staaten und insbesondere ihre Staatsführungen in ihren jeweiligen Gesellschaften besitzen. Dies ist nicht zu verwechseln mit dem mangelnden Nationalbewußtsein in diesen Staaten, beruht die weitgehende Akzeptanz doch entweder auf dem hohen Maß an traditionellen Elementen in den einzelnen Staaten und Gesellschaften und/oder auf der Stärke der einzelnen Staatsführungen und/oder auf ihrer Fähigkeit, Stabilität und Wohlstand zu garantieren und zu mehren. Meist sind es mehrere dieser Faktoren, die zusammenwirken und deren Vorhandensein einen bedeutenden Wert für die Menschen in diesem Raum hat.

3. In dieses Feld gehört auch der südostasiatische Adat-Islam, der die Grundlage aller muslimischen Staaten und Gesellschaften in diesem Raum ist. Er ist eine explizit südostasiatische Kultur und zeichnet sich zudem durch seine Mäßigung aus. Er wird in der Region als Staats- und Gesellschaftsgrundlage akzeptiert. Dabei scheint es, daß die Malaien/Muslime, die ihm anhängen, durchaus auch einmal „Tradition, Harmonie und Konsens" dem reinen Islam überordnen. Dies mindert Konflikte sowohl dort, wo sie die Mehrheit sind, wie auch dort, wo sie die Minderheit sind.

Zu diesen übergeordneten kommen noch zwei untergeordnete Faktoren.

4. Da ist zum einen die Tatsache, daß der ASEAN-Raum ein außergewöhnlicher Wohlstands- und Wachstumsraum ist. Das verringert die wirtschaftlich-sozialen Probleme in starkem Maße und nimmt auch aus vielen intrakulturellen Konflikten einige Schärfe, schlicht durch die Größe des zu verteilenden „Wohlstandskuchens".

5. Und da ist zum anderen die Tatsache, daß potentielle Unruheherde in den einzelnen Ländern zumindest keine massive externe Unterstützung erhalten. Zwar sind überall gesellschaftliche und persönliche Verbindungen zu konstatieren. Doch fast überall ist auch der Einfluß radikaler Kräfte gering oder gering gehalten. Eine wesentliche Rolle spielt dabei die moderate Haltung der Regierungen in Kuala Lumpur, Jakarta und Bandar Seri Begawan sowie deren gute Kontakte in die Zentren der islamischen Welt.

An dieser Stelle nämlich wirkt so etwas wie die letzte Sicherung gegen ein Eskalieren und ein Übergreifen von Konflikten. Es ist dies der in allen Hauptstädten des Raumes übergeordnete ASEAN-Primat, der insbesondere auch von den malaiisch-muslimischen Staaten Indonesien, Malaysia und Brunei durchaus vorhandenen islamischen Interessen in diesem Raum vorangestellt wird. Daß dies keineswegs ein natürliches Interesse ist, haben schon 1974 Chee Meow Seah[1] und 1982 P. Gowing festgestellt. Mit Blick auf das Moro-Problem schrieb Gowing:

> „The worried attention which ASEAN pays to the Mindanao problem arises from the fact that ASEAN governments and ASEAN peoples to some extent have divergent interests. At the level of the diverse peoples who make up the population of the five ASEAN countries [1982 gehörte Brunei noch nicht zur ASEAN, d. Verf.] we find primordial sentiments of race, ethnicity and religion which in varying degrees have inhibited national intergration [sic] in each of the countries of the Association"[2].

Trotz vielfacher Belastungen dieses ASEAN-Primates und zeitweiliger Bestrebungen zu seiner Aufweichung hat dieser Primat aber bisher alle Herausforderungen überlebt.

III.2.2. Die Staaten und der Islam

Vor dem Hintergrund dieser Beschreibungen gehen wir nun eine Ebene tiefer zu den Einzelstaaten. Für diesen Ansatz gibt es zwei Gründe. Zum einen ist der ASEAN-Raum die Summe seiner Einzelstaaten. Zum anderen gibt es aber auch keine, den gesamten Raum übergreifende, islamische Kraft oder Organisation. Mithin kann eine Destabilisierung nur an den Einzelstaaten ansetzen. Für unsere Zwecke sind diese Staaten nun anhand der eben dargestellten „konfliktfördernden" und „konflikthemmenden Faktoren" und anhand der in Kap. III.1. „Südostasien, die ASEAN-Region ..." erlangten Erkenntnisse über die Islamisierungsgrade und über die Destabilisierungspotentiale in zwei Gruppen einzuteilen.

1.: Die erste Gruppe besteht **aus Indonesien, Brunei, Singapur und Thailand**. In all diesen Ländern waren in Staat, Gesellschaft und/oder muslimischer Gemeinde ein ausgeprägter Adat-Islam zu konstatieren und lediglich leichte Zunahmen in der Islam-Akzentuierung innerhalb dieses Adat-Islam festzustellen. Zugleich war für alle vier ein geringes Destabilisierungspotential auszumachen. Schon zuvor hatten wir für all diese Länder einen mehr oder minder geringen Mobilisierungsgrad der muslimischen Gemeinschaften und die Notwendigkeit zusätzlicher externer oder anderer Impulse bzw. Faktoren für eine Destabilisierung erarbeitet.

2.: Einem markanten Kontrast dazu bilden **Malaysia und die Philippinen**. Beide weisen einen recht hohen Islamisierungsgrad und ein recht hohes

---
[1] Vgl.: Seah (1974), S.140ff.
[2] Gowing (1982), S.18.

Destabilisierungspotential auf. Für Malaysia beziehen sich beide Werte auf den Staat, auf die Gesellschaft und auf die Malaien/Muslime. Zu dem hohen internen Destabilisierungspotential kommt noch ein nach außen wirkendes „externes Potential" durch die zentrale Lage und die reichhaltigen Verbindungen in die umliegenden Länder. Für die Philippinen bezieht sich das Destabilisierungspotential in erster Linie auf ein Potential, das sowohl auf einem instabilen Gesamtstaat als auch auf einem unterprivilegierten, unzufriedenen und durchaus widerstandsbereiten malaiisch-muslimischen Bevölkerungsteil beruht. Der hohe Islamisierungsgrad bezieht sich hier auf ein hohes und sensibilisiertes islamisches Bewußtsein dieser Moros.

Analog zu dieser Einteilung läßt sich nun aber auch feststellen, daß es die Staaten der ersten Gruppe sind, in denen die konfliktthemmenden über die konfliktfördernden Faktoren dominieren, während es die Staaten der zweiten Gruppe sind, in denen genau umgekehrt die konfliktfördernden Faktoren dominieren. Dies und die sich daraus ergebenden Folgerungen für die Stabilität und Destabilisierung des Raumes vor dem Hintergrund des islamischen Erstarkens soll im folgenden etwas näher ausgeführt werden.

1. Adat-Islam und Stabilität

Betrachten wir zuerst die erste Gruppe. Tatsächlich spielen in diesen Staaten die konfliktthemmenden Faktoren eine recht große Rolle, während den konfliktfördernden Faktoren dort eine untergeordnete Rolle zukommt. Betrachten wir die Staaten kurz der Reihe nach.

Indonesien: Tatsächlich gilt Java, das geographische und politische Zentrum Indonesiens, zugleich als Zentrum jener oben beschriebenen südostasiatischen Weltsicht mit all ihren beharrenden und mäßigenden Einflüssen. Es wirkt wie die Inkarnation von „Tradition, Harmonie und Konsens". Dies findet seinen Ausdruck auch darin, daß Java zugleich Zentrum des Adat-Islam ist. Beides erklärt denn auch, warum trotz islamischer Defizite eine hohe Akzeptanz des Staates in der Gesellschaft besteht, die auf den von der Staatsideologie „Pancasila" und der Politik Suhartos gewahrten traditionellen Strukturen und auf einem starken Staat beruht. Und diese Akzeptanz wird m.E. auch erhalten bleiben, solange der Staat alle Bewegungen dieser Gesellschaft - in diesem Fall hin zum Adat-Islam - nachvollzieht. Darüber hinaus besteht auch eine akzeptable Wohlstands- und Wachstumslage (wenn auch ob der Größe Indonesiens nicht so ausgeprägt wie in einigen umliegenden Staaten, aber besser als in manch anderen Teilen der muslimischen und der dritten Welt) und ein geringer Einfluß extremer islamischer Kräfte (zwar gibt es einen reichen gesellschaftlichen Kontakt zur islamischen

Welt, doch werden Einflüsse, die den traditionellen „indonesischen Islam" in Frage stellen, von dessen traditionalistischem Bannerträger NU eher abgewehrt). Darüber hinaus wird der ASEAN-Primat auch in Zeiten der Gefährdung und in unruhigem Fahrwasser (Golfkrise und Golfkrieg) hochgehalten und in der Bevölkerung bisher nur in Extremsituationen in Frage gestellt (dto.).

Diesen ganzen hemmenden Faktoren stehen lediglich separatistische Bestrebungen und islamistische Forderungen gegenüber, denen es jedoch an ausreichendem internen Potential fehlt und die auf einen externen Push angewiesen scheinen. Dann könnten sie vielleicht zusammenwirken mit dem bisher geringen wirtschaftlich-sozialen Problempotential und dem ebenfalls nur sekundären ethnisch-religiösen Spannungspotential zwischen den Wirtschaftschinesen und schlechtergestellten Malaien/Muslimen. Doch all diese Gefahren lassen sich auch jederzeit durch eine „elastische Politik" eindämmen oder abfangen. Gefährlich würde es für diesen Staat erst in dem Augenblick, in dem die vielen konflikthemmenden Faktoren und die Abfangmechanismen versagen. Dies mag unwahrscheinlich sein. Doch es muß an dieser Stelle darauf hingewiesen werden, was dann passieren würde: Ein „schlafender Riese" mit enormer „manpower" würde in Bewegung kommen, und das müßte Folgen für die Region haben.

Brunei: Was wir für Indonesien exemplarisch ausgeführt haben, gilt auch für Brunei. Staat und Gesellschaft werden getragen von einer südostasiatischen Weltsicht, sind weithin akzeptiert (auch von den Nicht-Malaien/Muslimen) und beruhen auf dem Adat-Islam. Brunei ist ein Musterbeispiel für Wohlstand und die externen Einflüsse gehen gegen Null. Ob seiner geringen Größe kann es zudem kaum anders, als dem ASEAN-Primat zu folgen. Aus dem gleichen Grunde aber sind speziell in Brunei die anderen drei konfliktfördernden Faktoren eher in untergeordneter Position. Allerdings gibt es zwei Potentiale, von denen Brunei zumindest auf das erste keinen Einfluß hat. Dieses erste Potential sind die mehr oder minder theoretischen territorialen Ansprüche Malaysias, Indonesiens und der Philippinen, die derzeit keine Rolle spielen, aber in Konfliktfällen natürlich akzentuiert werden und zur Überlebensfrage für das kleine und verletzliche Sultanat werden könnten. Das zweite Potential liegt in ethnisch-religiösen Spannungen zwischen Malaien/Muslimen und den Chinesen. Da jedoch beide (!) Seiten das für sie nicht unvorteilhafte System akzeptieren, ist ein Aktivieren dieses Potentials recht unwahrscheinlich.

Singapur: Ähnlich sieht die Situation in Singapur aus. Auch hier basieren Staat und Gesellschaft auf durchaus akzeptierten Strukturen und auf einer zumindest asiatischen Weltsicht. Ein auch für diesen Raum hoher Wohlstand und die gezielte Eindämmung aller externen islamistischen Einflüsse stützen diesen Staat. Als kleiner und verletzlicher Staat setzt Singapur ebenso auf den ASEAN-Primat wie Brunei. Darüber hinaus wächst auch die Akzeptanz von Staat und Gesellschaft bei den adat-islamischen „Malaien/Muslimen", was in der entsprechenden Fallstudie durch die neue Bezeichnung „Singapurianer, Malaie und Muslim" zum Ausdruck kam. Allerdings ist Singapur der Staat, der wohl am stärksten von Umwälzungen und einer Destabilisierung der Region betroffen wäre, da völlig ungewiß ist, ob aus diesen „Singapurianern, Malaien und Muslimen" dann nicht wieder „Malaien/Muslime" werden könnten. Und in dem Moment würden für Singapur wieder alle drei konfliktfördernden Elemente gelten: Spannungsfelder mit den Nachbarn und in seinem Inneren in ethnisch-religiösen und daraus abgeleiteten ökonomisch-sozialen Feldern. Dann wäre es erst recht wieder eine „chinesische Insel im malaiisch-muslimischen Meer". Kurzum: Das Bedrohungspotential Singapurs liegt vor allem außerhalb seiner Mauern.

Thailand: Letztlich gilt all dies auch für Thailand: südostasiatische Weltsicht, akzeptiertes System, Wohlstand und hier ein sogar überaus geringer Einfluß aus den Zentren der islamischen Welt. Der ASEAN-Primat (Malaysias!) garantiert sogar einen reduzierten Einfluß aus dem überaus nahegelegenen Malaysia bzw. Malaya. Hinzu kommt, daß trotz vielerlei Benachteiligungen und Mißständen auch unter den Malaien/Muslimen der Patani-Region eine gewisse System-Akzeptanz (eines starken Staates) vorhanden ist, was auch auf deren ausgeprägten Adat-Islam und die gebremste Unterstützung aus Malaysia zurückzuführen ist. Allerdings spielt auch hier wiederum der externe Faktor die zentrale Rolle. Würde von Malaysia bzw. von Malaya und vielleicht auch von dem ebenfalls nicht sehr weit entfernten Indonesien (Aceh!) mehr Unterstützung kommen und mehr Einflußnahme ausgehen, könnte dies die oben formulierten Prämissen verändern. Dann wären sowohl der ASEAN-Primat auf eine harte Probe gestellt als auch die Bereitschaft Bangkoks herausgefordert, die gemeinsamen Wurzeln zu erkennen und das Problem intern zu lösen.

Für eine knappe Zusammenfassung dieses Teilkapitels wollen wir den ASEAN-Raum kurz auf diese vier Staaten reduzieren. Dann nämlich läßt sich resümieren, daß eine islamisch bedingte Destabilisierung dieser Länder zum gegenwärtigen Zeitpunkt oder für die absehbare Zukunft eher unwahrscheinlich ist. Dies liegt zum einen an der eindeutigen Dominanz der konfliktthemmenden Faktoren und zum anderen daran, daß in diesen Ländern bzw. in ihren muslimischen Gemeinschaften der Islam weitgehend Adat-Islam und die Islamisierung weitgehend Adat-Islamisierung sind, und daß die Destabilisierungspotentiale überall gering sind. Erst das Zusammenwirken einer ganzen Reihe von Faktoren und vor allem ein massiver externer Impuls könnte in diesen Ländern die Prämissen ändern und eine Destabilisierung in die Wege leiten. Und dies würde dann wohl vor allem in Indonesien Folgen für den ASEAN-Raum haben. Allerdings ist dieser Impuls aus dem hier gewählten Vierer-Rahmen heraus nicht zu erwarten.

Die Folge ist, daß *in der Region* (Südostasien oder ASEAN-Region) ein destabilisierter bzw. ein destabilisierender Staat oder aber ein externer islamischer bzw. islamistischer Impuls hinzukommen müßte. Die Betonung liegt aber auch bei dem externen Impuls auf „in der Region", da nur eine dem südostasiatischen Adat-Islam nahestehende und malaiisch-muslimisch motivierte Kraft einen ausreichenden derartigen Impuls geben könnte. Fernere Impulsgeber allein würden in der Region absorbiert, wie wir schon früher festgestellt hatten und wie sich am Mißerfolg Irans und Libyens nachvollziehen läßt (s. Kap. II. Fallstudien).

2. Islam und Destabilisierung

Wenden wir uns nun der zweiten Gruppe von Staaten zu, bei denen eine Dominanz der konfliktfördernden Faktoren, hohe Islamisierungsgrade und Destabilisierungspotentiale festzustellen waren. Es sind dies die beiden Staaten Malaysia und Philippinen.

Tatsächlich tun sich diese beiden Staaten bei den drei zentralen konfliktfördernden Faktoren besonders hervor. Bei den staatlichen Spannungsfeldern und Konflikten in diesem Raum ist Malaysia in hohem Maße involviert - und zwar mit praktisch allen Nachbarn. Ähnliches gilt für die Philippinen - mit allen zur Verfügung stehenden Nachbarn. Letzteres hängt auch mit dem Antagonismus der filipino-christlichen und malaiisch-muslimischen Großräume zusammen. In beiden Staaten gibt es des weiteren besonders markante ethnisch-religiöse Konflikte aufgrund von entlang diesen Grenzen aufgebauten Strukturen in Staat, Wirtschaft und Gesellschaft, die vor allem in den Philippinen noch eine besondere Schärfe haben. Hinzu kommen politische und ökonomisch-soziale Spannungsfelder entlang dieser Grenzen.

Nun beruht aber **Malaysia** ebenfalls auf einer südostasiatischen Weltsicht und einem akzeptierten Staat (traditionelle Strukturen) und profitiert von einer prosperierenden Wirtschaft und geringen externen Einflüssen. Würde auch dies fehlen, wäre der Staat wohl kaum überlebensfähig. So aber ist er geradezu ein südostasiatischer Mikrokosmos, in dem die vielen Konflikte durch einige regionale Elemente auseinandergehalten werden und sich Stabilität und Instabilität die Waage halten. Deswegen billigen wir ihm eine latent instabile Stabilität zu und konstatieren, daß ein wichtiger Stabilisierungsfaktor - der Adat-Islam - nur eingeschränkt wirkt. Mithin ist Malaysia ständig am Rande seiner Stabilität. Doch scheint man sich dessen bewußt und vermeidet so immer wieder den Sprung über diesen Rand.

Für die **Philippinen** erübrigt sich fast die Dokumentation des Mangels hemmender Faktoren. Diesem Land liegt nun einmal keine südostasiatische, sondern eine außerasiatische Weltsicht zugrunde. ökonomisch-sozial ist es krank und die hohe Außenorientierung der Moros bedingt auch noch ein externes Unterstützungspotential. Auf der Habenseite verfügt es wenigstens über ein Mindestmaß an Akzeptanz und profitiert sehr davon, daß zwei andere Staaten - Malaysia und Indonesien - den ASEAN-Primat hochhalten. Somit scheint auch dieses Land ständig am Rande seiner Stabilität. Doch scheint dies schon so sehr der Normalzustand zu sein, daß man kaum etwas dagegen unternimmt. Hinzuzufügen ist, daß in diesem instabilen Land die Moro-Frage nur einer von vielen Destabilisierungsfaktoren ist. Und auch dies scheint „normal" und damit kein drängendes Problem zu sein.

Hinzu kommt für beide Staaten, daß in den malaiisch-muslimischen Gemeinschaften der Islamisierungsgrad hoch und auch wirklich als *Islam*isierungsgrad zu betrachten ist, und daß das Destabilisierungspotential ebenfalls hoch ist.

Vor diesem Hintergrund gibt es also zwei Staaten in diesem Raum, die keineswegs in gleichem Maße grundsätzlich stabil sind wie ihre vier Partner, sondern lediglich eine oberflächliche Stabilität aufweisen. Nun ist damit keineswegs ausgesagt, daß diese beiden Staaten alsbald in Instabilität und Chaos versinken werden. Es ist lediglich ausgesagt, daß sie diejenigen sind, bei denen die Gefahr einer Destabilisierung am größten ist. Damit wären sie diejenigen Kandidaten, die für die oben angesprochene Rolle eines „destabilisierten Staates" in Frage kämen. Bedenkt man, daß die Gesamtregion nur aus sechs Staaten besteht, ist leicht auszumalen, was ein oder zwei destabilisierte Länder für diesen Raum bedeuten könnten. Allerdings ist dabei weiter zu bedenken, daß es schon ein Unterschied ist, ob dieses destabilisierte Land Malaysia oder Philippinen heißt. Die Philippinen sind in vielerlei Hinsicht nur ein „Randstaat". Ihre Destabilisierung würde für den ASEAN-Raum geringere Folgen haben, könnten sie doch in diesem Falle von den anderen Partnern gewissermaßen „abgedrängt" werden. Anders wäre dies im Falle Malaysias. Malaysia nämlich ist vor dem Hintergrund dieser Arbeit der zentrale Staat der ASEAN mit vielen emotionalen und persönlichen Bindungen rundum ...

3. Die Rolle Malaysias

Erinnern wir uns nun, daß unter Punkt 1. „Adat-Islam und Stabilität" nicht nur ein *destabilisierter Staat* als Gefahr für die Region ausgemacht wurde, sondern ein *„destabilisierter bzw. destabilisierender Staat oder aber ein externer islamischer bzw. islamistischer Impuls"*. Für die ersten vier Staaten hatten wir diese Rolle ausgeschlossen. Für die Philippinen ist sie wegen deren Randlage und dem Fehlen einer Islam-Basis auszuschließen. Somit bleibt Malaysia übrig. Kann dieser Staat diese Rolle spielen, zumal im Zusammenhang mit einer Destabilisierung der anderen Staaten immer wieder sein Name genannt wurde?

Umreißen wir zu diesem Zweck vorab noch einmal die zentrale Position und Rolle, die Malaysia im ASEAN-Raum spielt. Malaysia ist der zentrale Staat der ASEAN, den mit allen Nachbarn Grenzen, Spannungsfelder und Konflikte verbinden. Es ist der Staat, der im Inneren selbst auch am stärksten die zentralen politisch-kulturellen Konflikte und Spannungsfelder der Region beherbergt. Es ist der Staat, der in seinem Inneren zudem am deutlichsten dem Ideal eines „islamischen Staates" nahekommt und in dem der Islam darüber hinaus am stärksten eine politische Kraft und ein politisches Instrument darstellt. Und dies gilt dort für Staat, Gesellschaft und Muslime. Und Malaysia ist auch der Staat, in dem der Bezug „Malaie/Muslim" am stärksten mit Bedeutung gefüllt und im Bewußtsein der Malaien präsent ist. Zugleich ist aber Malaysia auch derjenige Staat, der sowohl in seinem Inneren wie auch nach außen das größte Destabilisierungspotential in sich birgt. Im Inneren liegt die Gefahr in einem sehr labilen staatlichen und gesellschaftlichen Gleichgewicht zwischen Malaien/Muslimen und anderen und zudem in einem überaus brisanten innermalaiischen Konflikt, wobei in beiden Fällen der Islam eine zentrale Rolle spielt. Nach außen ist es das brisante Junktim aus Malaientum und Islam, das in allen Nachbargebieten potentielle Betätigungsfelder finden könnte.

Nun ist aber dies alles für den ASEAN-Raum bisher noch nicht in erhöhtem Maße gefährlich oder destabilisierend gewesen. Bisher nämlich haben Malaysia und seine Führung den Islam und auch die Malaien/Muslime in diesem Land unter Kontrolle. Und bisher konnten Staat und Staatsführung auch den ASEAN-Primat über das wachsende malaiische und islamische Interesse erhalten. Und solange beides so bleibt, sind alle oben aufgezeigten Bedrohungen auch weiter inner-malaysische Vorgänge. Und daß dieser Staat mit diesen Bedrohungen auch noch auf eine geraume Zeit gut leben kann, haben wir bereits ausgeführt. Eine Gefahr für den ASEAN-Raum besteht mithin erst dann, wenn diese Prämissen nicht mehr gegeben wären und in Malaysia die Situation und der Islam außer Kontrolle gerieten. Man muß sich nämlich über folgendes im klaren sein. Solange der malaiisch-muslimische Kernraum von einem auf Tradition, Harmonie und Konsens sowie einem auf eine gemäßigte Grundhaltung ausgerichteten Adat-Islam dominiert wird, gibt es für den Bestand und für die weitere Stabilität des Raumes kaum eine Gefahr. Im Gegenteil ist zu erwarten, daß er dadurch eher noch stabilisiert wird. In dem Moment, in dem ein viel reinerer Islam zur dominierenden Kraft in diesem Raum wird oder sich dort eine Basis verschafft und dann versucht, über Malaysia hinauszugreifen in die Nachbargebiete, wird er überall dort in gleichem Maße wie in Malaysia die ethnisch-religiösen Spannungsfelder und Konflikte akzentuieren und kann damit die einzelnen Staaten auf lange Sicht destabilisieren.

Nun haben wir gesagt, daß diese Dominanz, diese Basis oder dieser Impulsgeber in Malaysia noch nicht in ausreichendem Maße besteht. Wie also könnte die Erzeugung einer solchen Islam-Dominanz, einer solchen Islam-Basis und dann eines derartigen malaiisch-muslimischen Ausgreifens zustande kommen? Dafür gäbe es drei Wege. Der erste Weg wäre ein „Islamischer Staat Malaysia", eine „islamische Regierung" oder zumindest eine islamische Politik der Regierung. Sie käme zustande, wenn (1) in Kuala Lumpur die UMNO-geführte Regierung auf einen vollends islamischen Kurs einschwenken würde - sei es durch neue Köpfe oder auf zunehmenden Druck der Muslime oder der oppositionellen PAS - oder wenn (2) in Kuala Lumpur eine PAS-geführte Regierung an die Macht käme und ihre Parolen wahr machen würde. Der zweite Weg wäre ein markantes Erstarken der islamistischen und oppositionellen PAS, die dazu noch in mehreren Bundesstaaten Malaysias die Macht erlangen und zudem ihren Rückhalt unter den Malaien steigern müßte. Der dritte Weg wäre, daß unter Malaysias Malaien/Muslimen das in den 70er und 80er Jahren gewachsene islamische Bewußtsein weiter wachsen und auf diese Art und Weise eine gesellschaftliche islamische Basis entstehen würde.

Dies wären die drei Wege, die einem reinen und damit potentiell destabilisierenden Islam eine Basis im Herzen des ASEAN-Raumes geben würden. Dies nämlich wäre dann tatsächlich ein regionfremdes Element, und darin läge die eigentliche Gefahr. Unabhängig davon, ob dies Malaysia selbst sogleich destabilisieren würde, wäre dann auf jeden Fall (1) ein destabilisierter Staat und/oder (2) ein destabilisierender Staat und/oder (3) ein islamischer Impulsgeber geschaffen. Dies würde dem Islam eine Basis im Herzen des Raumes geben, von der aus eine islamische Destabilisierung in alle dafür anfälligen Gebiete und Bevölkerungsgruppen der umliegenden Länder und Landesteile ausgreifen könnte. Die Folge könnte ein Domino-Effekt sein, nur daß die Dominostein nicht hintereinander, sondern kreisförmig um Malaysia herum aufgestellt wären. Wie sehr gerade das im Zentrum der Gemeinschaft gelegene Malaysia mit seinen vielen emotionalen und persönlichen Rundum-Bindungen geeignet wäre, ein solches Diffusionszentrum zu sein, dürften bereits die Fallstudien deutlich gemacht haben. Am anfälligsten wären sicher zuerst einmal die Philippinen, selbst nicht gerade stabil und mit dem aufnahmebereitesten Destabilisierungspotential unzufriedener, unterprivilegierter wie islamisierter Moros in seinem Süden. Doch genauso gut könnte dies dann auch jener Push sein, den wir für die anderen Staaten gesucht hatten. Welche Folgen es hätte, wenn in dieser Entwicklung der „schlafende Riese" Indonesien geweckt würde, mag sich der Leser dieser Zeilen selbst ausmalen ...

Nun sollte man hinzufügen, daß diese Beschreibung zur Rolle Malaysias als Destabilisierungsfaktor des ASEAN-Raumes ein Szenario ist. Ein Szenario, vor dessen Realisierung sich noch einige Veränderungen und Entwicklungen abspielen müßten, wie wir sie vorab beschrieben haben. Die Ausgangsposition war nämlich nicht nur das Destabilisierungspotential „Malaysia" im Herzen der ASEAN, sondern auch die Tatsache, daß dies ein innermalaysisches Potential ist und auch durchaus bleiben könnte. Es wäre mithin falsch, aus diesem Szenario einen Selbstläufer herauszulesen. Es ist vielmehr das gefährlichste und wahrscheinlichste Szenario zu einer Destabilisierung des Raumes durch den Islam. Und dies aufzuzeigen, war das Ziel dieser Analyse gewesen.

III.2.3. Schlußbeurteilung

Es gibt sechs gewichtige Faktoren, die in diesem Raum die Stabilität fördern: eine gemeinsame südostasiatische Weltsicht, eine hohe Akzeptanz der bestehenden Staaten bzw. Staatsführungen, ein weitverbreiteter Adat-Islam, ein übergeordneter ASEAN-Primat, ein anhaltendes Wachstum und eine geringe äußere Unterstützung für die islamistischen Kräfte. Dem stehen lediglich die drei konfliktfördernden Elemente regionaler und zwischenstaatlicher, ethnisch-religiöser und politischer bzw. wirtschaftlich-sozialer Spannungsfelder entgegen. Dabei spiegelt das numerische Verhältnis zwischen konfliktfördernden und -hemmenden Faktoren m.E. sehr wohl die Gewichte dieser beiden Kriterien wider. Gleiches gilt für die Zuordnung der Staaten zu diesen Kriterien. In vier Staaten (Indonesien, Brunei, Singapur, Thailand) läßt sich dieses Übergewicht ohne Einschränkung nachvollziehen. Sie sind lediglich durch ein Zusammenwirken mehrerer untergeordneter Faktoren und durch externe Impulse bedroht. In nur zwei Staaten (Malaysia, Philippinen) sind die Gewichte ausgeglichen oder andersherum verteilt.

Dabei ist anzumerken, daß sich die Eingruppierung Malaysias in die zweite Gruppe vor allem aus einer staatenbezogenen Sicht ergibt. Das heißt: Das darin beschriebene Konfliktpotential ist in erster Linie ein innermalaysisches Potential. Bewegen wir uns auf die übergeordnete, auf den Raum bezogene Sichtweise, so könnte man Malaysia dagegen noch am äußersten Rande der ersten Vierergruppe positionieren oder aber auch genau auf der Kippe zwischen beiden Gruppen sehen. Schließlich hat es den Adat-Islam noch keineswegs verlassen und ist das Destabilisierungspotential noch nicht in echte Instabilität gemündet. Und mit dieser Sichtweise ließe sich denn auch die gegenwärtige Stabilität des Raumes begründen und deren Fortdauern folgern.

Solange nun der malaiisch-muslimische Kernraum von einem auf Tradition, Harmonie und Konsens sowie von einem auf eine gemäßigte Grundhaltung ausgerichteten Adat-Islam dominiert wird, gibt es m.E. für den Bestand und die weitere Stabilität des ASEAN-Raumes kaum eine ernsthafte Gefahr. Ganz im Gegenteil ist zu erwarten, daß er dadurch eher gestärkt wird. Erst in dem Augenblick, in dem ein viel reinerer Islam zur dominierenden Kraft in diesem Raum wird und/oder eine Basis erhält und dann versucht, von da aus in die Region auszugreifen, wird er dort die überall vorhandenen Spannungsfelder und Konflikte akzentuieren und könnte damit die einzelnen Staaten auf lange Sicht destabilisieren. Dann könnte er überall dort der Impulsgeber sein für eine Destabilisierung dieser Staaten und einen Domino-Effekt auslösen. Einen Domino-Effekt, für den in erster Linie die Philippinen anfällig wären, dann aber auch andere Staaten. Kaum absehbar wären die Folgen, würde diese Entwicklung Indonesien erreichen.

Für eine solche Islam-Dominanz, eine solche Islam-Basis oder einen solchen islamischen Impulsgeber kommt aber nur ein Staat in Frage: Malaysia. Seine *zentrale* Position und Rolle für Stabilität und Destabilisierung des Raumes hatten wir ausführlich skizziert. Malaysia verbinden nach außen mit allen Nachbarn Grenzen, Spannungsfelder und Konflikte, und es beherbergt auch in seinem Inneren die zentralen politisch-kulturellen Spannungsfelder der Region. In Malaysia sind Staat und Gesellschaft am deutlichsten islamisiert und nimmt der Islam auch am nachhaltigsten eine Rolle als politische Kraft und als politisches Instrument ein. Außerdem ist der Bezug „Malaie/Muslim" dort am stärksten ausgeprägt und am deutlichsten im Bewußtsein der Malaien. Und darüber hinaus birgt Malaysia nach innen wie nach außen die größten Destabilisierungspotentiale: nach innen auf der gesellschaftlichen und der inner-malaiischen Ebene, nach außen durch seine vielfältigen malaiisch-muslimischen Verbindungen.

Vieles wird also innerhalb des ASEAN-Raumes davon abhängen, (1) ob und wie weit das hier beschriebene Potential ein inner-malaysisches Potential bleibt, (2) ob und wie weit Malaysia und seine Führung den Islam und die Malaien/Muslime in diesem Land unter Kontrolle halten, und (3) ob und wie weit Staat und Staatsführung den bisherigen ASEAN-Primat über das wachsende malaiische und islamische Interesse erhalten können. Eine Gefahr für den Raum besteht substantiell erst dann, wenn in Malaysia die Situation und der Islam außer Kontrolle gerieten. Dann könnte ein Domino-Effekt einsetzen und letztlich auf alle Staaten des Raumes übergreifen. Van Dijk hatte einmal Indonesien die *„ample attention"* in Sachen „Islam" in diesem Raum zugewiesen[3]. M.E. ist diese *„ample attention"* mittlerweile auf Malaysia übergegangen.

Soweit diese Ausführungen zu einer direkten und kurzfristigen Destabilisierung des ASEAN-Raumes. Abschließend muß noch ein Szenario angerissen werden, das den Raum eher indirekt und langfristig destabilisieren würde. Es ist davon auszugehen, daß auf lange Sicht in einem adat-islamisierten Indonesien und in einem islamisierten Malaysia die Solidarisierung mit und die Emotionen für die malaiisch-muslimischen Minderheiten in den Nachbarstaaten wachsen werden. Dies wäre die zwangsläufige Folge des gestärkten Bewußtseins der adat-islamischen und der islamischen Muslime in diesen Ländern und des den gesamten Raum übergreifenden Junktims „Malaie/Muslim". Die Folge wäre, daß ein Druck auf die Regierungen beider Länder entstehen und zunehmen würde (Es sei daran erinnert, daß wir schon für die letzten Jahre in diesen Ländern leichte Veränderungen in der Perzeption von Außenpolitik konstatiert hatten). Diesen Druck zu mindern, wäre dann aber an Manila, Bangkok und bedingt auch an Singapur. Die Regierungen in Jakarta und Kuala Lumpur hatten bisher den ASEAN-Primat zum Schutz der Nachbarn hochgehalten. Mit Blick auf eine (Adat-) Islamisierung des ASEAN-Raumes bzw. des größten und des zentralen Staates, müssen sich aber vor allem Manila und Bangkok bewußt werden, daß dies keine Ewigkeitsgarantien sind. Wenn sie die Situation ihrer Minderheiten aber nicht verbessern, erhöhen sie den Druck auf ihre Partner. Und dies würde letztlich wieder auf sie zurückschlagen, zumal die Partner bei einem angenommenen „spill over" Gesellschaft =〉Staat einem Nachgeben ohnehin zunehmend geneigter sein werden ...

Auch dieses Szenario sollte man berücksichtigen. Allerdings darf man - insbesondere bei den fünf „asiatischen" Staaten der ASEAN - voraussetzen, daß die Partner vor einem Bruch den Konsens suchen werden, sind doch alle dem Ideal von „Tradition, Harmonie und Konsens" verpflichtet. Und da die oben beschriebene Entwicklung keineswegs von heute auf morgen greifen würde, hätten sie Zeit, Abhilfe zu schaffen.

---

[3] Siehe: „Die Welt des Islams", Vol. XXVI (1986), S. 187

III.3. Die ASEAN-Organsiation und der Islam

Bisher haben wir uns mit der ASEAN als dem Raum ihrer sechs Staaten einschließlich der zwischenstaatlichen Interaktionen beschäftigt. Nun wenden wir uns mit der „ASEAN-Organisation" dem wertemäßigen Über- und dem organisatorischen Aufbau der ASEAN zu. Auch für die Organisation ist zu fragen, ob sie durch den Islam destabilisiert werden könnte. Vorab müssen wir uns dazu noch einmal in Erinnerung rufen, was diese Organisation ist, und uns darüber klar werden, was es hieße, sie zu destabilisieren.

Das Wesen der ASEAN-Organisation ist in wenigen Sätzen zusammenzufassen. Die Kernaussage ist, daß die ASEAN ein Staatenbündnis ist. Dies hat zur Folge, daß der von ihr umschlossene Raum zuerst einmal die Summe seiner sechs Einzelstaaten ist. Und es hat zur Folge, daß die Organisation die Summe aus den sechs sie tragenden Staatsführungen bzw. Regierungsapparaten sowie aus deren Interessen ist. Für diese sechs ist die ASEAN eine Interessengemeinschaft und ihre Organisation ein Forum und ein Instrument. Beides dient einer breiten Harmonisierung der Führungen und ihrer Interessen, vor allem nach außen und in einem bewußt auf Konfliktminimierung beschränkten Maß auch nach innen. Und es dient der Erzielung eines möglichst hohen Nutzens für die Staaten und Staatsführungen. Dies korrespondiert mit Entscheidungsfindung und Aufbau der Organisation. Beides konzentriert sich auf einen kleinen Kreis bzw. Apparat. Alle Entscheidungen werden innerhalb der Führungen und der angeschlossenen Apparate getroffen. Der eigentliche ASEAN-Apparat ist dem untergeordnet und auf ein hilfreiches Exekutiv- und Verwaltungsorgan beschränkt. Dies korrespondiert dann auch mit der Politik der Organisation. Sie ist in erster Linie Sicherheits-, Außen- und Außenwirtschaftspolitik. Eine gemeinsame Innenpolitik hingegen fehlt weitgehend. Eine gemeinsame Binnenmarktpolitik steckt noch in den Kinderschuhen. Und dies korrespondiert letztlich auch mit der Perzeption der ASEAN in den Einzelstaaten und in deren Bevölkerungen. Lediglich im Bewußtsein der Führungen und einiger Eliten ist sie präsent. Die breite Masse denkt in anderen Kategorien und ist entsprechend auch kaum im ASEAN-Geiste organisiert.

In ihrer Essenz läßt sich die ASEAN-Organisation also auf ihre Funktionen als Forum und Instrument und auf ihre Ausrichtung auf die sechs Staatsführungen konzentrieren. Auf eine Organisation zudem ohne größeren geistigkulturellen Überbau und rein am Nutzen orientiert. Vor diesem Hintergrund ist zuerst zu fragen, wo und wie diese kleine und in hohem Maße funktionale Organisation überhaupt destabilisiert werden kann. Tatsächlich nämlich gibt es für eine solche Destabilisierung m.E. nur drei Ansatzpunkte. Der erste und wohl folgenreichste wäre sicher der ASEAN-Gedanke selbst und eine grundsätzliche In-Frage-Stellung desselben durch einzelne Partner. Je nach Zahl und Gewicht der In-Frage-Steller könnte dies bis zum Ende der ASEAN führen. Der zweite Ansatzpunkt wäre die Zusammenarbeit in der ASEAN und deren grundsätzliche Beeinträchtigung oder Behinderung. Da die Grundlagen dieser Zusammenarbeit der Konsens, die Harmonisierung und der gemeinsame Nutzen sind, könnten Beeinträchtigung oder gar Behinderung durch einen dominierenden oder einen in eine andere Richtung drängenden Partner bis zur Lahmlegung der Organisation und in letzter Konsequenz auch - weil dann nicht mehr von Nutzen - zu ihrem Ende führen. Der dritte Ansatzpunkt wäre der politisch-organisatorische Aufbau und dessen Unterwanderung durch eine oppositionelle Kraft. Dies könnte die Ausführung bestimmter Vorgaben der politischen Ebene behindern (wenn auch kaum mehr als das!).

Soweit die Ausgangslage. Nun müssen wir die Frage stellen, wo und wie der Islam an diesen Ansatzpunkten greifen könnte. Dazu bedarf es aber noch einer Vorbemerkung. Wie gesagt, ist die ASEAN-Organisation in hohem Maße auf die Staatsführungen und deren Apparate ausgerichtet. Also müssen wir uns in erster Linie mit den Regierungen und den Einflüssen auf die Regierungen auseinandersetzen und erst in zweiter Linie mit den Gesellschaften und der Opposition; wohlwissend, daß die beiden letztgenannten ohnehin den geringsten Zugang zur ASEAN haben. Dabei müssen wir berücksichtigen, daß der Islam den genau umgekehrten Ansatz hat. Islamische und islamistische Kräfte wirken in dieser Region bisher in erster Linie an der Basis und in der Opposition. Außerdem sind diese Kräfte auf die Einzelstaaten beschränkt, da es eine ASEAN-Islam-Organisation nicht gibt und auch islamisch-muslimische Verbindungen untereinander erst am wachsen sind[1].

III.3.1. Die ASEAN und ihre Stabilität

<u>Die ASEAN und ihre In-Frage-Stellung.</u> Wenden wir uns nun also zuerst einer In-Frage-Stellung der ASEAN durch einzelne Partner zu. Dazu sind vorab zwei Prämissen zu setzen. Erstens gibt es im Augenblick keine Anzeichen dafür, daß ein Partner die ASEAN grundsätzlich in Frage stellen könnte. Zweitens hätten lediglich Indonesien und Malaysia die Potenz, dies von islamischer Seite zu betreiben. Doch auch dort gibt es keine Anzeichen dafür, daß dies in absehbarer Zeit bevorstünde. Ganz im Gegenteil wird von beiden Staatsführungen der Wert der ASEAN immer wieder hochgehalten[2].

---

[1] Tatsächlich gibt es lediglich regionale Da'wa-Bewegungen, die aber dann sogleich ganz Südostasien und den Pazifik übergreifen und zudem Folgeeinrichtungen der entsprechenden Organisationen in Saudi-Arabien sind.
[2] Vgl. dazu die Kap. II.1.5. (Indonesien) u. II.2.5. (Malaysia) „Außenbeziehungen".

Von diesen Prämissen ausgehend, muß man fragen, was überhaupt die Alternativen zur ASEAN wären und was die Gründe für eine In-Frage-Stellung aus islamischer Sicht sein könnten. Eine Alternative wäre ein externer islamisch-muslimischer Staatenbund, der um den malaiisch-muslimischen Raum buhlen könnte. Doch da dieser Raum kreisförmig von nicht-muslimischen Staaten umgeben ist und andere Muslim-Staaten weit entfernt sind, ist dies unwahrscheinlich. Zweite Alternative wäre eine eigene Gemeinschaft des malaiisch-muslimischen Raumes. Tatsächlich taucht immer einmal wieder eine „AMuSEAN / Association of Muslim South East Asian Nations" in der Diskussion auf[3]. Doch realistisch scheint auch dies nicht zu sein. Im multirassialen Malaysia wäre sie kaum durchsetzbar, hieße dies doch den de facto „islamischen Staat" auszusprechen. Und Indonesien allein könnte eine AMuSEAN kaum tragen. Doch gerade der Zeitpunkt, an dem solche Diskussionen auftauchen, zeigt die sensiblen Stellen der ASEAN und mithin die Ansatzpunkte für eine In-Frage-Stellung. Gründe wären in erster Linie markante Verletzungen des islamischen oder des malaiisch-muslimischen Bewußtseins in diesen Staaten durch die Partner; so geschehen im gewaltsamen Vorgehen Manilas gegen die Moros in den 70er Jahren oder durch den Staatsbesuch des israelischen Präsidenten Herzog in Singapur 1986[4]. Tatsächlich würde aber wohl nur ein Fall der ersten Kategorie die ASEAN ernsthaft in Frage stellen. Ein Fall der zweiten Kategorie würde eher vorübergehend zu Friktionen führen (wie 1986/87) und die Zusammenarbeit behindern. Auf lange Sicht aber würde der Wunsch nach Stabilität bei den Staatsführungen wohl wieder für Normalität sorgen.

Uns bleibt die Frage, ob aus der Gesellschaft, aus der Opposition oder durch islamistische Kräfte Druck auf die Regierungen entstehen könnte, die ASEAN in Frage zu stellen. Nun muß man berücksichtigen, daß die ASEAN ein diesen Bereichen recht fern liegender Begriff ist. In den Gesellschaften ist ein ASEAN-Bewußtsein kaum vorhanden. Mithin gibt es dort auch kaum Stimmungen gegen die ASEAN (genauso wenig wie für sie). Da sich die ASEAN zudem lediglich als Instrument der Führungen darstellt, besteht auch kein Grund, diese an der Basis weiter zu hinterfragen. Und dies ist eine Haltung, die sowohl für Muslime wie für Nicht-Muslime gilt. Interessanterweise korrespondiert sie auch mit der Haltung der Islamisten in der Region. Ihr Hauptansatzpunkt ist ohnehin die Veränderung der Gesellschaft, um von dort den Staat zu verändern. Mithin liegen die ASEAN und ihre Organisation überhaupt noch nicht in der Reichweite der Islamisten. Dabei mag aber auch hineinspielen, daß die ASEAN für sie kaum ein Instrument sein könnte und daß sie außerdem keinerlei Zugang zu dieser Ebene haben.

---

[3] Vgl.: SOA akt. Jan. 1987, S. 5. Anlaß: Israels Präsident Herzog in Singapur
[4] Zu dem Besuch, s.: „Asia 1988 Yearbook" (1988), S. 244; SOA akt. Jan. 1987, S. 5.

Somit blieben eigentlich nur die erwähnten sensiblen Bereiche, in denen die Gesellschaften oder die Islamisten ins Geschehen eingreifen könnten und dann die Haltung der Regierungen durch gesellschaftlichen oder - im wahrsten Sinne des Wortes - „*massen*haften" Druck beeinflussen könnten. Genaugenommen könnte nämlich nur eine massive Verletzung der malaiisch-muslimischen oder der islamischen Gefühle die ASEAN als solche ins Bewußtsein der Massen und der Islamisten rücken und letzteren dann Argumente für eine In-Frage-Stellung einer solchen Gemeinschaft mit nicht-muslimischen Staaten liefern. Eine solche massive Verletzung könnte ein Blutbad sein, wie es sich in den 70er Jahren in der Sulusee-Region ereignete. Vor dem Hintergrund des gesteigerten (adat-) islamischen Bewußtseins in den Gesellschaften Indonesiens und Malaysias erscheint es nämlich heute durchaus fraglich, ob die ASEAN ein derartiges Blutbad wiederum so unbeschadet überstehen würde. Zusammenfassend läßt sich also sagen, daß eine ernsthafte In-Frage-Stellung der ASEAN nur durch eine breite Massenbewegung in Einklang mit einer Anti-ASEAN-Kampagne der Islamisten erreicht werden könnte. Dazu aber müßte die ASEAN erst einmal ins Bewußtsein der muslimischen Gesellschaft und der Islamisten rücken. Und dies könnten - so paradox es klingt - nur die nicht-muslimischen ASEAN-Partner bewirken.

Die ASEAN-Zusammenarbeit und ihre Lahmlegung. Die ASEAN-Organisation besteht in ihrem Kern aus den Staatsführungen und -apparaten sowie aus den verschiedenen Ebenen intergouvernementaler Zusammenkunft und -arbeit. Zusammenkünfte und Zusammenarbeit basieren auf den Grundsätzen „Tradition, Harmonie und Konsens". Die Staatsführungen harmonisieren ihre Politik nach außen und im Rahmen der Konfliktminimierung nach innen. Diese Organisation würde somit lahmgelegt, wenn aus einem Staat heraus versucht würde, diese Zusammenarbeit zu dominieren oder in eine andere Richtung zu ziehen. Mit Blick auf den Islam hieße das: wenn ein Staat (1) nach außen eine islamische Außenpolitik mit der ASEAN betreiben wollte oder (2) nach innen der Konfliktminimierung ausweichen und die im Raum vorhandenen Konflikte in die Organisation hineintragen würde. Nun ist die erste Möglichkeit auszuschließen, da diese Staaten dafür eigene Außenpolitiken und andere, wirkungsvollere Foren (wie die OIC mit 45 Mitgliedern) besitzen und in den wenigen interessanten Fragen (z.B. Anerkennung des PLO-Staates) ohnehin Konsens besteht (in diesem Fall im gemeinsamen „Dritte-Welt"-Interesse). Schwieriger verhält es sich in der zweiten Frage. Bisher wurden der ASEAN-Primat über alle zwischenstaatlichen Differenzen gestellt und die sensiblen Themen der malaiisch-muslimischen Minderheiten zu „inneren Angelegenheiten" erklärt. Doch was wäre, wenn ein Staat diese Prämisse aufbrechen würde? Im wesentlichen wäre dies dann wohl eine Frage der Intensität dieses Aufbrechens. Solange der Primat gewahrt bliebe und man das Forum nutzen würde, Fortschritte für die Minderheiten zu erzielen, könnte dies sogar die Stabilität der ASEAN fördern. Heikel würde es, wenn auf der einen Seite Jakarta und/oder Kuala Lumpur sich vom ASEAN-Primat lösen und auf der anderen Seite Manila und Bangkok sich nicht bewegen würden (was auch eine Art Auflösung des Primates wäre). Dann könnte eine Destabilisierung der Region einsetzen (s. Kap. III.2.) und eine Blockade der ASEAN eintreten. Da aber eine blockierte ASEAN kaum Nutzen hätte, wäre sie nur noch eine formale Hülle, und es wäre eine Frage der Zeit, bis sie in Frage stünde. Doch angesichts der aktuellen Führungen in Jakarta und Kuala Lumpur und dem, was derzeit nach ihnen zu erwarten ist, ist so eine Zuspitzung nicht in Sicht. Wahrscheinlicher ist das erste Szenario der Nutzung des ASEAN-Forums zu Fortschritten in den Minderheitenfragen. Und womöglich steht diese Aufgabe diesem Forum bald bevor ...

Auch in diesem zweiten Feld spielt das Geschehen weitgehend ohne Gesellschaft und islamistische Opposition. Doch auch hier könnten sie bedingt einwirken. Analog der oben beschriebenen Akzentuierung der sensiblen Punkte konnte auch hier aus der Gesellschaft heraus Druck auf die Regime entstehen. Dies wäre dann etwa jene Situation, wie sie zum Ende von Kap. III.2. als langfristige Destabilisierungsgefahr aufgezeigt wurde. Und das hieße: Vieles würde dann auch hier davon abhängen, wie weit Jakarta und Kuala Lumpur den ASEAN-Primat erhalten können (bzw. wollen) und wie weit die anderen ASEAN-Staaten den Druck auf Jakarta und Manila durch eigene Bewegung mindern würden ...

Der ASEAN-Apparat und seine Unterwanderung. Dritter Ansatzpunkt war eine Unterwanderung des ASEAN-Apparates. Nun ist aber zu berücksichtigen, daß dieser Apparat sich weitgehend aus den Regierungsapparaten der Einzelstaaten speist und kaum ein politisches Eigenleben führt. Mithin haben die basisorientierten und oppositionellen islamistischen Kräfte gar keinen Zugang zu diesem Apparat. Die Regierungen selbst aber werden kaum die Fortsetzung der eigenen Apparate unterwandern. Somit müßten erst einige der in Kap. III.2. und III.3. bisher aufgezeigten Szenarien eintreten, um Voraussetzungen für eine sinnvolle Infiltrierung dieses Apparates zu schaffen. Zudem wäre der Effekt einer Unterwanderung gering, da er bestenfalls einige Ausführungen behindern könnte. Insofern ist er für diese Arbeit zu vernachlässigen.

„**Spill over":** Abschließend ist noch auf einen vierten Weg zur Destabilisierung der ASEAN-Organisation hinzuweisen. Er führt über den Raum und seine Staaten. Ansatzpunkt wäre eine Destabilisierung einzelner Staaten, der eine ebensolche des Raumes (s. Kap. III.2.) und/oder einzelner Staatsführungen (s. Kap. II.1. bis 6.) folgen könnte, woraus sich eine In-Frage-Stellung oder Destabilisierung der Organisation ergeben könnte. Hatten wir zuvor Destabilisierungen ersten und zweiten Grades behandelt, wäre dies dann eine Destabilisierung dritten Grades (Staat ⇒Raum/ Staatsführung ⇒Organisation) - mit all ihren Verzweigungen und Variablen. Dies wäre dann im wesentlichen die Fortsetzung der in den betreffenden Kapiteln - besonders III.2. - geführten Diskurse. Da diese aber kaum mehr mit Argumenten, sondern nur mit weiträumigen Spekulationen zu erklären wäre, sei auf jenes Feld nur hingewiesen, ohne es weiter auszuführen. Allerdings erscheint dies - entgegen den drei zuletzt beschriebenen Szenarien - ein durchaus ernstes Szenario zu einer Destabilisierung der Organisation ...

III.3.2. Schlußbeurteilung

Im Grunde genommen gibt es also wenig Ansatzpunkte für eine islamisch motivierte Destabilisierung der ASEAN. Und dies hat drei Gründe.

Der erste Grund liegt in der Organisation selbst. Sie ist ein weitgehend auf die Staatsführungen konzentriertes Unternehmen, das mithin auch nur durch sie oder an ihnen destabilisiert werden kann. Solange aber die gegenwärtigen Regime in Jakarta, Kuala Lumpur und Bandar Seri Begawan an der Macht bleiben, den ASEAN-Primat weiter hochhalten und ihre bisherigen Grundhaltungen nicht zu sehr verändern, ist durch sie und über sie keine Destabilisierung abzusehen. Auf der anderen Seite wirken sämtliche destabilisierenden islamischen und islamistischen Kräfte in der Region an der Basis und in der Opposition. Mithin ist ihnen der Zugang zu der recht hoch angesiedelten ASEAN-Organisation weitgehend verwehrt; in vielerlei Hinsicht. Somit könnten sie höchstens indirekt Einfluß über die Einzelstaaten ausüben - was dann aber in die in Kap. III.2. beschriebenen Szenarien münden würde. Weitergehenden Einfluß könnten sie erst in dem Augenblick erlangen, in dem sie selbst in die Staatsführungen vordringen würden.

Der zweite Grund liegt im Islam. Sein Wirkungshorizont orientiert sich in erster Linie entweder an der Ebene „Welt" („dār al-Islām" und „dār al-ḥarb") oder an der Ebene „Gesellschaft". Dazwischen besteht heute bestenfalls noch die Ebene Staat (im westlichen Verständnis) als Zwischenstation zur Ebene „Welt". Eine Ebene „ASEAN" oder „Organisation" existiert in dieser Weltanschauung nicht. Sie könnte bestenfalls eingefügt werden, wenn die ASEAN eine supranationale Gemeinschaft wäre; mit einem gemeinsamen Innenraum, gemeinsamen Organen, einem gemeinsamen Bewußtsein und - im weitesten Sinne - einer ASEAN-Bevölkerung. Dann könnte sie im Bewußtsein des Islam und der Muslime an die Stelle der Einzelstaaten treten. So aber ist die ASEAN-Organisation eigentlich überhaupt kein Ansatzpunkt für die Islamisten. Dies wird noch dadurch verstärkt, daß gerade in der ASEAN auch kaum ein ASEAN-Bewußtsein an der Basis vorhanden ist, daß islamische und islamistische Kräfte auch kaum personelle Ansatzpunkte in der Organisation haben, und daß die Organisation auch keinen Werte-Überbau besitzt, den man angreifen könnte.

Der dritte Grund ist eng mit dem zweiten verbunden. Es gibt weder einen formalen Islam-Corpus auf ASEAN-Ebene, noch eine einheitliche islamische Kraft innerhalb der Region. Mithin reduziert sich der Islam auf subregionale und lokale Kräfte, mit zudem unterschiedlichen Ausprägungen und Richtungen. Die Folge ist, daß dieser adat-islamische „Flickenteppich" erst einmal ein einigendes Band benötigte, um die ASEAN in Frage zu stellen. Denn punktuell kann er nur einige Staaten destabilisieren, was aber noch nicht die Organisation destabilisieren müßte. Ein solches positives Band ist aber nicht in Sicht, solange der Islam die ASEAN nicht als relevante Größe sieht. Einzige Möglichkeit wäre somit ein negatives Band, das aus der Akzentuierung der beschriebenen sensiblen Stellen im Empfinden der muslimischen ASEAN-Bevölkerungen durch andere Partner entstehen könnte. Nur eine Massenbewegung wider die ASEAN könnte nämlich die Organisation destabilisieren. Dies könnte die ASEAN in Frage stellen und die Zusammenarbeit blockieren, also an zwei Stellen ansetzen, an denen die ASEAN zu destabilisieren wäre. Paradoxerweise wären es dann die nicht-muslimischen Staaten, bei denen der Schlüssel für eine islamische Destabilisierung der Organisation läge. Nur sie könnten in dem breiten adat-islamischen „Flickenteppich" das notwendige Band und die dazu ebenfalls notwendige Akzentuierung im Islam schaffen. Und erst diese Akzentuierung wäre - analog zu Kap. III.2. - die eigentliche destabilisierende Kraft ...

Insofern läßt sich abschließend sagen, daß die ASEAN-Organisation vor dem Hintergrund des gegenwärtigen Klimas und der heutigen Gegebenheiten in der Region aufgrund ihrer Konzentration auf einen kleinen Kreis und ihrer weitgehend funktionalen Ausrichtung kaum zu destabilisieren ist, da die gegenwärtigen Führungen ihre Stabilität immer obenan stellen werden und islamische oder islamistische Kräfte keinen Zugang zu dieser Ebene haben. Ansatzpunkte einer islamisch motivierten Destabilisierung lägen damit lediglich in einer breiten Massenbewegung, die initiiert und mobilisiert werden müßte durch eine Akzentuierung der sensiblen malaiisch-muslimischen und/oder islamischen Gefühle in diesen Staaten. Sie erst hätten die Kraft, die ASEAN als solche ins Bewußtsein der Massen zu rücken und damit den Staatsführungen aus der Hand zu nehmen. Und nur dies könnte der Weg sein, auf dem letztlich die ASEAN-Organisation destabilisiert werden könnte ...

Westorientierung und Islam

Mit diesen Erkenntnissen zu Stabilität und Destabilisierung der ASEAN-Organisation ist diese Arbeit eigentlich abgeschlossen. Allerdings ist noch eine Frage offen, die in der Einführung zu dieser Arbeit gestellt wurde. Die Frage nämlich, welche Einflüsse der Islam auf das allgemein als „westlich-orientiert" eingeschätzte Wertesystem der ASEAN hat. Wie jedoch die vergangenen 300 Seiten deutlich gemacht haben dürften, kann von einer westlichen Wertegemeinschaft weder für den Raum, noch für die Organisation, noch für die einzelnen Staaten die Rede sein. Sowohl die Gemeinschaft wie auch ihre Staaten basieren vielmehr auf regionalen Traditionen und haben vom Westen nur das übernommen, was ihnen nützlich erschien und was sie in ihr Staats- und Gesellschaftsdenken integrieren konnten. Daneben kann man sie bestenfalls als prowestlich in ihrer Außenorientierung bezeichnen; wobei man bedenken sollte, daß auch dies eher ein anti-östlicher Reflex war. Alles, was über die Stichworte „Adaptionen" und „prowestlich" hinausgeht, entspricht m.E. lediglich einer westlichen Sicht der Dinge, aber nicht unbedingt den Realitäten in Südostasien. Mithin ist auch die oben gestellte Frage obsolet. Geht man nach den vorangegangenen 300 Seiten hingegen davon aus, daß vielmehr der Adat-Islam das tragende und stabilisierende Element einiger Staaten der Region ist, muß man die Frage sogar umdrehen: Kann der westliche Liberalismus zur Gefahr für diese Region und ihre Staaten werden? Allerdings ist dies nicht mehr Gegenstand dieser Arbeit ...

III.4. Resümee und Perspektive

Die Fragestellung dieser Arbeit war, ob der Islam ein potentiell destabilisierender Faktor für die südostasiatische Staatengemeinschaft ASEAN und die durch sie umrissene Region ist. Die Frage wurde aufgegliedert in die Bereiche ASEAN-Raum, ASEAN-Organisation und ASEAN-Staaten. Entsprechend der Aufgliederung haben wir acht Antworten erhalten und acht zugehörige Szenarien aufgezeigt. Eine Zusammenfassung der ersten sechs Antworten zu den Einzelstaaten wurde bereits in Kap. III.1. gegeben. Deswegen beschränken wir uns hier auf die letzten beiden Teil-"Fallstudien" zum ASEAN-Raum und zur ASEAN-Organisation. Beide zusammen machen letztlich die ASEAN aus.

ASEAN-Raum. Wir haben festgestellt, daß dieser Raum durch einen Überbau konflikthemmender Faktoren stabilisiert wird. Es sind dies die gemeinsame südostasiatische Weltsicht, die hohe Akzeptanz der Staatsordnungen bzw. der Staatsführungen und der weitverbreitete Adat-Islam sowie der übergeordnete ASEAN-Primat, das anhaltende Wachstum und die geringe äußere Unterstützung für islamistische Kräfte. Da der in diesem Raum entstandene und weitverbreitete Adat-Islam einer dieser Faktoren ist, läßt sich schon daraus ableiten, daß er dort kaum für eine Destabilisierung herhalten kann. Die Gefahr für diesen Raum liegt mithin darin, daß dieser Adat-Islam eine Neudefinition in Richtung auf einen reineren Islam erhält. Voraussetzungen dafür wären, (1) daß ein solcher Islam in diesem Raum eine dominante Kraft wird, (2) daß er in diesem Raum eine Basis erhält oder (3) daß er in diesem Raum ein Impulsgeber würde. Daß dies *in diesem Raum* geschehen muß, hat zwei Gründe. Zum einen geben nur die malaiisch-muslimischen Mehrheiten und deren emotionale und persönliche Verbindung zu ihren Minderheiten ein ausreichendes Konfliktpotential ab. Zum anderen bedarf es vor dem Hintergrund des oben beschriebenen Überbaus eine dem Adat-Islam verwandte Kraft, um diesen Überbau zu verändern. Eine externe Kraft kann dies kaum leisten, wie die erfolglosen Versuche Saudi-Arabiens, Irans und Libyens belegen. Vor diesem Hintergrund gibt es in diesem Raum aber nur einen Staat, der für diese Dominanz, diese Basis oder diesen Impulsgeber in Frage käme. Dies ist Malaysia als der zentrale Staat der ASEAN mit seinen vielfachen Rundum-Verbindungen und dem hohen Stellenwert, den der Islam in diesem Land genießt.

Neben diesem Szenario einer „konstruktiven" Destabilisierung gibt es noch ein Szenario einer „destruktiven" Destabilisierung. Geht man davon aus, daß langfristig in der Region das Bewußtsein der malaiisch-muslimischen Mehrheit und deren Solidarität mit ihren Minderheiten wachsen werden, muß sich für den Erhalt der Stabilität auch in den Nachbarländern das eine oder andere bewegen. Würde dies nicht der Fall sein, wäre langfristig zunehmender Druck auf die Regime in Jakarta und Kuala Lumpur die Folge. Und dies könnte die ASEAN ernsthaft belasten und letztendlich gar gefährden.

ASEAN-Organisation. Bei der Organisation kommen zu dieser Diskussion die zusätzlichen Faktoren einer Konzentration auf einen kleinen Kreis von Staatsführungen und -apparaten sowie eine rein pragmatische Ausrichtung dieser Organisation hinzu. Diese Beschränkung und dieser Pragmatismus haben zur Folge, daß ein geringer Grad an Destabilisierung in diesem Raum noch nicht zwangsläufig eine Destabilisierung der Organisation nach sich ziehen müßte. Dies hängt im wesentlichen damit zusammen, daß der Islam oder gar ein destabilisierender Islam wenig Ansatzpunkte in dieser Organisation haben. Die Staatsführungen selbst werden ihn kaum destabilisierend einbringen, um nicht die eigene Stabilität zu gefährden. Oppositionelle Kräfte können ihn kaum einbringen, da ihnen der Zugang fehlt; geistig wie physisch. Somit ist eine Destabilisierung der Organisation eigentlich nur über einen Umweg möglich. Die ASEAN-Organisation müßte erst einmal in das Bewußtsein der Gesellschaft und der Islamisten rücken. Dies aber könnte einzig durch Akzentuierung der sensiblen Felder malaiisch-muslimischer Solidarität bzw. islamischer Identität geschehen. Auch hier könnte die Einbringung eines reineren Islam dies fördern.

Dies sind also die beiden Wege, um die ASEAN zu destabilisieren. Abschließend sei zu beiden Szenarien ergänzt, daß in den einzelnen Staaten und Gesellschaften des malaiisch-muslimischen Raumes bestimmte Adat-Islamisierungs- und Islamisierungsprozesse ablaufen werden. Diese aber müssen nicht zwangsläufig destabilisierend für den ASEAN-Raum oder die ASEAN-Organisation sein. Paradoxerweise liegt der Schlüssel für eine Destabilisierung vielmehr in den nichtmuslimischen Ländern. Nur wenn sie derartigen Entwicklungen nicht Rechnung tragen, eröffnen sie Wege zu einer der oben beschriebenen Destabilisierungen.

Das **Ergebnis dieser Ausführungen** für die ASEAN-Region läßt sich mithin abschließend in fünf Punkten wie folgt zusammenfassen.

1. Es ist zu erwarten, daß sich der malaiisch-muslimische Kernraum der ASEAN in einem langfristigen und kontinuierlichen Prozeß weiter adat-islamisieren wird. Das heißt: In diesem Raum werden die Malaien/Muslime in den kommenden Jahren weiter gestärkt werden und wird auch ihr adat-islamisches Bewußtsein weiter wachsen. Allerdings sollte man sich darüber im klaren sein, daß diese Gemeinschaft und dieses Bewußtsein zwar nach außen hin eine Einheit darstellen werden, daß sie aber nach innen weiterhin uneinheitlich und vielgestaltig bleiben werden.

2. Diese Malaien/Muslime und ihr Adat-Islam sind jedoch per se keine destabilisierenden Faktoren für die Region und für die von ihr getragene Organisation. Nicht zuletzt, weil auch dieser Adat-Islam eine in der Region entstandene und in seinen Grundzügen gemäßigte Kraft ist. Er ist somit (1) eines von mehreren (2) konstruktiven Elementen dieser Region. Und so begreift er sich auch.

3. Dieser Adat-Islam kann erst dann zum destabilisierenden Faktor in dieser Region und damit für die Gemeinschaft werden, wenn er eine markante Neudefinition hin zu einem reineren Islam erfahren und/ oder wenn in markantem Maße unter den Malaien/Muslimen Indonesiens und Malaysias das malaiisch-muslimische oder das islamische Bewußtsein verletzt würden. Auf jeden Fall müßten diese Impulse aber die Massen dieses malaiisch-muslimischen Raumes ergreifen.

4. Derartige Veränderungen können jedoch nur in der Region selbst hervorgerufen und durch externe Faktoren bestenfalls gefördert werden. Um einen reineren Islam zu erzielen, bedarf es einer regionalen Basis, in der sich dieser Islam entwickeln und von der aus er in die Region ausgreifen könnte. Sollte es dazu kommen, könnte dies Malaysia sein. Um das Bewußtsein der Malaien/Muslime zu verletzen, bedarf es ebenso eines regionalen Ausgangspunktes, der malaiische und muslimische Emotionen zusammenbindet. Dies könnten die drei nichtmuslimischen Staaten sein. Somit kommt gerade diesen drei Staaten eine Schlüsselfunktion bei der Frage nach dem Islam als einem destabilisierenden Faktor in der Region zu.

5. Abschließend ist festzuhalten, daß eine Destabilisierung der ASEAN vor diesem Hintergrund wohl nur über eine Destabilisierung des Raumes, seiner Staaten und/oder seiner Gesellschaften möglich erscheint. Diese drei Ebenen allein liegen in der Reichweite des Islam. Die Organisation liegt derzeit außerhalb dieser Reichweite und müßte erst über eine dieser Ebenen dort eingeführt werden.

Perspektiven

Soweit also diese kurze Zusammenfassung unserer Ergebnisse. Was uns bleibt, ist ein Blick voraus in die sich abzeichnenden Veränderungen.

ASEAN-Erweiterung. Die erste Veränderung, die der ASEAN in absehbarer Zeit mit Folgen für diese Ausführungen ins Haus stehen könnte, ist eine Erweiterung (um Indochina und Birma). Dies liefe auf eine Gleichsetzung der Region Südostasien mit ihrer Subregion ASEAN hinaus und hätte vor allem Gewichtsverschiebungen innerhalb dieser „neuen" ASEAN zur Folge.

Die dann zu betrachtende Region würde aus zwei etwa gleichgewichtigen und dominanten Kernräumen und einem Randraum (Philippinen) bestehen. Das würde sowohl das Gewicht des Adat-Islam und auch des Islam in dieser Gesamtregion mindern, könnte aber auch die Identität des malaiisch-muslimischen Raumes stärken. Dies wiederum könnte ernsthafte Folgen für den geistig-kulturellen Überbau der dann entstehenden Gesamtregion haben. Es ist nämlich durchaus vorstellbar, daß die beiden dominanten Hochkulturen dieses Raumes - die asiatisch-buddhistische und die malaiisch-muslimische - sich als dann gleichberechtigte und zugleich kompromißbereite Partner aufeinanderzubewegen würden und gemeinsame Werte in einen gemeinsamen südostasiatischen Werte-Überbau einbringen könnten. Dies wäre die Fortsetzung der südostasiatischen Tradition der Verschmelzungen und evolutionären Prozesse und würde der Organisation endlich einen geistig-kulturellen Überbau geben. In einer - einmal vorausgesetzt - stabilen und prosperierenden Region könnte solch ein gemeinsamer Überbau eine Sogwirkung auf die extremeren Kulturelemente (wie den reineren Islam) haben und diese wieder näher zum Zentrum hinführen. Begünstigt würde dies sicher auch dadurch, daß in diesem Südostasien Malaysia nicht mehr eine derart zentrale Rolle wie bisher zukäme. Dies könnte auch die von dort ausgehenden Destabilisierungsgefahren reduzieren ...

ASEAN-Innenpolitik. Weitere Perspektiven der ASEAN-Gemeinschaft wären eine größere innere Vernetzung und vielleicht sogar die gemeinsame Gestaltung einer ASEAN-Innenpolitik. Dies hätte natürlich zur Folge, daß viele Prämissen für den Raum und besonders für die Organisation überdacht werden müßten. Der ASEAN-Raum wäre dann nicht mehr so sehr nur die Summe der Einzelstaaten und deren bilateralen Interaktionen, und vor allem wäre die ASEAN-Organisation dann nicht mehr nur die Summe der Staatsführungen und deren Interessen. Die ASEAN wäre dann wirklich die Summe aus Raum und Organisation sowie aus ihren Gesellschaften und deren Menschen. So wie auf der Basis der Staaten und Staatsführungen aber in den vergangenen 25 Jahren ein Vertrauensverhältnis entstanden ist, könnte dann auch auf der Basis der Gesellschaften und der Menschen ein solches Verhältnis entstehen; wenn man in ähnlich langfristigen Zeiträumen kalkuliert. Bedenkt man, daß eine Vielzahl der konfliktfördernden Elemente auf Gegensätzen beruhen, so ließen sich diese sicher durch Gemeinsamkeiten abbauen. Die geistig-kulturellen und die konfliktthemenden Grundlagen, die in diesem Gesamtraum durchaus vorhanden sind, wären zumindest eine gute Grundlage für eine solche Entwicklung. Wenn mithin auf einer gesunden Basis auch in Südostasien eines Tages *zusammenwächst, was zusammengehört*, könnte sich dann vielleicht auch die Fragestellung dieser Arbeit eines Tages erübrigen ...

Anhang 1: Bibliographie / Interviews

Dieser Anhang enthält die Bibliographie der zitierten Literatur und einiger ausgewählter nichtzitierter Werke sowie eine Übersicht über die wichtigsten Gesprächspartner eines Forschungsaufenthaltes in Südostasien im Spätsommer 1990. Die einzelnen Werke sind nach der Zitatform aufgeführt. Die einzelnen Abschnitte sind wie folgt gegliedert:

Bibliographien	S. 284
Nachschlagewerke und Periodika	S. 285
Bücher: Monographien und Sammelwerke	S. 286
Aufsätze, Seminarpapiere und Dokumente	S. 297
Zeitschriften und Zeitungen	S. 307
Gesprächspartner und Interviews	S. 308

Bibliographien

ASEAN: A Bibliography (1984), Ed.: ISEAS, Singapur 1984.

ASEAN: A Bibliography: 1981-85 (1988), Ed.: ISEAS, Singapur 1988.

Brown, Ian / Amparlavana, R. (1986): „Malaysia", Oxford 1986.

„Brunei. Kurzbibliographie" (1985), Hrsg.: Deutsches Übersee-Institut, Hamburg 1985.

Karni, R.S. (1980): „A Bibliographie of Malaysia and Singapore", Kuala Lumpur 1980.

Lim Pui Huen, P. (1986): „The Malay World of Southeast Asia: A Select Cultural Bibliography", Singapore 1986.

Pearson, James Douglas (Hrsg./1962ff.): „Index Islamicus", London 1962ff.

Pearson, James Douglas (Hrsg./1977ff.): „The Quarterly Index Islamicus", London 1977ff.

Suryadinata, Leo (ed./1989): „The Ethnic Chinese in the ASEAN States: Bibliographical Essays", Singapore 1989.

Nachschlagewerke und Periodika

„Asia [Jahr] Yearbook" (i.a.J.). Hrsg.: Redaktion „Far Eastern Economic Review", Hongkong i.a.J.

„Asien. Pazifik. Wirtschaftshandbuch [Jahr]" (i.a.J.). Hrsg.: Institut für Asienkunde u. Ostasiatischer Verein e.V., Hamburg i.a.J.

„EI/o2" (i.a.J) / „The Encyclopaedia of Islam. New Edition" (1960ff.). Hrsg.: H.A.R. Gibb u.a. bzw. B. Lewis u.a., Leiden/London 1960ff.

„FWA [Jahr]" (i.a.J.) / „Der Fischer Weltalmanach [Jahr]" (i.a.J.). Hrsg.: Hanswilhelm Haefs, seit 1991 Mario von Baratta, Frankfurt a.M. i.a.J.

„FWG" / „Fischer Weltgeschichte", Bd. 1 - 36; Zu den Titeln, s. einzeln unter den Namen der Autoren, ergänzt durch das Kürzel FWG.

„HdO" (i.a.J.) / „Handbuch der Orientalistik" (i.a.J.). Hrsg.: B. Spuler u.a., Leiden/Köln i.a.J.

„Jahrbuch Dritte Welt [Jahr]" (i.a.J.). Hrsg.: Deutsches Übersee-Institut Hamburg, München i.a.J.

Kraas-Schneider, Frauke (1989): „Bevölkerungsgruppen und Minoritäten. Handbuch der ethnischen, sprachlichen und religiösen Bevölkerungsgruppen der Welt", Stuttgart/Wiesbaden 1989.

„Lexikon der Islamischen Welt" (1974). Hrsg.: Klaus Kreiser u.a., Stuttgart 1974.

Nohlen, Dieter (Hrsg./1984): „Lexikon Dritte Welt. Länder, Organisationen, Theorien, Begriffe, Personen", Reinbek/Hamburg 1984.

Nohlen, Dieter / Nuscheler, Franz (Hrsg./1983/o2): „Handbuch der Dritten Welt", Bd. 7: „Südasien und Südostasien". Hamburg 1983/o2.

„Political Handbook of the World [Jahr]" (i.a.J.). Ed.: Arthur S. Banks, New York i.a.J.

„Politisches Lexikon Asien, Australien, Pazifik" (1989/o2). Hrsg.: Werner Draguhn, Rolf Hofmeier, Mathias Schönborn. München 1989/o2 (Überarbeitete Neuauflage).

„Southeast Asian Affairs [Jahr]" (i.a.J.). Ed.: Institute of Southeast Asian Studies, Singapore i.a.J.

„Staatslexikon. Recht, Wirtschaft, Gesellschaft" (1985ff./o7). Hrsg.: Görres-Gesellschaft, Freiburg i.B. 1985ff./o7.

(s.a. „Bücher")

Bücher: Monographien und Sammelwerke

Ahmad Ibrahim / Siddique, Sharon / Hussain, Yasmin (eds./1985): „Readings in Islam in Southeast Asia". Singapore 1985.

Andaya, Barbara Watson / Andaya, Leonard Y. (1982): „A History of Malaysia". London 1982.

„Area Handbook for Malaysia" (1977/o3), Hrsg.: Vreeland, Nena. Washington 1977/o3.

Ariff, Mohamed (ed./1988): „Islamic Banking in Southeast Asia". Singapore 1988.

Aveling, Harry (ed./1979): „The development of Indonesian society. From the coming of Islam to the present day", St. Lucia 1979.

Ayoob, Mohammed (ed./1981): „The Politics of Islamic Reassertion". London 1981.

Azhari Karim, Mohammed / Howell, Llewellyn D. / Okuda, Grace (eds./ 1990): „Malaysian Foreign Policy. Issues and Perspectives", Kuala Lumpur 1990.

Bechert, Heinz (1966-73): „Buddhismus, Staat und Gesellschaft in den Ländern des Theravada-Buddhismus", 3 Bände, Hamburg u.a. 1966-73.

Bechert, Heinz / Gombrich, Richard (Hrsg./1989): „Der Buddhismus. Geschichte und Gegenwart". München 1989.

Bell, Coral (ed./1986): „Politics, Diplomacy and Islam: Four Case Studies". Canberra 1986.

Bianco, Lucien (Hrsg./1969): „Das moderne Asien", Frankfurt 1969 (FWG '33).

Boland, B.J. (1971): „The Struggle of Islam in Modern Indonesia", Den Haag 1971.

Bracher, Karl Dietrich (1985): „Zeit der Ideologien. Eine Geschichte politischen Denkens im 20. Jahrhundert", München 1985.

Broinowski, Alison (ed./1990): „ASEAN into the 1990s", London u.a. 1990.

Bürgel, Johann Christoph (1991): „Allmacht und Mächtigkeit: Religion und Welt im Islam", München 1991.

Chandra Muzaffar (1987): „Islamic Resurgence in Malaysia". Petaling Jaya 1987.

Chandran Jeshurun (ed./1985): „Governments and Rebellions in Southeast Asia". Singapore 1985.

Che Man, W.K. (1990): „Muslim Separatism. The Moros of Southern Philippines and the Malays of Southern Thailand". Singapore u.a. 1990.

Coedès, G. (1948): „Les États Hindouisés d'Indochine et d'Indonésie", Paris 1948.

Crespi, Gabriele (1992): „Die Araber in Europa", Stuttgart/Zürich 1992.

Dahm, Bernhard (1974): „Emanzipationsversuche von kolonialer Herrschaft in Südostasien. Die Philippinen und Indonesien. Ein Vergleich". Hamburg/Wiesbaden 1974.

Dahm, Bernhard (ed./1991): „Economy and Politics in the Philippines under Corazon Aquino", Hamburg 1991.

Darmaputera, Eka (1988): Pancasila and the search for identity and modernity in Indonesian society", Leiden 1988.

Dauth, Jürgen (1991): „Malaysia. Mit Brunei und Singapur", Hamburg 1991.

van Dijk, C. (1981): „Rebellion Under the Banner of Islam: The Darul Islam in Indonesia". 1981.

Draguhn, Werner (Hrsg./1983): „Der Einfluß des Islams auf Politik, Wirtschaft und Gesellschaft in Südostasien". Hamburg 1983.

Draguhn, Werner (Hrsg./1985): „Umstrittene Seegebiete in Ost- und Südostasien", Hamburg 1985.

Draguhn, Werner (Hrsg./1991): „Asiens Schwellenländer: Dritte Weltwirtschaftsregion? Wirtschaftsentwicklung und Politik der 'Vier kleinen Tiger' sowie Thailands, Malaysias und Indonesiens", Hamburg 1991.

Draguhn, Werner / Schier, Peter (Hrsg./1987/o3): „Indochina: Der Permanente Konflikt?", 3., nochmals erweiterte Auflage, Hamburg 1987/o3.

Dürr, Heiner / Hanisch, Rolf (Hrsg./1986): „Südostasien. Tradition und Gegenwart", Braunschweig 1986.

Dulyakasem, Uthai (1981): „Education and Ethnic Nationalism: A Study of the Muslim-Malays in Southern Siam". Stanford 1981.

Elegant, Robert (1991): „Zukunft Fernost. Das asiatische Jahrhundert hat schon begonnen", München 1991.

Ende, Werner / Steinbach, Udo (Hrsg./1989/o2): „Der Islam in der Gegenwart", München 1989/o2.

Endreß, Gerhard (1982): „Einführung in die islamische Geschichte", München 1982.

Esposito, John L. (ed./1987): „Islam in Asia. Religion, Politics & Society". New York / Oxford 1987.

Esterline, John F. / Esterline, Mae (1986): „How the Dominoes Fell", Lanham 1986.

Feske, Susanne (1991): „ASEAN: Ein Modell für regionale Sicherheit", Baden-Baden 1991.

Fisher, Charles A. (1964): „South-east Asia. A Social, Economic and Political Geography", London / New York 1964.

Funston, N. John (1980): „Malay Politics in Malaysia: A Study of the United Malays National Organisation and Party Islam", Kuala Lumpur 1980.

Furnivall, J.S. (1956): „A Study of Plural Economy", London 1956.

Gale, Bruce (ed./1986): „Readings in Malaysian Politics". Petaling Jaya 1986.

Garang, Johannes Enos (1974): „Adat und Gesellschaft. Eine sozio-ethnologische Untersuchung zur Darstellung des Geistes- und Kulturlebens der Dajak in Kalimantan", Wiesbaden 1974.

Geertz, Clifford (1960): „The Religion of Java", Illinois 1960.

Geertz, Clifford (1988): „Religiöse Entwicklungen im Islam. Beobachtet in Marokko und Indonesien", Frankfurt a.M. 1988.

Gellner, Ernest(1992): „Der Islam als Gesellschaftsordnung", München 1992.

Gowing, Peter (1979): „Muslim Filipinos - Heritage and Horizon". Quezon City 1979.

Gowing, Peter / McAmis, Robert D. (eds./1974): „The Muslim Filipinos". Manila 1974.

von Grunebaum, Gustave Edmund (Hrsg./1971): „Der Islam II. Die islamischen Reiche nach dem Fall von Konstantinopel", Frankfurt a.M. 1971 (FWG '15).

De Guzman, Raul P. u. Mila A. Reforma (eds./1988): „Government and Politics of the Philippines", Singapur u.a. 1988.

Haarmann, Ulrich (Hrsg./1987): „Geschichte der arabischen Welt", München 1987.

Hall, D.G.E. (1981/o4): „A History of Southeast Asia". New York 1981/o4.

Hanisch, Rolf (1989): „Philippinen". München 1989.

Hartmann, Richard (1987): „Die Religion des Islam", Darmstadt 1987.

Heidhues, Mary F. Somers (1974): „Southeast Asia's Chinese Minorities". Hawthorne 1974.

Heidhues, Mary F. Somers (1983a): „Politik in Südostasien. Grundlagen und Perspektiven", Hamburg 1983.

Heinz, Wolfgang S. / Koll, Thomas U. / Suh, Mark B.M. (1983): „Regionale Integration in Afrika, Asien und Lateinamerika", Berlin 1983.

Higgott, Richard / Robison, Richard (eds./1985): „Southeast Asia. Essays in the Political Economy of Structural Change", London 1985.

Höfer, András u.a. (1975): „Die Religionen Südostasiens", Stuttgart u.a. 1975.

Holt, P.M. u.a. (eds./1970): „The Cambridge History of Islam", Band II, Cambridge 1970.

Hooker, M.B. (1984): „Islamic Law in Southeast Asia". 1984.

Hooker, M.B. (1988/o2): „Islam in Southeast Asia". Leiden/Köln 1988/o2.

S. Husin Ali (1981): „The Malays: Their Problems and Future". Petaling Jaya 1981.

Hussin Mutalib (1990a): „Islam and Ethnicity in Malay Politics". Singapore u.a. 1990.

„The Importance of Being ASEAN" (1987). Hrsg.: ISIS Malaysia, Kuala Lumpur 1987.

Indorf, Hans H. (1984): „Impediments to Regionalism in Southeast Asia: Bilateral Constraints among ASEAN Member States", Singapore 1984.

Jackson, Karl D. / Pye, Lucien W. (eds./1978): „Political Power and Communications in Indonesia". Berkeley 1978.

Jaspers, Karl (1971/o6): „Psychologie der Weltanschauungen", Berlin u.a. 1971/o6.

Johns, A.H. / Israeli, R. (ed./1984): „Islam in Asia". Colorado 1984.

Jorgensen-Dahl, Arnfinn (1982): „Regional Organization and Order in South-East Asia". London 1982.

Kettani, M. Ali (1986): „Muslim Minorities in the World Today", London/New York 1986.

Keyes, Charles F. (1987): „Thailand. Buddhist Kingdom as Modern Nation-State", Boulder/London 1987.

Khoury, Adel-Théodor (1980): „Toleranz im Islam", München/Mainz 1980.

Kipp, Rita Smith / Rodgers, Susan (eds./1987): „Indonesian Religions in Transition", Tucson 1987.

Koentjaraningrat (1985): „Javanese Culture", Singapur u.a. 1985.

Köster, Fritz / Zulehner, Paul M. (Hrsg./1986): „Macht und Ohnmacht auf den Philippinen. Kirche der Befreiung als einende Kraft", Olten u.a. 1986.

Kraus, Werner (Hrsg./1990): „Islamische mystische Bruderschaften im heutigen Indonesien", Hamburg 1990.

van der Kroef, Justus M. (1981): „Communism in South-east Asia", London u.a. 1981.

Kusuma Snitwongse / Sukhumbhand Paribatra (eds./1987): „Durable Stability in Southeast Asia", Singapur 1987.

Leake, David (jr.) (1990): „Brunei. The Modern Southeast Asian Islamic Sultanate". Kuala Lumpur 1990.

Leifer, Michael (1980): „Conflict and Regional Order in South-East Asia", Singapur u.a. 1980.

Lewis, Bernard (1987): „Die Juden in der islamischen Welt", München 1987.

Lewis, Bernard (1991): „Die politische Sprache des Islam", Berlin 1991.

Lutfi Ibrahim (ed./1981): „ISLAMIKA". Kuala Lumpur 1981.

Magnis-Suseno, Franz (1981): „Javanische Weisheit und Ethik", München/Wien 1981.

Magnis-Suseno, Franz (1989): „Neue Schwingen für Garuda. Indonesien zwischen Tradition und Moderne", München 1989.

Mahathir bin Mohamad (1970): „The Malay Dilemma", Singapore, Kuala Lumpur 1970.

Majul, Cesar Adib (1985a): „The contemporary Muslim movement in the Philippines". Berkeley 1985.

„Malaysia. Past, Present & Future" (1987). Hrsg.: ISIS Malaysia, Kuala Lumpur 1987.

„Malaysian Official Yearbook" (i.a.J.). Hrsg.: Department of Information. Kuala Lumpur i.a.J.

Manullang, Achmad Christoph (1982): „Die Staatsideologie der Pancasila in ihrem Einfluß auf die außenpolitische Entwicklung Indonesiens", Würzburg 1982.

Matthews, Bruce / Nagata, Judith (eds./1986): „Religion, Values and Development in Southeast Asia". Singapore 1986.

Matuz, Josef (1985): „Das Osmanische Reich. Grundlinien seiner Geschichte", Darmstadt 1985.

McAlister, John T. (1973): „Southeast Asia: The Politics of National Integration". New York 1973.

Means, Gordon P. (1970): „Malaysian Politics", London 1970.

Means, Gordon P. (1991): „Malaysian Politics: The Second Generation", Oxford 1990.

von der Mehden, Fred R. (1963): „Religion and Nationalism in Southeast Asia", Madison 1963.

Milne, R.S. / Mauzy, Diane K. (1986): „Malaysia: Tradition, Modernity and Islam". Boulder 1986.

Milne, R.S. / Mauzy, Diane K. (1990): „Singapore. The Legacy of Lee Kuan Yew". Boulder u.a. 1990.

Mols, Manfred / Birle, Peter (Hrsg./1991): „Entwicklungsdiskussion und Entwicklungspraxis in Lateinamerika, Südostasien und Indien", Münster/Hamburg 1991.

Moosmüller, Alois (1989): „Die pesantren auf Java. Zur Geschichte der islamischen Zentren und ihrer gegenwärtigen gesellschaftlichen und kulturellen Bedeutung", Frankfurt 1989.

Morris, Eric Eugene (1983): „Islam and Politics in Aceh: A Study of Center-Periphery Relations in Indonesia", Cornell 1983.

Muhammad Kamal Hassan (1980): „Muslim Intellectual Response to 'New Order' Modernization in Indonesia". Kuala Lumpur 1980.

Nagata, Judith (1984): „The Reflowering of Malaysian Islam: Modern Religious Radicals and Their Roots", Vancouver 1984.

Nagel, Tilman (1981): „Staat und Glaubensgemeinschaft im Islam", Band I u. II, Zürich/München 1981.

M. Nasir Tamara (1986): „Indonesia in the Wake of Islam: 1965-1985". Kuala Lumpur 1986.

Neher, Clark D. (1991): „Southeast Asia in the new international era", Boulder 1991.

Noer, Deliar (1978): „Administration of Islam in Indonesia". Ithaca 1978.

Quah, Jon S.T. u.a. (eds./1985): „Government and Politics of Singapore". Singapore 1985.

Parreñas, Caesar (1989): „ASEAN im Kräftefeld der Großmächte. Großmachtpolitik und regionale Zusammenarbeit in Südostasien seit 1975". Frankfurt a.M. 1989.

Pathmanathan, M. / Lazarus, David (eds./1984): „Winds of Change: The Mahathir Impact on Malaysia's Foreign Policy". Kuala Lumpur 1984.

Pfennig, Werner / Suh, Mark M.B. (eds./1984): „Aspects of ASEAN". München u.a. 1984.

Piscatori, James P. (1986): „International relations of the Asian Muslim states". Lanham/London 1986.

Pitsuwan, Surin (1985): „Islam and Malay Nationalism: A Case Study of the Malay-Muslims of Southern Thailand". Bangkok 1985.

Pluvier, Jan (1974): „South-East Asia from Colonialism to Independence", Kuala Lumpur u.a. 1974.

Pye, Lucien W. (1985): „Asian Power and Politics. The Cultural Dimensions of Authority", Cambridge u.a. 1985.

Ranjit Singh, D.S. (1984): „Brunei 1839-1983. The Problems of Political Survival". 1984.

Reiter, Klaus (1983): „Regionale wirtschaftliche Zusammenarbeit von Staaten der Dritten Welt", Münster 1983.

Rigg, Jonathan (1991): „Southeast Asia: A Region in Transition", London 1990/91 (1990 gemäß CIP / 1991 gemäß Copyright).

Roberts, J.M. (1989): „Der Triumph des Abendlandes", Herrsching 1989.

Rolf, Anita (1988): „Malaysia und Singapur. Mit Brunei". Köln 1988.

Safie bin Ibrahim (1981): „The Islamic Party of Malaysia: Its Formative Stages and Ideology". Selising, Kelantan (Malaysia) 1981.

Sandhu, Kernial S. / Wheatley, Paul (1989): „Management of Success: The Moulding of Modern Singapore". Singapore 1989.

Sarkisyanz, Manuel (1979): „Die Kulturen Kontinental-Südostasiens". Wiesbaden 1979.

Satha-Anand, Chaiwat (1986): „Islam and Violence: A Case Study of Violent Events in the Four Southern Provinces, Thailand, 1976 - 1981". Tampa (Florida) 1986.

Satha-Anand, Chaiwat (1990): „The Academic Story of Pattani in the Eighties". Bangkok 1990.

Schacht, Joseph / Bosworth, C.E. (Hrsg./1983): „Das Vermächtnis des Islams", München 1983.

Schneider, Ulrich (1987/o2): „Einführung in den Buddhismus", Darmstadt 1987/o2.

Schneider, Ulrich (1989): „Einführung in den Hinduismus", Darmstadt 1989.

Sharom Ahmat / Siddique, Sharon (eds./1987): „Muslim Society, Higher Education and Development in Southeast Asia". Singapore 1987.

Sheridan, Lionel Astor / Groves, Harry E. (1967): „The Constitution of Malaysia", Dobbs Ferry 1967.

"Singapore 1989" (1989). Hrsg.: Ministry of Communications and Information, Singapore 1989.

Steinberg, David Joel (Hrsg./1989/o2): "In Search of Southeast Asia. A Modern History". Sydney/Wellington 1989/o2.

Stöhr, Waldemar / Zoetmulder, Piet (1965): "Die Religionen Indonesiens", Stuttgart 1965.

"Südostasien. Länder der Erde" (1987), Hrsg.: Europa-Redaktion "Time-Life", Amsterdam 1987.

M. Suffian b. Hashim (ed./1978): "The Constitution of Malaysia: Its Development, 1957-1977". Kuala Lumpur 1978.

Suryadinata, Leo / Siddique, Sharon (eds./1981): "Trends in Indonesia II", Singapore 1981.

Taufik Abdullah / Siddique, Sharon (eds./1986): "Islam and society in Southeast Asia". Singapore 1986.

"Thailand. A Country Study" (1989/o6): Hrsg.: Library of Congress, Fed. Research Division (LePoer, Barbara Leitch), Washington 1989/o6.

Trindade, F.A. / Lee, H.P. (1986): "The Constitution of Malaysia. Further Perspectives and Developments". Petaling Jaya 1986.

Turlach, Manfred (Hrsg./1972): "Gesellschaft und Politik in Süd- und Südostasien", Bonn - Bad Godesberg 1972.

Turnbull, C. Mary (1977): "A History of Singapore, 1819 - 1975", Kuala Lumpur 1977.

Turnbull, C. Mary (1989): "A History of Malaysia, Singapore and Brunei". Sydney u.a. 1989.

Uhlig, Harald (1988/o2): "Südostasien", Frankfurt a.M. 1988/o2.

Vasil, R.K. (1980): "Ethnic Politics in Malaysia". New Delhi 1980.

Vasil, Raj (1988/o2): "Governing Singapore. Interviews with the new leaders". Singapore / Kuala Lumpur 1988/o2.

Villiers, John (1965): „Südostasien vor der Kolonialzeit", Frankfurt a.M. 1965.

Wassmund, Hans (1985/o2): „Grundzüge der Weltpolitik", 2., überarbeitete Auflage, München 1985/o2.

Watt, W. Montgomery / Welch, Alford T. (1980/85): „Der Islam", Band I u. II, Stuttgart u.a. 1980 u. 1985.

Wawer, Wendelin (1974): „Muslime und Christen in der Republik Indonesia", Wiesbaden 1974.

Weekes, Richard (ed./1978): „Muslim Peoples". Westport 1978.

Weggel, Oskar (1990a/o2): „Die Asiaten. Gesellschaftsordnungen, Wirtschaftssysteme, Denkformen, Glaubensweisen, Alltagsleben, Verhaltensstile", München 1990/o2.

Weggel, Oskar (1990b/o2): „Indochina. Vietnam - Kambodscha - Laos", München 1990/o2.

Winstedt, Richard (1961/o6): „The Malays: A Cultural History", London 1961/o6.

Wyatt, David K. (1984): „Thailand: A Short History", New Haven / London 1984.

Zainah Anwar (1987): „Islamic Revivalism in Malaysia. Dakwah among the students". Petaling Jaya 1987.

Zainah Anwar (1988): „Government and Governence in Multi-Racial Malaysia", Kuala Lumpur 1988.

Zakaria Haji Ahmad (ed./1987): „Government and Politics of Malaysia". Kuala Lumpur 1987.

Aufsätze, Seminarpapiere und Dokumente

Abbas, Macapanton Y. jr. (1989): „Mindanao Autonomy and Middle East Relations". [in: Foreign Relations Journal, Vol. IV, No. 4 (1989), S. 99-122].

Abd. Samad, Paridah (1990): „Internal Variables of Regional Conflicts in ASEAN's International Relations". [in: The Indonesian Quarterly, Vol. 18, No. 2 (1990), S. 171-181].

Abu Bakar Hamzah (1989): „Brunei Darussalam. Continuity and Tradition". [in: Southeast Asian Affairs 1989 (1989), S. 91-104].

Dato' Abu Hassan Omar (1990): „Malaysia's Foreign Policy in the 1990s". [in: ISIS Focus, Nr. 63 (Juni 1990), S. 20-26].

Ahmad Ibrahim (1978): „The Position of Islam in the Constitution of Malaysia". [in: Suffian (1978), S. 41-68].

M. Amien Rais (1985): „International Islamic Movements and Their Influence Upon the Islamic Movement in Indonesia". [in: Prisma, No. 35 (Mrz. 1985), S. 27-48].

Y.A.M. Raja Azlan Shah (1986): „The Role of Constitutional Rulers in Malaysia" [in: Trindade/Lee (1986), S. 76-91].

Bachtiar, Harsja W. (1981): „The Role of Intellectuals in Indonesia". [in: Suryadinata/Siddique (1981), S. 77-85].

Burton, Bruce (1990): „Brunei Darussalam in 1989: Coming of Age Within ASEAN". [in: Asian Survey, Vol. 30, No. 2 (1990), S. 196-200].

Busse, Heribert (1975): „Tradition und Akkulturation im islamischen Modernismus (19./ 20. Jh.)". [in: Saeculum, Bd. 26, No. 2 (1975), S. 158].

Chandra Muzaffar (1985a): „Islam in Malaysia: Resurgence and Response". [in: New Asian Visions, Vol. 2, No. 1 (1985), S. 14-34].

Chandra Muzaffar (1985b): „Malayism, Bumiputraism, and Islam". [in: Ahmad Ibrahim u.a. (1985), S. 356-361].

Chatterjee, Srikanta (1990): „ASEAN Economic Co-operation in the 1980s and 1990s". [in: Broinowski (1990), S. 58-82].

Coatalen, Paul (1981): „The Coming of Islam to S.E. Asia: A Critical Review of Some Extant Theories". [in: Islamic Quarterly, Vol. XXV, No. 3/4 (1981), S. 100-121].

Crouch, Harold (1986): „Islam and Politics in Indonesia". [in: Bell (1986), S. 15-29].

Crouch, Harold (1987): „The Politics of Islam in Southeast Asia". [in: Flinders Asian Studies Lecture, No. 18 (1987)].

Crouch, Harold (1988): „Military-Civilian Relations in Indonesia in the Late Soeharto Era". [in: „The Pacific Review", Vol. 1, No. 4 (1988)].

Dahm, Bernhard (1978): „Indonesien. Geschichte eines Entwicklungslandes (1945 - 1971)". [in: HdO (1978), 3, Abtlg., 1. Bd., Lfg. 3].

Dahm, Bernhard (1983): „Islam in Sumatra". [in: Draguhn (1983), S. 55-74].

M. Dawam Rahardjo (1985a): „The Kyai, the Pesantren, and the Village: A Preliminary Sketch". [in: Ahmad Ibrahim u.a. (1985), S. 24o-246].

M. Dawam Rahardjo (1985b): „Pluriformity in the Development of Islam in Indonesia and Religious Revival". [in: New Asian Visions, Vol. 2, No. 1 (1985), S. 3-13].

Dipoyudo, Kirdi (1987): „Pancasila the State Basis and View of Live of the Indonesian People". [in: The Indonesian Quarterly, Vol. 15, No. 4 (1987), S. 537-553].

Drewes, G.W.J. (1985): „New Light on the Coming of Islam to Indonesia?". [in: Ahmad Ibrahim u.a. (1985), S. 7-19].

Dom, Theodoric L. (1972): „Die Rolle des Islams in der indonesischen Politik". [in: Turlach (1972), S. 13-35].

Ende, Werner (1983): „Die Grundrichtungen des Islams und ihre Bedeutung für die Re-Islamisierung". [in: Draguhn (1983), S. 1-14].

Federspiel, Howard M. (1985): „Islam and Development in the Nations of ASEAN" [in: Asian Survey, Vol. 25, No. 8 (Aug. 1985), S. 805-821].

Franz, Johannes C. (1983): „Brunei". [in: Nohlen/Nuscheler (1983), S. 3o1-31o].

Frost, Frank (1990): „Introduction: ASEAN since 1967 - Origins, Evolution and Recent Developments" [in: Broinowski (1990), S. 1-31].

Fulton, S.J. (1984): „Brunei". [in: Asian Affairs, Vol. 15, No. 1 (1984), S. 5ff.].

Gardill, Jutta (1991: „Nationale Faktoren des Entwicklungsprozesses der ASEAN-Staaten". [in: Mols/Birle (1991), S. 145-176].

Gowing, Peter G. (1975): „The Muslims of the Philippines". [in: HdO (1975), 3. Abtlg., 2. Bd., Abschnitt 1, S. 81-116].

Gowing, Peter G. (1982): „Religion And Regional Cooperation: The Mindanao Problem and ASEAN". [in: Journal Institute of Muslim Minority Affairs (Jeddah), Vol. 4, Nos. 1/2 (1982), S. 14-23].

Gowing, Peter G. (1985): „Moros and Khaek". [in: Ahmad Ibrahim u.a. (1985), S. 180-192].

De Graaf, H.J. (1977): „Geschichte Indonesiens". [in: HdO (1977), 3. Abtlg., 1. Bd., Lfg. 2, S. 1-118].

Gunn, Geoffrey C. (1986): „Radical Islam in Southeast Asia: Rhetoric and Reality in the Middle Eastern Connection". [in: Journal of Contemporary Asia, Vol. 16, No. 1 (1986), S. 30-54].

Hanisch, Rolf (1991): „Malaysia: Der Premier festigt seine Stellung". [in: „Jahrbuch Dritte Welt 1992" (1991), S. 215-233].

Hanselmann, Stefan (1985): „Im Osten die Zukunft? Malaysias 'Look East Policy' als Beispiel gesellschaftlicher Modernisierung". [in: Internationales Asienforum, Vol. 16, No. 3/4 (1985), S. 289-302].

Heidhues, Mary F. Somers (1983b): „Die Moros in Geschichte, Wirtschaft und Politik der Philippinen". [in: Draguhn (1983), S. 131-140].

Heinzlmeir, Helmut (1989): „Indonesien". [in: Polisches Lexikon Asien, Australien, Pazifik (1989), S. 112-127].

Hussin Mutalib (1981): „Islamic Revivalism in Malaysia: The Middle East and Indonesian Connection." [unpubliziertes Seminarpapier des „Malaysian Colloquium" der University of Adelaide 1981].

Hussin Mutalib (1990b): „Political Implications of Islamic Revivalism in the ASEAN States". [zur Veröffentlichung vorgesehenes Seminarpapier, datiert Sept. 1990].

Hussin Mutalib (1990c): „Singapore's Quest for a National Identity: The Triumphs and Trials of Government Policies", Singapore 1990. [unveröffentlichtes Seminarpapier].

de Jesus, Edilberto C. (1991): „Addressing the Muslim Secessionist Challenge". [in: Dahm (1991), S. 271-286].

Jomo Kwame Sundaram / Cheek, Ahmad Shabery (1988): „The Politics of Malaysia's Islamic resurgence". [in: Third World Quarterly, Vol. 1o, No. 2 (1988), S. 843-868].

Kennedy, J. (1977): „A History of Malaya since 1400 A.D." [in: HdO (1977), 3. Abtlg., 1. Bd., Lfg. 2, S. 119-195].

Kershaw, Roger (1983): „Pietismus und Macht. Ein neues Kapitel 'jugendlichen' Engagements bei der Reislamisierung der Malaien". [in: Draguhn (1983), S. 89-109].

Kraus, Werner (1980): „Die islamische Minderheit in Südthailand". [in: Internationales Asienforum, Vol. 11, Nr. 1/2 (1980), S. 79-89].

Kraus, Werner (1983): „Der Islam in Thailand. Über die Entwicklung und Problematik des Islams in Südthailand, den islamischen Modernismus u. d. separatistische Bewegung im Süden". [in: Draguhn (1983), S. 110-130].

Lee, Raymond L.M. (1988): „Patterns of Religious Tension in Malaysia". [in: Asian Survey, Vol. 28, No. 4 (Apr. 1988), S. 400-418].

Leifer, Michael (1989): „The Conduct of Foreign Policy". [in: Sandhu/ Wheatley (1989), S. 965-981].

Lewis, Bernard (1983): „Politik und Kriege". [in: Schacht/Bosworth (1983), Bd. I, S. 193-245].

Liem, Yu-Siu (1986): „Die Rolle der Inder und Chinesen in Südostasien". [in: Dürr/Hanisch (1986), S. 47-53].

Machetzki, Rüdiger (1983): „Einleitung". [in: Draguhn (1983), S. xi-xvii].

Madale, Nagasura (1987): „The Resurgence of Islam and Nationalism in the Philippines". [in: Taufik Abdullah /Siddique (1987), S. 282-314].

Majul, Cesar (1974): „The Muslims in the Philippines: An Historical Perspective" [in: Gowing/McAmis (1974), S.1-12].

Majul, Cesar Adib (1985b): „An Analysis of the 'Genealogy of Sulu',,. [in: Ahmad Ibrahim u.a. (1985), S. 48-57].

Mauzy, Diane K. / Milne, R.S. (1983): „The Mahathir Administration: Discipline Through Islam". [in: Pacific Affairs, Vol. 56, No. 4 (1983), S. 617-648 / ebenso in: Gale (1986), S. 75-112].

Mauzy, Diane K. / Milne, R.S. (1990): „The Mahathir Recovery in Malaysia". [in: Current History, Vol. 89, No. 545 (Mrz. 1990), S. 113-144].

Means, Gordon P. (1987): „The Politics of Ethnicity in Malaysia". [in: Current History, Vol. 86, No. 519 (1987), S. 168-71 u. 182/83].

Milner, A.C. (1986): „Rethinking Islamic Fundamentalism in Malaysia". [in: RIMA, Vol. 20, No. 2 (1986), S. 48-69].

Mohamad Abu Bakar (1981): „Islamic Revivalism and the Political Process in Malaysia". [in: Asian Survey, Vol. 21, No. 10 (Okt. 1981), S. 1040-1059].

Mohamad Abu Bakar (1987): „Islam and Nationalism in Contemporary Malay Society". [in: Taufik Abdullah / Siddique (1987), S. 155-174].

Mohamad Abu Bakar (1989): „External Influences on Contemporary Islamic Resurgence in Malaysia". [Paper presented at the First Workshop on 'Politics In the Name of God. Islamic Resurgence in Malaysia', Information & Resource Center, Singapore, 1o-11 March, 1989, revised edition].

Mohamad Abu Bakar (1990): „Islam in Malayia's Foreign Policy". [in: Hamdard Islamicus, Vol. 13, No. 1 (1990), S. 3-13].

Mols, Manfred (1991): „Entwicklungsdenken und Entwicklungspraxis in Lateinamerika, Südostasien und Indien. Gemeinsamkeiten und Unterschiede". [in: Mols/Birle (1991), S. 237-283].

H. Monte Hill (1982): „The Impact of Philippine Development Policy Upon Filipino Muslims: A Retrospect". [in: Journal Institute of Muslim Minority Affairs (Jeddah), Vol. 4, Nos. 1/2 (1982), S. 24-39].

Müller-Krüger, Th. (1975): „Das Christentum in Indonesien". [in: HdO (1975), 3. Abtlg., 2. Bd., Abschnitt 1, S. 135-162].

Mukti Ali, A. (1975): „Islam in Indonesia". [in: HdO (1975), 3. Abtlg., 2. Bd., Abschnitt 1, S. 55-80].

Mulder, Niels (1988): „Contemporary Cultural Dynamics in Indonesia". [in: Internationales Asiensforum, Vol. 19, No. 1 (1988), S. 5-16].

Mulder, Niels (1991): „Elite World View: Inquiry into the Insufficiency of Culture". [in: Dahm (1991), S. 56-67].

Nagata, Judith A. (1985): „What is a Malay?". [in: Ahmad Ibrahim u.a. (1985), S. 305-311].

Nagata, Judith (1986): „The Impact of the Islamic Revival (Dakwah) on the Religious Culture of Malaysia". [in: Matthews/Nagata (1986), S. 37-50].

Neville, Warwick (1990): „The Population Composition of Brunei". [in: Singapore Journal of Tropical Geography, Vol. 11, No. 1 (1990), S. 30-42].

Noer, Deliar (1985): „The Development and Nature of the Modernist Movement in Indonesia". [in: Ahmad Ibrahim u.a. (1985), S. 117-122].

Noer, Deliar (1988): „Contemporary Political Dimensions of Islam". [in: Hooker (1988), S. 183-215].

Omar Farouk (1981): „The Muslims of Thailand". [in: Lutfi Ibrahim (1981), S. 97-120].

Omar Farouk (1988a): „Malaysia's Islamic Awakening: Impact on Singapore and Thai Muslims". [in: Conflict, Vol. 8 (1988), S. 157-168].

Omar Farouk (1988b): „The Muslims of Southeast Asia: An Overview". [in: Ariff (1988), S. 5-33].

Pitsuwan, Surin (1987): „Elites, Conflicts and Violence: Conditions in the Southern Border Provinces" [in: Asian Review, Vol. 1 (1987), S. 83-96].

Pohl, Manfred (1989a): „Macao". [in: „Politisches Lexikon Asien, Australien, Pazifik" (1989), S. 191-199].

Pohl, Manfred (1989b): „Singapur". [in: „Politisches Lexikon Asien, Australien, Pazifik" (1989), S. 262-273].

Pretzell, Klaus-A. (1989a): „Thailand". [in: „Politisches Lexikon Asien, Australien, Pazifik" (1989), S. 284-295].

Pretzell, Klaus-A. (1989b): „Die Thailänder". [in: SOA akt. Mai 1989, S. 285-288].

Ranjit Singh, D.S. (1986): „Brunei in 1985". [in: Asian Survey, Vol. xxvi, No. 2, 1986, S. 168-173].

Reinknecht, Gottfried (1989a): „Brunei". [in: „Politisches Lexikon Asien, Australien, Pazifik" (1989), S. 42-50].

Reinknecht, Gottfried (1989b): „Malaysia". [in: „Politisches Lexikon Asien, Australien, Pazifik" (1989), S. 199-210].

Reinknecht, Gottfried (1989c): „Philippinen (Republik der Philippinen)". [in: „Politisches Lexikon Asien, Australien, Pazifik" (1989), S. 251-262].

„Religion and Religious Revivalism in Singapore" (1988). Autoren: Eddie C.Y. Kuo, Jon S.T. Quah u. Tong Chee Kiong. [Report prepared for Ministry of Community Development, Singapore Oct. 1988].

„Religion in Singapore: Report of a national survey" (1988). Autoren: Eddie C.Y. Kuo u. Jon S. T. Quah. [Report prepared for Ministry of Community Development, Singapore Aug. 1988].

Ricklefs, M.C. (1985): „Islamization in Java: Fourteenth to Eighteenth Centuries" [in: Ahmad Ibrahim u.a. (1985), S. 36-43].

Rieger, Hans Christoph (1991): „Die wirtschaftliche Entwicklungsstrategie Singapurs. Erfolge und politische Implikationen". [in: Draguhn (1991), S. 15-32].

Rüland, Jürgen (1991): „„„Wirtschaftswachstum und politischer Wandel in Thailand". [in: Draguhn (1991), S. 116-147].

Saifuddin Anshari (1985): „Islam or the Panca Sila as the Basis of the State". [in: Ahmad Ibrahim u.a. (1985), S. 221-228].

Tun Haji Mohd. Salleh bin Abas (1986): „Traditional Elements of the Malaysian Constitution" [in: Trindade/Lee (1986), S. 1-17].

Sarkisyanz, Manuel (1975): „Die Religionen Kambodschas, Birmas, Laos, Thailands und Malayas" [in: Höfer u.a. (1975), S. 384-551].

Schulze, Reinhard (1983): „Der Einfluß islamischer Organisationen auf die Länder Südostasiens - von Mekka aus gesehen". [in: Draguhn (1983), S. 32-54].

Schumann, Olaf (1983): „Die Ausprägungen des Islams im heutigen südostasiatischen Archipel". [in: Draguhn (1983), S. 15-31].

Schumann, Olaf (1989): „Indonesien, Malaysia und die Philippinen". [in: Ende/Steinbach (1989), S. 314-329].

Schweizer, Margarete (1983): „Der Einfluß des Islams auf Politik, Wirtschaft und Gesellschaft in Mittoljava". [in: Draguhn (1983), S. 75-88].

Scott, W.H. (1977): „Philippine History. A Brief Review". [HdO (1977), 3. Abtlg., 1. Bd., Lfg. 2, S. 196-229].

Scupin, Raymond (1987): „Interpreting Islamic Movements in Thailand". [in: Crossroads, Vol. 3, Nos. 2/3 (1987), S. 78-93].

Seah Chee-Meow (1974): „The Muslim Issue and Implications for ASEAN". [in: Pacific Community, Vol. 6 (1974/75), S. 140-160].

Senee Madakakul (1987): „Situation and Problems of the Three Southernmost Provinces in Thailand". [in: Asian Review, Vol. 1 (1987), S. 67-82].

Siddique, Sharon (1980): „Contemporary Islamic Development in ASEAN". [in: „Southeast Asian Affairs 1980", S. 78-91].

Siddique, Sharon (1983): „Der Einfluß von Politik, Wirtschaft und Gesellschaft auf den Islam in Singapur". [in: Draguhn (1983), S. 141-153].

Siddique, Sharon (1987): „The Administration of Islam in Singapore". [in: Taufik Abdullah / Siddique (1987), S. 315-331].

Siddique, Sharon / Yang Razali Kassim (1987): „Muslim Society, Higher Education and Development: The Case of Singapore". [in: Sharom Ahmat / Siddique (1987), S. 128-176].

Siemers, Günter (1983): „Brunei. Ein politisch-wirtschaftlicher Überblick."
[in: SOA akt. Nov. 1983, S. 558-569].

Siemers, Günter (1989): „Papua-Neuguinea". [in: „Politisches Lexikon Asien, Australien, Pazifik" (1989), S. 243-250].

Skrobanek, Walter (1986): „Buddhismus und Politik in Thailand". [in: Dürr/Hanisch (1986), S. 28-37].

Suh, Mark B.M. (1983): „Integrationsbestrebungen in Asien: Probleme und Perspektiven". [in: Heinz u.a. (1983), S. 107-244].

Suthusasna, Arong (1984): „Occupational Distribution of Muslims in Thailand: Problems and Prospects". [in: Journal Institute of Muslim Minority Affairs (London), Vol. 5, No. 1 (Jan. 1984), S. 234-242].

Suwardi (1986): „Muhammadiyah, Reformer of Islam in Indonesia". [in: The Indonesian Quarterly, Vol. 14, No. 1 (1986), S. 10-16].

Tanham, George K. / Wainstein, Eleanor S. (1988): „Islam in Malaysia", Kuala Lumpur 1988 [Bericht für das Department of State (INR)].

Trocki, Carl A. (1980): „Islam Threat to ASEAN Regional Unity". [in: Current History, April 1980].

Wahid, Abdurrahman (1987): „The Nahdlatul Ulama and Islam in Present Day Indonesia". [in: Taufik Abdullah / Siddique (1987), S. 175-186].

Wanandi, Jusuf (1988): „Indonesia-Malaysia. Bilateral Relations". [in: The Indonesian Quarterly, Vol. 16, No. 4 (1988), S. 454-463].

Wanandi, Jusuf (1989): „Indonesian Domestic Politics and Its Impact on Foreign Policy". [in: The Indonesian Quarterly, Vol. 17, No. 4 (1989), S. 350-357].

Wawer, Wendelin (1972): „Die Christen in Indonesien und ihr Ringen um Gleichberechtigung in Staat und Gesellschaft". [in: Turlach (1972), S. 37-52].

Weggel, Oskar (1984): „ASEAN: Regional- und Außenpolitik". [in: aus politik und zeitgeschichte, No. 33 / 1984, S. 17-32].

Wertheim, W.F. (1981): „Moslems in Indonesia: Majority with minority mentality". [Occasional paper no. 8 / 1981, University of Amsterdam].

Willmott, W.E. (1989): „The Emergence of Nationalism". [in: Sandhu/ Wheatley (1989), S. 578-598].

Zakaria Haji Ahmad (1990): „Southeast Asia in the 1990s". [in: Asian Defence Journal, o7/90 (Juli 1990), S. 4-15].

Zeitschriften und Zeitungen

Zeitschriften

„Asian Affairs", London.
„Asian Defence Journal,
Kuala Lumpur.
„Asian Review", Bangkok.
„Asian Survey", Berkeley.
„Asiaweek", Hongkong.
„Conflict", Bristol.
„Crossroads", Illinois.
„Current History", Philadelphia.
„Flinders Asian Studies Lecture",
o.O.
„Foreign Relations Journal",
Manila.
„Hamdard Islamicus", Karachi.
„The Indonesian Quarterly",
Jakarta.
„Internationales Asienforum",
München/Köln.
„ISIS Focus", Kuala Lumpur.
„Islamic Quarterly", London.
„Journal of Contemporary Asia",
Manila.
„Journal Institute of Muslim
Minority Affairs", Jeddah.
„Journal Institute of Muslim
Minority Affairs", London.
„New Asian Visions", Diliman
Quezon City.
„Pacific Affairs", Vancouver.
„Pacific Community", Tokyo.
„The Pacific Review", Oxford.
„Das Parlament", Bonn.
„aus politik und zeitgeschichte",
Bonn.
„Prisma", Jakarta.
„Saeculum", Freiburg/München.
„Singapore Journal of Tropical
Geography", Singapore.
„Third World Quarterly", London.
„Voice of Islam", Singapore.
„Die Welt des Islams", Leiden.

„EIU" - „Economist International
Unit Country Reports",
„The Economist", London.
„FEER" - „Far Eastern Economic
Review", Hongkong.
„RIMA" - „Review of Indonesian
and Malayan Affairs", Sydney.
„SOA akt." - „Südostasien
aktuell", Hamburg

Zeitungen

„Bangkok Post", Bangkok.
„Le Monde", Paris.
„New Straits Times", K. Lumpur.
„New Sunday Times", K. Lumpur.
„The Star", Kuala Lumpur.
„The Straits Times", Singapore.
„The Straits Times. Weekly overseas edition", Singapore.
„The Sunday Times", Singapore.

„FAZ" - „Frankfurter Allgemeine
Zeitung", Frankfurt.
„FR" - „Frankfurter Rundschau",
Frankfurt.
„HB" - „Handelsblatt", Düsseldf.
„NZZ" - „Neue Zürcher Zeitung",
Zürich.
„SZ" - „Süddeutsche Zeitung",
München.
„TSp" - „Tagesspiegel", Berlin.
„Welt" - „Die Welt", Bonn.

Gesprächspartner und Interviews

Zum Abschluß folgt noch eine kurze Übersicht über die wichtigsten Gesprächspartner, mit denen der Autor während seiner Forschungsreise im Spätsommer 1990 Interviews zu dieser Arbeit geführt hat. Die Liste ist nicht vollständig. Einige Namen sind mit Rücksicht auf die Gesprächspartner bewußt weggelassen worden, da ein Teil ihrer in dieser Arbeit verwerteten Informationen vertraulicher Natur war.

- Abdullah Ahmad Badawi, UMNO-Vize-Präsident u. Außenminister Malaysias, Kuala Lumpur.
- Carmen A. Abubakar, University of the Philippines, Diliman, Quezon City, Dean of the Institute of Islamic Studies.
- Mohd. Adnan Saaid, Malaysian Industrial Development Authority, Industrial Promotion Division, Deputy Director, Kuala Lumpur.
- Farid al-Atas, University of Malaya, Kuala Lumpur.
- Friedemann Bartu, Korrespondent (NZZ), Singapore.
- Christian Berger, Erster Sekretär der Deutschen Botschaft in Kuala Lumpur.
- Chandra Muzaffar, President of „Aliran", Kuala Lumpur.
- Harold Crouch, National University of Malaysia, Selangor.
- B.A. Hamzah, ISIS Kuala Lumpur.
- Hussin Mutalib, National University of Singapore, Singapore.
- Kamarudin Jaffar, Deputy Prime Minister's Office, Political Secretary, Kuala Lumpur.
- Mohamad Abu Bakar, University of Malaya, Kuala Lumpur.
- Ahmad Mattar, Minister of Muslim Affairs, Singapore.
- Muhammad Kamal Hassan, Director of the International Islamic University of Malaysia, Kuala Lumpur.
- Omar Farouk, University of Malaya, Kuala Lumpur.
- Faisal H. Othman, National University of Malaysia, Dept. of Theology and Philosophy, Selangor.
- Mohd. Raman Daud, Redakteur „Berita Harian", Singapore.
- D.S. Ranjit Singh, University of Malaya, Kuala Lumpur.
- Manfred Rohde, Korrespondent (ZDF), Singapore.
- Chaiwat Satha-Anand, Thammasat University, Bangkok.
- Michael Schaefer, Counsellor d. Deutschen Botschaft in Singapore.
- Sharon Siddique, Institute of South-East Asian Studies, Singapore.
- Zakaria Haji Ahmad, National University of Malaysia, Selangor.

u.a.m.

Anhang 2: Übersichtskarten

Übersicht über die nachfolgenden Karten

Karte 1:   Geographische Gliederung Südostasiens
Karte 2:   Ethnische Gliederung
Karte 3:   Religiöse Gliederung
Karte 4:   Kulturelle Großräume in Südostasien
Karte 5:   Die ASEAN-Region in Südostasien
Karte 6:   Kulturelle Großräume in der ASEAN-Region
Karte 7:   Region, Inseln und Städte in der ASEAN-Region

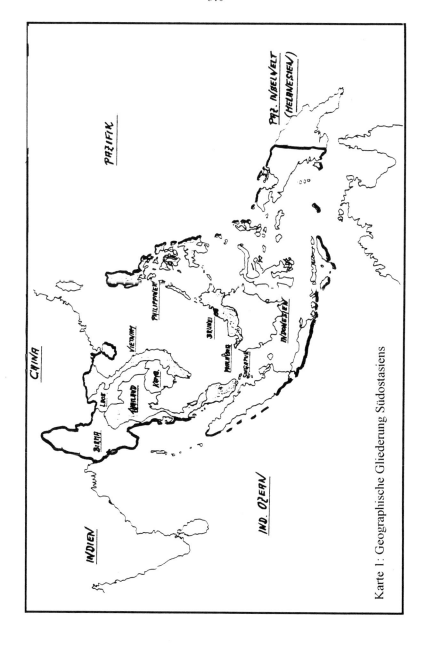

Karte 1: Geographische Gliederung Südostasiens

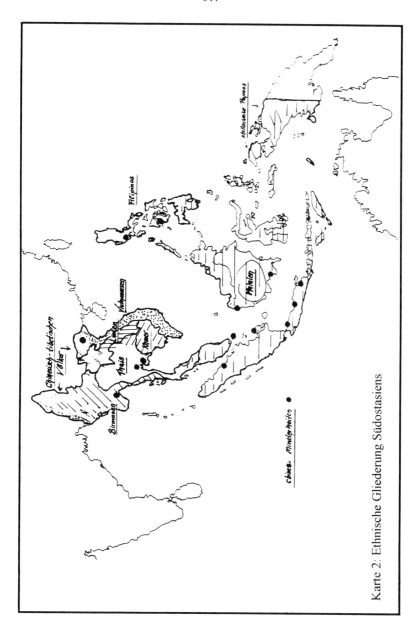

Karte 2: Ethnische Gliederung Südostasiens

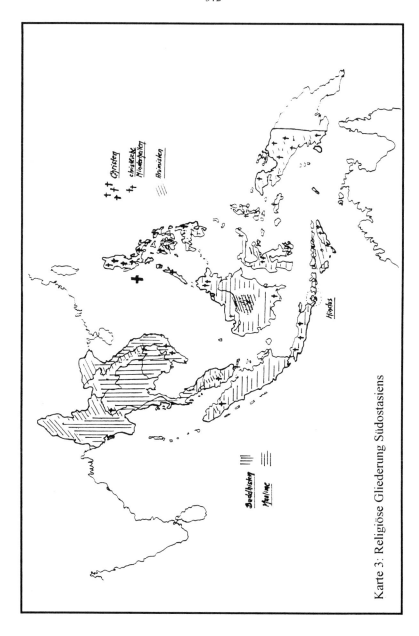

Karte 3: Religiöse Gliederung Südostasiens

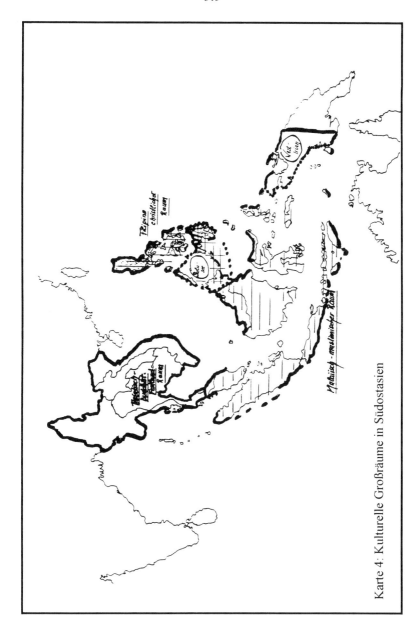

Karte 4: Kulturelle Großräume in Südostasien

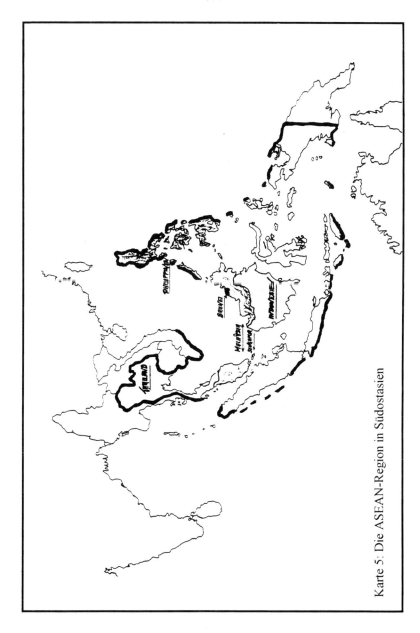

Karte 5: Die ASEAN-Region in Südostasien

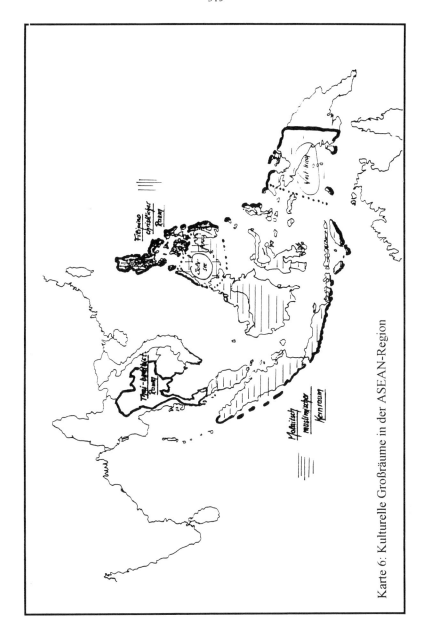

Karte 6: Kulturelle Großräume in der ASEAN-Region

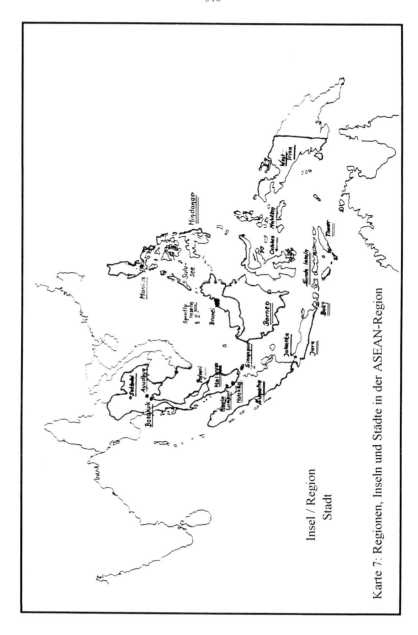

Karte 7: Regionen, Inseln und Städte in der ASEAN-Region

Caesar Parreñas

ASEAN im Kräftefeld der Großmächte
Großmachtpolitik und regionale Zusammenarbeit
in Südostasien seit 1975

Frankfurt/M., Bern, New York, Paris, 1989. 286 S.
Europäische Hochschulschriften: Reihe 31, Politikwissenschaft. Bd. 130
ISBN 3-631-40849-8   br./lam. DM 73.--*

Die ASEAN (Association of Southeast Asian Nations) gilt als das erfolgreichste Beispiel der regionalen Zusammenarbeit in der Dritten Welt. Die Mitglieder dieser Staatengemeinschaft bilden eine Region, in der sich die geostrategischen Interessen der Großmächte treffen. Für die ASEAN-Staaten bietet daher regionale Zusammenarbeit eine Strategie zur Wahrung ihrer sicherheitspolitischen Interessen. Der Zwang zur Kooperation ist in den letzten Jahren noch stärker geworden, weil der Einfluß Chinas und der Sowjetunion in Südostasien wächst; währenddessen geht das politische Engagement der USA zurück. Diese Arbeit untersucht den Zusammenhang zwischen der Politik der Großmächte in der Region und der Intensivierung der Zusammenarbeit zwischen den ASEAN-Staaten.
Aus dem Inhalt: Geschichte Südostasiens · Rahmenbedingungen der Außenpolitik der ASEAN-Staaten · Regionale Zusammenarbeit im Rahmen der ASEAN · Die Politik der Großmächte in Südostasien seit 1975 · Entwicklung der ASEAN seit 1975

"Die Untersuchung ist sachlich und abgewogen ... sie bietet einen guten Überblick über die Rolle der Asean in der internationalen und insbesondere in der regionalen Politik während der letzten 15 Jahre."
Hans Kluth in *FAZ*.

Peter Lang ≣≣≣ **Europäischer Verlag der Wissenschaften**
Frankfurt a.M. • Berlin • Bern • New York • Paris • Wien
Auslieferung: Verlag Peter Lang AG, Jupiterstr. 15, CH-3000 Bern 15
Telefon (004131) 9402121, Telefax (004131) 9402131
- Preisänderungen vorbehalten - *inklusive Mehrwertsteuer